丝绸之路历史语言研究丛刊·IV
Series of Historical & Philological Studies of the Silk Road. IV
白玉冬 王丁 主编

兰州大学敦煌学研究所·教育部人文社会科学重点研究基地
北京外国语大学历史学院

# 瀚海金河
## 中古北疆历史考索

# The Hanhai and The Jinhe
## A Study on the History of the Northern Frontier in China During The Middle Ages

白玉冬 著
by Bai Yudong

上海古籍出版社
Shanghai Chinese Classics Publishing House

教育部人文社会科学重点研究基地
兰州大学敦煌学研究所

# 丝绸之路历史语言研究丛刊

白玉冬　王　丁　主编

本书是国家社科基金重大项目"北朝至隋唐民族碑志整理与研究"（18ZDA177），中央高校基本科研业务费专项资助（Supported by the Fundamental Research Funds for the Central Universities）项目"隋唐至北宋古突厥语族群与华夏中央王朝之间的交流交往交融史研究（2023jbkyzx011）"阶段性研究成果。

丝绸之路历史语言研究丛刊
# 出版弁言

丝绸之路是欧亚大陆的一大交通动脉，在东西方物质文化、精神文化交流上扮演了重要的角色，对人类文明的发展产生了深广的影响。"丝绸之路"本来是个外来词（德：die Seidenstrasse，英：the Silk Road，法：la route de la soie，日：絹の道，学术拉丁语：via serica/sericaria），所指的是那条贯通欧亚大陆、通向遥远的东方国度"丝国"（Σηρικά，Serica）之路——在希腊罗马人心目中，中国就是产丝之国。随着百年来研究的加深拓广，在人们对东西方之间认知中逐渐呈现出一个巨大的人马车船汇成的陆路和海路空间交通路网、一幅数千年时间维度里中迭次登场的多民族生活的长卷。因此之故，丝绸之路一词在西文中又多以复数形式使用。

中国有悠久的史学传统，编年史起源早、延续时间长；记载媒介形态多，举凡书籍、官私文书、碑志铭刻、器物题铭等等，均属广义的史料；地下埋藏丰富，使得中国考古学得与史学并驾齐驱，共司文化记忆的守护职守；涉及多种语言，在汉语言文字的主流之下，北朝、辽金西夏、蒙元、满清时期的记载具有多语性；内容广涉域内域外，所记录的毗邻国家、地区乃至世界范围的史事，往往为他处所阙载，汉文史料因此成为更早乃至唯一史源，素来为国际学界重视利用。会通中外，深入发掘，考辨分析，是历史研究应该、也值得不懈努力的任务。

《丝绸之路历史语言研究丛刊》秉承实证与理论并重、多学科多方法兼收并蓄的精神，从"以汉还汉、以唐还唐"出发，探索"以胡还胡、以洋还洋"之路，追求从多语种语料的汇合解读汲取史料的方法，组织出版研究著作、报告集以及重要外文著作的中译本，推陈出新，发明创新。

白玉冬　王　丁
2021 年 2 月 3 日 农历立春

也松格碑，发现于今俄罗斯境内额尔古纳河支流乌卢龙贵河上游，今藏于俄罗斯圣彼得堡艾尔米塔什博物馆

# 序 一

丝绸之路于人类文明史上的重要性无须赘言。广义上的丝绸之路是指历史上连接欧亚大陆东西南北的交通干线,其东段延伸于欧亚大陆东部,也就是华夏及其周边地区。反映和记录丝绸之路东段历史的材料,往往与记载华夏周边地区和族群历史的材料相互重叠或交相呼应,主要涉及汉语、藏语、于阗语、回鹘语、粟特语、梵语、吐火罗语、叙利亚语、波斯语、契丹语、党项语、女真语、蒙古语等。用于书写这些语言材料的文字众多,包括汉文、藏文、于阗文、鲁尼文、回鹘文、粟特文、吐火罗文、叙利亚文、摩尼文、婆罗米文、契丹文、西夏文、女真文、蒙古文等。这些以多种语言文字书写的材料,绝大部分具有"现地语材料"特色,是记录边疆历史的第一载体。如果我们能够深入理解并掌握这些汉语与非汉语文字材料,那么就可以进一步加深对边疆历史的独特性、丰富性和复杂性的了解。我们兰州大学"大西域"(此处主要指中亚、青藏高原、新疆、内外蒙古高原和西伯利亚地区)的研究对象,就是上述多文种、多语种的传统典籍、出土文献、碑刻题记等,核心理念就是致力于掌握上述"大西域"历史叙述话语权。

编辑单位兰州大学敦煌学研究所始创于 1979 年,是国家首个敦煌学博士授权点和博士后流动站,首批入选教育部人文社会科学重点研究基地,历史文献学(敦煌学)是国家重点培育学科。研究所遵照习近平主席"将敦煌学做强做大,为国争光"的指示,经过 40 年的建设,成为国际敦煌学学术研究、人才培养、学术交流、图书资料的中心,占领了学术制高点,掌握了学术研究话语权。形成了自己的研究群体,在敦煌学、胡语文献、石窟艺术等领域研究优势明显,完成学术著作数百部,丛书十余种,获省部级优秀成果奖20余项、国家和省级图书奖10余项。所创办的CSSCI来源期刊《敦煌学辑刊》是本学科研究成果的重要刊布平台。承担国家级和省部级项目160余项,项目经费三千余万。培养敦煌学博士生142余名,其中14人晋升博导,47人晋升教授,50余人晋升副教授,6人获全国百篇和省级优秀博士学位论文奖。在学校"双一流"建设中,领衔构建"敦煌丝路文明与西北民族社会"学科群,将努力在国际学术舞台上,讲好敦煌故事,传播中国声音。

兰州大学敦煌学研究所的"大西域"研究已经迈出了坚实的一步。我们将陆续出版一批关于鲁尼文、古藏文、梵文、回鹘文等民族语言文献的研究成果。衷心祝愿这批成果能够为丝绸之路研究和边疆研究锦上添花,为中外学术界带来一丝新的气息。

郑炳林<br>2020年11月8日

# 序　二

北朝至隋唐,是中国历史上多民族融合的重要阶段,是中国由分裂割据转向统一的特殊时期。当时活跃在大漠南北和葱岭西东的原本操不同语言的部族、人物的发展轨迹,本质上来说是一部周边族群认同华夏文化、融入中华文明的历史。与这些部族及其建立的政治体密切相关的主要以非汉文汉语镌刻的民族碑志材料,由于具备"现地语材料"特色,可以为我们研究这段民族交融的历史提供鲜活的第一手资料。关于这一批材料,由于诸多原因,国内学术界尚无全面系统的研究成果,从历史学方面的研究更是凤毛麟角。中华民族光辉璀璨的文明历史,需要从多重视角、多种维度进行挖掘并展示给世人。在充分掌握非汉文史料基础上,"取异族之故书与吾国之旧籍互相补正",把历史学、考古学研究有机地结合起来,从内外两面展现和构建中华民族历史、中华文明瑰宝,这是一项有着切实意义的重要工作。本着这样一种共同的理念和创想,国家社科基金重大项目"北朝至隋唐民族碑志整理与研究"(编号18ZDA177)课题组,自成立伊始就积极倡导和组织对中古时期中国边疆诸族历史、语言、文化、宗教等的研究。自工作启动以来,截止到重大项目中期检查(2020年7月1日),课题组共发表学术论文近50篇,完成书稿5部,其中不乏在《匈牙利科学院东方学报》《历史研究》《民族研究》等权威期刊上刊出的论文。通过项目组成员的集体努力,我们将陆续给出包括鲁尼文、藏文、粟特文、回鹘文、婆罗米文等在内的约200多方(条)非汉文碑志的录文、换写、转写和译注,并进行相关历史学研究,结集出版。

相比汉文的传统典籍、出土文献和碑刻等材料,以非汉语汉文书写的碑志在数量和深度上不占据优势,甚至属于"碎片化"的史料。不过,由于其具备"现地语材料"的特点,它可以弥补汉文史料的不足之处。在民族碑志的整理与研究上,我们秉持立足于科学实证基础上的扎实精细的学术研究,再接再厉,力争多出精品。

感谢相关领域诸多师友的鼓励、支持!祝中国的民族历史语言研究进步、繁荣!

白玉冬

2021年2月3日立春

# 目 录

丝绸之路历史语言研究丛刊出版弁言............白玉冬　王　丁　1
序一..............................................................郑炳林　1
序二..............................................................白玉冬　1

**第一章　华夏称号"王"在古代北疆的行用**..................1
　一、鲁尼文碑刻中的"王"(oo、ong)..........................2
　二、高昌回鹘王国的"高昌王"(Qočooo)......................10
　三、契丹语、女真语、蒙古语材料中的"王"(ong)...........17
　四、"王"在北方诸族语的流传及其意义......................22
　小结...........................................................24

**第二章　突厥"于都斤"崇拜之考索**.........................25
　一、后突厥汗国于都斤崇拜的核心理念......................26
　二、突厥于都斤礼仪的产生背景..............................31
　三、"于都斤"释音释义.......................................38
　小结...........................................................43

**第三章　后突厥汗国毗伽啜莫贺达干碑释读与研究**........45
　一、碑文介绍..................................................45
　二、释读与译注...............................................48
　三、相关史事钩沉............................................59
　小结...........................................................64

**第四章　暾欲谷碑 Az 族考**..................................66

一、暾欲谷碑所见 Az ……………………………………… 67
　　二、突厥起源传说的阿嚈之审音勘同 ……………………… 73
　　三、Az 疑即阿嚈 …………………………………………… 78
　　小结 …………………………………………………………… 80

第五章　回鹘"日月光金"钱考
　　　　——唐代摩尼教文化交流的真实写照 ………………… 83
　　一、问题之所在 ……………………………………………… 83
　　二、八角齿轮形钱币胡书(类别 1) ………………………… 86
　　三、圆形钱币胡书(类别 2) ………………………………… 90
　　四、创造年代及其产生背景 ………………………………… 99
　　小结 ………………………………………………………… 105

第六章　回鹘语文献中的 Il Ötükän Qutï ……………………… 106
　　一、M 919(T. M. 417)回鹘语文书所见 Il Ötükän Qutï
　　　　……………………………………………………… 107
　　二、柏孜克里克千佛洞第 38 窟的 Ötükän 女神 ………… 111
　　三、Il Ötükän Qutï 之含义 ……………………………… 114
　　小结 ………………………………………………………… 120

第七章　契丹祖源传说的产生及其与回鹘之关系考辨 ……… 122
　　一、8—10 世纪回鹘与契丹之关系 ……………………… 123
　　二、回鹘祖源传说的流传 ………………………………… 129
　　三、契丹祖源传说的产生 ………………………………… 135
　　小结 ………………………………………………………… 140

第八章　葛儿罕称号考 ………………………………………… 142
　　一、问题之所在 …………………………………………… 143
　　二、葛儿罕称号之缘起 …………………………………… 146
　　三、八姓乌古斯的 Qïr Qan ……………………………… 152
　　四、qïr qan 与居里可汗 …………………………………… 158
　　小结 ………………………………………………………… 163

## 第九章　黄头回纥源流考 165
一、黄头回纥出自河西之质疑 166
二、黄头回纥之由来 170
小结 179

## 第十章　蒙古部"祖元皇帝"与"太祖元明皇帝"考 180
一、祖元皇帝与太祖元明皇帝之出现 180
二、12世纪前半期的蒙金关系 184
三、太祖元明皇帝与祖元皇帝之臆测 192
四、改元天兴年号问题 195
小结 197

## 第十一章　12—13世纪的粟特—回鹘商人与草原游牧民 199
一、粟特—回鹘商人与草原游牧民的联系 200
二、粟特—回鹘商人与汪古部 207
三、粟特—回鹘商人与克烈王国 212
四、U5328回鹘文书译注 215
小结 219

## 第十二章　成吉思汗称号的释音释义 221
一、问题的提出 221
二、叶尼塞碑铭的 čingiz 225
三、鲁尼文 Or. 8212/76(2) 文书的 čingis 229
四、回鹘语 čingis 与蒙古语 činggis 232
五、成吉思称号由来之蠡测 240
小结 244

## 第十三章　元代回鹘语专用称谓 Uluγ Suu(蒙元皇帝) 释义 246
一、回鹘文契约文书的 Uluγ Suu(蒙元皇帝) 247
二、蒙古语 suu/su 的含义 251
三、回鹘语 qut 与蒙古语 suu/su 254

小结 …………………………………………………… 259
第十四章　"达靼"源流及蒙元对达靼的认同 …………… 261
　　一、达靼名称起源之蠡测 ……………………………… 263
　　二、从柔然后裔到九姓达靼 …………………………… 270
　　三、从达靼到蒙古——后回鹘时代蒙古高原主体部族的变迁
　　　 ……………………………………………………… 277
　　四、蒙元对达靼的双重标准：排斥与接受 …………… 287
　　五、"广义"蒙古史叙事建构的困惑 ………………… 295
　　小结 …………………………………………………… 299

参考文献 …………………………………………………… 301
索引 ………………………………………………………… 357
后记 ………………………………………………………… 365

# Contents

Editor's Words ·················· Bai Yudong Wang Ding 1
Preface One ······························· Zheng Binglin 1
Preface Two ································· Bai Yudong 1

1. The Use of Huaxia Title "Wang" in Ancient Northern Territory ················································ 1
2. On the Deification of Ötükän of Türk ················ 25
3. An Interpretation of the Bilgä Čor Maγa Tarqan Inscription of the Second Turkic Qaγannate in Mongolia ········· 45
4. On the Az Tribe in the Tonyuquq Inscription ········ 66
5. On the Contents of the Inscriptions on 日月光金 Ri Yue Guang Jin Coins with Non-Chinese Language ······· 83
6. On the Il Ötükän Qutï in Uyghur literature ·········· 106
7. A Study on the Relationship between the legendary origin of the Khitan and the Uyghurs ························· 122
8. An Interpretation the Title Gür-khan ··············· 142
9. Textual Research on Origin and Development of Sarig Uyghur ················································ 165
10. A study of Zuyuan emperor and Taizu Yuan Ming emperor in Mongolia ············································ 180
11. The Interaction between Sogdian-Uighur Merchants and

Steppe Nomads from the 12th to the13th Century ········ 199
12. The Phonetics and Meaning of the Title Chinggis Khan ················································································ 221
13. The Proper Noun Uluγ Suu of Uyghur literature at Yuan Period ················································································ 246
14. The Origin of 达靼(Dada/Tatar ) and the Recognition of the Mongol Yuan to Dada/Tatar ····························· 261

Reference ················································································ 301
Vocabulary Index ································································ 357
Afterword ················································································ 365

# 第一章　华夏称号"王"在古代北疆的行用

就边疆历史研究而言,汉文的传统典籍、出土文献和碑刻等史料,有着其他语言文字材料无可比拟的数量和深度上的巨大优势。同时,华夏周边地区发现的以汉文与当地诸族操用的语言文字书写的碑刻和出土文献等,虽然存在碎片化历史的可能,但由于其具备现地语材料的特点,可以弥补汉籍的不足。历史上,大漠以北和葱岭以西地区长期与华夏中原保持密切的政经关系或从属关系。无须赘言,包括中国北方诸族在内,边疆各族是中华民族共同体的重要组成成员,他们的历史是中华民族共同体历史的有机组成部分。在充分掌握非汉文史料基础上,取其精华,去其糟粕,"取异族之故书与吾国之旧籍互相补正",把历史学、考古学研究有机地结合起来,从内外两面展现和构建中华民族共同体历史和中华文明瑰宝,这是一项有着切实意义的重要工作。

在甲骨文中,"王"的称谓起源于作为军权象征的斧钺,其原始含义是掌握武力者。"王"这一称谓最初是夏商西周王朝最高统治者的称号,东周时期开始过渡成为称霸一方的诸侯或国君之称号,秦汉以后泛化成为封建皇族或功臣封爵的勋称。毋庸置疑,称号"王"是悠久灿烂的华夏文明极具代表性的政治术语。其在历史上的边疆地区,尤其是在与中原华夏之间长期保持互动和交融关系的北疆地区的行用,有必要深入挖掘并展现给世人。

## 一、鲁尼文碑刻中的"王"(oo、ong)

后突厥汗国(682—745)创建了一批以古突厥语东部方言写成的鲁尼文碑文,记录突厥人的建国立业。其中的暾欲谷碑(建于720年左右),是其开国元老暾欲谷为自己所立的纪念碑文。该碑第19—20行(第1碑东面第1—2行)在讲述暾欲谷率领军队出征的文中,出现 W s i N B W n t T W : y W R T D a : Y T W Q L W R r t i : 一文(图1-1)。[1] 关于上引文的换写,学术界并无异议。不过,关于其转写和释义,学术界意见不一。笔者主张转写作 oosïn bunta atu yurtda yatu qalur ärti,译作"他们在那里(或在那时)射杀其王并留居在了营帐内",该段内容讲述的是万岁通天元年(696)和神功元年(697)突厥对契丹的奔袭和征服。[2] 并且,依据鲁尼文碑文中存在以一个字母代写前后连续出现的同一音的现象,以及在源自隋唐汉语音的日本汉字音中"王"作 oo,[3] 在以回鹘文标记的元人释智汉译《圣妙吉祥真实名经》的回鹘语(古突厥语方言之一)残片 SI Kr. IV 817 文书中"王"作 ww>oo(wo),[4] 笔者主张第一个字母 W 可以转写作 oo,视作源自隋唐西北方音的汉语"王"的译音。虽然此处

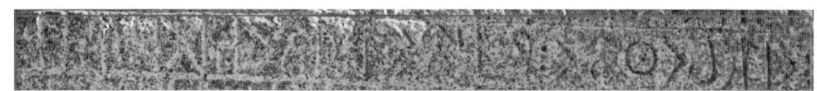

图 1-1

---

[1] 文中的";"是碑文所刻停顿符号。关于鲁尼文字的换写(transliteration)和转写(transcription),兹据白玉冬《牢山剑水——鲁尼文叶尼塞碑铭译注》"凡例",上海古籍出版社,2021年。

[2] 白玉冬《华夏称号"王"在暾欲谷碑中的发现》,孙伯君主编《中国民族古文字文献研究》第1辑,合肥,黄山书社,2021年,第93—95页。

[3] 相关介绍,参见王保田《汉语韵母与日语汉字音读的对应规律》,《江苏大学学报(社会科学版)》2002年第4期,第71—72页。

[4] 第5行。见庄垣内正弘《ロシア所蔵ウイグル文献の研究—ウイグル文字表記漢文とウイグル語仏典テキスト—》,京都大学大学院文学研究科,2003年,第24页,图片见同书テキスト E SI Kr. IV 817。

"射杀其王"的"王"难与契丹的某位首领对号入座，但重要的是我们从后突厥汗国碑文中找到了一条借用华夏称号"王"的实例。

此外，学术界公认阙特勤碑（建于732年）东面第31—32行中两次记录的 W ŋ T W T W uQ＞ong totoq 即汉字王都督的音写。[1] 值得一提的是，在晚期回鹘佛典《礼忏文》残片 SI 4bKr. 175 文书中，释梵王、诸王、龙王分别作 syk v'n wn[k]＞sik van ong、cww wnk＞čuu ong、lwnk wnk＞long ong，[2] 而且在武威出土的元代亦都护高昌王世勋碑回鹘文中，汉文高昌王被音写作 qao čang ong。[3] 看来，上述阙特勤碑的 ong 虽然是姓氏"王"的音写，但它与"王"在回鹘文文献中的语音 ong 一脉相承。值得一提的是，在当代汉语"王"之译音 wang 出现之前，自元代至清末蒙古语一贯使用 ong 来音译汉语"王"。蒙古语的 ong 是直接抑或间接借自古突厥语，现阶段还难以考证，但二者之间应该存在前后传承关系。言 ong 是汉语"王"在中国北方民族语中的传统译音，亦不为过。

叶尼塞碑铭是指叶尼塞河上游的鲁尼文碑文、摩崖与器物刻铭等，是黠戛斯汗国的历史文化遗存。近来，笔者对约145方（条）叶尼塞碑铭重新进行研读，整理出历史文献学价值相对较高的、以黠戛斯汗国上层人物墓碑为核心的68方（条）碑铭的研究成果。[4] 相比以往俄罗斯、土耳其等国学者的研究，笔者的收获在于发现一批新的汉语借入词，以及新的族名和地名。

E108 乌尤克欧尔匜克（Uyuk Oorzaq）第1碑属于墓碑（图1-2），1974年发现于图瓦共和国境内的乌尤克盆地附近的欧尔匜克平原，

---

[1] T. Tekin, *A Grammar of Orkhon Turkic*, Bloomington: Indiana University, 1968, pp. 235, 268；耿世民《古代突厥文碑铭研究》，北京，中央民族大学出版社，2005年，第129—130页。

[2] 分别为第20、22、29行。见庄垣内正弘《ロシア所蔵ウイグル文献の研究——ウイグル文字表記漢文とウイグル語仏典テキスト——》，京都大学大学院文学研究科，2003年，第34—35页，图片见同书テキストL SI 4bKr. 175。

[3] 残碑第3栏第50行、第4栏第1行、第5栏第18行。参见耿世民《回鹘文亦都护高昌王世勋碑研究》，《考古学报》1980年第4期，第517—520页。

[4] 白玉冬《牢山剑水：鲁尼文叶尼塞碑铭译注》，上海古籍出版社，2021年。

图 1-2

现存图瓦博物馆。墓碑的鹿石由四面体深灰色砂岩制成,高 364 厘米,宽 22—31 厘米,厚 23—31 厘米,上有多个动物图案和 4 行鲁尼文铭文。据瓦西里耶夫(D. D. Vasilyev)给出的图版,[1]其第 3 行可换写作 W L š m n : š b s š : W Y u Q e n : l g Q : W W : e g ü k Y W Q : e n /// G W Y // r ü n e č : Y e ü //。[2] 其中的第 18—19 字母 W W,虽然在图版上清晰可见,但不知何故在瓦西里耶夫的摹写中

---

[1] Д. Д. Васильев, *Корпус тюркских рунических памятников бассейна Енисея*, Ленинград: Наука, 1983, p. 85.

[2] 叶尼塞碑铭鲁尼文字母的换写和转写模式,兹据白玉冬《E68(El-Baji)叶尼塞碑铭译注》,余太山、李锦绣主编《欧亚学刊》新 9 辑,北京,商务印书馆,2019 年,第 202—203 页。换写中,"/"表示破损文字,":"表示碑文所刻停顿符号。另,本文引用其他学者的换写与转写时,均按上述方式改写。

后者被涂上了斜线，[1]且被换写作＜...＞，以示不明。[2]而科尔姆辛（I. V. Kormushin）将其换写作 Q W D，转写作 qod。[3] 这种处理明显与文字不合。爱丁（E. Aydin）等在摹写中只给出了第 18 个字母 W，转写作 u[š]？。[4] 按在前面介绍的回鹘文标记的元代汉译佛经中"王"作 oo 而言，此处 W W 完全可以转写作 oo，视作汉字"王"的音写。其第 3 行，笔者建议转写作 ulušimïn sub saš uyuqïn elig aq oo ig ök yoq //////////，译作"由于我的国度，由于领地，国王——白色王才没有疾病……"其中，sub saš uyuq 的原义是"水、原始的地标"，用于书写 aq（白色）的文字并非通常的鲁尼文正字法的 Q。不过，此种写法在叶尼塞碑铭中亦属常见。此处的 aq oo（白色王），虽然寓意不详，有待加深讨论，但其与之前的 elig（国王）属于同位语关系。总之，从此文我们了解到这样一个史实：叶尼塞河流域的黠戛斯人曾借用华夏称号"王"（oo）。

E68 伊勒巴基（El-Baji）碑亦属墓碑，1902 年发现于大叶尼塞河南侧支流 Barik 河附近的伊勒巴基地方，现藏米努辛斯克博物馆，馆藏编号为 37 和 37a。碑石高 210 厘米，宽 40 厘米，厚 10 厘米，4 面共 29 行鲁尼文铭文。[5] 据笔者意见，侧面（B 面，图 1-3）可释读如下。

图 1-3

---

[1] Д. Д. Васильев, *Корпус тюркских рунических памятников бассейна Енисея*, p. 77.

[2] Д. Д. Васильев, *Корпус тюркских рунических памятников бассейна Енисея*, p. 15.

[3] И. В. Кормушин, *Тюркские енисейские эпитафии грамматика*, *текстология*, Москва：Наука，2008，p. 68. 据图片，科尔姆辛读作 D D 的字母是 W。虽然 D 有可能简写成与前后连续出现的两个 W 近似的它的上半段，但仍然无法把一个 W 视作 D D。兹不从。

[4] E. Aydin, R. Alimov and F. Yıldırım, *Yenisey-Kırgızistan Yazıtları ve Irk Bitig*, Ankara：Bilgesu Yayıncılık，2013，p. 200.

[5] 行数据白玉冬《E68(El-Baji)叶尼塞碑铭译注》，第 204—207 页。

(B)ŋz l i g：ṅ L ṗ：a ŋ s n［b］(i) l ü k：╫ (Y)［i］T［a］：s i z m：y ü z B：S W W B W D N m a：Q D ṡ m a ü k ü s［m a D R L T］m：[1]

bïng az eliging alp ang sän bil ök yïta äsizim yüz baš oo bodunïm-a qadašïm-a üküšim-ä adrïltïm

[1] 一千阿兹（Az）族，你的国王是勇敢的！首先你要知道！正是！无能为力！我的痛苦！一百名首领王，我的民众，我的家族，我的众人，我离别了。

关于上引文中的 B：S W W＞baš oo（首领王），前人释读意见不一，多避而不谈或语焉不详。[2] 笔者以为，此处 baš（首领）与 oo（王）相互匹配，构成同义词重叠，修饰紧跟后面的 bodunïm（我的民众），与 qadašïm（我的家族）、üküšim（我的众人）共同构成墓主的告别对象。从上引文不难看出，墓主是统领一千户 Az 族的领主国王（elig），其手下配有百名首领王（baš oo）。据文义，号称王的人物在其手下可能不止一人。从上引两碑的内容来看，王在黠戛斯汗国内部的政治功能与秦汉以降中原华夏的王之功能近同，泛化成为国王（elig）手下的名臣贵族的勋称，且人员名额不定。

此外，E24 卡娅乌珠（Khaya-Uju）刻铭位于赫姆奇克河东岸 Lime 村外 8 公里的岩壁上，至少包括 21 处鲁尼文、回鹘文、藏文题记，以及其他多个印记、图案。瓦西里耶夫刊出了黑白图版和部分摹写，但未给出换写。[3] 由于鲁尼文字迹漫漶，拉德洛夫（W. Radloff）、汤姆森（V. Thomsen）、奥尔昆（H. N. Orkun）、马洛夫（S. Ye. Malov）、阿勒陶（P. Aalto）、库兹拉索夫（I. L. Kyzlasov）、爱丁等学者只给出了部分题记的释读，但不包括第 6 条题记。此第 6 条题记，被刻写于疑为氏族印记的、为人字形图案所切断的圆圈内部

---

[1] 白玉冬《E68（El-Baji）叶尼塞碑铭译注》，第 204 页。
[2] 详见白玉冬《E68（El-Baji）叶尼塞碑铭译注》，第 208 页。
[3] Д. Д. Васильев, *Корпус тюркских рунических памятников бассейна Енисея*, pp. 23, 63, 97–100.

(图 1-4)。人字形图案下方自上而下有十字架形状和两个开口朝下的圆弧状图案。鲁尼文字母共 13 个,位于圆圈内侧二分之一上部,呈半圆状。笔者依据图版,给出其客观公正的摹写(图 1-5)。鲁尼文自右向左行文,按逆时针方向镌刻。第 1—8 个字母右旋约 90 度镌刻,第 9、10、11 个字母左旋约 30 度镌刻,第 12、13 个字母左旋约 90 度镌刻。依笔者释读,文字为 B š W ŋ W Q y r Q T Y ṅ L,可转写作 baš ong oq yir qïtayïng ol,直译是"首领王的部落土地是契丹的"。其中,ong 是汉字"王"的音写,qïtay 即契丹。鉴于紧跟前面的 B š>baš 是首领之义,此处 baš ong 构成同义词重叠,与前面介绍的 E68 碑铭中的 baš oo(首领王)殊途同归。

图 1-4

图 1-5

在后突厥汗国碑文中,"契丹"写作 qïtany。[1] 但在已获解读的叶尼塞碑铭中,此是唯一出现的一次。古突厥语"契丹"的读音从 qïtany 发展成 qïtay,即从 ny/n 语言发展到 y 语言,相比方言之间的区别,更属于年代的更新。[2]《辽史》记录天显六年(931)"春正月甲

---

[1] 阙特勤碑东面第 4、14、28 行,北面第 11 行,毗伽可汗碑东面第 5、23 行,暾欲谷第一碑南面第 5 行,阙利啜碑东面第 5 行。主要参见 T. Tekin, *A Grammar of Orkhon Turkic*, pp. 232-233, 235, 237, 243, 250, 294;耿世民《古代突厥文碑铭研究》,第 121、124、128、135、151、158、180 页。

[2] 森安孝夫《トルコ仏教の源流と古トルコ語仏典の出現》,《史学雑誌》第 98 编第 4 号,1989 年,修订后收入氏著《東西ウイグルと中央ユーラシア》,名古屋大学出版会,2015 年,第 618—622 页。

子,西南边将以慕化辖戛斯国人来",应历二年(952)"(冬十月)戊申,回鹘及辖戛斯皆遣使来贡",保宁八年(976)"是月(十二月),辖戛斯国遣使来贡"。[1] 辽朝在天禄二年(948)"罚盆都使辖戛斯国"。[2] 虽然史料不多,但不妨碍我们了解到辽朝在 10 世纪时期与黠戛斯保持着直接往来。

《辽史》卷 36《兵卫志下》属国军条记录有黠戛斯,《辽史》卷 45《百官志二》北面属国官条记录有黠戛斯国王府。[3] 孙昊在考察 10 世纪契丹与黠戛斯之间交通的论文中,认为上述属国和黠戛斯国王府不足为信。[4] 不过,辽末遭到女真人追击的耶律大石西行,即是从蒙古高原的可敦城西北行,[5] 经黠戛斯之地后才抵达中亚七河流域的。[6] 虽然《世界征服者史》作者志费尼('Ala-ad-Din 'Ata-Malik Juvaini)言耶律大石经由黠戛斯之地时进行了掠夺,但难以想象跋涉流亡的契丹人是为了劫掠黠戛斯而专门舍近求远经由其地,相反其真正目的恐怕在于谋求黠戛斯人的帮助。但事与愿违,强弩之末的辽朝再也不能使黠戛斯人一如既往地听命于自己。看得出,耶律大石经由黠戛斯之地西迁是黠戛斯与辽朝之间的友好关系使然。是故,窃以为即便《辽史》中的黠戛斯国王府或纯属遥领,但仍然喻示黠戛斯与辽朝之间的臣属关系。如是,E24 卡娅乌珠岩刻文的第 6 条题记反映的正是黠戛斯人与辽朝之间的此种臣属关系。

---

[1] 分别见《辽史》卷 3《太宗纪上》天显六年(931)条,卷 6《穆宗纪上》应历二年(952)条,卷 8《景宗纪上》保宁八年(976)十二月条,北京,中华书局,2016 年,第 34、78—79、104 页。

[2] 《辽史》卷 5《世宗纪》天禄二年(948)条,北京,中华书局,2016 年,第 72 页。又见卷 103《耶律刘哥传》,第 1658 页。

[3] 北京,中华书局,2016 年,第 487、848 页。

[4] 孙昊《10 世纪契丹西征及其与黠戛斯人的交通》,余太山、李锦绣主编《欧亚学刊》新 9 辑,北京,商务印书馆,2019 年,第 126 页脚注 4。

[5] 相关考述,参见陈得芝《耶律大石北行史地杂考》,《历史地理》第 2 辑,1982 年,收入氏著《蒙元史研究丛稿》,北京,人民出版社,2005 年,第 77—88 页。

[6] 相关史料载于 'Ala-ad-Din 'Ata-Malik Juvaini, *Genghis Khan: The History of the World-Conqueror*, translated from text of Mizra Muhammad Qazvini by J. A. Boyle, Cambridge: Harvard University Press, 1958, vol. 1, p. 355;志费尼《世界征服者史》,何高济译,翁独健校,呼和浩特,内蒙古人民出版社,1980 年,第 417 页。

综上，在叶尼塞碑铭中，前人未进行释读的 E24 卡娅乌珠刻铭第 6 条题记中的 W ŋ＞ong，视作汉语"王"的译音没有问题。而关于 E108 乌尤克欧尔匝克第一碑和 E68 伊勒巴基碑的 W W，笔者建议同样是汉语"王"的译音 oo。这里存在一个问题，为什么叶尼塞碑铭中会出现汉语"王"的两种不同译音 ong / oo？

与此相同的情况出现于后突厥汗国碑文中。如前所述，笔者在暾欲谷碑中释读出了 oo（王），而在同属后突厥汗国的阙特勤碑中"王"作 ong，这是为何？关于这一问题，我想从以下两个方面予以说明。

第一，暾欲谷碑和阙特勤碑的性质及其创建年代之间的差异使然。相比 732 年建造的阙特勤碑和 734 年建造的毗伽可汗碑，暾欲谷碑是暾欲谷本人在世时为自己个人所建记功碑，并不属于后突厥汗国官方性质的碑文。根据碑文内容，暾欲谷碑创建于毗伽可汗即位后不久，约 720 年，属于突厥鲁尼文碑文中年代较早的一个。相比阙特勤碑和毗伽可汗碑，暾欲谷碑中出现 T 的不规整写法，以及有悖于前两碑中所见鲁尼文正字法的、后舌音文字与前舌音文字之间的混用现象。这些现象的产生，第一种可能是因为年代尚早，鲁尼文正字法尚未规范使然；第二种可能是不代表后突厥汗国国家意志的、属于个人碑文的暾欲谷碑用字用语更为朴素或亲民使然。相反，阙特勤碑以毗伽可汗的语气写成，是毗伽可汗为纪念其弟阙特勤去世而建造，属于代表后突厥汗国国家意志的国家层面的碑文。既然如此，在用字用语上它当然要更严谨、更规整，会对此前碑文中不规范之处予以更正，避免同一问题的再次出现。推而言之，恐怕源自隋唐西北方音的暾欲谷碑中的"王"之译音 oo，有可能在阙特勤碑中被改写成了后突厥汗国官方认同的"王"之音译 ong，即隋唐或其之前传入古突厥语中的中原汉字音，也即中国北方民族语中的传统译音。

第二，源自不同时期、不同汉语方音的传统译音与实际用译音并存所带来的语音的多样性使然。据高田時雄研究，通过《慈恩传》等回鹘语材料汉字音的比对可以发现回鹘汉字音可能存在两种体系：一种为经典颂咏者体系，另一种为不受此限制的体系。[1] 此外，我们还可以举出其他一些实例。如北朝人所言漠北国名柔然，在南朝人的记录中写作芮芮。在当代日语汉字音中，源自南朝的吴音和来自隋唐的汉音二者并存。北京在当代蒙古语中存在两种译音：第一种是传统的书面语 begejing，第二种是现代的口语 beijing。清明亦存在两种译音，即传统的书面语 čilmen（如辽宁阜新的蒙古语）和现代口语 čingming。其中，begejing 和 čilmen 当源自明代汉语音，但在口语中与当代语音 beijing 和 čingming 并用。同理，汉语"王"以 ong 和 oo 两种不同的语音，在不同时期被借入到包括黠戛斯方言在内的古突厥语中，日后并行用于后突厥汗国或黠戛斯汗国境内，并不偶然。

综上，从前面介绍的三方叶尼塞碑铭来看，"王"在黠戛斯语中存在两种语音 ong 与 oo，"王"（ong／oo）在黠戛斯汗国内部的政治功能与秦汉以降中原华夏的"王"之功能近同，泛化成为国王（elig）手下的名臣贵族的勋称，且人员名额不定。总之，在后突厥汗国与黠戛斯汗国的鲁尼文碑铭中出现华夏称号"王"的音写 oo 和 ong。这表明华夏文化在当时的北方边地并未受到排斥，相反部分政治术语渗透到了相关统治体系内。

## 二、高昌回鹘王国的"高昌王"（Qočooo）

1955 年，在蒙古西部乌布苏（Uvs）省哈儿乌苏（Khar-Us）地方发现两座古墓及鲁尼文、回鹘文墓碑各一方。[2] 此两碑即学界通常所说的乌兰浩木碑文，又称多罗郭德（Dooloogodoi）碑文。关于其中的

---

[1] 高田時雄《ウイグル字音史大概》，《東方学報》（京都）第 62 卷，1990 年，第 341—342 页。

[2] 以下相关介绍，引自策·道尔吉苏仁《多罗郭德（ДОЛООГОДОЙН）的墓和碑》，载《西北民族学院资料丛刊》4《蒙古历史资料选》，1980 年，第 49—52 页。

回鹘文墓碑(图 1-6),谢尔巴克(A. M. Scerbak)最早进行解读。其研究成果的俄译文、蒙译文和摹写,由蒙古学者 E. Vanduy 发表。[1] 谢尔巴克本人刊出了俄文版论文。[2] 作为年代考证的重要证据,他释读出 8 世纪中后期的部族或汗国名称 Türgeš(突骑施)。之后,茨默(P. Zieme)、[3]谢尔巴克、[4]O. S. Sertkaya、[5]卡哈尔·巴拉提、[6]李树辉、[7]吐送江·依明与白玉冬进行了

图 1-6

[1] E. Vanduy, "Uvsin Khar Usni Gerelt Khöshöö," *Shinjleh Ukhaan Tekhnik*, Ulaanbaatar, 1958, vol. 3, pp. 45-57.

[2] A. M. "Şçerbak, Nadpis Na Drevneuygurskom Yazike İz Mongolii," *Epigrafika Vostoka*, vol. 14, 1961, Moskva, pp. 23-25.

[3] P. Zieme, "Uygur yazısıyla yazılmış Uygur yazıtlarına dair bazı düşünceler," *Türk Dili Araştırmaları Yıllığı— Belleten 1982-1983*, Ankara, 1986, pp. 230-231.

[4] A. M. Şçerbak, "Ulaangoon Yazıtı Üzerine İlave ve Düşünceler," *Türk Dili Araştırmaları Yıllığı-Belleten 1994*, Ankara, 1996, pp. 131-136.

[5] O. S. Sertkaya, "Kızılkum(Ulaangom) yazıtında geçen kişi adı üzerine," *Türk Dili Araştırmaları Yıllığı-Belleten 1994*, Ankara, 1995, pp. 137-144.

[6] 卡哈尔·巴拉提《多罗郭德回鹘文碑的初步研究》,《新疆大学学报》1982 年第 2 期,第 76—77 页。

[7] 李树辉《回鹘文始用时间考》,《青海民族研究》2011 年第 3 期,第 121—122 页。

研究。[1]

据笔者考察，该碑与鲁尼文碑文现并排竖立于蒙古国乌布苏省博物馆外，高 150—173 厘米，宽 51—58 厘米，仅在一面（现为南面）刻有半楷书体回鹘文 8 行，字迹清晰。笔者与吐送江的最新研读成果，[2]相比前人主要有以下数处新的发现：第一，碑文中出现 Ögä Qočooo（高昌王）和见于《辽史》的漠北部族名称忽母思（胡母思，Qumuz）。第二，墓主 Bars Tegin 是个基督教聂斯脱利派（景教）教徒，他在 17 岁时出征布尔津地区，在即将 19 岁时追随于伽高昌王征讨图拉河一带的达靼人并获胜，在 21 岁讨伐忽母思部时死去。第三，谢尔巴克释读出的 Türgeš（突骑施）实际上是 twyk'(l)＞tükäl（完全，全部），该碑文并非回鹘西迁之前遗物，而是创建于高昌回鹘王国早期。以下转引笔者给出的转写与译文，并稍加讨论，词注等详细情况参见笔者原文。

1. är atïm bars tegin. yeti y(e)girmi yašïmta bol(č)uluq qa
2. sül(ä)dim. ming yont altïm. toquz y(e)g(i)rmi y(a)š yoq(ï)m ta
3. ögä qočooo tatar qa sülädi. anta čärig
4. lädim. y(e)girminč tä aštïm. toq(u)m tolu [yu]lïyu
5. tübünč tuγl(a)ta kiši tükäl bulta üküš
6. altïm. bir otuz yašïmta qumuz qa sül(ä)tim(i)z.
7. tübl(ä)yü bar(ï)p t(ä)ngri tan tal oosï kiši
8. m(a)r y(u)wargi(z) kä

1-2 我的成人名字是耒斯特勤（Bars Tegin）。在我 17 岁时，我向布尔津（Bulčuluq）地区进军了，我获取了一千匹马。在我即将（直译

---

[1] 吐送江·依明、白玉冬《蒙古国出土回鹘文〈乌兰浩木碑〉考释》，《敦煌学辑刊》2018 年第 4 期，第 25—30 页。

[2] 白玉冬、吐送江·依明《有关高昌回鹘历史的一方回鹘文墓碑——蒙古国出土乌兰浩木碑释读与研究》，《敦煌吐鲁番研究》第 20 卷，上海古籍出版社，2021 年，第 223—242 页。

是未满)19 岁时,³⁻⁴ 于伽高昌王(Ögä Qočooo)向达靼(Tatar)进军了,那时我出兵了。第 20 日,我穿越过去了(即抵达了达靼之地)。⁴⁻⁶ 我大量掠夺着马匹,在故土图拉(Tuγla)河畔发现全体敌人,并俘获很多。在我 21 岁时,我们向忽母思(Qumuz)部进军了。⁷⁻⁸ 朝着故土行进时,把神圣的身体向棕枝王(Tal oosï)、人之大德 Yuwargiz(奉献了)。[1]

在乌兰浩木碑文中,第 3 行出现 Ögä Qočooo(于伽高昌王)。高昌,即今吐鲁番。据笔者浅见,这是吐鲁番之名在境外资料中的首次发现。尤为难得的是,此名号附带有华夏称号"王"的回鹘语音写 oo,其意不言而喻。在回鹘语中,先行的名词 A 修饰后续的名词 B 时,一般是 A 加上所有格的后缀＋ning／＋ing 等,或者 B 加上第三人称的所有(限定)后缀＋si／＋i 等,或者二者都加上上述后缀。然而,在此处讨论的碑文中,A(Qočo)和 B(oo)不仅不带有任何词缀,相反却连写在一起。换言之,Qočo 和 oo 的关系并非 A 与 B 的关系,而是共同构成一个单词。由此不难看出,对于回鹘人来说,Qočooo(高昌王)是一个固有的专用称号,是一个十分常见的表达方式。顾名思义,这是高昌地区的最高统治者之名号,是汉语词高昌王的直接对译。

元仁宗延祐三年(1316),高昌回鹘亦都护纽林的斤被元廷封为高昌王,亦都护高昌王世勋碑汉文一面明确记录此事。[2] 汉文高昌王在该碑文的回鹘文一面中写作 qao čang ong。[3] 显然,乌兰浩木碑文中的高昌王(qočooo)之音与元代的高昌王(qao čang ong)大为不同。高昌回鹘首领有着多种称号,如 qaγan(可汗)、tängri elig／

---

[1] 笔者与吐送江的原文中,第 5 行第 1 个单词 tübünč 译作"老巢",第 7 行第 1 个单词 tübl(ä)yü 译作"向(敌人的)老巢行进时",兹予以更正,译作"故土"和"朝着故土行进时"。

[2] 黄文弼《亦都护高昌王世勋碑复原并校记》,新疆社会科学院考古研究所编《新疆考古三十年》,乌鲁木齐,新疆人民出版社,1983 年,第 458—461 页。

[3] 残碑第 3 栏第 50 行、第 4 栏第 1 行、第 5 栏第 18 行。参见耿世民《回鹘文亦都护高昌王世勋碑研究》,第 517—520 页。

ilig(天王)、tängri xan(天汗)、tängrikän(圣上)等,[1]尚未发现有称为王 oo 的。就 qočooo 是汉语高昌王的音写来看,该称号似乎来自汉语语境下的高昌王。不过,依据回鹘文的始用年代而言,此处高昌王没有任何理由可以追溯到唐朝以前的高昌国时期。11 世纪的《突厥语大词典》(Dīvānü Luġāt-it-Türk)编者麻赫穆德·喀什噶里(Maḥmūd el-Kāšġarī),在介绍突厥语族部落诸语言时言:"回鹘(笔者按:高昌回鹘)人的语言是纯粹的突厥语,但他们彼此交谈时还使用另一种语言。他们有两种书写系统。一种是我在上面列举的由 25 个字母组成的突厥文字(笔者按:即回鹘文),他们的信件以这种系统写成。他们还有另一种和秦(Sin)相同的书写系统,他们用这种系统书写他们的经典和记录本。除了他们的牧师以外,没有一个人能读懂这种文字。"[2]中国历史博物馆藏总 8782 T,82(Y974/K7709)编号的回鹘文高昌回鹘摩尼教寺院经营令规文书钤有十一方朱印,印文为"大福大回鹘国中书门下颉于迦斯诸宰相之宝印"。[3]在回鹘人西迁至东部天山地区之前,唐朝的北庭守军依然驻守在北庭,唐朝政令仍然于此通行。上述回鹘人所使用的"和秦

---

〔1〕 相关研究,主要参见森安孝夫《東ウイグル可汗および西ウイグル国王のクロノロジー》,载氏著《ウイグル=マニ教史の研究》,京都,朋友书店,1991 年,第 182—185 页;P. Zieme, "Manichäische Kolophone und Könige," in G. Wiessner and H. J. Klimkeit eds., Studia Manichaica: II. Internationaler Kongre.ß zum Manichäismus, 6-10. August 1989, St. Augustin, Bonn, Wiesbaden: O. Harrassowitz, 1992, pp. 323-327;茨默《吐鲁番摩尼教题跋中的"国王"》,桂林、杨富学译,《敦煌学辑刊》2003 年第 1 期,第 150—151 页;W. Sundermann, "Iran Manichaean Turfan Texts Concerning the Tufran Region," in Turfan and Tun-huang, the Texts: Encounter of Civilizations on the Silk Route, A. Cadonna ed., Firenza: Leo S. Olschki, 1992, pp. 66-71; V. Rybatzki, "Titles of Türk and Uigur Rulers in the Old Turkic Inscriptions," Central Asiatic Journal, vol. 44, no. 2, 2000, pp. 205-292;荣新江《〈西州回鹘某个造佛塔功德记〉小考》,张定京、阿不都热西提·亚库甫编《突厥语文学研究——耿世民教授 80 华诞纪念文集》,北京,中央民族大学出版社,2009 年,第 184—186 页。

〔2〕 Maḥmūd-al-Kāšγārī, Compendium of the Turkic Dialects, 3vols., R. Dankoff and J. Kelly eds. and trs., Cambridge: Harvard University Printing Office, 1982-1985, vol. 1, p. 83;麻赫穆德·喀什噶里《突厥语大词典》第 1 卷,校仲彝等译,北京,民族出版社,2002 年,第 32 页小异。

〔3〕 参见森安孝夫《ウイグル=マニ教史の研究》,第 127—128 页。

(Sin)相同的书写系统"的文字定为汉字无疑。是故,汉语高昌王的回鹘语音写 Qočooo 出现于高昌回鹘时期的碑文中绝非偶然。

关于回鹘汉字音,B. Csongo 曾依据新疆出土五代宋元时期的回鹘文文献进行讨论。[1] 由于当时俄藏回鹘文文献研究进展缓慢,B. Csongo 并未能够充分利用这部分文献。是故,就属于宕摄的"王"字而言,他只给出了一个回鹘语音 vang(wang/waŋ)。[2] 实际上,"王"字在回鹘语中还存在另外两种语音,即前面介绍的 ong 与 oo。高田時雄则依据对《慈恩传》等回鹘语材料汉字音的比对,指出其可能存在两种体系:一种为经典颂咏者体系,另一种为不受此限制的体系。[3] 他还推定在回鹘西迁至东部天山的 9 世纪中期,该地区作为读书音保留有长安方言,此后长安方言渐次衰微,而吐鲁番本土方言的地位逐渐获得提高。[4]

上述两者中,前者即 B. Csongo 尝试从当代西北不同方言的差异中了解回鹘汉字音的变化。[5] 不过,由于其介绍的汉语方言地域宽泛,包括呼和浩特(归化城)、太原、大同、丰台、平凉、文水、兰州等地,且未曾考虑到这些地区语言文化的历史变迁,故其意见难免以偏概全之嫌。而后者高田時雄的结论源于其对敦煌出土汉藏对音材料的语音分析,建立在对敦煌地区历史变迁的考察基础上。[6] 相比较

---

〔1〕 B. Csongor, "Chinese in the Uighur Script of the T'ang-Period," *Acta Orientalia Academiae Scientiarum Hungaricae*, vol. 11, no. 2, 1952, pp. 73–121.

〔2〕 B. Csongor, "Chinese in the Uighur Script of the T'ang-Period,"第 116 页表格第 128"王"。

〔3〕 高田時雄《ウイグル字音史大概》,第 341—342 页。

〔4〕 高田時雄《ウイグル字音史大概》,第 337—338 页。

〔5〕 相关考述,参见 B. Csongor, "Chinese in the Uighur Script of the T'ang-Period," pp. 94–98.

〔6〕 高田時雄《敦煌資料による中國語史の研究,九・十世紀の河西方言》,东京,創文社,1988 年,第 186—187 页;高田時雄《ウイグル字音史大概》,第 337 页。高田時雄将这些汉藏对音材料归为 2 大类,考述第 1 类材料(如《金剛经》《阿弥陀经》等)与《唐蕃会盟碑》所见对音一致,第 2 类材料与《开蒙要训》等对音材料和敦煌写本的别字异文,以及婆罗米文转写资料等具有共同的音韵特征,推论上述两种不同性质对音材料的产生背景是——在敦煌地区,作为唐朝中央行政用语的标准音长安方言原本有着压倒性的优势,但在接近 70 年的吐蕃统治时期(786/787— ),以及自 848 年开始的归义军政权 (转下页)

而言,高田的结论更具启示意义。

在回鹘语材料中,汉字"高昌"音写之一的 qočo 来自吐鲁番本土汉语音。[1]其中"昌"的韵尾-ŋ 发生脱落,元音圆唇音化。据高田氏研究,在9—10世纪的河西方音中,宕摄、梗摄的鼻音韵尾-ŋ 脱落,主元音成为鼻元音,其中包括《切韵》宕摄扬韵的王。[2]依此而言,无论从内部吐鲁番本土音或从其近邻敦煌的西北方音之影响来看,此处讨论的"高昌王"Qočooo 之"王"oo 恐怕不会是源自中原王朝的册封之"王"(ong),而是来自吐鲁番本土的汉语方言。换言之,高昌王 Qočooo 称号的出现,表明当时的吐鲁番地区存在操用本土汉语方言的集团,汉文、汉语在当地有着较为深厚的群众基础,这也与喀什噶里所言回鹘人还使用和秦(Sin)相同的书写系统这条记录相互佐证。而且,音写高昌王 Qočooo 称号使用于追随高昌王征战的战士墓碑上,表明该称号在高昌回鹘王国的政治、军事体系内与可汗等回鹘语称号并驾通行。《续资治通鉴长编》卷22太平兴国六年(981)三月条记载:"丁巳,高昌国王阿厮兰汉始自称西州外生师子王,遣都督麦索温来贡方物。"[3]依乌兰浩木碑文的高昌王 Qočooo 称号而言,《续资治通鉴长编》记录的高昌国王并非宋朝依据汉文习惯的改写,而更可能就是高昌回鹘可汗的另一种称号。与可汗相同,高昌王 Qočooo 既是自称,又是他称。极可能,乌兰浩木碑文的创立年代就是在981年之前不久。

综上,从回鹘文材料中的"王"之音写 oo、ong、vang(wang/waŋ),尤其是从称号高昌王(Qočooo),不难看出汉文、汉语当时在以

---

(接上页)时期,河西本土方言开始占据优势,进入10世纪后曹氏归义军政权时期从长安方言的影响中脱离开来。他把这种关于河西方言的性质分类嫁接到了回鹘汉字音上。

[1] 伯希和《高昌和州火州哈喇和卓考》,冯承钧译,收入冯承钧《西域南海史地考证译丛七编》,北京,中华书局,1957年,第18—24页。

[2] 高田時雄《敦煌資料による中國語史の研究,九・十世紀の河西方言》,第179、392页。

[3] 北京,中华书局,1974年,第490页。

吐鲁番为核心的天山南北地区的流传。虽然现阶段尚不能勘同于高昌回鹘的某位可汗或某位国王，但 Qočooo（高昌王）这一称号的发现，为加深讨论高昌回鹘王国与中原天朝之间的密切的政治关系提供了强有力的证据。

## 三、契丹语、女真语、蒙古语材料中的"王"(ong)

契丹与奚源自东胡，主要活动于今内蒙古东南部。早在唐太宗朝时，契丹与奚即内附唐朝，唐在其地设置饶乐都督府和松漠都督府予以统辖。漠北回鹘汗国的崩溃与9世纪后半叶唐朝中央集权统治力的衰退，为契丹人的发展壮大提供了机运。耶律阿保机于天祐四年（907）即可汗位，于贞明二年（916）称帝，建立契丹国。契丹国家的运营机制从最初起就是胡汉二元体制，契丹与辽两个国号长期混用，境内除契丹文外还通行汉文汉语。借助对契丹文材料中的汉语借词的拟音建构，学术界迈出了契丹小字解读的第一步。现阶段，虽然契丹文材料尚不足以直接活用于历史学考证，但是充当语言学、文字学的讨论对象自无问题。

在契丹小字材料中，存在杰字，如唐乾陵出土金朝初期的《郎君行记》撰者之一王圭的姓氏，[1]辽宁阜新出土的刻于辽乾统五年（1105）的《许王墓志》第2行第8字和第12字。[2] 此字在契丹小字材料中出现概率很高，为汉语"王"的对译是无疑的。[3] 刘凤翥、于宝林给出的音值是 uaŋ。[4] 此音值为《契丹小字研究》所承袭。[5] 吴英喆、杨虎嫩（Juha Janhunen）在关于新出契丹小字材料的专著中

---

〔1〕 清格尔泰等《契丹小字研究》，北京，中国社会科学出版社，1985年，第59页。
〔2〕 刘凤翥、于宝麟《契丹小字许王墓志考释》，《文物资料丛刊》1977年第1期，第95页。
〔3〕 相关考述，参见清格尔泰等《契丹小字研究》，第59—60页。
〔4〕 刘凤翥、于宝麟《契丹小字许王墓志考释》，第92页。
〔5〕 此字原字序号是71。见清格尔泰等《契丹小字研究》，第88、152页。

给出的音值是 ong。[1] 不过,在新近出版的《契丹小字再研究》中,此字拟音 uaŋ～oŋ。[2]

"中国"在回鹘汗国时期的鲁尼文碑文中写作 TBGč＞tabγač,但在回鹘文写本中写作 t'vx'č＞tavγač。即,随着时代的发展,回鹘语中存在从 b 音到 v 音的过渡。回鹘文中最初不存在用于书写 v 的字母。为了适应从 b 到 v 的语音变化,以及拼写外来语音 v,而在 y 的左下方加上一小横,产生了 v 字母。前面介绍的王之回鹘语音 vang(wang/waŋ)出现在属于晚期的佛教文献中,即是此例。关于汉字"王"之中古音,各家的复原不尽一致,此处很难给出其确切的音值。不过,在以八思巴字拼写的《蒙古字韵》所记录的金末元初北方标准语音中,"王"音作 jwɑŋ。[3] 不难看出,回鹘语中的 vang(wang/waŋ)视作源自此 jwɑŋ 较为稳妥。而突厥汗国碑文中的 ong 与回鹘文写本中的 oŋ,其最初对应的"王"之音无疑要早于《蒙古字韵》所反映的金元时期。推而言之,金元时期"王"在北方汉语中可能存在两种语音。第一种是 vang 之对音 jwɑŋ,是当时的标准音(读书音);第二种是 ong 的原音,是自前代流传下来的传统语音,此音可能为一部分人说话所使用。如前所述,契丹早在唐太宗朝起就在饶乐都督府和松漠都督府管辖之下。如此,华夏称号"王"在当时传入契丹语内或为契丹人所知合乎情理。而且,前面介绍的突厥汗国碑铭中"王"的两种音写 ong 与 oo,其起始音均是圆唇音 o。虽然在辽末北方汉语标准音中,"王"可能与《蒙古字韵》所反映的金元时期的 jwɑŋ 相同或相近,且生活在华北地区的部分契丹人可能直接借用此音,但传统的 ong 音并不会因此而戛然而止。是故,相比 uaŋ 音,现存契丹

---

[1] Wu Yingzhe and Juha Janhunen, *New Materials on the Khitan Small Script: A Critical Edition of Xiao Dilu and Yelü Xiangwen*, Folkestone: Global Oriental, 2010, pp. 41, 61, 75, 81, 83, 90, 141, 152, 261, 289.

[2] 清格尔泰、吴英喆、吉如何《契丹小字再研究》,呼和浩特,内蒙古大学出版社,2017 年,第 179—180 页。

[3] 沈钟伟《蒙古字韵集校》,北京,商务印书馆,2015 年,第 319 页。

语材料中的"王"之译音拟定作 ong,更与契丹和唐朝之间的密切的历史渊源相合。

女真肇自白山黑水,长期受制于契丹。12 世纪初完颜阿骨打统一女真诸部,反辽建金。金初契丹文字仍在其境内流传,后女真人借用契丹小字创建女真文。金大定二十五年(1185)所立汉文女真文对译《大金得胜陀颂碑》女真文第 26 行出现女真字佘,用于音译汉字"王"。[1] 明永乐五年(1407)所设四夷馆编工具书《华夷译语》之《女真译语·人物门》记录有女真字囯圡半佘,译作国王,音作"国伦你王"[2]。关于其中的佘,刘凤翥等编《女真字典》给出的编号是 658,音作 wang。[3]

在 12 世纪初之前,女真长期活动于今东北北部和俄罗斯沿海州一带,与中原之间前后相继间隔有渤海国和辽朝。原本出自今哈尔滨一带的女真完颜部虽然势力坐大建国,但难以想象中原称号"王"能够在第一时间内穿越时空传至女真语内。若考虑到渤海国早在辽天显元年(926)就为辽朝所灭,且女真人借用契丹字创建女真字,则早期女真语的"王"之对音视作直接借自契丹语合乎情理。诚然,《蒙古字韵》记录的金末元初北方标准语音王作 jwɑŋ,当时生活在华北地区的女真人有可能直接借用此音。是故,即便当时在华北地区的女真人所操女真语中出现"王"之对音 wang,亦不出乎意外。不过,鉴于当时信息传播媒介的局限性,生活于原居地的女真人未必能够及时改称为 wang。而且,我们还要考虑到即使在华北地区的女真人之中,自前代承袭下来的传统的 ong 音也不太可能很快就会被完全抛弃。

我们知道,《女真译语》"来文"是先用汉文写好,再用女真文翻

---

[1] 参见道尔吉、和希格《女真文〈大金得胜陀颂〉碑校勘释读》,《内蒙古大学学报(哲学社会科学版)》1984 年第 4 期,第 75 页。

[2] 刘凤翥、张少珊、李春敏编著《女真译语校补和女真字典》,上海,中西书局,2019 年,第 10—11 页。

[3] 刘凤翥、张少珊、李春敏编著《女真译语校补和女真字典》,第 173、248 页。

译汉文。看来,其女真文语音肯定源自前来明廷朝贡的女真使者所言之女真语。东北北部的女真人所了解或掌握的汉语音,不可能与中原地区的汉语音保持语音上的同步发展。而且,当时的部分女真人已经习用蒙古文,而蒙古文在当现代语音 wang 出现之前,直至清末一直沿用 ong 来对译汉字"王"。尤其是《女真译语》所反映的汉语音系并非代表当时的北方汉语音,而是带有江淮口音的明朝官话。即,现阶段尚不足以断言《女真译语》所反映的明朝官话的"王"之音值定与《蒙古字韵》所记录的金元时期的北方汉语音 jwɑŋ 相同。是故,关于《女真译语》等记录的女真语中的"王"之对音,相比 wang,笔者更倾向于拟定作自前代流传下来的历史更为久远的 ong。

蒙古族源自唐代的蒙兀室韦,早期分布于大兴安岭北段、额尔古纳河流域,约 10—11 世纪初西迁至鄂嫩河上游。《契丹国志》卷 22《四至邻国地里远近》言:"正北至蒙古里国。无君长所管,亦无耕种,以弋猎为业。不常其居,每四季出行,惟逐水草,所食惟肉酪而已。不与契丹争战,惟以牛、羊、驼、马、皮、毳之物与契丹为交易。南至上京四千余里。"[1]《辽史》卷 24《道宗纪》大康十年(1084)条载:"二月庚午朔,萌古国遣使来聘。三月戊申,远萌古国遣使来聘。"[2]在成吉思汗的六世祖辈中出现带有辽朝官号"令稳"头衔的察刺孩令忽,其儿子是带有"详稳"头衔的想昆必勒格。亦邻真据此以为这些贵族是辽王朝扶持起来的,他们似乎站在辽一边反对辽王朝的敌

---

[1] 叶隆礼《契丹国志》,贾敬颜、林荣贵点校,上海古籍出版社,1985 年,第 214 页。《契丹国志》,南宋叶隆礼撰于 1180 年。不过,此条史料出自宋仁宗庆历元年(1041)自辽投宋的赵志忠所撰《阴山杂录》。相关考述,主要参见田村实造《モンゴル族の始祖説話と移住の問題》,《東洋史研究》第 23 卷第 1 号,1963 年,收入氏著《中国征服王朝の研究》(中),京都,东洋史研究会,1971 年,第 368 页;陈得芝《蒙古部何时迁至斡难河源头》,《南京大学学报》1981 年第 2 期,收入氏著《蒙元史研究丛稿》,北京,人民出版社,2005 年,第 62 页。

[2] 北京,中华书局,2016 年,第 327—328 页。

人。[1] 陈得芝则考述萌古部应是辽朝属部。[2]

《元朝秘史》记录克烈部首领脱斡哩勒罕(To'oril Qan)和铁木真一同配合金军,征讨塔塔尔部,战后被金朝授予"王"的名分。[3] 此后,他以王汗(Ong Qan)之名为人所知。直至现当代的音写 wang 出现为止,蒙古语中"王"始终音写作 ong,这在以中世纪蒙古语材料为核心的史料中存在多例,兹不赘引。在元朝册封的高昌王的回鹘语对音 qao čang ong 中,"高昌"qao čang 的"昌"čang 并非源自吐鲁番本土的汉语音 čo,而是中原音的直接对音。如此,紧随其后且尾音-ŋ并未脱落的"王"之回鹘语音写 ong,视作同属中原音的对音不悖于理。同理,此处讨论的蒙古语的"王"之音写 ong,也应是中原音的对音。

据麻赫穆德·喀什噶里《突厥语大词典》,东方诸部族中很多部族都有自己的语言,但同时也能说突厥语,如达靼、拔悉密等。[4]《元朝秘史》中出现为数不少的古代突厥语词或古代突厥语、蒙古语共通词,这至少说明在 13 世纪以前蒙古语族部落曾借用过古代突厥语词汇。[5] 不过,蒙古人的故土远离突厥汗国和回鹘汗国的统治核心地区。当蒙古人西迁至鄂嫩河流域时,操古代突厥语东部方言的回鹘人已经西迁多时。而且,传统上鄂嫩河流域并非回鹘人的分布

---

[1] 亦邻真《中国北方民族与蒙古族族源》,《内蒙古大学学报(哲学社会科学版)》1979 年第 3—4 期,收入氏著《亦邻真蒙古学文集》,齐木德道尔吉等编,呼和浩特,内蒙古人民出版社,2001 年,第 573—574 页。

[2] 陈得芝《辽代的西北路招讨司》,南京大学历史系元史研究室编《元史及北方民族史研究集刊》第 2 辑,1978 年,收入氏著《蒙元史研究丛稿》,第 36—37 页。

[3] 佚名著《元朝秘史(校勘本)》第 134 节,乌兰校勘,北京,中华书局,2012 年,第 134 页。

[4] Maḥmūd-al-Kāšγārī, *Compendium of the Turkic Dialects*, vol. 1, p. 83;麻赫穆德·喀什噶里《突厥语大词典》第 1 卷,第 33 页。

[5] 相关考述,主要参见 N. Poppe, "The Turkic Loan Words in Middle Mongolian," *Central Asiatic Journal*, vol. 1, no. 1, 1955, pp. 36-42. 另有 P. Aalto, "Prolegomena to an edition of the Pañcarakṣā," *Studia Orientalia*, vol. 19, no, 12, 1954, pp. 1-48; G. Clauson, *Studies in Turkic and Mongolic Linguistics*(*Royal Asiatic Society Books*, 1962), rep.: London and New York: Routledge Curzon, 2002, pp. 133-154;庄垣内正弘《モンゴル語仏典中のウイグル語仏教用語について》,载崎山理、佐藤昭裕编《アジアの諸語と一般言語学》,东京,三省堂,1990 年,第 157—175 页。

地域。在10—12世纪，蒙古高原中部的鄂尔浑河、图拉河和可敦城一带，属于以克烈部为核心的九姓达靼（或阻卜九部）的势力范围。蒙古人借用的古代突厥语词汇，早期应该是主要经由九姓达靼人输入，13世纪以后才有可能直接从高昌回鹘人借入。有辽一带，主要活动在蒙古高原东北部鄂嫩河流域的蒙古人，尚不具备借用回鹘语"王"之音写ong的充分的历史地理条件。相反，辽代的萌古部曾是辽朝属部。以此看来，蒙古语材料中的"王"之音写ong的源流存在两种可能：一是金朝授予克烈部首领的称号"王"的直接借用，另一个是借自契丹语。不论哪一种，其最终根源是契丹语中的汉语借词"王"的对音ong。

不可否认，在历史现实中，在辽金时期生活于华北地区的部分契丹人、女真人所操用的契丹语、女真语中，"王"有可能对音作wang。不过，就现存的契丹语、女真语材料而言，"王"之音写视作自唐代一直承袭下来的ong，则更与契丹和唐朝、女真和契丹之前的密切的历史联系相合。此音与鲁尼文碑刻、回鹘文材料和蒙古语材料中的ong相同，其源流在于更早的华夏语音"王"。

## 四、"王"在北方诸族语的流传及其意义

在8—10世纪的鲁尼文碑文中，频现汉语词"公主"的音写qunčuy。相比日语隋唐汉语音的"公"之音koo，qunčuy的qun与一贯带有韵尾ŋ的上古以来的"公"之音更为接近。这喻示"公主"一词传入北方边地的年代要早于隋唐。当然，这个年代的首选视作民族大融合时期的魏晋南北朝并无过错。不过，早在汉代，华夏中原与匈奴等北方诸族之间的交流和交往远超此前，西汉的和亲公主多次远嫁匈奴与乌孙。西汉统治集团原本出自江苏北部的徐州，其操用的方言想必与华夏核心地带中原汉语音相差无几。有鉴于此，"公主"的上古中原音在西汉时期传入漠北草原，流传到曾经的匈奴属部坚

昆等部族内,并带着与第一字"公"的韵尾-ŋ甚为接近的-n韵尾而为坚昆后裔黠戛斯等所承袭不悖于理。同理,随着汉匈之间物质文化交流的开展,带有韵尾ŋ的"王"之音写ong在当时出现于匈奴语中亦有可能。

  进一步而言,作为华夏最古老,且为最高统治者的称号,"王"在夏商西周时期就为包括北狄在内的周边族群所熟知不必怀疑。随着华夏外延的扩大与王权的独一性、专有性的淡化,深受华夏影响的与华夏接壤或身处华夏掌控之下的周边族群,最先承受或借用"王"之称号实属情理之中。匈奴原本在河西地区活动,"王"之称号定在秦汉之际为其所知。随着匈奴的北徙,"王"之音写ong在上古时期传入漠北等北方边地极具可能。在匈奴所设二十四长中,包括左右屠耆王、左右谷蠡王、瓯脱王等。其中,屠耆即贤之义,瓯脱为帐幕、营地、社会组织之义。[1]虽然无法得知具体含义,但与屠耆、瓯脱的用法相同,谷蠡应当是"王"之修饰词。如此分析,我们就可以推定匈奴称号中的"王"极可能对华夏称号"王"的直接借用。

  综上,华夏极具代表性的政治术语"王",在秦汉时期最早以ong的形式传入北方边地并开始行用,唐代以西北方音oo的形式,金代及其以降又以vang(waŋ/wang)的形式通过不同渠道为北疆诸族再次借鉴和活用。除王外,尚有将军、敕使、都督、司马、节度使、押衙、都统等华夏职官称号,在唐代广为包括北方诸族在内的周边族群所吸收、改造和利用。当时的北方诸族,只有在充分理解华夏职官称号的含义和职责的基础上,方能将其活用于自己的政治军事体系内。一言以蔽之,"王"之对音在匈奴、鲜卑、突厥、回鹘、黠戛斯、契丹、女真、蒙古等北方诸族诸语言文字材料中的存在,展现出历史上华夏文化在北方草原地带流传的鲜活场景,表明历史上华夏语言文化在北疆地区并未受到排斥。历史上的北疆诸族及其所建立的王朝等政治

---

〔1〕 陈晓伟《"瓯脱"制度新探——论匈奴社会游牧组织与草原分地制》,《史学月刊》2016年第5期,第7—9页。

体,并未抵制中原华夏的政治术语或职官称号,相反却积极引进并加以改造为己所用。

## 小　　结

纵观华夏五千年历史,不仅在经贸方面,而且在政治方面,西北诸族与中原华夏之间的互为补充、相互交融,始终贯穿着大漠南北、葱岭西东。汉唐是华夏文明核心内涵进一步充实完善并获得周边族群广泛认同的重要阶段,是中华凝聚力、影响力和辐射力最强的两个大一统王朝。以汉唐两朝为核心,华夏政治术语或职官名号在北部北疆地区的行用,向世人展示了历史上中国北方地区与中原华夏之间密切的政治、军事、文化关系,也反映了历史上各族人民共同开发建设北部边疆的历史。这对当下历史学视野下如何理解并推进华夏族群凝聚与国家秩序建设,培育并铸牢中华民族共同体意识多有裨益。

# 第二章　突厥"于都斤"崇拜之考索

每每谈及历史上中国北方民族的信仰问题时,圣地于都斤崇拜恐怕是大多数学者津津乐道的一个话题。于都斤,汉籍又作乌德健等,古代突厥语作 ötükän,始见于后突厥汗国(682—745年)鲁尼文碑文。狭义的于都斤是指于都斤山(Ötükän Yïš,即今杭爱山脉),[1]广义的于都斤是指于都斤地方(Ötükän Yer / Ötükän El),乃至于都斤国(El Ötükän)。历史上,杭爱山—鄂尔浑河流域曾长期是北方游牧政权政治统治的核心所在地。毫不夸张地说,这一地区的历史代表着当时的中国北方民族历史。在探讨蒙古高原历史的连续性时,于都斤地区自然有着特殊的意义。于都斤崇拜,则是贯穿这段历史的主线条,值得深入探讨。

关于古代突厥语词 ötükän,伯希和(P. Pelliot)1929年指出与蒙古的女神 ätügän 或 itügän 含义相同。[2]同年,符拉基米尔佐夫(Б. Я. Владимирцов)亦提出,ötükän 与蒙古的地神 etügän 或 ötügen 相同,都是萨满的信仰、概念和萨满的称谓。[3]之后的学者,多在此基

---

[1] ötükän yïš 直译是于都斤山林,然恐有误解之处,本稿一概称为于都斤山。
[2] 伯希和(P. Pelliot)《古突厥之"于都斤"山》,T'oung Pao(《通报》),vol. 26,1929,中译文收入冯承钧译《西域南海史地考证译丛》五编,北京,商务印书馆,1995年,第120—126页。其中,ätügän 原文作 atügän。
[3] 符拉基米尔佐夫(Б. Я. Владимирцов)《关于古突厥于都斤山》,《苏联科学院报告集》乙编,1929年,第7期第135页。此处转引自波塔波夫(Л. П. Потапов)《古突厥于都斤山新证》,蔡鸿生译,收入蔡鸿生著《唐代九姓胡与突厥文化》,北京,中华书局,1998年,第235—236页。

础上进行发挥。[1]然对突厥汗国于都斤崇拜中最具史学研究价值的产生背景,以及于都斤崇拜在后世的流传,及其与蒙古语族民族之间的关系鲜有讨论。本章拟就上述问题略表拙见,并求方家指正。

## 一、后突厥汗国于都斤崇拜的核心理念

作为记录突厥与于都斤山关系的最早最翔实的史料,《周书·突厥传》言:[2]

> 虽移徙无常,而各有地分。可汗恒处于都斤山,牙帐东开,盖敬日之所出也。每岁率诸贵人,祭其先窟。又以五月中旬,集他人水,拜祭天神。于都斤四五百里,有高山迥出,上无草树,谓其为勃登凝黎,夏言地神也。

相同记录另见于《北史》《隋书》《通典》《太平寰宇记》等,唯"于都斤四五百里"均作"于都斤西五百里"。自早年的伯希和、山田信夫,直至当今的学者,均对上文中的"四"与"西"进行过探讨。笔者看来,既然唐代史料明言"(回鹘牙帐)西据乌德鞬山,南依嗢昆水",[3]回鹘碑文明言特斯碑所建之地(位于杭爱山脉西北端特斯河源西端)位于于

---

[1] 主要参见岑仲勉《外蒙于都斤山考》,《历史语言研究所集刊》第8本第3分册,1939年,收入氏著《突厥集史》下册,北京,中华书局,1958年,第1076—1090页;山田信夫《テユルクの聖地ウトゥケン山——ウトゥケン山に関する覚書1——》,《静冈大学文理学部研究报告》第1辑,1950年,收入氏著《北アジア遊牧民族史研究》,东京,东京大学出版会,1989年,第59—71页;波塔波夫《古突厥于都斤山新证》,第231—247页;包文胜《古代突厥于都斤山考》,《蒙古史研究》第10辑,2010年,第54—62页;玉努斯江·艾力、玉苏甫江·艾买提《论〈福乐智慧〉中的"梅禄""可汗"和"于都斤"的名称》,《西北民族研究》2012年第1期,第130—133页;白玉冬《回鹘语文献中的 Il Ötükän Qutï》,荣新江主编《唐研究》第22卷,北京大学出版社,2016年,第397—409页。

[2] 《周书》卷50《突厥传》,北京,中华书局,1971年,第910页。

[3] 《新唐书》卷43下《地理志7下》,北京,中华书局,1975年,第1148页。

都斤山西端,[1]那么于都斤山就应该是指杭爱山脉。上引史料事关东突厥汗国与于都斤山之关系,透露出以下几点信息:

(1) 包括可汗家族阿史那氏在内,突厥国内各游牧集团均有自己的领地,即el(国)。可汗牙帐终年位于于都斤山地区。

(2) 东突厥汗国可汗每年带领部族长等上层人物,在于都斤山地区祭拜先窟,并在塔米尔河畔祭拜天神。[2]

(3) 于都斤山内有峰,名勃登凝黎,地神之意。

关于突厥人对于都斤山的崇拜,汉籍史料并未提供更多直接有力的素材。不过,后突厥汗国鲁尼文碑文可弥补这方面的欠缺。以下引用的古代突厥语史料中,转写(transcription)中的[ ]内文字表示推测复原文字,译文中的( )内文字为补充说明。如,毗伽可汗以治理四方人民的功绩教诲臣民时言:bunča bodun qop etdim ol amtï añïɣ yoq türük qaɣan ötükän yïš olursar eltä bung yoq(我整顿了这些所有人民,当今仍无恶事。只要突厥可汗占据于都斤山,那国内就无忧无虑)。在出征东西南北四面之敌后,毗伽可汗训示道:ötükän yïšda yeg idi yoq ärmiš el tutsïq yer ötükän yïš ärmiš[完全没有(地方)胜过于都斤山,维持国家之地是于都斤山]。在谈到与唐朝间关系时训诲说:ol yergärü barsar türük bodun öltäči sän ötükän yer olurup arqïš tirkiš ïsar näng bunguɣ yoq ötükän yïš olursar bänggü el tuta olurtačï sän(如果前往他们(即唐朝)的土地,那突厥人民你们就会死亡。如果占据于都斤地方,再派遣商队,那你们就没有任何

---

[1] 希内乌苏碑(建于759年或稍后不久)东面第8行、塔里亚特碑(建于752年)西面第1行记录到,虎年(750)2月,在于都斤山西端、特斯河源设置王座,同年夏在此度夏建碑。希内乌苏碑内容参见白玉冬《〈希内乌苏碑〉译注》,朱玉麒主编《西域文史》第7辑,2013年,第87页;塔里亚特碑内容参见片山章雄《タリアト碑文》,载森安孝夫、奥其尔编《モンゴル国現存遺蹟·碑文調查研究報告》,丰中,中央ユーラシア学研究会,1999年,第168—171页,译文参见同书第171—174页。关于上述相关碑文内容与特斯河之关系,见大澤孝《北モンゴリア·テス碑文の諸問題》(第38届日本阿尔泰学会报告要旨),《東洋学報》第77卷第3、4号,1995年,第99—100页。

[2] 他人水为他民水,即现在的塔米尔河,见王小甫《拜火教与突厥兴衰——以古代突厥斗战神研究为中心》,《历史研究》2007年第1期,第37页。

忧虑。如果占据了于都斤山,那你们就会永远维持住国家)。在毗伽可汗训诫突厥人不要服属外人的文中言：ïduq ötükän y[ïš bodun bardïγ](神圣的于都斤山的人民,你们走了),接下来列举突厥人在前往之地如何受苦受难。[1] 上引碑文内容反映,于都斤在后突厥汗国人心目中是保障国家人民无忧无虑之地和维持国家统治安定之地。

于都斤山在突厥人心目中的这一特殊性,在后突厥汗国三朝权臣暾欲谷为自己设立的纪功碑里表现得更为淋漓尽致。碑文言 türük [qaγanïγ] türük bodunuγ ötükän yerkä. bän özüm. bilgä toñuquq ötükän yerig qonmïš teyin ešidip biryäki bodun qurïyaqï yïryaqï öngräki bodun kälti(正是我! 把突厥可汗、突厥人民引向于都斤地方! 听到毗伽暾欲谷占据了于都斤地方,南面的人民,西面的、北面的、东面的人民(都)来了)。[2] 按上引文理解,占据于都斤地方后,后突厥汗国的统治水到渠成,人心所向。无独有偶,敦煌出土 10 世纪时期的 Or.8212-161 鲁尼文占卜文书第 28 卦言：[3]

  qan olurupan ordu yapmiš. ili turmiš. tört bulungtaqï ädgüsi uyurï tirilipän mängiläyür bädizläyür tir. anča bilinglär ädgü ol.

  当上了可汗,建起了宫殿,国家诞生了。四方的杰出人物聚集起来,欢喜着,辅佐(原意为"点缀")着(他)。你们要知道,此为吉。

对比上引暾欲谷碑文内容,则发现占卜文书所言当上可汗、建起宫殿

---

〔1〕 分别见阙特勤碑南面 2—3、4、8 行,东面 23 行。参见 T. Tekin, *A Grammar of Orkhon Turkic*, Bloomington: Indiana University, 1968, pp. 231-232, 234, 261-262, 267;耿世民《古代突厥文碑铭研究》,北京,中央民族大学出版社,2005 年,第 117、118—119、127 页。

〔2〕 第一碑文南面第 9 行。参见 T. Tekin, *A Grammar of Orkhon Turkic*, pp. 250、285;耿世民《古代突厥文碑铭研究》,第 98 页第 17 行。

〔3〕 T. Tekin, *Irk Bitig: The Book of Omens* (*Turcologica*, vol.18), Wiesbaden: Harrassowitz Verlag, 1993, p. 16.

和国家诞生,与暾欲谷占据于都斤地方的效果异曲同工。看来,对后突厥汗国而言,于都斤山确实是他们心目中建国立业之根基所在。虽然汉籍文献并未给出后突厥汗国可汗牙帐所在地,但分析上述后突厥汗国碑文,可以推断出后突厥汗国可汗牙帐无非设在于都斤山。这应该是对东突厥汗国传统的继承,也为我们了解突厥于都斤崇拜提供了直接的材料。笔者最大的疑惑是,后突厥汗国于都斤崇拜理念是如何形成的?

佛教在东突厥汗国时期曾短暂获得信仰。[1] 祆教,即拜火教,亦在突厥国内获得某种程度的信仰。[2] 不过,包括汉籍与后突厥汗国碑文在内的文献史料反映,突厥人更是崇尚以泛灵论为根基的萨满教,[3]阿史那氏的族长首先是萨满兼冶炼师。[4] 细读后突厥汗国碑文,则会发现 tängi(天、神)一词出现频率极高。护雅夫曾搜集这些用例并逐一分析,论证突厥人心目中的 tängri 的形象是赐予他们勇敢与贤明,赐予他们国家和可汗,护佑他们的建国、统治与国家繁荣,同时对违背天神意志者作出惩罚的万能形象。[5] 在谈及后突厥汗国复兴原委时,例数突厥人经历的苦难后,碑文如是说:[6]

üzä türük tängrisi türük ïduq yeri suvï anča temiš türük bodun yoq bolmazun teyin bodun bolčun teyin qangïm eltäriš

---

〔1〕 参见杨富学、高人雄《突厥佛教盛衰考》,《南都学坛(人文社会科学学报)》2003年第2期,第17—22页。

〔2〕 参见蔡鸿生《唐代九姓胡与突厥文化》,第131—136页;王小甫《拜火教与突厥兴衰——以古代突厥斗战神研究为中心》,第31—40页。

〔3〕 参见護雅夫《古代游牧帝国》,东京,中央公论社,1976年,第224页;護雅夫《突厥の信仰——シャマニズムについて——》,《古代トルコ民族史研究》第2卷,东京,山川出版社,1992年,第233—255页。

〔4〕 参见護雅夫《遊牧国家における「王権神授」という考え——突厥の場合——》,《歷史学研究》第133期,1948年,收入氏著《古代トルコ民族史研究》第2卷,东京,山川出版社,1992年,第259—263页。

〔5〕 護雅夫《突厥人にとってのtängri(天—神)》,载氏著《古代トルコ民族史研究》第2卷,第347—356页。

〔6〕 阙特勤碑东面第10—11行,毗伽可汗碑东面9—10行,参见 T. Tekin, *A Grammar of Orkhon Turkic*, pp. 233, 243, 265, 266;耿世民《古代突厥文碑铭研究》,第123、153页。

qaɣanïɣ ögüm el bilgä qatunuɣ tängri töpüsintä tutup yügärü kötürmiš ärinč.

上方的突厥天神、突厥神圣的土地这样说了："不要让突厥人民消亡,要让(他们)变成人民。"(为此,突厥天神)从穹顶捕获我(即毗伽可汗)的父亲颉跌利施可汗和我的母亲颉毗伽可敦,(并把他们)引向上方。

这段史料的转写没有任何问题。唯需要说明的是,从穹顶(tängri töpüsintä)捕获毗伽可汗父母颉跌利施可汗(eltäriš qaɣan)与颉毗伽可敦(el bilgä qatun)的主语,在文中并未被明示出来。不过,就史料开头介绍突厥的天神(türük tängrisi)与突厥神圣的土地(türük iduq yeri suvï)护佑突厥人民而言,从穹顶捕获上述二人的人物非突厥天神不可。bodun 是民众,需要由可汗统领。正因此,突厥天神在捕获上述二人之后,又把其从人类引向上方,使其出现在 bodun 之上。上引内容无疑在向后突厥汗国臣民宣示,后突厥汗国的创建者颉跌利施可汗是受天命而生。可以说,这种君权神授思想贯穿充斥着后突厥汗国碑文。总之,即便佛教、拜火教曾不同程度在突厥国内获得流布,但并没有从根本上影响到突厥人原始的萨满教崇拜。

对比此前东突厥汗国在于都斤山内的各种礼仪,不难发现,上引文与其之间注定存在必然的联系。显而易见,上引突厥碑文所言天神是指东突厥汗国在于都斤山内拜祭的天神,突厥神圣的土地是指东突厥汗国设立牙帐并拜祭先窟的于都斤山地区,也即后突厥汗国牙帐所在地。碑文所反映的君权神授思想,归根结底是建立在对东突厥汗国上天崇拜、先窟崇拜的高度认可之上。笔者以为,这反映了突厥于都斤崇拜的核心价值所在。严格来说,突厥的于都斤崇拜,是东突厥汗国在此地设立牙帐,举行祭拜先窟与天神的礼仪后才逐渐形成。众所周知,后突厥汗国统治集团出自阿史那部落旁系家族。显然,于都斤崇拜对逃离唐朝统治,立志在漠北重建突厥汗国的他们极具魅力。在漠北,在九姓乌古斯占据优势的地域重建家园的后突厥汗国统治集团，需要渲染后突厥政权的正统性与合法性。有助于其承袭东突厥汗国的政治遗产，并保障其在漠北统治的最佳思想领域的工具，首选是承袭东突厥汗国的国家文化遗产，即在于都斤地区设立牙帐，并祭拜天神与先窟。总之，笔者在此关注的是，不论形成时间的早晚如何，突厥于都斤崇拜的核心理念源自东突厥汗国在于都斤山地区举行的一系列国家性质的政治与宗教礼仪活动。

## 二、突厥于都斤礼仪的产生背景

前文指出，东突厥汗国在于都斤地区的政治与宗教礼仪活动，带来了日后的于都斤山崇拜。而且，突厥可汗在于都斤山拜祭先窟与天神，这本就是对于都斤山的某种崇拜之体现。那么突厥人在于都斤地区举行上述活动有何缘由？

关于古代突厥语词于都斤（ötükän）一词的含义，古今中外文献并未为我们提供任何直接信息。当历史学方面的文献考证陷入困境时，文化人类学方面的解释往往能够满足人们的心理期待。虽未能提供直接证据，伯希和与符拉基米尔佐夫不约而同地把于都斤与蒙古的萨满教地神（女神）ätügän、itügän、etügän、ötügen 相联系起来。其中，前者据《元朝秘史》第 113 节出现的 ätügän 汉译作地，1362 年的《西宁王忻都公神道碑》中的 ütügän 为大地之义，敦煌出土元代蒙古语诗文中的 ütügin äkä 意思为大地母亲，推断蒙古语中的 ätügän 有大地之意。并指出蒙古的女神 ätügän 或 itügän，即柏朗嘉宾（Plano Carpini）行纪中的萨满教神灵 ytoga，亦即马可·波罗（Marco Polo）行纪中的 natigay。[1] 白寿彝主编《中国通史》遵循上述伯希和意见，并以为 Etugen Eke（或 Eke Etugen）之 Etugen 和 Tenggeri（天、天神）似乎同为古阿尔泰语，相应含有"地

---

[1] 伯希和《古突厥之"于都斤"山》，第 125 页。

神"之意,古突厥人的圣地于都斤山亦即此意。[1]考虑到传世的蒙古萨满教颂歌中频繁出现 etügen eke(大地母亲),[2]上述学术界主流意见值得重视。

诚然,以后世的蒙古语材料来讨论突厥时代的地名,有悖常理。不过,学术界公认,室韦、蒙古是秦汉时期东胡集团后裔之一。虽然蒙古语材料出现较晚,但并不等于蒙元之前不存在操古代蒙古语族语言的部落。进言之,匈奴之后先后占据蒙古高原的游牧集团中,除突厥语族高车外,还曾存在出自东胡集团的蒙古语族鲜卑与柔然。盛行内亚 1500 年以上的可汗可敦称号,即来自东胡系民族。突厥之前在蒙古高原建立游牧帝国的,恰恰是东胡后裔柔然。相反,关于突厥的起源,存在言其原本出自河西,后在金山(阿尔泰山)充当柔然锻奴,其先窟是在金山的记录。总之,对 6 世纪中叶的蒙古高原而言,替代柔然成为高原主人的突厥汗国完全是个外来政权。突厥承袭了柔然汗国众多政治遗产,包括可汗、大官等职官体系。[3]而且,据赛诺(D. Sinor)研究,包括狼起源、海神起源等在内的突厥起源传说表明,在突厥政权内生活着各种非突厥语族的部落和民族。[4]虽然赛诺关于突厥起源传说的考证尚有值得商榷之处,[5]但其结论反映的是客观史实。如,突厥国内存在粟特人组成的胡部,粟特人在突厥政

---

[1] 白寿彝主编《中国通史》第 8 卷(电子图书),上海人民出版社,1999 年,第 413 页。

[2] 参见 W. Heissig, *Mongolische volksreligiöse und folkloristische Texte: aus europäischen Bibliotheken mit einerEinleitung und Glossar*, Wiesbaden:Steiner, 1966 所收第 6 曲祭火歌74—76 页第 5、13、57 行、第 8 曲祭天歌第 82 页第 11 行、第 16 曲祭火歌第 109、110、112 页第 12、44、89 行。

[3] 主要参见张庆捷《虞弘墓考释》,荣新江主编《唐研究》第 7 卷,北京大学出版社,2001 年,第 151 页;罗新《虞弘墓志所见的柔然官制》,《北大史学》第 12 辑,2007 年,收入氏著《中古北族名号研究》,北京大学出版社,2009 年,第 130—132 页。

[4] 丹尼斯·塞诺《突厥的起源传说》,吴玉贵译,载北京大学历史系民族史教研室编《丹尼斯·塞诺内亚研究文选》,北京,中华书局,2006 年,第 54—67 页。

[5] 如《周书·突厥传》记录的突厥起源传说,与其视作塞诺提议的风雨神传说,毋宁视作狼传说。

权内经常充当对外使节,[1]突厥文化与粟特人有着密切联系,[2]甚至于突厥文明中有部分北亚萨莫耶德要素。[3]唐慧琳著《一切经音义》卷91言:"芮芮国:蓺锐反,亦名㕡国,北狄突屈中小国名。"[4]上述芮芮即柔然,突屈即突厥。《一切经音义》成书于唐贞元四年(788)至元和五年(810)。内田吟风据此指出上文芮芮国并非指《续高僧传》那连耶舍传记录的北齐北周时期,遭到突厥反叛的芮芮国,而应指慧琳所处唐代的突屈——即突厥帝国中处于被统治地位的小国茹茹(柔然)。[5]诚然,东突厥汗国灭亡后,在唐朝设立于漠北的羁縻府州名内,我们无法确认到与柔然相关的名称。不过,做为时人的记录,上引《一切经音义》的史料价值不应被忽视。总之,在政权组织方面承袭有前代柔然汗国众多要素的突厥,亦有可能承袭柔然汗国的部分文化遗产。历史上,当朝代更替时,地理名称虽有被人为更改之可能,但保持其原有名称的比比皆是。如,《辽史》卷68《游幸表》记录天赞三年(924)太祖阿保机:"次回鹘城,猎于野乌笃斡山。"[6]关于上文中的"野"字,虽有不同解释意见,但均无碍"野"之后的"乌笃斡"即乌笃斡(ötükän)之讹。[7]此乌笃斡应该是 ötükän 在后世的流传。蒙古国至今仍称杭爱山最高峰为 Otgon Tenger(奥讬衮腾格里)。此 Otgon 应与历史上的 ötükän / ütügän / etügen 一脉相传。

---

[1] 参见荒川正晴《オアシス国家・遊牧国家とソグド人》,载氏著《ユーラシアの交通・交易と唐帝国》,名古屋大学出版社,2010年,第96—102页。

[2] 参见蔡鸿生《唐代九姓胡与突厥文化》,第131—136、178—181页。

[3] 参见丹尼斯・塞诺《突厥文明的某些成分(6—8世纪)》,罗新译,载《丹尼斯・塞诺内亚研究文选》,第92—93页。需要指出的是,文中塞诺的某些观点稍显勉强,值得重新探讨。

[4] 《大正新修大藏经》第54册《事汇部下》,台北,新文丰出版公司,1973年,第883页。

[5] 内田吟风《北アジア氏研究 鲜卑柔然篇》,京都,同朋舍,1988年,第321页。

[6] 《辽史》,北京,中华书局,2016年点校本,第1149页。

[7] 岑仲勉《外蒙于都斤山考》,第1082—1083页;包文胜《古代突厥于都斤山考》,第61—62页。

关于于都斤信仰在突厥语族民族与蒙古语族民族间的传承问题，波塔波夫（Л. П. Потапов）推测是操突厥语的民族融入蒙古部落中，并把自己的宗教传播给了对方。同时，他还引用图瓦地区存在的于都斤山崇拜，力图证明图瓦人与古代突厥人之间的民族联系性。[1] 上述波塔波夫意见固然可备一说。《魏书》卷103《蠕蠕传》记录柔然大檀可汗："大檀以大那子于陟斤为部帅，军士射于陟斤杀之，大檀恐，乃还。"[2] 人名于陟斤中，若陟中古音 t'iək 的韵尾收声 -k 与斤 kiən 的声母 k-重合，或陟存在陡（中古音可复原为 d'əu）之讹的可能的话，于陟斤或于陡斤视作于都斤的另一写法不悖于理。[3] 如是，虽然用于人名，但上例表明于都斤之名的出现要早于突厥汗国。除此之外，亦有学者主张于都斤之名称有可能早在匈奴时代业已存在。[4] 看来，ötükän 既然难以用古代突厥语来解释，那当然存在源自其他语言的可能性。

作为相关突厥汗国与于都斤山关系的最古老的记录，《周书·突厥传》提到于都斤山内有峰，名勃登凝黎，地神之意。勃登凝黎之中，登凝黎无疑为 tängri（天、神）的音译，此处为"神"之意。按字面理解，修饰登凝黎的勃应为"地"之意。关于勃（中古音可推定为 b'uət），[5] 伯希和提议原则上或为 but、bur、bot、bor 等之对音，或为具有湿音韵母，如 büt 等之对音，或其收声不用-t、-r，而用-l、-z。伯希和假定的 böd（帝位），[6] 虽音可勘同，但词义不符。山田信夫推测的与此有关的蒙古语 obuγa＞obo（敖包），[7] 词义固然接近，惜音无

---

[1] 波塔波夫《古突厥于都斤山新证》，第 238—240、244 页。
[2] 《魏书》，北京，中华书局，1974 年点校本，第 2292 页。
[3] 陟、斤、陡中古音分别参见 B. Karlgren, *Analytic Dictionary of Chinese and Sino-Japanese*, Paris: Paul Geuthner, 1923, pp. 231, 133, 313.
[4] 岑仲勉《外蒙于都斤山考》，第 1077—1078 页。
[5] B. Karlgren, *Analytic Dictionary of Chinese and Sino-Japanese*, p. 228.
[6] 伯希和《古突厥之"于都斤"山》，第 122—123 页注 13。
[7] 山田信夫《テユルクの聖地ウトゥケン山——ウトゥケン山に関する覚書1——》，第 68—69 页，注 17。

从比对。包文胜提议，bor(bur)(佛)语音上自无问题，但把勃登凝黎与地神直接联系起来略有困难。是故，包先生以为于都斤与勃登凝黎合起来表达地神之意。[1] 此说虽然不无可取之处，但可能因为关注点是于都斤，故作者并未对"勃"继续深入讨论，亦未能够对"勃"给出恰当的解释。

古代突厥语文献中，bur(佛)主要出现在10世纪以降的回鹘文写本文献中。笔者查看后突厥汗国碑文和更古老的东突厥汗国时期的粟特文布谷特碑等，惜未能够确认到bur(佛)的存在。[2] 鉴于东突厥汗国曾经短暂信仰佛教，bur(佛)完全存在出现于东突厥汗国时期的文献，比如粟特文材料或其他尚未被发现的古代突厥语材料之中的可能。不过，如前介绍，突厥人更崇尚以泛灵论为根基的萨满教。突厥碑文中那些反映突厥人信仰的材料，促使笔者对东突厥汗国佛教信仰的程度产生怀疑——即便bur早已在东突厥汗国时期为突厥人所知，但突厥人对佛教的忠实度是否能够达到促使他们以此来表示地名的程度呢？而且，地神之义的勃登凝黎中，登凝黎为tängri(神)之义，然则"勃"应为地之义。即，从字面上推测，勃登凝黎的"勃"应该与地有关，我们不应该在"勃"与bur(佛)之间画上等号。是故，笔者的看法是——既然勃登凝黎为地神之意，那我们更应该对"地、大地"多加留意。

按上述伯希和提议，古代突厥语词boz(灰色)也可考虑为"勃"之候补。确切出现在古代突厥鲁尼文碑文中的boz(灰色)或令人联想起大地的颜色。[3] 不过，碑文时期的古代突厥语，在表达大地时

---

[1] 包文胜《古代突厥于都斤山考》，第59页。
[2] 后突厥汗国碑文，参见 T. Tekin, *A Grammar of Orkhon Turkic*, pp. 229 - 295；耿世民《古代突厥文碑铭研究》，第92—192页。布谷特碑文参见吉田豊、森安孝夫《ブグド碑文》，载森安孝夫、奥其尔编《モンゴル国现存遗跡·碑文調查研究报告》，丰中，中央ユーラシア学研究会，1999年，第122—125页。
[3] 如后突厥汗国阙利啜碑西面第4行、阙特勤碑东面第33、37行均存在 boz at(灰色马)。主要参见 T. Tekin, *A Grammar of Orkhon Turkic*, pp. 235 - 236, 257, 268 - 269, 293；耿世民《古代突厥文碑铭研究》，第178、130—131页。

通常使用 yaɣïz yer(褐色的大地)这一表达方式,即大地的颜色是以 yaɣïz(褐色)来表示。[1] 降至回鹘文写本文献中,出现单独以 yaɣïz(褐色)代表大地的用法。如,柏林藏 U1919 回鹘文《佛说北斗七星延命经》跋文的祝福文中,与 üstün kökdäki(上方天空上的)相对应,出现 altïn yaɣïzdaqï(下方大地上的)之文。[2] 其中,üstün 与 altïn 为上方和下方之义,kökdäki(天空上的)的-däki 和 yaɣïzdaqï(大地上的)的-daqï 是表示位置和方位的名词后缀。即,这里表示颜色的 yaɣïz(褐色)与 kök(蓝色)相互对应,分别代表大地和天空。笔者才疏学浅,尚未能够在古代突厥语材料中,发现以 boz(灰色)用来表示大地或其颜色的用例。而关于另一个存在可能性的 bor,据拉德罗夫突厥语方言词典,在奥斯曼语中有未开垦的土地、水中沉淀物之意。[3] 另外,据笔者了解,俄罗斯图瓦共和国博尔巴任(Por-Bajin)古城遗址名称,在图瓦语中是黏土房之意,其中的巴任(Bajin)是房屋之意。[4] 虽然同样用例尚未在古代突厥鲁尼文碑文中得到确认,但参照上例,古代突厥语 bor/por 的原意可能含有土之意。如此,相关勃登凝黎的疑问,看起来或可迎刃而解。

不过,与古代东部突厥语的 boz(灰色)相对应,蒙古语存在 boro(灰色、紫色、褐色)。[5]《元朝秘史》中 boro 共出现 4 次,旁译作

---

[1] 如阙特勤碑东面第 1 行、塔里亚特碑东面第 4 行、西面第 3 行均出现 asra yaɣïz yer(下面褐色的大地)。主要参见 T. Tekin, *A Grammar of Orkhon Turkic*, pp. 232, 263;耿世民《古代突厥文碑铭研究》,第 120—121 页。

[2] P. Zieme, *Magische Texte des uigurischen buddhismus*, Berliner Turfantexte, vol. 23, 2005, p. 148, G. 331-332.

[3] W. Radloff, *Versuch eines Wörterbuches der Türk-Dialecte*, 4vols, Санктпетербургъ: Коммисiонеробъ императорской академiи наукъ, 1893-1911, vol. 4, pp. 1661-1662.

[4] 相关介绍,参见林俊雄《ソ连イェニセイ河源流域の城郭址》,《考古学ジャーナル》第 126 号,1976 年,第 24—27 页。

[5] 参见内蒙古大学蒙古语文研究室编《蒙汉词典》,呼和浩特,内蒙古人民出版社,1976 年,第 481 页。

"青"或"雏",修饰衣物、帐篷与鹰。[1] 然《华夷译语·声色门》灰色作 böre,音作孛罗。[2] boro 与 böre 看来是不同的词汇。或许,古代蒙古语 boro 的元音在前舌音与后舌音上出现了不稳定性。

仁钦(B. Rinčen)整理的蒙古萨满教神歌所收托特文祭祀大地神歌中,作为敬奉的对象,与阿尔泰山(Altai Xan)、额尔齐斯河(Erčis)、额敏河(Emil)等地名并列,出现 Boro Tala。[3] Boro Tala 即今新疆博尔塔拉,博尔应为 boro 的口语形 bor 的音译。《元史》卷135《彻里传》介绍西北叛王海都在成宗时"盗据博落脱儿之地"。[4] 此博落脱儿即博尔塔拉(Boro Tala)。虽然有意见认为博尔塔拉为蒙古语"银色的草原"之义,[5]但在表示大地的时候,蒙古语 boro 原义相当于汉语的褐色或未开垦的土地之义。上述"银色的草原"的"银色"概是其衍生义。海西西(W. Heissig)整理的蒙古萨满教神歌第 16 曲祭火歌第 12 行出现 boro etügen eke(褐色的大地母亲)。[6]可见,如古代突厥鲁尼文文献以 yaγïz(褐色)来表示大地的颜色,古今蒙古语以 boro(褐色、未开垦的土地)来代表大地。如是,勃登凝黎的"勃"除了前面介绍的古代突厥语 bor/por(土?)的可能性之外,还存在前古典时期蒙古语 boro(褐色、未开垦的土地)之口语形 bor 的音译之可能。总之,不论把"勃"复原做古代突厥语 bor(土?),抑或复

---

[1] 第 2 卷 95 节,第 8 卷 205 节,第 10 卷 245 节,第 11 卷 260 节。主要参见栗林均、确精扎布编《〈元朝秘史〉モンゴル語全単語・語尾索引》,《東北アジア研究センター叢書》第 4 号,仙台,東北大学東北アジア研究センター,2001 年,第 92—93、396—397、500—501、550—551 页 02:38:04,08:36:09,10:41:02,11:46:06。

[2] 火原洁撰《华夷译语》(甲种本)第 1 卷《声色门》第 11 条目,东京,东洋文库影印本,页数未标。

[3] B. Rintchen, *Textes chamanistes mongols* (*Asiatische Forschunge: Monographienreihe zur Geschichte*, *Kultur und Sprache der Völker Ost-und Zentralasiens* Bd. 40), Wiesbaden: O. Harrassowitz, 1975, pp. 61 - 62.

[4] 《元史》,北京,中华书局,2008 年,第 3285 页。

[5] 如百度百科"博尔塔拉蒙古自治州"条。https://baike.baidu.com/item/2146102?fr=aladdin,2018 年 12 月 6 日 10:36

[6] W. Heissig, *Mongolische volksreligiöse und folkloristische Texte: aus europäischen Bibliotheken mit einer Einleitung und Glossar*, p. 109, 1. 12.

原做古代蒙古语 bor(褐色、未开垦的土地)，与 tängri(天、神)合用的勃登凝黎都具有地神之意。重要的是，这一地名早在突厥汗国之前既已经存在。

## 三、"于都斤"释音释义

通常认为，突厥回鹘的圣地于都斤，古代突厥语作 ötükän。学界对此并无异议。不过在北周隋唐的汉籍中，于都斤又作乌都鞬、尉都鞬、乌德犍(建、鞬)、郁督军等。[1] 其第 2 字都、德、督的中古音可复原如下：都：tuo[2] tu[3]；德：tək[4]；督：tuok[5]。其第 3 字鞬、犍、建、斤、军的中古音可复原如下：鞬：kï̯ɐn[6]；犍：kï̯ɐn[7]；建：kï̯ɐn[8] kï̯ɒn'[9]；斤：kï̯ən[10] kï̯ən[11]；军：kï̯uən[12] kï̯uən[13]。看得出，第 2 字是都(带有韵母 uo/u)的于都斤、乌都鞬、尉都鞬是古突厥语 ötükän 的标准译法，而第 2 字是德、督(带有入声韵尾-k)的乌德犍(建、鞬)、郁督军与 ötükän 略有出入。若按汉字音乌德犍

---

[1] 岑仲勉《外蒙于都斤山考》，第 1076—1084、1088 页对此进行了归纳与介绍。岑先生以为《元史》记录的鈋铁金＋辜胡兰山、《圣武亲征录》记录的月忒哥忽兰也是于都斤之异名。笔者对此意见不敢苟同。

[2] B. Karlgren, *Etudes sur la phonologie chinoise*, Stockholm: Norstedt and Söner, 1926, p. 837.

[3] 郭锡良《汉字古音手册》，北京大学出版社，1986 年，第 176 页。

[4] B. Karlgren, *Etudes sur la phonologie chinoise*, p. 877；郭锡良《汉字古音手册》，第 22 页。

[5] B. Karlgren, *Etudes sur la phonologie chinoise*, p. 894；郭锡良《汉字古音手册》，第 103 页。

[6] 郭锡良《汉字古音手册》，第 202 页。

[7] 郭锡良《汉字古音手册》，第 202 页。

[8] 郭锡良《汉字古音手册》，第 204 页。

[9] B. Karlgren, *Analytic Dictionary of Chinese and Sino-Japanese*, Paris: Paul Geuthner, 1923, p. 131.

[10] 郭锡良《汉字古音手册》，第 236 页。

[11] B. Karlgren, *Analytic Dictionary of Chinese and Sino-Japanese*, p. 133.

[12] 郭锡良《汉字古音手册》，第 247 页。另参见 B. Karlgren, *Analytic Dictionary of Chinese and Sino-Japanese*, pp. 131, 133, 313.

[13] B. Karlgren, *Analytic Dictionary of Chinese and Sino-Japanese*, p. 168.

(建、韃)、郁督军反推,则其古突厥语音作 ötük kän 较为贴合。我们知道,称号亦都护是古突厥语 ïduq qut 的音译,部族名黠戛斯(qïrqïz)源自其祖源传说中的四十位少女(qïrq qïz)。这里,前后相续的韵尾-q 与之后的声母 q-合二为一。同理,于都斤(ötükän)存在是 ötük kän 的韵尾-k 与声母 k-合二为一之后的写法之可能。

在突厥鲁尼文碑文中,ötükän 写法存在以下几种: ü t k n＞ötükän(暾欲谷碑)[1],ü t ük n＞ötükän(阙特勤碑)[2],ü t ü k n＞ötükän(阙特勤碑)[3],ü t ük n＞ötükän(希内乌苏碑)[4],ü t ük n＞ötükän(塔里亚特碑)[5]。虽然未能穷尽,但上述写法代表的是后突厥汗国与回鹘汗国的正统语音。这些碑文中,用于表达 k 音的文字 k 与 ük 均只出现一次,这无疑降低于都斤原音读作 ötük kän 的可能性。不过,毗伽可汗碑东面第 25 行中,拔丝密部落的首领称号写作 i D uQ T＞ïduq qut(亦都护)。[6] 即,此处以一个文字 uQ 同时代表-uq 音与 qu-音。同理,ü t k n / ü t ük n / ü t ü k n 三种写法中,单一的文字 k 或 ük 存在同时代表-ük 音与-kä 音的可能。

近来笔者重新释读突厥鲁尼文叶尼塞碑铭,发现赫姆奇克河东岸的卡娅乌珠(Khaya-Uju)岩刻文的第 16 条刻铭中出现于都斤之字

---

[1] 第 1 碑南面第 8 行 1 次,第 10 行 2 次。此据大阪大学东洋史研究室藏暾欲谷碑拓片。

[2] 南面第 3 行 1 次,第 4 行 2 次,第 8 行 1 次,东面第 23 行 1 次。关于阙特勤碑相关文字主要参见前面介绍的 T. Tekin, *Orhon Yazıları*, Ankara: Türk Dil Kurumu yayınları, 2014 所收赫尔辛基藏拓片录文第 3 页第 18 行、第 7 页第 47 行、第 8 页第 51、52 行,拉德洛夫(W. Radloff)拓片 Ka 第 3、4、8 行、拓片 K 第 23 行。其中,赫尔辛基藏拓片第 8 页第 51 行第 2 个录文与第 52 行(即南面第 3、4 行)录文作 ü s ük n,当有误。

[3] 南面第 8 行 1 次,详见前注。

[4] 北面第 2 行,东面第 7、8 行,南面第 4 行各出现 1 次。参见白玉冬《〈希内乌苏碑〉译注》,第 82、86—87、89 页。

[5] 东面第 3 行,南面第 6 行,西面第 1、2 行各出现 1 次,西面第 5 行出现 2 次。参见片山章雄《タリアト碑文》,载森安孝夫、奥其尔编《モンゴル国现存遺蹟・碑文調查研究報告》,丰中,中央欧亚学研究会,1999 年,第 168—170、172—173 页。

[6] 毗伽可汗碑文字见 T. Tekin, *Orhon Yazıları* 所收赫尔辛基藏拓片录文第 14 页第 17 行,拉德洛夫拓片 X 第 25 行,转写与译文主要参见 T. Tekin, *A Grammar of Orkhon Turkic*, Bloomington: Indiana University, 1968, pp. 243, 275;耿世民《古代突厥文碑铭研究》,第 159 页。

样。现给出该铭文的换写、转写与译文：

E24(16)：g：b r l s a ü t k (n B ŋ) m ük d r
ig birlä aš-a ötükän bungïm küdir
疾病和食物啊！于都斤在护佑我的悲伤。

关于上述刻铭，包括土耳其学者 Aydin 等的最新研究在内，[1] 前人并未进行释读。据波塔波夫介绍，图瓦地区至今仍存在于都斤山崇拜。[2] 虽然在已被解读的叶尼塞碑铭中尚未发现其他相关于都斤的记录，但于都斤之名出现于此并不偶然。上文中，句尾的 küdir-是动词 küd-(服侍，照看)的正在进行时的终止形。[3] 从内容不难看出，此文是对于都斤的祈祷文，küdir-转译作"护佑"更贴合文义。

如前面介绍，关于于都斤的含义，伯希和最早提出 ötükän 与蒙古的女神 ätügän(即 etügen)或 itügen 含义相同。符拉基米尔佐夫亦提议 ötükän 与蒙古的地神 etügän(即 etügen)或 ötügen 相同，都是萨满的信仰、概念和萨满的称谓。威尔金斯(J. Wilkens)将柏孜克里克千佛洞第 38 窟摩尼教壁画的回鹘语第 3 条铭文释读为 ötükän [w](a) xšikanč qutluγ tapmïš qy-a küyü küzädü tuṭzu[n](愿女神 Ötükän 保护 Qutluγ Tapmïš Qy-a!)，进一步佐证了上述伯希和的观点。[4] 现在，我们还可以加上一条，即前面介绍的 E24 卡娅乌珠

---

[1] E. Aydin, R. Alimov and F. Yıldırım, *Yenisey-Kırgızistan Yazıtları ve Irk Bitig*, Ankara: Bilgesu Yayıncılık, 2013, pp. 68–73.

[2] 波塔波夫《古突厥于都斤山新证》，第 238—240、244 页。

[3] küd-参见 G. Clauson, *An Etymological Dictionary of Pre-Thirteenth Century Turkish*, Oxford: Clarendon Press, 1972, p. 701.

[4] 关于铭文中的 waxšikanč(女神)，最早解读的森安孝夫读作[nγo] šakanč，视作 Nγošakanč(摩尼教女性信徒)。兹从威尔金斯(J. Wilkens)的改读 waxšikanč，译文据笔者理解。参见森安孝夫《ウイグル＝マニ教史の研究》，京都，朋友书店，1991 年，第 18—21 页；J. Wilkens, „Ein Bildnis der Göttin Ötükän," 收入张定京、阿不都热西提·亚库甫编《突厥语文学研究——耿世民教授八十华诞纪念文集》，北京，中央民族大学出版社，2009 年，第 449—461 页；白玉冬《回鹘语文献中的 Il Ötükän Qutï》，荣新江主编《唐研究》第 22 卷，北京大学出版社，2016 年，第 448—450 页。

(Khaya-Uju)岩刻文。看来,于都斤 ötükän 即女神之名,此概无疑。

此外,在 17 世纪的罗藏丹津著蒙古文史书《黄金史》(Altan Tobči)中,大地记录作 etügen eke(大地母亲)。[1] 海西西整理的蒙古萨满教神歌第 16 曲祭火歌第 12 行中,亦出现 etügen eke(大地母亲)。[2] 不过,按笔者此前的分析,ötükän 最初的音值存在 ötük kän 的可能。就其中的 kän 是表示高等级事物的名词构词词缀而言,[3]单独的 ötük 存在大地之义的可能。麻赫穆德·喀什噶里(Maḥmūd-al-Kāšɣārī)编《突厥语大词典》(DîvânuLuġat al-Turk)收录有 ötükän,言其是邻近回鹘之地的达靼草原中的一个地名,[4]惜未收录有 ötük 或 ütük 或 ötök。其他收录的 öt(胆汁)、üt(洞穴),以及可能与 ötük 有关的动词 üt-(烧焦)、öt-(刺穿、穿过)、öt-((鸟)鸣、出声)等,明显与 ötük(大地?)不符。在克劳森编《十三世纪以前突厥语词源词典》中,与 ötük 语音接近的有 otaɣ(临时的小屋)、ötüg(尖锐、时代、腹泻、过去的)、ötüg(要求、请求)、ütüg(烙铁)等,但语义不合。[5] 在拉德洛夫(W. Radloff)编《突厥语方言词典》中,ötük 在伊犁的塔兰奇语和柯尔克孜语中有靴子之意,ütük 在巴拉巴鞑靼语中有靴子之意,在西伯利亚方言中有烙铁之意。[6] 这些词义亦与 ötük 不合。另外,在蒙古帝国时期编撰的词典《库曼语汇编》(Codex

---

[1] 罗藏丹津《黄金史》,乔吉校注,呼和浩特,内蒙古人民出版社,1983 年,390 页注 7。

[2] W. Heissig, *Mongolische volksreligiöse und folkloristische Texte: aus europäischen Bibliotheken mit einer Einleitung und Glossar*, p. 109.

[3] A. 冯·加班《古代突厥语语法》,耿世民译,呼和浩特,内蒙古教育出版社,2004 年,第 52 页 48 节。

[4] Maḥmūd-al-Kāšɣārī, *Compendium of the Turkic Dialects*, 3vols, R. Dankoff and J. Kelly eds. and trs., Cambridge: Harvard University Printing Office, 1982–1985, vol. 1, p. 159.

[5] G. Clauson, *An Etymological Dictionary of Pre-Thirteenth Century Turkish*, Oxford: Clarendon Press, 1972, pp. 46b. 51ab.

[6] W. Radloff, *Versucheines Wörterbuches der Türk-Dialecte*, vol. 1, pp. 1265a, 1865a.

Cumanicus)中,笔者亦未能发现 ötük/ütük 或与其相近的词汇。[1]

反观蒙古语材料,17 世纪的萨囊彻辰著《蒙古源流》记录成吉思汗去世后,埋葬在叫大谔特克(也客斡特克)的地方。[2] 包括"大葬之地"的词注在内,[3] 道润先生并未提供该地名的蒙古文原文或拉丁字母转写。据乌兰《〈蒙古源流〉研究》,成吉思汗去世后,全体臣民一直护送到叫作罕·也克·哈札儿(qan yeke ɣaǰar)的地方(oron)埋葬,作者又介绍到:"据说,主上的金体安葬在按台山山阴、肯特山山阳的名叫也客·斡贴克(yeke öteg)的地方(ɣaǰar)。"[4]上述护送成吉思汗遗体的描述,还见于同属 17 世纪的佚名作者著《黄金史纲》。该书谈到成吉思汗死后:"有人说葬在阿尔泰山之阴、肯特山之阳名为大斡托克(yeke ötög)的地方(ɣaǰar)。"关于众人护送抵达之地,蒙古文写作 qan yeke ɣaǰar-a tende kürkebei。上文中,qan yeke ɣaǰar-a 的尾音 a 是向位格词缀,qan yeke ɣaǰar 与之后的指示代词 tende(那里)属同位语关系。故笔者不取朱风、贾敬颜二位为 qan yeke ɣaǰar 给出的译文"汗山大地",[5]整句译作"送到了 qan yeke ɣaǰar 那个地方"。显然,《蒙古源流》与《黄金史纲》记录的 qan yeke ɣaǰar 都是同一地名,应源自成吉思汗埋葬之地。罕(qan)即代指成吉思汗,也克·哈札儿(yeke ɣaǰar)即大地,此处有祖坟禁地之义。这应与上引史书中记录的成吉思汗埋葬地的另一名称也客·斡贴克(yeke öteg)或大斡托克(yeke ötög)意义相同。换言之,此处 öteg(斡贴克)、ötög(斡托克)与 ɣaǰar(地、地方)词义相同。考虑到蒙古萨满教神歌中至今仍保留有 etügen eke(大地母亲),笔者不认

---

[1] K. Grønbech, *Komanisches Wörterbuch. Türkischer Wortindex zu Codex Cumanicus*, København: Einar Munksgaard, 1942.
[2] 萨囊彻辰《新译校注〈蒙古源流〉》,道润梯步译校,呼和浩特,内蒙古人民出版社,1980 年,第 185、190 页。
[3] 萨囊彻辰《新译校注〈蒙古源流〉》,第 187 页注 9。
[4] 乌兰《〈蒙古源流〉研究》第 4 卷,沈阳,辽宁民族出版社,2000 年,第 231、601 页。
[5] 佚名著《汉译〈蒙古黄金史纲〉》,朱风、贾敬颜译,呼和浩特,内蒙古人民出版社,1985 年,第 35、161 页。

为上述 öteg / ötög 是古蒙古语 ötügen / etügen / ötegen 的变体。相反,因 öteg / ötög 的尾音-g 可视作-k 音在后世的浊化音,笔者以为由此推定得出的 ötek / ötök(地、地方)应与前面复原得出的古突厥语 ötük 含义相同。《魏书》卷 103《蠕蠕传》云:"大檀以大那子于陟斤为部帅,军士射于陟斤杀之,大檀恐,乃还。"[1]人名于陟斤中,陟中古音可复原为 t'iək。[2]则于陟斤与前面推定的于都斤最初音值 ötük kän 相合。岑仲勉以为于陟斤是于都斤的另一写法。[3]此说可从。

综上,关于于都斤的语音语义,我们可以归纳如下:其最初的古突厥语音作 ötük kän,其中,ötük 是大地之义,kän 是表示高等级事物的构词词缀,ötük kän 即地神之义。不过,ötük kän 这一写法尚未在回鹘语文献中得到发现,[4]且汉字于都斤这一标记已经出现在《周书·突厥传》中。看来,在突厥成为蒙古高原主人的 6 世纪中叶,ötük kän 之音已经出现 ötük 的尾音-k 与 kän 的声母 k-合二为一的现象。可以认为,在 ötük kän / ötükän 的汉语音译中,第 2 字中带有入声韵尾-k 的乌德犍(建、鞬)与郁督军,可能来自当时的某一特定群体之语音,是其原始音 ötük kän 的最为接近的音写。在突厥鲁尼文碑文中,以往被转写作 ötükän 的于都斤,转写作 ötük kän 更合原音原义。

## 小　　结

东突厥汗国所崇拜的圣地于都斤 ötükän 与勃登凝黎,在突厥人

---

〔1〕 武英殿版亦同。参见中国哲学书电子化 http://ctext.org,第 239 页。
〔2〕 陟中古音参见 B. Karlgren, *Analytic Dictionary of Chinese and Sino-Japanese*,1923,p. 231.
〔3〕 岑仲勉《外蒙于都斤山考》,第 1077—1078 页。
〔4〕 回鹘文文献中于都斤之名的归纳与介绍,详见森安孝夫《ウイグルから見た安史の乱》,载《内陸アジア言語の研究》第 17 辑,2002 年,收入氏著《東西ウイグルと中央ユーラシア》,名古屋大学出版会,2015 年,第 21—24 页,第 43 页注 26;白玉冬《回鹘语文献中的 Il Ötükän Qutï》,第 443—455 页。

占据蒙古高原核心地带之前既已经存在。古突厥语的勃登凝黎 bor tängri 存在承袭自操古蒙古语族语言的柔然的可能。突厥原本在阿尔泰山充当柔然锻奴,且其先窟最初被认为是在阿尔泰山。然则 6 世纪中期移居到蒙古高原的突厥人在于都斤山地区拜祭先窟与天神,极可能是把自身的主观信仰嫁接在了柔然的政治文化传统之上。于都斤最初的古突厥语音作 ötük kän,是地神之义,该音可能来自当时的某一特定群体之语音。关于柔然在于都斤山地区的活动,虽然缺乏突厥碑文那样当事者的记录,但依据传统汉籍文献,我们依然能够掌握到大致情况。北方民族的于都斤山崇拜,在突厥汗国之前既已经存在,恐怕并非属于古代突厥语族部族所专有。

# 第三章　后突厥汗国毗伽啜莫贺达干碑释读与研究

2018年8月6日至19日,兰州大学敦煌学研究所组织成立"兰州大学胡汉语碑刻考察团",对"草原丝绸之路"蒙古国境内胡汉语碑刻进行了学术考察。考察团由教育部人文社科重点研究基地兰州大学敦煌学研究所所长、长江学者特聘教授郑炳林任团长,团员包括敦煌学研究所白玉冬教授、吐送江·依明教授和土耳其伊斯坦布尔大学裕勒麦孜(M. Ölmez)教授。考察团在蒙古国境内累计行驶近1万公里,足迹遍及蒙古国中央省、前杭爱省、后杭爱省、布尔干省、巴彦洪戈尔省,对相关胡汉语碑刻进行了实地探查。[1]作为考察活动的成果之一,本文就其中之一的毗伽啜莫贺达干(Bilgä Čor Maγa Tarqan)碑文进行解读研究,并求方家指正。

## 一、碑文介绍

毗伽啜莫贺达干碑文位于蒙古国中西部巴彦洪戈尔省境内的柯尔格色音敖包(Hirgisin Oboo)地方。我们考察团一行在2018年8月16日10:45—14:00,对其进行了调查。蒙古语Hirgis是柯尔克孜之义,Hirgisin Oboo直译是柯尔克孜的敖包之义。不过,我们咨询蒙古学者,此地名Hirgisin Oboo与柯尔克孜并无关系。为避免引

---

[1] 考察简报参见白玉冬、吐送江·依明《"草原丝绸之路"东段胡汉语碑刻考察简记》,《敦煌学辑刊》2019年第4期,第199—206页。

起误解，关于该地名，我们音译作柯尔格色音敖包。碑文所在的巴彦洪戈尔省，北部属于杭爱山区，中部是戈壁阿尔泰山脉，南端与中国内蒙古自治区额济纳旗接壤。碑文位于该省中部巴查干（Baatsagaan）苏木，地处自杭爱山南流的拜德拉格河（Baidrag Gol）西岸台地上，四面草原环绕，东距河谷不足1公里，西南方数十公里外可见到连绵的山岭。碑文为今人立于敖包之上，海拔1505米，地理坐标为北纬46°03′35″06，东经99°16′59″29。此碑是蒙古国立大学考古系师生2016年5月考古实习时发现，相关介绍参见发现者刊登在蒙古科学院考古所编《考古研究》上的专文。[1] 我们首先各自按竖立状态下四面拍摄照片，之后5人合力从敖包上搬下碑石，按abcd四面测量解读（分别见图3-1、3-2、3-3、3-4）。a面宽21/22 cm、长84/85/70 cm，b面宽34/36/37 cm、长91/96 cm，c面宽17/18 cm、长70/85 cm，d面宽34 cm、长65 cm。a面有突厥汗国可汗家族阿史那氏公山羊印记，其下方另有一小型印记，惜模糊不清。b面和d面各镌刻3行鲁尼文，c面镌刻2行鲁尼文。其中，b面第1—2行右侧起始处第1—6(7)字向下方倾斜，保持有一定弧度。按上述b面第1—2行文字行进方向推断，碑文右侧大概缺失约3—5字。碑文字体与后突厥汗国大型碑文，以及回鹘汗国希内乌苏碑、塔里亚特碑、特斯碑字体相同。碑石北面约10米处有2个高约1米和80厘米的祭祀用石板。鉴于暾欲谷碑遗址、阙特勤碑遗址和毗伽可汗碑遗址均存在祭祀用石板，看得出该遗址是为纪念后突厥汗国某位重要人物而设立的，碑文是这一人物的纪念碑文。

关于该碑文，蒙古国立大学突厥语系巴图图鲁噶（Ts. Battulga）教授曾于2016年末，在内蒙古大学"首届北方民族古文字国际学术研讨会"（呼和浩特，2016年12月2—4日）上进行过介绍，并发表其

---

[1] T. Iderkhangai, Ts. Battulga and B. Bayar, "Newly found Runic Inscriptions in Mongolia (preliminary study)," *Археологийн Судлал*, vol. 36, 2017, p. 236；蒙古文介绍见 T. Идэрхангай, Ц. Баттулга, Б. Баяр, "Монгол нутгаас шинээр илрүүлсэн Руни бичгийн дурсгалууд," *Археологийн Судлал*, vol. 36, 2017, p. 231.

第三章 后突厥汗国毗伽啜莫贺达干碑释读与研究 / 47

图 3-1

图 3-2

图 3-3

图 3-4

解读成果。笔者参加上述学术会议时与其有过交流,但巴图图鲁噶教授的研读成果并未收入会议论文集内,一年后刊载于蒙古科学院考古所专刊《考古研究》第 36 辑和语言所专刊 Altaica 第 13 卷上。[1]在考察现场，白玉冬、吐送江·依明、裕勒麦孜三人分别进行了释读。除极个别字词外，我们当时释清了碑文的大体内容。回国前，白玉冬与吐送江·依明有幸在蒙古科学院历史考古所书库购买到了上述《考古研究》第 36 辑，又蒙裕勒麦孜教授发来上述巴图图鲁噶在 Altaica 上所发大作的电子版。对比核实，我们的解读与巴图图鲁噶教授的解读及其复原同中有异。加之在历史学方面，巴图图鲁噶并未进行考察，我们认为非常有必要把这方碑文介绍给国内学术界。依据我们的解读，碑文主人名为 Bilgä Čor Maɣa Tarqan（毗伽啜莫贺达干），故我们名之为毗伽啜莫贺达干碑。接下来，我们将依据现场释读案和彩色图版，逐一给出上述 bcd 三面铭文的换写（transliteration）、转写（transcription）、中译文和必要词注。引文范例如下：

换写：元音：a＞ä/a, e＞e, i＞i/ï, W＞o/u, ü＞ö/ü；辅音：小写字母代表拼写前舌音文字与前后舌双舌音的文字，大写字母代表拼写后舌音文字。符号：（ ）内文字表示能够见到残余笔画文字，[ ]表示推测复原的欠缺文字，[ / ]表示欠缺文字，：表示碑文所刻停顿符号。

转写：/ 表示不能复原的破损之处，[ ]表示推测复原部分。

译文：（ ）内文字为补充说明，/ 相当于换写和转写之中不能复原的破损部分，[ ]相当于推测复原部分。

## 二、释读与译注

a 面（西）：公山羊印记

---

[1] Т. Идэрхангай, Ц. Баттулга, Б. Баяр, "Монгол нутгаас шинээр илрүүлсэн Руни бичгийн дурсгалууд," pp. 231–232；Ц. Баттулга, "Хиргисийн овооны гэрэлт хөшөөнийбичээс," Altaica, vol. 13, Улаанбаатар, 2017, pp. 62–78.

b 面(南)

1. ［Y B G W］S（D）T T p n t a k s r a ü č Q N i l n：y č a T W（T）［D i］

［yabɣu］šad at atap anta kisrä üč qan ilin yiča tut[dï].

2. ［ü č Q N?］B W y t m s t ü m n ï Q š D i：t ü r k B W D N：[k ü ŋ l i n]

［üč qan?］bu yitmiš tümän qïsdï. türük bodun

3. ［b l g a č W r］m G a T R Q N：k i y g（r）m i t ü r k g m（t）［i］

［bilgä čor］maɣa tarqan iki yägirmi türük ägmät[i].

[1]赐予[叶护]和设的称号后，三位汗与以前一样掌控[了]国家。[2][三位汗?]，是这七十万突厥民众推举的。[3][毗伽啜]莫贺达干、十二姓突厥没有违背[心愿]。

c 面(东)

1. ［///］T W Q z W G z B W D W N G T W L G Q N a T［D i］

/// toquz oɣuz bodunïɣ tuluɣ qan ata[dï]

2. ［W L］（G）s ŋ m T y g n č W R Q z G n i T č［i］

[uluɣ] sängüm at yägän čor qazɣan ïtč[i]

[1]……Tuluɣ汗给予[了]九姓乌古斯(九姓铁勒)民众名号……[2][大]将军名字是 Yägän Čor Qazɣan Ïtč[i]。

d 面(北)

1. ［///］(b)l g a č W r m G a T［R Q N］

/// bilgä čor maɣa ta[rqan]

2. ［///］(t)ü r t B W L ŋ G i t m s：t［///］

/// tört bulungïɣ itmiš t///

3. ［///］(T)B G［č Q a］(i) š č a ü r t i：š［///］

/// tavɣa[čqa iš] čä örti. š ///

¹……毗伽啜莫贺达[干]²……他整顿了四方……³他[因公务]出使了唐朝……

**词注：**

b-1：S（D）＞šad（设）：巴图图鲁噶第1字未读，第2字读作R。现场解读时，感到第1字为双舌音字š或后舌音字S，第2字难以辨别。依据竖立状态下的图片，巴图图鲁噶读作R的文字，右下部分可见伸向右下方的线条，可以读作z。不过，依据平放状态下的局部图片，与现场释读感受相同，发现读作z文字的左上方竖线（即巴图图鲁噶读作R文字的左上方竖线）实际为石板的自然线条，读作z文字的右上方竖线几乎不见。相反，除了读作z文字的核心竖线外，还在其右上方可见一竖线。而且，确认到第1字是左上方斜线上带有伸向右下方斜线的S。由于之后的第3字T＞at是称号之义，此处第1、2字读作S（D）＞šad（设）于理可通。后突厥汗国时期，古代突厥语 tölis 指的是左翼，即其国土东部，tarduš 指的是右翼，即其国土西部，[1]而 yabγu 和 šad 为授给左右翼君长的称号。[2]具体举例而言，记录后突厥汗国勃兴期的骨咄禄，即颉跌利施可汗（682—691年在位）即位的汉文史料言骨咄禄以其弟默啜为设，以咄悉匐为叶护。[3]与此对应的后突厥汗国毗伽可汗碑东面第12行则有 tölis tarduš bodunuγ anta etmiš yabγuγ šaduγ anta bermiš（他（指骨咄禄）组织了突利施部和达头部人民，他授予了叶护和设的称号）一文。[4] 由于紧后面提到三汗与以前一样掌控了国家，此处应该是叙述建立突厥国家的左右翼体制。

---

[1] 小野川秀美《突厥碑文譯註》，《满蒙史論叢》第4辑，1943年，第350—351页。

[2] 護雅夫《古代トルコ民族史研究》第1卷，东京，山川出版社，1967年，第37—38页。

[3] 《旧唐书》卷194上《突厥传上》，第5167页。

[4] 小野川秀美《突厥碑文譯註》，第292页；T. Tekin, *A Grammar of Orkhon Turkic*, 1968, pp. 233, 265.

b-1：T T p＞at atap-(给予名号)：名词 at(姓名)及其后缀动词构词词缀-a 构成的动词 ata-(给予名号)的副动词形式。巴图图鲁噶读作 R T T p，并把紧前面缺损部分复原作 l n t ü r ü s n，转写作 älin törüsin artatïp，译作"摧毁他们的国家和法制"。按 arta-为"腐烂,发酵,变质"之义，[1]其使役动词 artat-解释做"摧毁,消灭"未尝不可。不过，如前注 S（D）＞šad(设)所介绍,巴图图鲁噶读作 R 的文字,实为 D。

b-2：y t m s t ü m n＞yitmiš tümän(70 万)：据文义,推举可汗的 70 万代指后面出现的突厥人民。此处第 2 行构成倒装句,用于强调。暾欲谷第 1 碑西面第 4 行记录骨咄禄起事时最初人马为 700 人，[2]阙特勤碑东面第 11—13 行记录从 17 人经由 70 人,发展到 700 人。[3]此处的 70 万,与上述 17、70 和 700 大概具有同样的文化人类学背景。[4]

b-3：[b l g a č W r]m G a T R Q N＞bilgä čor maγa tarqan(毗伽啜莫贺达干)：其中, bilgä čor 据 d 面第 1 行复原。单独的 m G a 还可复原作 amγa,视作汉语称号"押衙"的音译。[5] 不过,此称号多见于 9—10 世纪时期的于阗语、藏语、粟特语和回鹘语写本文书中。毗伽可汗碑东面第 31 行记录突厥军队在出击乌古斯部落时,

---

[1] G. Clauson, *An Etymological Dictionary of Pre-Thirteenth Century Turkish*, Oxford: Clarendon Press, 1972, p. 208.

[2] T. Tekin, *A Grammar of Orkhon Turkic*, p. 249;耿世民《古代突厥文碑铭研究》,北京,中央民族大学出版社,2005 年,第 95 页。

[3] T. Tekin, *A Grammar of Orkhon Turkic*, Bloomington: Indiana University, 1968, p. 233;耿世民《古代突厥文碑铭研究》,第 123—124 页。

[4] 相关数字"七"的研究介绍,主要参见钟焓《中古时期蒙古人的另一种祖先蒙难叙事——"七位幸免于难的脱险者"传说解析》,《历史研究》2016 年第 3 期,第 69—71 页。

[5] N. Sims-Williams and J. Hamilton, *Documents Turco-Sogdiens du Ixe-Xe Siècle de Touen-Houang* (*Corpus Inscriptionum Iranicarum*, Pt. 2, *Inscriptions of the Seleucid and Parthian Period and of Eastern Iran and Central Asia*, vol. 3: Sogdain, 3), London: School of Oriental and African Studies, 1990, pp. 28-29.

714 年在 m G（a）Q W R G N＞maɣa qurɣan 越冬。[1] 此 m G（a）＞maɣa 与碑文此处出现的 m G a＞maɣa 应同音同义。后突厥汗国权臣暾欲谷官号裴罗莫贺达干（boyla baɣa tarqan）中，莫贺对应 baɣa。鉴于词首辅音 m 与 b 之间的互换并非个案，笔者以为此处 m G a 完全可以视作莫贺。依 d 面内容判断，碑文就是为纪念 Bilgä Čor Maɣa Tarqan（毗伽啜莫贺达干）而设。汉文史料记录有多个"莫贺达干"（Baɣa Tarqan），如开元二十六年（738）杀掉突骑施苏禄可汗的大首领名为莫贺达干，暾欲谷官号中也有莫贺达干。《旧唐书》卷 194 上《突厥传上》言："长安三年（703），默啜遣使莫贺达干请以女妻皇太子之子，则天令太子男平恩王重俊、义兴王重明廷立见之。"据 d 面第 3 行，碑文主人曾经出使唐朝。我们推定此人就是上述《旧唐书》所记录的默啜派往唐朝的求亲使者莫贺达干。值得一提的是，关于北族官号中的莫贺（baɣa），有意见认为是出于梵语 mahā（大），亦有意见认为是出自阿尔泰语系语言的 baɣa 等。[2] 此处 m G a T R Q N＞maɣa tarqan（莫贺达干）的发现，为这一问题的深入讨论提供了值得参考的素材。

b-3：(k)i y g r m i t ü r k＞iki yägirmi türük（十二姓突厥）：迄今为止，记录十二姓突厥的史料，集中出现在汉文与藏文文献中，尚未在其他古代突厥语文献（此处指鲁尼文文献与回鹘文文献）中获得发现。其中，前者包括(1)《唐故三十姓可汗贵女贤力毗伽公主云中郡夫人阿那氏之墓志并序》（开元十一年，723 年立碑）、(2)《唐故薛突利施匐阿施夫人墓志铭并序》（肃宗元年，762 年立碑）、(3)《康

---

[1] 相关图片见 TICA：Turkish International Cooperation Agency eds.，*Orhun: The Atlas of Historical Works in Mongolia*，Ankara，1995，pp. 31-32；赫尔辛基拓片录文见 T. Tekin，*Orhon Yazıtları*，Ankara：Türk Dil Kurumu yayınları，2014 所附录文第 13 页第 8—9 行，拉德洛夫拓片摹写见 Табл. 3 第 33—34 行。年代考证，见岩佐精一郎《突厥毗伽可汗碑文の纪年》，载和田清编《岩佐精一郎遗稿》，东京，岩佐传一发行，1936 年，第 203—204 页。

[2] 相关介绍与分析，参见罗新《虞弘墓志所见的柔然官制》，《北大史学》第 12 辑，2007 年，收入氏著《中古北族名号研究》，北京大学出版社，2009 年，第 112—115、128—130 页。

公神道碑铭》《康阿义屈达干碑》)(约广德二年,765年立碑)等5条史料,后者是记录8世纪中期内陆亚洲民族分布状况的敦煌出土藏文P.t.1283文书。陈恳最新的考察,[1]使得我们对上述十二姓突厥有了一个较为详细的了解。兹略述一二。

第(1)条史料的墓主贤力毗伽公主为后突厥汗国第二代可汗默啜之女。默啜死后,她为了躲避阙特勤发动的政变而逃亡至唐朝。碑文相关部分言:

> 驸马都尉故特进兼左卫大将军云中郡开国公路没施达干阿史德觅觅。漠北大国有三十姓可汗爱女建冉贤力毗伽公主,比汉主公(公主)焉。自入汉,封云中郡夫人。父天上得果报天男突厥圣天骨咄禄默啜大可汗。天授奇姿,灵降英德。君临右地,九姓畏其神明,霸居左衽,十二部忻承美化。……[2]

上引碑文中出现的三十姓可汗,即暾欲谷碑记录的三十姓突厥(Otuz Türük)的可汗,据后文此处是指默啜可汗。关于构成三十姓突厥的部族名称、数量等,学术界尚未达成共识。[3] 如前注 S(D)＞šad(设)所介绍,骨咄禄执政时,默啜充当右翼首领设(šad),这与上引史料末尾介绍默啜"君临右地"相合。接下来"畏其神明"的九姓和"忻承美化"的十二部分别代指九姓铁勒和十二姓突厥。

第(2)条史料《唐故薛突利施匐阿施夫人墓志铭并序》载:"十二姓阿史那叶护可寒顺化王男左羽林军上下左金吾卫大将军阿史那从政,番名药贺特勤。夫人薛突利施匐阿施,元年(762)建卯月(二月)

---

〔1〕 关于汉文和藏文史料记录的十二姓突厥的详细考察,见陈恳《突厥十二姓考》,载氏著《突厥铁勒史探微》,台北,花木兰出版社,2017年,第99—170页。

〔2〕 关于此碑,国外有沙婉(E. Chavannes)、伯希和(P. Pelliot)、羽田亨、铃木宏節的研究。相关介绍参见鈴木宏節《三十姓突厥の出現——突厥第二可汗国をめぐる北アジア情勢——》,《史学雑誌》第115編第10号,2006年,第27页注释3。国内主要有岑仲勉《突厥集史》,北京,中华书局,1958年,第809页)、陈恳《突厥铁勒史探微》,第99页)的研究。其中,鈴木宏節(第3—4页)依据《隋唐五代墓志汇编》(第一册,天津古籍出版社,1991年,140页)录文和羽田亨所刊出的京都大学所藏拓片进行了重新训读。引文中,()内文字为前文之补正。

〔3〕 相关问题的介绍与考察,主要参见鈴木宏節《三十姓突厥の出現》,第12—24页;陈恳《三十姓突厥考》,载氏著《突厥铁勒史探微》,第49—58页。

十八日,染疾终于布政里之私第,春秋卅有八。"[1]此处,突厥可汗家族姓氏阿史那被冠以十二姓,据此可以推知十二姓突厥是构成三十姓突厥的核心部分。[2]

第3条史料《康公神道碑铭》主人是具有粟特人姓康姓的康阿义屈达干,他在突厥内乱亡国之际率领大批阿史那、阿史德及阿布思等部落南下投附唐朝。其中言:"其先世为北蕃十二姓之贵种。"[3]康阿义屈达干以突厥人自居,自谓出于"北蕃十二姓之贵种"可以视作一种抬高血统、夸耀门阀之举。[4]

汉文史料虽然记录有5处十二姓突厥,但并未对其部族构成给予介绍。敦煌出土 P.t. 1283 藏文地理文书则记录有"突厥默啜(vbug-chor)十二部落:(1)zha-ma-mo-ṅan 王族(2)ha-li(3)a-sha-ste(4)shar-du-li(5)lo-lad(6)par-sil(7)rṅi-ke(8)so-ni(9)jol-to(10)yan-ti(11)he-bdal(12)gar-rga-pur。[5]其中,(1)为王者阿史

---

[1] 图片见《隋唐五代墓志汇编》陕西卷第一册,天津古籍出版社,1991年,第90页;录文主要参见吴钢《全唐文补遗》第二辑,西安,三秦出版社,1995年,第565页;陈恳《突厥十二姓考(一)》,载氏著《突厥铁勒史探微》,第101页。日文训读见铃木宏節《三十姓突厥の出現》,第6页。

[2] 见铃木宏節《三十姓突厥の出現》,第6—7页。

[3] 《颜鲁公文集》卷6,《四部丛刊初编》,上海,商务印书馆景印本,1929年,第35页;《康阿义屈达干碑》,《全唐文》卷342,录文另主要参见岑仲勉《突厥集史》,第853页;荣新江《安史之乱后粟特胡人的动向》,载纪宗安、汤开建主编《暨南史学》第2辑,收入氏著《中古中国与粟特文明》,北京,三联书店,2014年,第101页;陈恳《突厥十二姓考(一)》,第103页;日文训读见铃木宏節《三十姓突厥の出現》,第28页注释11。

[4] 钟焓《安禄山等杂胡的内亚文化背景——兼论粟特人的"内亚化"问题》,《中国史研究》2005年第1期;陈恳《突厥十二姓考(一)》,第103—104页。

[5] 有关 P.t. 1283 文书的研究成果,按年代顺序主要有 J. Bacot,"Reconnaissance en Haute Asie Septentrionale par Cinq Envoyès Ouigours au Ⅷe Siècle," *Journal Asiatique*, vol. 244, 1956, pp. 137-153; G. Clauson, "À Propos du Manuscrit Pelliot Tibétain 1283," *Journal Asiatique*, vol. 245, 1957, pp. 11-24; L. Ligeti, "À propos du «Rapport sur les rois demeurant dans le Nord»," in *Études tibétaines dédiées à la mémoir-edeMarcelle Lalou*, Paris: Adrien Maisonneuve, 1971, pp. 166-189;森安孝夫《チベット語史料中に現れる北方民族——DRU—GUとHOR——》,《アジア・アフリカ言語文化研究》第14辑增刊,1977年,第1—48页;王尧《敦煌古藏文本〈北方若干国君之王统叙记〉文书》,《敦煌学辑刊》第2辑,1980年,第16—22页;F. Venturi, "An Old Tibetan Document on the Uighurs: A New Translation and Interpretation," *Journal of Asian History*, vol. 42, 2008, pp. 1-34. 本稿所引史料,均引自最为翔实的森安孝夫译注《チベット語史料中に現れる北方民族——DRU—GUとHOR——》,第3页。

那,(2)为贺鲁,(3)为阿史德,(4)为舍利突利,(5)为奴剌,(6)为卑失,(8)为苏农,(11)为悒怛,(9)或(10)可能为延陀,(12)可能包括葛逻禄,(7)不明。[1] 总之,十二姓突厥构成的是后突厥汗国核心。就上述十二姓突厥而言,该碑文定属后突厥汗国时期。

b-3 g m (t) [i]>ägmäti(没有违背):直译为"没有歪曲"。其中的第 3 字,巴图图鲁噶复原做 d,并把该词转写作 ägmäti,翻译作"没有后退"。关于动词 äg-,克劳森解释为弯曲,并言有时和头、颈等结合,可以理解做鞠躬。[2] 巴图图鲁噶取"后退",大概是对弯曲之义的拓展解释。在克劳森给出的例子中,äg-对应的宾语除 boy(脖颈)、butaq(树枝)等外,还包括 köngül(心,心灵,心愿)。例句 ägilmäz köngülni aqïlïq ägär,克劳森翻译做 generosity bends the unbending mind(随意地歪曲不屈的心灵)。可见,通常而言,äg-是个及物动词,需要宾语。反观 b 面第 2 行记录的推举汗的 70 万民众中,理应包括第 3 行提到的毗伽啜莫贺达干和十二姓突厥(Bilgä Čor Maγa Tarqan Iki Yägirmi Türük)。若按巴图图鲁噶复原,及物动词 äg-缺乏宾语,且第 3 行"毗伽啜莫贺达干和十二姓突厥没有后退"和第 2 行之间文义上似有龃龉。笔者以为,第 3 行语义承接的是第 2 行,是强调碑文主人毗伽啜莫贺达干和十二姓突厥拥护推举三位汗。参照上述克劳森给出的例句,此处 äg-的对象词大概可以视作 köngül(心,心灵,心愿)。按缺损部分和语序而言,k ü ŋ l i n>köngülin(köngül 后续第三人称对象格)应该在第 2 行末尾。

c-1 T W Q z W G z>Toquz Oγuz(九姓铁勒):即汉籍记录的九姓铁勒,包括回纥、仆固、浑、拔野古、同罗、思结、契苾、阿布思和骨仑屋骨等九个部落。toquz oγuz(九姓铁勒)频繁见于后突厥汗国暾欲谷碑、阙特勤碑、毗伽可汗碑中。虽然突厥碑文多次记录突厥军队

---

〔1〕 关于这些名称,包括 J. Bacot,G. Clauson,L. Ligeti,森安孝夫等在内先后进行了研究。相关详细介绍和讨论,见陈恳《突厥十二姓考(一)》,第 105—148 页。

〔2〕 G. Clauson, *An Etymological Dictionary of Pre-Thirteenth Century Turkish*, p. 99.

出征九姓铁勒（如前面介绍的毗伽可汗碑东面第 31 行），而且默啜可汗本身就是在与九姓铁勒之一的拔野古之间的战斗中阵亡，但后突厥汗国自视九姓铁勒为自己的属民。如，毗伽可汗碑东面第 29～30 行言 toquz oɣuz  bodun mäning bodunum ärti tängri yer bulɣaqïn üčün ödingä küni tägdük üčün yaɣï boltï（九姓铁勒曾经是我的人民，由于天地混乱，由于心怀嫉妒，他们成为了敌人）。[1] 阙特勤碑南面第 1—2 行记录毗伽可汗针对国民的训言，在列举诸弟、诸子、族人、人民后言 beryä šadapït bäglär yïrïya tarqat buyruq bäglär otuz tatar bägläri bodunï toquz oɣuz bägläri bodunï bu savïmïn ädgüti ešid qatïɣdï tïŋlä（右边的时多浮诸贵人，左边的诸达官梅禄官三十姓达靼的诸贵人和人民，九姓铁勒的诸官和人民，你们要好好听我的这些话，牢牢记住我的这些话）。[2] 亦有学者主张九姓铁勒是三十姓突厥的构成要素之一。[3] 汉籍中有时也称九姓铁勒为九姓突厥。此处言突厥可汗给九姓铁勒人民名号，与此不悖。前面介绍的默啜之女贤力毗伽公主墓志记录其父"君临右地，九姓畏其神明"，表明默啜直接管控后突厥右翼，九姓铁勒可能隶属后突厥右翼。

c-1 T W L G Q N＞tuluɣ qan：亦可转写作 at uluɣ qan（名声显赫的汗），或 toluɣ qan（完美的汗）。依据后文 ata-（给予名号）推断，此处似乎更应该是某汗的具体名称。不过，据笔者浅识，无论是在汉籍文献中，还是在古代突厥语文献中，尚未有与 tuluɣ 相同或接近的后突厥汗国可汗名称获得发现。查阅 L. Rásonyi 和 I. Baski

---

[1] 特勤（T. Tekin）*Orhon Yazıtları*，Ankara：Türk Dil Kurumu yayınları，2014 所附录文第 14 页第 12—13 行，其 TIKA 摹写见 Табл．Ⅲ 29—30 行。录文主要参见 T. Tekin，*A Grammar of Orkhon Turkic*，p. 244；耿世民《古代突厥文碑铭研究》，160 页。

[2] 赫尔辛基图片录文见特勤（T. Tekin）*Orhon Yazıtları* 所附录文第 8 页第 53—54 行，其 TIKA 摹写见 Табл．Ⅱ Ka. 1—2 行。其中，第 1 行末尾 W T Z＞otuz 紧后面文字，在芬兰考查队所获图片中，可见是 T T R＞tatar。耿世民《古代突厥文碑铭研究》，第 116 页）复原做 tatar（达靼），特勤（T. Tekin，*A Grammar of Orkhon Turkic*，1968，p. 231）未做复原。铃木宏节（《三十姓突厥的出现》，第 12—13 页）复原做 türük（突厥）。

[3] 铃木宏節《三十姓突厥的出现》，第 17—18 页。

编撰的前近代突厥语人名词典，亦未发现相同人名。[1] 相关考察，详见后文。

c-4 s ŋ m＞sängüm(将军)：古代突厥语文献中，汉语将军多音译作 sangun 或 sängün。蒙元时期，蒙古语、回鹘语作 sänggüm。[2] 此 sänggüm 与 sängüm 应一脉相传。

c-4 y g n＞yägän：人名要素。原意为外甥。[3] 亦可复原做 yigän(灯芯草)。[4] 据哈密顿(J. R. Hamilton)介绍，人名 yigän 汉文作"易言"。[5]

c-4 Q z G n i T č[i]＞qazɣan itči：人名要素。据 L. Rásonyi, I. Baski 编突厥语系人名词典，14 世纪的花拉子模语中有人名 qazɣan。[6] itči 为 it(狗)后续表示职业的名词后缀 či。

d-3 (T) B G[č Q a](i) š č a ü r t i＞tavɣa[čqa iš] čä örti(他因公务出使了唐朝……)：此处巴图图鲁噶读作 yašča örti，未能释读出笔者解读案的第 1 字 T、第 2 字 B 和第 3 字 G，以及推定复原部分，且对 š 之前的残存文字的释读亦与笔者不同。据平放状态下的图版，其中的第 1 字虽然存在后舌音文字 L 的可能性，但上半部可见箭头状线条，然则下方勾线应是后舌音字 T 的左下端。接下来的第 2 字清晰可见，无疑是后舌音字 B。之后的第 3 字上半部确切可

---

[1] L. Rásonyi, I. Baski, *Onomasticon Turcicum*, *Turkic Personal Names*, Bloomington: Indiana University, Denis Sinor Institute for Inner Asian Studies, 2007, p. 201.

[2] 相关古代突厥语 sangun 或 sängün 的研究介绍，见白玉冬、松井太《フフホト白塔のウイグル語題記銘文》，《内陸アジア言語の研究》第 31 辑，2016 年，第 34—35 页注释 6。

[3] G. Clauson, *An Etymological Dictionary of Pre-Thirteenth Century Turkish*, pp. 912-913.

[4] G. Clauson, *An Etymological Dictionary of Pre-Thirteenth Century Turkish*, p. 913.

[5] 哈密顿《五代回鹘史料》，耿昇、穆根来译，乌鲁木齐，新疆人民出版社，1986 年，第 217 页。

[6] L. Rásonyi, I. Baski, *Onomasticon Turcicum*, *Turkic Personal Names*, p. 450.

见两条竖线,释读作 G 没有问题。按 T B G č＞tavγač(中国,此处指唐朝)频繁见于后突厥汗国碑文而言,出现于此并不意外。故,上述 T B G 三字复原做 tavγač(唐朝),极具说服力。第 3 字 G 之后,碑石表面部分脱落。依据 d－2 行文字间距推定,此脱落处缺损 3 字。其中,第 1 个缺损文字,即笔者释读案中的第 4 字可推定为表示唐朝的 T B G č＞tavγač 的末尾字 č,第 2 个和第 3 个缺损文字,即笔者释读案中的第 5 字和第 6 字需要依据之后的文字和词义推定复原。接下来的第 7 个文字,依据能够见到的上半部残余笔画,释读作 a、i、Y 均有可能。若读作 Y,然则与之后的 š 构成 yaš(年龄、岁数),此 yaš 出现于墓志铭性质的纪念碑文上于理可通。关于此部分,笔者最初尝试读作 Y š Q a＞yašqa("岁数"后缀与格助词 qa)。不过,紧接 š 之后的文字虽然不能完全否定是 Q 的某种变体,但通常情况下应读作 č。裕勒麦孜教授亦建议换写作 č。反观上述第 7 个文字,若按 a、i 释读,与之后的 š 结合起来,首先可以复原出 aš(食物)、iš(工作、事务)、iš(油烟)等。[1] 此外,还有可能复原做 as(貂)、äs(腐肉)。[2] 如克劳森详细介绍,其中的 iš(工作、事务)多次出现于古代突厥鲁尼文碑铭文献中,兹不赘述。古代突厥语中,名词等格词缀 čä／ča,除表示"像……似的,大约,沿着"等意思之外,另存在"根据,与……相适应"之义。然则,iš(工作、事务)后续名词等格词缀 čä 的 iščä,直译是"根据工作、事务,与工作、事务相适应"之义。根据紧前面的 T B G č＞tavγač(中国,此处指唐朝),可知道此处的工作、事务与唐朝有关,即应为公务。之后,笔者释读的第 11 字和第 12 字 ü r 可以转写作 ör-(升起)、ör-(编织)、ür-(吹)、ür-(吠叫)等。[3] 据克劳森解释,ör-(升

---

[1] 关于 aš(食物)、iš(工作、事务)、iš(油烟),分别参见 G. Clauson, *An Etymological Dictionary of Pre-Thirteenth Century Turkish*, pp. 253-254。

[2] 关于 as(貂)、äs(腐肉),参见 G. Clauson, *An Etymological Dictionary of Pre-Thirteenth Century Turkish*, p. 240。

[3] 参见 G. Clauson, *An Etymological Dictionary of Pre-Thirteenth Century Turkish*, pp. 195-196。

起)词义与 ün-(升起、萌芽)几乎相同,[1]扩张意思有"萌芽"之义。此处取"萌芽",即"冒头,长出,出现"之义,视作出使。看来,碑文主人曾经出使唐朝。故,缺损文字的第 2 字和第 3 字,即笔者释读案中的第 5 字和第 6 字,应推定复原为 Q a＞qa,解释做充当名词 T B G č＞tavγač(中国)的与格词缀。

## 三、相关史事钩沉

据上面的释读,不难看出该碑文是后突厥汗国阿史那氏家族之毗伽啜莫贺达干的纪念碑。碑文 b 面讲述三位汗功绩:由突厥七十万民众推举的他们掌控突厥国家,并获碑主和十二姓突厥支持。c 面记录突厥 Tuluγ 汗功绩:给予九姓乌古斯(九姓铁勒)民众名号,被授予的将军名号叫 Yägän Čor Qazγan Ïtči。d 面记录毗伽啜莫贺达干功绩:整顿四方并出使唐朝。以下略作考述。

第一,Tuluγ 汗之 Tuluγ,按汉字可以音写作咄陆、都陆、咄禄、都禄等。其中,咄陆、都陆作为突厥可汗称号,出现于相关西突厥汗国的史料中。如,唐杜佑撰《通典》卷199《西突厥》在介绍统叶护可汗之子肆叶护继位时言:"肆叶护既是旧主之子,为众心所归,其西面都陆可汗及莫贺咄可汗二部豪帅,多来附之。"[2]这里西突厥的西面可汗,即右翼的小可汗号都陆。在介绍完肆叶护可汗死后言:"国人迎泥熟于焉耆而立之,是为咄陆可汗。咄陆可汗者,亦称大度可汗。"此处大度即古突厥语 tarduš 的音译,与达头同义,用于表示突厥汗国右翼。即,咄陆可汗代指西突厥西面可汗。此外,关于泥熟死后继位的沙钵罗咥利失可汗治下的西突厥,《通典·西突厥》云:"又分十箭为

---

[1] ün-见 G. Clauson, *An Etymological Dictionary of Pre-Thirteenth Century Turkish*, 1972, p. 169。

[2] 王文锦等点校,北京,中华书局,1992 年,第 5456 页。《旧唐书·突厥传》大同小异。

左右厢，一箱各置五箭。其左厢号为五咄陆部落，置五大啜，一啜管一箭；右厢号为五弩矢毕，置五大俟斤，一俟斤管一箭。其后或称一箭为一部落，大箭头为大首领。五咄陆部落居碎叶以东，五弩矢毕部落居于碎叶以西，自是都号为十姓部落。"[1]此处在西突厥整顿后的左右翼体制中，咄陆作为左翼部落之通名而出现。这与前面介绍的西突厥西面，即右翼达头部的可汗号都陆和咄陆之间有不合之处。接下来，在介绍西突厥国内分裂时言："（贞观）十二年（638），西部竟立欲谷设为乙毗咄陆可汗。乙毗咄陆可汗与咥利失中分，自伊列河以西属咄陆，以东属咥利失。咄陆可汗又建庭于乌镞曷山西，谓之北庭。"这里西突厥西部右翼所立可汗号中又包括咄陆。综上，虽然语焉不详，但依据上面列举的四条史料，我们依然可以得出如下结论：汉籍中，古突厥语 tuluγ 所对应的都陆或咄陆最初用于表示西突厥的右翼，后被用作西突厥左翼五部的通名，亦又充当西突厥右翼可汗称号的一部分。参此而言，出现于后突厥汗国碑铭的 Tuluγ 汗恐怕代指后突厥汗国右翼或左翼的首领小可汗。

永淳元年（682），唐朝单于都护府辖下突厥降户阿史那骨咄禄起事反唐，占据总材山、黑沙城（今呼和浩特市北）。《通典》卷198《突厥中》言骨咄禄："又抄掠九姓，得羊马甚多，渐至强盛，乃自立为可汗，以其弟默啜为杀，咄悉匐为叶护。"[2]称号杀（设）šad 和叶护 yabγu，在后突厥汗国的完整的左右翼体制当中，分别担任右翼 tarduš 达头部和左翼 tölis 突利施部的首领。[3]再看毗伽啜莫贺达干碑，该碑出土地拜德拉格河流域隶属后突厥汗国右翼，且碑主毗伽啜莫贺达干曾在长安三年（703）受默啜派遣前来唐朝提亲。联想到默啜最初是后突厥汗国右翼达头部首领，且前面介绍的默啜之女贤力毗伽公

---

[1] 王文锦等点校，北京，中华书局，1992年，第5457页。《旧唐书·突厥传》大同小异。

[2] 第5434页。《旧唐书·突厥传》同。

[3] 森安孝夫等《シネウス碑文訳注》，第60—61页；白玉冬《〈希内乌苏碑〉译注》，朱玉麒主编《西域文史》第7辑，北京，科学出版社，2013年，第105—106页。

主墓志记录其父"君临右地,九姓畏其神明",则碑文所言给予九姓乌古斯名号的 Tuluγ 汗存在代指统辖九姓铁勒的默啜之可能。笔者注意到,默啜之称号在暾欲谷碑中作 Qapγan 可汗,但在贤力毗伽公主墓志中作"天上得果报天男突厥圣天骨咄禄默啜大可汗"。按古突厥语,该称号较为稳妥的复原是:tängridä qut bulmïš tängri oγulï türük ïduq tängri qutluγ bögü čör uluγ qaγan,直译是:从天上获得福报的天之子、突厥的神圣的、天一样的、有福气的默啜、伟大的可汗。不难看出,这一称号充满神圣性,其高贵性远超首任 Ilteriš Qaγan 颉跌利施(聚民集众之意)可汗之称号。基于唐政府官方立场的默啜之女的墓志铭中出现的这一称号,有理由应被视作默啜的正式可汗号。综上,碑文中出现的 Tuluγ 汗,视作充当右翼首领时期的默啜之名号较有说服力。

第二,关于七十万突厥民众推举的三位汗,由于碑文缺损,我们不能直接给出答案。后突厥汗国所建鲁尼文碑文记录有三位第一突厥汗国的可汗名称,他们分别是开国可汗 Bumïn(汉籍的土门)及其弟西突厥汗国鼻祖 Istämi(汉籍的室点密)可汗,[1]以及 Yama(汉籍的射摩)可汗。[2]不过,据三位汗曾得到毗伽啜莫贺达干和十二姓突厥支持而言,相比以往过去的人物,他们被视作碑文建造前后的实际人物更于理贴合。参此而言,上述三位汗恐怕代指后突厥汗国建国时期的三位汗,其中之一注定为后突厥汗国首任可汗骨咄禄

---

〔1〕 Bumïn 可汗和 Istämi 可汗之名出现于阙特勤碑东面第 1 行、毗伽可汗碑东面第 3 行。主要参见 T. Tekin,*A Grammar of Orkhon Turkic*,Bloomington:Indiana University,1968,pp. 232,263;耿世民《古代突厥文碑铭研究》,北京,中央民族大学出版社,2005 年,第 120—121、150 页。其中,Istämi 在耿世民文中作 Ištämi,疑为笔误。

〔2〕 Yama 可汗之名见于翁金碑。主要参见 Takashi Ōsawa,"Site and Inscription of Ongi Revised ——On the Basis of Rubbing of G. Ramstedt and Our Field Works of Mongolia——,"*Türk Dilleri Araştırmaları*,vol. 18,2008,pp. 278 - 279;Takashi ŌSAWA,"Revisiting the Ongi Inscription of Mongolia from the Second Turkic Qaγannate on the basis of Rubbings by G. j. Ramstedt,"*Journal de la Societe Finno— Ougrienne*,vo. 93,2011,pp. 176 - 177.

(Qutluɣ),即颉跌利施(Ilteriš Qaɣan)可汗。[1]《通典》卷198《突厥中》言:"骨咄禄,天授中(690—692年)卒。默啜者,骨咄禄之弟也。骨咄禄死时,其子尚幼,默啜遂篡其位,自立为可汗。"[2]毗伽可汗碑云其父去世时(691)毗伽可汗(684—734年)八岁,[3]这可以佐证上述《旧唐书》之记录的可靠性。不过,阙特勤碑在讲述完骨咄禄去世后言:[4] ol törüdä üzä äčim qaɣan olurtï äčim qaɣan olurupan türük boduniɣ yičä etdi igitti(依据那个法制,我叔可汗即位了。即位后他与以前一样组织并统治了突厥民众)。看来,若依据突厥的习惯法而言,默啜之继位并非纯属篡位。《旧唐书·突厥传》言:"(万岁通天)二年(697),默啜立其弟咄悉匐为左厢察,骨咄禄子默矩为右厢察,各主兵马二万余人。又立其子匐俱为小可汗,位在两察之上,仍主处木昆等十姓兵马四万余人,又号为拓西可汗,自是连岁寇边。"[5]上述察,古突厥语作 čad,与突厥汗国右翼首领设、杀(šad)之间只是语音的不同,职责完全相同。[6]默矩即毗伽可汗,他被封为右厢察的时间与毗伽可汗碑所言十四岁(697)时被封为 tarduš(右翼达头部)的 šad(设)的时间相同。[7]虽然后突厥汗国在汗位继承上,右翼达头部的首领 šad(设,杀)/ čad(察)要优于左翼突利失(tölis)部的首领 yabɣu(叶护),但此处默啜所封其子小可汗职官要高于左右翼首领。亦即在汗位继承上,默啜之子小可汗有着优先权。暾欲谷

---

〔1〕 关于可汗(qaɣan)和汗(qan)的关系,学界通常认为 qaɣan 的词中音—ɣ—脱落之后变成词中长音形式 qaan,继而短音化成为 qan。本稿视碑文中的 qan 与 qaɣan 同义。

〔2〕 第5435页。《旧唐书·突厥传》大同小异。

〔3〕 骨咄禄去世年据岩佐精一郎《突厥毗伽可汗碑文の紀年》,载和田清编《岩佐精一郎遗稿》,东京,岩佐传一发行,1936年,第91、114页。

〔4〕 东面第16行。主要参见 T. Tekin, A Grammar of Orkhon Turkic, pp. 234, 266;耿世民《古代突厥文碑铭研究》,第125页。译文据笔者理解。

〔5〕 北京,中华书局,1976年,第5169—5170页。《通典》卷198《突厥中》同,唯未见年号。

〔6〕 白玉冬《鄂尔浑突厥鲁尼文碑铭的 čülgl(čülgil)》,《西域研究》2011年第1期,第87—88页。

〔7〕 东面第15行。主要参见耿世民《古代突厥文碑铭研究》,第155页。年代据岩佐精一郎《突厥毗伽可汗碑文の紀年》,第98页。

碑在叙述出征突骑施时,介绍默啜可汗对暾欲谷之言:[1]qatun yoq bolmïš ärti. anï yoɣlatayïn tedi. sü barïŋ tedi. altun yïšda olurïŋ tedi. sü baši inäl qaɣan. tarduš šad barzun tedi. bilgä toñuquqa baŋa aydï.(他对我说:"可敦去世了,我要办理她的丧礼。你们进军吧!你们驻扎在阿尔泰山林吧!军队的首领是伊涅可汗,让达头设前进吧!")。这里的 Inäl Qaɣan 伊涅可汗即默啜子小可汗,Tarduš Šad 达头设即日后的毗伽可汗。据毗伽可汗碑,这次远征突骑施发生于毗伽可汗二十七岁(710)时。[2]看得出,这次军事行动是默啜亲自统帅突厥军队,但当他因故返回后突厥本土时,军队的统帅由小可汗担任。这也从侧面反映小可汗在当时突厥国内的地位确实非同一般。开元四年(716),默啜在独乐河(图拉河)畔征讨拔曳固部时战死,于是:"骨咄禄之子阙特勤鸠合旧部,杀默啜子小可汗及诸弟并亲信略尽,立其兄左贤王默棘连,是为毗伽可汗。"[3]

综上,在后突厥汗国建国早期,带有汗号的,依次是骨咄禄、默啜和伊涅。据碑文 b 面和 c 面之间的内容衔接关系而言,三位汗中当包括 Tuluɣ 汗,即笔者推定的默啜可汗。鉴于默啜子充任小可汗伊涅可汗是在万岁通天二年至开元四年(697—716),且在出征突骑施的 710 年时小可汗担任军事统帅,则小可汗出生年与毗伽可汗不会相差过大。如是,碑文所言三位可汗中的第三位似乎是指伊涅可汗。不过,就碑文云"三位汗与以前一样掌控了国家"而言,这三位汗至少曾经身处同一时期。以此来看,伊涅可汗的年龄不足以支持他被列入三位汗的行列。

另,后突厥汗国三朝权臣暾欲谷为自己所立的暾欲谷第一碑西

---

〔1〕 第一碑北面第 7 行。主要参见 T. Tekin,*A Grammar of Orkhon Turkic*,pp. 251,266;耿世民《古代突厥文碑铭研究》,第 101—102 页第 31 行。译文据笔者理解。

〔2〕 东面第 26、27 行,主要参见 T. Tekin,*A Grammar of Orkhon Turkic*,pp. 243,276;耿世民《古代突厥文碑铭研究》,第 159 页。

〔3〕《旧唐书·突厥传》,第 5173 页。《通典》卷 198《突厥中》大同小异。

面第 6—7 行言：[1]tängri bilig bertük üčün özüm ök qaɣan qïsdïm. bilgä toñuquq boyla baɣa tarqan birlä ilteriš qaɣan bolayïn biriyä tavɣačïɣ öngrä qïtañïɣ yïrïya oɣuzïɣ üküš ök ölürti（由于天赐智慧，正是我自己推举了可汗。我要和毗伽暾欲谷裴罗莫贺达干一同成为颉跌利施（聚民集众之意）可汗——为此，正是他（即骨咄禄），在南边把唐人，在东边把契丹人，在北边把乌古斯人杀死很多）。暾欲谷先后辅佐骨咄禄和默啜称汗，同时是第三代毗伽可汗的岳父。在毗伽可汗执政时期，他为自己建立碑文，歌颂自己的丰功伟绩。这虽然有可能是因为他本人是毗伽可汗岳父使然，但另一方面也显示出他在后突厥汗国境内的特殊地位。笔者多年前研读暾欲谷碑，对上面介绍的骨咄禄所言 bilgä toñuquq boyla baɣa tarqan birlä ilteriš qaɣan bolayïn（我要和毗伽暾欲谷裴罗莫贺达干一同成为颉跌利施可汗）一文不得其解，单纯以为是暾欲谷借骨咄禄之口抬高自己的身份和地位。现在看来，起事当初骨咄禄也许对暾欲谷有个口头表示，即二人一同成为聚民集众的颉跌利施可汗。不过，这一事即便为当时的突厥人所知，但暾欲谷始终未能获得汗号，否则他不会在歌颂自身丰功伟绩的功德碑中不提。依此而言，此处所言三位可汗中，似乎也不应该包括暾欲谷。如是，既然三位汗中的二位是首任可汗骨咄禄和同时期担任右翼小可汗 Tuluɣ 汗的默啜，那么第三位汗最大可能是当时担任突厥左翼小可汗的某位汗。

## 小　　结

毗伽啜莫贺达干碑为我们研究后突厥汗国及其与唐朝之间的交流史提供了全新的材料。据碑文发现地以及碑文 a 面公山羊印记，

---

[1] 主要参见 T. Tekin，*A Grammar of Orkhon Turkic*，pp. 249，283；耿世民《古代突厥文碑铭研究》，第 95—96 页。译文据笔者理解。

我们可以肯定碑主人毗伽啜莫贺达干是出自后突厥汗国右翼的阿史那氏重要人物,将其勘同为长安三年(703)出使唐朝的突厥使者莫贺达干于理可通。碑文中出现的 Tuluγ 汗的 Tuluγ 推定为多见于西突厥汗国右翼首领小可汗称号的"咄陆""都陆"较为贴合,而 Tuluγ 汗视作成为大可汗之前的、充当右翼首领时期的默啜之称号合乎情理。碑文中出现的三位汗,代指后突厥首任可汗骨咄禄和早年担任右翼首领的默啜,以及曾经担任左翼首领的某位小可汗的可能性为大。包括以上问题在内的不明之处,有待进一步加深讨论。

(本文是对白玉冬、吐送江·依明著《蒙古国新发现毗伽啜莫贺达干碑文释读》,《敦煌学辑刊》2018 年第 4 期,第 6—16 页的增补修订)

# 第四章　暾欲谷碑 Az 族考

中古时期,古突厥语族群于中国历史是个重要的存在。他们以自己的语言文字(这里主要指鲁尼文和回鹘文)书写的碑刻题记、出土文书等,是他们对自身历史文化的自我记录。其困扰学术界多年的某些相关疑难问题,仅依赖古突厥语文献已经很难解释清楚,有必要与古代中国、波斯和东罗马等他者的记录进行比较分析。此类研究,不仅促进古突厥语文献学研究的进步,而且还有助于我们从多维度多视角探讨古突厥语族群的历史及其与中国历史之间的关系。

Az 是见于后突厥汗国碑文、漠北回鹘汗国碑文和叶尼塞碑铭的内亚部族,其历史与突厥、回鹘、黠戛斯相关。勒内·吉罗(R. Giraud)推测 Az 即 As(白貂之义),是钦察语和察合台语文献中的伊朗语族的 Assins(奄蔡人)。[1] 克劳森(G. Clauson)介绍 As/Yaz/Az 是个著名的突厥部落,出现在"突厥"及同时期描述欧亚大陆西部事件的历史中,外来词 Az 的首选是来自中世纪伊朗语的借词。[2] 高登(P. B. Golden)则简述 Az 的居地位于今俄罗斯萨彦—阿勒泰地区,由部族首领俟利发统领,可

---

[1] 勒内·吉罗著《东突厥汗国碑铭考释——骨咄禄、默啜和毗伽可汗执政年间(680—734)》,耿昇译,乌鲁木齐,新疆社会科学院历史研究,1984 年,第 265—269 页。耿昇将 Az 译作诃咥,不知何解。

[2] G. Clauson, *An Etymological Dictionary of Pre-Thirteenth-Century Turkish*, Oxford: The Clarendon Press, 1972, p. 277.

能有突骑施任命的都督,他们与伊朗语族的 As 族有关等。[1] S. Divitçioğlu 尝试从不同史料复原出 Az 与 Alan、回鹘、突厥、拔悉密之间的关系。[2] 兹以前人未作专门讨论的暾欲谷碑的 Az 为例,略述拙见,并求教于方家。

## 一、暾欲谷碑所见 Az

后突厥汗国暾欲谷碑(约建于 720 年)第 24—29 行(第 1 碑东面第 6—7 行、北面第 1—4 行),描述突厥出兵攻打叶尼塞河流域的黠戛斯之战斗过程。其中,讲述由于曲满山(萨彦岭)之路封闭,他们找到一个 Az 族人领路。关于这部分,学界公认换写是 y r č i t l d m : č ü l g i z r i : B W L T m。[3] 关于上引录文和换写,笔者下载查看大阪大学综合学术博物馆网上公开的暾欲谷碑拓片图版,[4] 并实地探查,文字确切无误。不过,就其释义而言,学术界意见不一。以下是代表性研究。[5]

下表中,第 2、3、13、14、17 的作者未给出转写。其中,第 2 和第 3 的译文分别是汤姆森(V. Thomsen)丹麦文的德译文和英译文,也是第 13、14 中译文的蓝本,第 17 的中译文主要参照的是第 9 特金(T.

---

[1] P. B. Golden, *An Introduction to the History of the Turkic Peoples: Ethnogenesis and State-Formation in Medieval and Early Modern Eurasia and the Middle East*, Wiesbaden: Harrassowitz, 1992, p. 142.

[2] S. Divitçioğlu, "The Mystery of the Az People(VIII Century)", *Archivum Eurasiae Medii Aevi*, vol. 12, 2003, pp. 5-14.

[3] 第 24 行,录文和换写按自左向右行文。关于鲁尼文字的换写(transliteration)和转写(transcription),学术界无统一方式。兹据森安孝夫 1999 年模式。见森安孝夫、敖其尔合编《モンゴル国现存遗迹·碑文调查研究报告》,丰中,中央欧亚学研究会,1999 年,第 119—120 页。文中引用其他学者的换写与转写时,均按此方式改写。

[4] https://db.museum.osaka-u.ac.jp/jp/database/GstLogin.htm。

[5] 除下表列出者之外,另有 L. Bold, *Orkhon bichgiin dursgal III* (*Toniyukukiin bichees*), Ulaanbaatar: Soyombo Printing, 2010;E. Aydın, *Orhon Yazıtları* (*Köl Tegin, Bilge Kağan, Tonyukuk, Ongi, Küli Çor*). Konya (Kömen Yayınları 87), 2012. 惜未能寓目。

| 序号 | 姓名 | 转写 | 译文 | 出处 |
|---|---|---|---|---|
| 1 | [俄] 拉德洛夫 | yerči tilädim čölgi az äri bultïm | Ich suchte dann Landeskundige und fand einen Mann von den Steppen-Az: 我寻找了当地人。我找到了一个荒原Az的男人 | W. Radloff, „Die Inschrift des Tonjukuk", in *Die Alttürkischen Inschriften der Mongolei*, 4vols., St. Petersburg, 1894 – 99 (rep. Osnabrück: Otto Zeller, 1987), vol. 2, pp. 12 – 13 第24行 |
| 2 | [丹] 汤姆森 | | Ich suchte einen Wegweiser und fand einen Mann von dem fernen Az-Volk: 我找了一个向导，找到了一个来自遥远的阿兹族的人 | V. Thomsen, „Alttürkische Inschriften aus der Mongolei", *Zeitschrift der Deutschen Morgenländischen Gesellschaft*, vol. 78, no. 3/4, 1924, p. 165 |
| 3 | | | I then sought a guide and found a man from the far-away Az people: 然后我找了一个向导，找从遥远的阿兹族男人 | Sir E. D. Ross, "The Tonyukuk Inscription: Being a Translation of Professor Vilhelm Thomsen's final Danish redering", *Bulletin of the School of Oriental Studies*, vol. 6, 1930 – 32, p. 40 |
| 4 | [土] 奥尔昆 | yerči teledim čölgi az äri boltïm | Kilavuz diledim. Az çölünden [bir] adam buldum: 我寻找向导，我从Az沙漠找到(一个)男人 | H. N. Orkun, *Eski TürkYazıtları*, 4vols., Istanbul: Devlet Basımevi, 1936 – 1941, vol. 1, 1936, p. 108 第23行 |

第四章　暾欲谷碑 Az 族考 / 69

续表

| 序号 | 姓名 | 转写 | 译文 | 出处 |
|---|---|---|---|---|
| 5 | [日] 小野川秀美 | yirči tilädim čölgi az boltum | 導者我素メタリ。? アーズノ者我見付ケタリ: 我找了向导? 我找到 Az 人 | 小野川秀美《奚厥碑文譯註》,《滿蒙史論叢》第 4 期, 1943 年, 第 73 页 |
| 6 | [俄] 马洛夫 | yärči tilädim čölgi Az äri boltym | Я искал знатока той местности и нашел человека из степных азов: 我寻找那个地区向导, 发现一个来自 Az 草原的人 | С. Е. Малов, *Памятники древнетюркской письменности. Тексты и исследования*, Москва: Издательство АН СССР, 1951, pp. 62, 66 |
| 7 | [芬] 阿勒陶 | yirči tilädim čülügi az äri bultim | Einen Wegweiser suchte ich. Einen Fremden(?) Az-Mann fand ich. 我寻找向导, 我找到一个陌生的(?) Az 族男人 | P. Aalto, „Materialien zu den alttürkischen Inschriften der Mongolei, gesammelt von G. J. Ramstedt, J. G. Granö und Pentti Aalto, bearbeitet und herausgegeben von Pentti Aalto." *Journal de la Société Finno-Ougrienne*, vol. 60, no. 7, 1958, pp. 38–39 |
| 8 | [法] 吉罗 | yerči telädim. čöllig iz äri bultim | Je demandai un guide. Je trouvai un homme qui connaissait les pistes du désert: 我寻找向导, 我找到一个知道沙漠路径的人 | R. Giraud, *L'inscription de Bain Tsokto*, Édition Critique, Paris: Librairie d'Amérique et d'Orient, 1961, pp. 55, 61 |

续表

| 序号 | 姓名 | 转写 | 译文 | 出处 |
|---|---|---|---|---|
| 9 | 〔土〕特金 | yerči tilädim az äri čölgi bultum | Then I looked for a guide and found a man from the Az people who lived in the plain: 然后我找了一个向导，从住在平原上的Az族找到一个男人 | T. Tekin, *A Grammar of Orkhon Turkic*, Indiana University, 1968, pp. 250 - 251, 286; *Les inscriptions de l'Orkhon: Kul Tighin, Bilghé Qaghan, Tounyouqouq*（*Dil ve Edebiyat Dizisi* 2）, Simurg: T. C. Kültür Bakanlığı, 1995, pp. 86 - 87; *Orhon Yazıtları: Kül Tigin, Bilge Kağan, Tunyukuk*, Ankara: Sanat Kitabevi, 2003, pp. 86 - 87. |
| 10 | 〔英〕克劳森 | | I searched for a guide and I found an Az man from Cülgi | G. Clauson, *An Etymological Dictionary of Pre-Thirteenth Century Turkish*, Oxford University, 1972, p. 420. |
| 11 | 〔芬〕芮跋慈 | yärči tilädim čölüg az äri bultum | Ich suchte einen Führer [und] fand einen Mann der Az aus Cöl: 我寻找一名向导，（并且）找到了一个来自Cöl的Az族男人（引用很长注释） | V. Rybatzki, *Die Toñuquq Inschrift*, Szeged: University of Szeged, 1997, pp. 55, 104 及其脚注 270 |
| 12 | 〔土〕裕勒麦孜 | yerči tilädim čölgi az eri bultum | Kılavuz aradım. Bozkır Azlarından bir asker buldum: 我找了向导，我从草原上的Az族找到（一个）士兵 | M. Ölmez, *Orhon-Uygur Hanlığı Dönemi Moğolistan'daki Eski Türk Yazıtları. Metin-Çeviri-Sözlük*. Ankara: BilgeSu, 2012, pp. 179, 187 |

续表

| 序号 | 姓名 | 转写 | 译文 | 出处 |
|---|---|---|---|---|
| 13 | 韩儒林 | | 予觅一向导,而得一辽远之 Az 族人 | 韩儒林《突厥文〈暾欲谷碑〉译文》,《禹贡》第 6 卷 7 期,1936 年,收入氏著《蒙元史与内陆亚洲史研究》,兰州大学出版社,2012 年,第 235 页第 23 行 |
| 14 | 岑仲勉 | | 予于是觅一乡导,得一人系自远方之阿热(Az)族者 | 岑仲勉《突厥文碑注释》,载氏著《突厥集史》,中华书局,1958 年,第 869 页 |
| 15 | 耿世民 | yärči tilädim. čölgi az äri bultum | 我寻找向导。我找到一个漠地阿热(Az)人 | 耿世民《古代突厥文碑铭研究》,中央民族大学出版社,2005 年,第 100 页 23 行 |
| 16 | 图古舍娃 | yerčī tilädim. čölgi az eri bultīm. | 我开始寻找向导,并找到了一个 Az 草原的人 | L. Ju. Tuguševa, Тюркские рунические письменные памятники из Монголии, Москва: Инсан, 2008, pp. 73, 81. |
| 17 | 芮传明 | | 然后,我寻觅一位向导,并找到了一个来自丘基的阿热人 | 芮传明《古突厥碑铭研究》,上海古籍出版社 1998 年版,第 280 页;《古突厥碑铭研究(增订本)》,商务印书馆,2017 年,第 243 页 |

Tekin)的英译文,局部择善而从。受条件所限,笔者未能查阅汤姆森的丹麦文译注。不过,据铃木宏杰介绍,汤姆森在丹麦文译注中并未给出暾欲谷碑的转写。[1]

上述学者们的最大分歧在于限定 Az 的 čülgi 上。其中,拉德洛夫(W. Radloff)、奥尔昆(H. N. Orkun)、小野川秀美、马洛夫(C. E. Малов)、阿勒陶(P. Aalto)、耿世民的转写 čölgi(荒漠、沙漠、漠地),吉罗(R. Giraud)的 čöllig(沙漠),特金、裕勒麦孜(M. Ölmez)、图古舍娃(L. Ju. Tuguševa)的 čölgi(平原、草原),芮跋辞(V. Rybatzki)的 čölüg,以及 S. E. Hegaard 的 čölüg(沙漠)都源自 čöl(沙漠)。[2] 克劳森(G. Clauson)在 čülig 词条中言古突厥语 čöl 是来自古蒙古语的借词,在察哈台语之前的时代无法追觅到其踪迹。[3] 在 čülgi 词条中,他以没有坚实的词源学基础为由,认为把暾欲谷碑的 č ü l g i 解释做 distant 和 strange 纯属假设,并将其视作地名 Čülgi。[4] 芮传明遵循克劳森意见,视作地名"丘基"。[5] 由汤姆森提出,并获韩儒林、岑仲勉支持的辽远之义,由于没有语言学方面的根据,同样不足为信。阿勒陶在 čülügi 的译文 Fremden(陌生的)后面加上(?),表明其并不可靠。

综上,关于 čülgi 的释读,学术界尚未达成共识。在古典文献的解读上,当遇到难以释清的疑难字词时,视其为专用名词,不失稳妥。不过,如果这一专用名词,其存在无法获得佐证,或在语

---

[1] 铃井宏節《トニュクク碑文研究史概論》,载森安孝夫主编《シルクロードと世界史》,大阪大学 21 世纪 COE プログラム＜インターフェイスの人文学＞,(2002、2003 年度报告书),丰中,大阪大学,2003 年,第 117 页。

[2] S. E. Hegaard, "Some expressions pertaining to death in the Kök — Turkic inscriptions," *Ural-Altaische Jahrbücher* (*Neue Folge*), vol. 48, 1976, pp. 89-115. 此处转引自 V. Rybatzki, *Die Toñuquq Inschrift*, Szeged, 1997, p. 104 脚注 270。

[3] G. Clauson, *An Etymological Dictionary of Pre-Thirteenth Century Turkish*, p. 420.

[4] G. Clauson, *An Etymological Dictionary of Pre-Thirteenth Century Turkish*, p. 420.

[5] 芮传明《古突厥碑铭研究》,上海古籍出版社,1998 年,第 290 页注 14;《古突厥碑铭研究(增订本)》,北京,商务印书馆,2017 年,第 253 页注 14。

义上无法释清,则不得不令人怀疑。čülgi 即属此例。按古突厥语鲁尼文通常的转写方法,čülgi 可转写作 čöligi / čölögi / čölügi / čüligi / čülögi / čülügi,同时存在词首辅音 č 之前补加元音 ä 进行转写,或把 čülgi 断读成 č+ülgi、čü+lgi、čül+gi、čülg+i 等多种可能性。笔者注意到,若把该处断读作 čü+lgi,把最初的 čü 转写作 äčü(祖先),则其转写存在三种可能:äčü äligi(祖先的那个手臂)或 äčü älügi(祖先的那个嘲笑)或 äčü iligi (祖先的那个依恋物)。[1] 这喻示该处文本可能与突厥先世有关。

总之,既然仅依靠古突厥语文献很难阐明问题,那我们就有必要把目光投向翔实记录突厥人历史的浩如烟海的汉文典籍。此处重点关注一下汉籍中的突厥起源传说。

## 二、突厥起源传说的阿谰之审音勘同

关于突厥的起源传说,鲁尼文碑文着墨不多,难以提供有价值的线索,相关信息有赖于汉籍。《周书》(629 年成书)《北史》(约 659 年成书)《隋书》(编纂于 629—636 年之间)的《突厥传》分别收录有不同版本的突厥狼起源传说故事。此狼起源传说还为唐杜佑撰《通典》所收录。[2] 笔者要讨论的第二种传说,并非出自官方史学,而是保存

---

[1] älig(手,前臂)、älüg(嘲笑)、ilig(依恋)参见 G. Clauson, *An Etymological Dictionary of Pre-Thirteenth Century Turkish*, 1972, pp. 140 - 141, 142。另参见 J. Wilkens, *Handwörterbuch des Altuigurischen*, *Altuigurisch-Deutsch-Türkish*, Akademie der Wissenschaften zu Göttingen (Hrsg.), 2021, pp. 103 (älig), 255 (elig), 256 (elüglä-), 303(ilig)。

[2] 王文锦等点校《通典》卷 197《边防十三·突厥上》,北京,中华书局,1988 年,第 5401—5402 页。塞诺对不同版本的突厥起源传说进行了比较研究。见 D. Sinor, "The Legendary Origin of the Türks", in: Egle Victoria Žygas and Peter Voorheis, eds., *Folklorica: Festschrift for Felix J. Oinas*, Bloomington: Indiana University Press, 1982, pp. 223 - 257;塞诺《突厥的起源传说》,吴玉贵译,载氏著《丹尼斯·塞诺内亚研究文选》,北京,中华书局,2006 年,第 54—67 页。

在唐人段成式(约 803—863 年)的志怪小说《酉阳杂俎》中。鉴于与本文密切相关的字词在《酉阳杂俎》中存在不同写法,兹从版本流传谈起。[1]

《酉阳杂俎》前集二十卷,续集十卷,先后脱稿,续集录事最晚止于唐大中七年(853)。[2] 南宋时刊刻三次,今能见到的最早刻本是国家图书馆藏明初本,其次有弘治六年(1493)刊刻的朝鲜刻本及其日本的传录本(明末)。上述朝鲜刻本和明初刻本均源出南宋嘉定七年(1214)宋本,基本完好地保留了底本的面貌。明万历三六年(1608)常熟赵琦美校勘的刻本,源自南宋淳祐十年(1250)宋本,质量上佳,为《四部丛刊初编》底本。明万历朝汪士贤校刊的"新都本"源自明初本的嘉靖年间翻刻本,为之后万历年间的商溶"稗海本",明末毛晋"津逮本",清嘉庆年间张海鹏"学津本"和《四库全书》本等的祖本。中华书局版方南生点校本,以赵琦美刻本为底本,并以其他刻本和书刊为主校和参校。[3] 受条件所限,笔者未能寓目明初本和朝鲜本。兹以台湾学生书局出版的《中国南海诸群岛文献汇编之一》所收赵刻本的影印本为底本,[4] 参考汪士贤校刊本,[5] 方南生点校本,《四库全书》本和《四部丛刊初编》本,[6] 以及宋李昉等编《太平广记》卷481《蛮夷一》,[7] 给出《酉阳杂俎》卷4《境异》突厥条的录文,并就

---

[1] 以下关于《酉阳杂俎》的版本流传,依据潘建国《〈酉阳杂俎〉明初刻本考—兼论其在东亚地区的版本传承关系》,《中国古典文献学国际学术研讨会论文集》,北京,国家图书馆,2009 年,第 169—175、188 页。

[2] 关于《酉阳杂俎》的成书时间,主要参见方南生《〈酉阳杂俎〉版本流传的探讨》,《福建师大学报(哲学社会科学版)》,1979 年第 3 期,第 67—70 页。

[3] 方南生点校《酉阳杂俎》,北京,中华书局,1981 年。

[4] 《中国南海诸群岛文献汇编之一》,台北,台湾学生书局,1986 年影印本,第 30—31 页。

[5] 页 1—2。见 https://new.shuge.org/view/you_yang_za_zu/#prev,2023 年 1 月 7 日(9∶00 检索)。

[6] 方南生点校《酉阳杂俎》,第 44—45 页;《四库全书》子部十二《酉阳杂俎》卷四《境异》,页 1—2;《四部丛刊初编》第 468 册《酉阳杂俎》,上海,商务印书馆,1929 年影印本,页 1—2。

[7] 《太平广记·蛮夷一》,北京,中华书局,1961 年,第 3957 页。

关键字词进行介绍讨论。

> 突厥之先曰射摩、舍利海神。[1]神在阿史德窟西。射摩有神异,海神女每日暮,以白鹿迎射摩入海,至明送出。经数十年。后部落将大猎,至夜中,海神(女)谓射摩曰:"明日猎时,尔上代所生之窟当有金角白鹿出,尔若射中此鹿,毕形与吾来往。或射不中,即缘绝矣。"至明入围,果所生窟中有金角白鹿[2]起,射摩遣其左右固其围。将跳出围,遂煞之。射摩怒,遂手斩阿嚸首领,仍誓之曰:"自煞此之后,须人祭天,即取阿嚸部落子孙斩之以祭也。"[3]至今突厥以人祭纛,常取阿嚸部落用之。射摩既斩阿嚸,至暮还,海神女报射摩曰:"尔手斩人,血气腥秽,因缘绝矣。"

此处笔者关注的是出现四次的部落名阿嚸。赵刻本和《四部丛刊初编》本作阿㖿,"新都本"、《四库全书》和方南生点校本作呵嚸,《四库全书》所收《太平广记》作呵嚸,中华书局版《太平广记》作阿嚸。其中,在赵刻本中,第一处阿㖿的阿之耳刀旁中部以下缺失,近似口字旁。不过,据后三处,此定为阿㖿,《四部丛刊初编》依此。反言之,因口字旁绝少镌刻成耳刀旁那样延长至文字底端,此处第一字应以阿为正。之后的第二字中,嚸是个生僻字。据《中华字海》,嚸音 rě 惹,同"喏",《敦煌变文集·汉将王陵变》言:"钟离昧唱嚸出门。"[4]㖿,据《康熙字典》,《广韵》人者切,《集

---

[1] 射摩、舍利海神方南生点校《酉阳杂俎》作"射摩舍利海神",塞诺作"射摩舍利、海神",中华书局点校本《太平广记》作"射摩。舍利海有神。"兹不从。

[2] 金角白鹿底本、汪士贤校刊本及《四部丛刊初编》作"白鹿金角"。据文义,当从《四库全书》和方南生,作"金角白鹿"。

[3] "即取阿嚸部落子孙斩之以祭也"为射摩所言。兹从武振玉、梁浩《〈酉阳杂俎〉词语补释与方校本补校》,《吉林师范大学学报(人文社会科学版)》2013 年第 1 期,第 46 页。

[4] 冷玉龙、韦一心等编撰《中华字海》,北京,中国友谊出版公司,1994 年,第 422 页。

韵》尔者切,并音惹。[1] 看来,赵刻本的㖚是㖶的俗字或异体字。鉴于《太平广记》是在北宋太平兴国三年(978)成书,且"新都本"亦作"㖶",加之"尔"通常不会刻写成"爾",则部落名称的最初写法视作"阿㖶"较为稳妥。

查阿㖶,阿的拟定中古音与今音 a 近同。[2] 不过,㖶之音需要赘述。依《广韵》人者切,㖶的中古音属于日母音。据高本汉(B. Karlgren)研究,[3] 中古的日母读作 nʑ,是鼻音同时发摩擦音。在发展过程中,若鼻音占优势,摩擦音消失,就成为 ȵ,若摩擦音占优势,鼻音消失,则成为 ʑ。ʑ 和 z 发音方法相同,发音部位前后小移,可以变成 z。[4] 在古突厥鲁尼文碑铭中,字母 z 音值为浊舌尖擦音,与日母同为浊音,调音方法与调音部位亦十分接近。据罗常培研究,在 9、10 世纪的汉藏对音材料中,日母汉字的鼻音成分消失,一律变成 ź 音,如耳作 źi,尔作 źe。[5] 据吉田丰、影山悦子和王丁意见,吐鲁番出土唐开元二十年(732)的《瓜州都督府给西州百姓游击将军石染典过所》中的染典,《册府元龟》卷 971 所见唐天宝二年(743)来朝的石国王婿康染颠的染颠,其中古音 ɲiam' tɛn' 对应粟特语 žymt'yn

---

[1] 汉语大词典编纂处整理《康熙字典(标点整理本)》,北京,汉语大词典出版社,2002 年,第 112 页。

[2] B. Karlgren, *Grammata Serica Recensa*, *Bulletin of the Museum of Far Eastern Antiquities 29*, Stockholm, 1957, p. 19;高本汉《汉文典》(修订本),潘悟云等编译,上海,上海辞书出版社,1997 年,第 1 页;E. G. Pulleyblank, *Lexicon of Reconstructed Pronunciation in Early Middle Chinese Late Middle Chinese and Early Mandarin*, Vancouver Universit y of British Colu mbia Press, 1991, p. 23;郭锡良《汉字古音手册(增订本)》,北京,商务印书馆,2010 年,第 1 页。

[3] 高本汉《中国音韵学研究》,赵元任、罗常培、李方桂译,北京,商务印书馆,2003 年,第 338—345 页。

[4] 具体讨论请参见单周尧《半齿音日母读音再探》,《历史语言学研究》第 9 辑,2015 年,第 113 页。

[5] 罗常培《唐五代西北方音》,北平,国立中央研究院历史语言研究所,1933 年,第 21、22 页。

"favour（of the god）Zhēmat"。[1] 其中，日母字染 ɲiam' 对应 žym，ɲ 对应与 z 发音部位相同的 ž。

此外，蒲立本（E. G. Pulleyblank）亦介绍，中古晚期音和早期官话中的 r 音接近于摩擦音，在藏语转录中用 ź 来表示。[2] 参此而言，成书于 9 世纪前半期的《酉阳杂俎》中的日母音 nʑ 字嗫，存在对应古突厥语 z 起始音字的可能。与嗫同音的惹，蒲立本给出的中古早期音是 ɲia'。[3] 据郭锡良，惹的中古音韵地位是日母马韵开口三等上声，在假摄，拟音为 nzǐa。[4] 据单周尧之说，n 与 ɲ 发音方法相同，发音部位相差无几，n 可以变成 ɲ。[5] 可见，若把嗫的尾韵 ǐa 视作因为无法完全对应古突厥语 z 音而补加上去的附属音，则嗫可以视作古突厥语 z 的音译。就此点而言，突厥鲁尼文碑文记录的 Az，恐怕就是见于《酉阳杂俎》的部落名阿嗫。[6] 关于 Az，耿昇译作诃咥，[7] 岑仲勉和耿世民视作"阿热"，[8] 兹不从。

那么，az 与阿嗫的关系，除了上述语音上的接近外，在历史背景方面有无勘同的可能？

---

[1] Y. Yoshida and E. Kageyama, "Sogdian Names in Chinese Characters, Pinyin, Reconstructed Sogdian Pronunciation and English Meanings", in: É. de la Vaissière and É Trombert eds., *Les Sogdiens en Chine*, Paris: Ecole française d'Extrême-Orient, 2005, pp. 305－306, no. 27；王丁《胡名之为史料》,《中外论坛》2023 年第 1 期，第 12 页。

[2] E. G. Pulleyblank, *Lexicon of Reconstructed Pronunciation in Early Middle Chinese Late Middle Chinese and Early Mandarin*, p. 7.

[3] E. G. Pulleyblank, *Lexicon of Reconstructed Pronunciation in Early Middle Chinese Late Middle Chinese and Early Mandarin*, p. 265.

[4] 郭锡良《汉字古音手册（增订本）》，第 32 页。

[5] 单周尧《半齿音日母读音再探》，第 113 页。

[6] 耿昇将 Az 译作诃咥，不知何据。

[7] 诃咥即阿咥，通常被视作 ädiz 部。

[8] 阿热是《新唐书·黠戛斯传》记录的黠戛斯可汗称号。虽然热的今音与惹/嗫近同，但中古音未必相同。而且，汉籍记录的阿热是古突厥语 inäl（末子）的音译，是黠戛斯可汗的名字。相关讨论，参见 R. Alimov, "On the Yenisei Kirghiz Title Ā-RÈ", *Acta Orientalia Academiae Scientiarum Hung*, vol. 69, no. 3, 2016, pp. 265－283.

## 三、Az 疑即阿嚃

关于第二节所引传说故事的射摩与舍利海神之关系，学者们意见不一。[1] 如果把二者连读或视作同位语，如塞诺所言，这暗示射摩与自己的女儿有染，这是不可能的。关于射摩，笔者稍后专做讨论，这里先谈一下引文中出现的阿嚃部落。因误杀出自射摩"上代所生之窟"的金角白鹿，阿嚃部落首领为射摩所杀，且阿嚃部落子孙成为射摩祭天的人牲。段成式生活的年代距后突厥汗国亡国后不久，其文中所言"至今突厥以人祭纛，常取阿嚃部落用之"表明这一传说是有客观依据的。《酉阳杂俎》记录的充当突厥人牲的阿嚃部落，提醒我们在讨论第一节的三种结论时，更应该留意 äčü iligi（祖先的那个依恋物）。据拉德洛夫（W. Radloff）著《回鹘文献汇编》，[2] 奥登堡（S. F. Oldenburg）可能获自吐鲁番吐峪沟[3] 的回鹘文佛教残片 SI 4765（O/105）文书云：ošol kiši äd barq-lïq ilig-ig tutuɣ-uɣ barča kätäryü tarɣaryu。其中的 ilig，拉德洛夫解释作手，窃以为应从克劳森意见视作依恋，[4] 全文译作"那样的人把对家庭和财产的依恋和联系全部抛弃并控制住"。另，克劳森在 iligsiz 条目中，把回鹘文

---

[1] 主要参见薛宗正《突厥史》，北京，中国社会科学出版社，1992 年，第 54 页；塞诺《突厥的起源传说》，第 61—62 页；姚大力"狼生"传说与早期蒙古部族的构成）, 载氏著《北方民族史十论》，桂林，广西师范大学出版社，2007 年，第 161 页；Christopher P. Atwood, "Some Early Inner Asian Terms Related to the Imperial Family and the Comitatus", *Central Asiatic Journal*, vol. 56, 2012 / 2013, p. 59；孙昊《说"舍利"—兼论契丹、靺鞨、突厥的政治文化互动》，《中国边疆史地研究》2014 年第 4 期，第 54 页；陈恳《阿史德、舍利、薛延陀与钦察关系小考》，载氏著《突厥铁勒史探微》，台北，花木兰出版社，2017 年，第 13 页。

[2] W. Radloff, *Uigurische Sprachdenkmäler*, ed. by S. E. Malov, Leningrad, 1928, reprint, Osnabrück: Biblio Verlag, 1972, pp. 198-199 第 7—9 行。拉德洛夫给出了摹写和德译文。此处转写据拉德洛夫的摹写。

[3] 相关介绍见 O. Lundysheva, A. Turanskaya, "Old Uyghur Fragments in the Serindia Collection: Provenance, Acquisition, Processing", *Written Monuments of the Orient*, vol. 6, no. 2, 2020, pp. 53-54。

[4] G. Clauson, *An Etymological Dictionary of Pre-Thirteenth Century Turkish*, p. 144.

iligsiz ätöz üzä 译作 with a body not attached（to this world）。

综上，鉴于 ilig 的"依恋、依恋物"之义，关于暾欲谷碑第 24 行换写作 y r č i t l d m：č ü l g i z r i：B W L T m 的部分，笔者建议转写作 yerči tilädim äčü iligi az äri bultum，译作"我寻找向导，找到了祖先的依恋物阿嚩（Az）部落男人。"用于表示祖先之义的 äčü 一词出现于突厥碑文中，代指突厥开国可汗土门及其弟室点密可汗等。依《酉阳杂俎》之"至今突厥以人祭纛，常取阿嚩部落用之"而言，已经逝去的祖先的依恋物恐怕代指人牲。据暾欲谷碑之后内容，这个 Az 部男人因带错了路而被杀掉。这个 Az 部落出身者很可能是被用于祭祀纛旗了。当然，传说故事毕竟属于传说，笔者上述看法成立的必要条件是射摩可汗的真实存在。

在约创造于 8 世纪中后期的敦煌出土 P. t. 1283 藏文地理文书中出现射摩之名。该文书记录有突厥的默啜（Vbug-chor）十二部落，即后突厥汗国十二部或十二姓。[1] 与射摩有关的是排序第一位的 rgyal po Zha-ma-mo-ṅan（rgyal po Zha-ma- kha-gan），即王者射摩可汗（即阿史那部）。该文书在谈到黠戛斯时言："自此以北为沙漠性大山脉地带所阻隔，射摩可汗（Zha-ma-kha-gan）率领军队前往，但是军队没能翻越。"[2] 在介绍完蒙古高原西端的拔悉密及其北方的 Go-kog 族，以及 Go-kog 族西方的十多个不知名部落后言："在这些地方的北方是沙漠性大山脉地带。在（其）对面有天帝王的二部族，当 'Bug-čhor 的王射摩（Zha-ma）可汗政权稳定之时，向这个方向引导军队，但军队没能通过。"[3] 射摩可汗军队没能翻越的沙漠性大山脉地带位于黠戛斯以北，这透漏出当时射摩可汗曾率领军队进抵

---

〔1〕 有关 P.t. 1283 文书的研究成果众多，详见本书第 54 页脚注 5。本文此处引自最为翔实的森安孝夫《チベット語史料中に現れる北方民族——DRU-GUとHOR——》第 3 页。相关部族名称考证亦从森安孝夫之说。

〔2〕 文书第 49—50 行。见森安孝夫《チベット語史料中に現れる北方民族——DRU-GUとHOR——》，第 5 页。

〔3〕 文书第 68—70 行。见森安孝夫《チベット語史料中に現れる北方民族——DRU-GUとHOR——》，第 6—7 页。

到了黠戛斯。据《周书·突厥传》，[1]第三代木汗可汗"俟斤又西破嚈哒，东走契丹，北并契骨，威服塞外诸国。"前引 P. t. 1283 文书关于射摩可汗的描述，正与木汗可汗功绩中的"北并契骨"暗合。鉴于被后突厥汗国视作先祖的土门、室点密等第一突厥汗国其他可汗的功绩并未与黠戛斯有所交集，笔者以为射摩视作木汗可汗较为稳妥。此外，大泽孝主张翁金碑记录的突厥先祖可汗名 Yamï 应修订为 Yama，此 Yama 即 Zha-ma（射摩）可汗。[2] 如是，这也为上述笔者的看法提供一条旁证。

综上，依笔者意见，后突厥汗国之先祖射摩可汗真实存在过。那么，《酉阳杂俎·境异》记录的突厥起源传说故事虽然存在古怪离奇的成分，但射摩斩杀阿嚵部落首领的部分恐怕有着真实的历史故事。如此，迄今为止学术界尚未达成共识的暾欲谷碑的 čülgizri，转写作 äčü iligi az äri，解释作"祖先的依恋物（人牲）阿嚵（Az）部落男人"于理不悖。此种解释可以得到《酉阳杂俎》之突厥起源传说的佐证，相比其他解释更为可信。

## 小　结

关于暾欲谷碑所见 čülgizri，前人给出的转写 čölgi az äri、čülügi az äri、čöllig iz äri、čölüg az äri，以及"沙漠 Az 族人或草原 Az 族人""陌生的？Az 族男人""知道沙漠路径的人""来自 Cöl 的 Az 族男人""遥远的阿兹族男人""丘基的阿热人"等译文均存在勉强之处。

---

[1] 令狐德棻等撰《周书》卷50《突厥传》，北京，中华书局，1971年，第909页。
[2] Takashi Ōsawa, "Site and Inscription of Ongi Revised——On the Basis of Rubbing of G. Ramstedt and Our Field Works of Mongolia——", *Türk Dilleri Araştırmaları*, vol. 18, 2008, pp. 278-279; Takashi Ōsawa, "Revisiting the Ongi Inscription of Mongolia from the Second Turkic Qaɣannate on the basis of Rubbings by G. j. Ramstedt", *Suomalais-Ugrilaisen Seuran Aikakauskirja*, vol. 93, 2011, pp. 176-177.

## 第四章 暾欲谷碑 Az 族考 / 81

在《酉阳杂俎》记录的突厥起源传说中，被突厥射摩可汗斩杀并充当突厥祭天之人牲的阿嚅部落之阿嚅，从语言学、历史学角度均可勘同为 Az。暾欲谷碑的 čülgizri 转写作 ačü iligi az äri，直译作"祖先的依恋物阿嚅部男人"，转译作"祖先的人牲阿嚅部男人"更为贴合。

顺提一下，与此处讨论的 čülgi 相近的词组 čülgl／čülgil，分别出现在阙特勤碑东面第 4 行和毗伽可汗碑东面第 5 行。作为参加突厥可汗丧礼的民族或国家，čülgl／čülgil 被记录在 Bükli/Bökli（高句丽）和 Tavɣač（中国）之间。[1] 参考本文关于 čülgi 得出的结论，该 čülgl／čülgil 似乎可以转写作 ačü äligi el（祖先的那个手掌之国），ačü älügi el（祖先的那个嘲笑之国），或 ačü iligi el（祖先的那个依恋之国），或视为修饰之后的 Tabɣač（唐朝）之限定词。不过，这纯属蠡测，需要汉文史料等的佐证。虽然未能给出决定性的证据，笔者现阶段仍然以为 čülgl／čülgil 是指新罗。[2] 基于此点，笔者以为暾欲谷碑记录的 čülgi 与阙特勤碑和毗伽可汗碑的 čülgl／čülgil 之间难言有直接关系。

相比突厥鲁尼文碑文而言，浩如烟海、灿若繁星的汉文典籍无疑是个巨大的史料宝库。对鲁尼文碑刻中的语焉不详处，背离汉籍记录之处

---

[1] 转写和译文主要参见 T. Tekin, *A Grammar of Orkhon Turkic*, Indiana University, 1968, pp. 232, 243, 264, 275。阙特勤碑和毗伽可汗碑相关图片见 Turkish International Cooperation Agency eds., *OrhunThe Atlas of Historical Works in Mongolia*, Ankara, 1995, pp. 18, 32 所收拉德洛夫图版照片。关于其释义，学术界意见不一，白玉冬和 Li Yong-Söng 对此进行了归纳。见白玉冬《鄂尔浑突厥鲁尼文碑铭的 čülgl(čülgil)》，《西域研究》2011 年第 1 期，第 85—86 页；Li Yong-Söng, "On ČWLGL (or ČWLGIL) in the Kül Tegin and Bilgä Kagan Inscriptions", *Acta Orientalia Academiae Scientiarum Hungaricae*, vol. 70, no. 4, 2017, pp. 398-404。

[2] 参见白玉冬《鄂尔浑突厥鲁尼文碑铭的 čülgl(čülgil)》，第 83—92 页。韩国学者 Li Yong-Söng 2017 年论文把该词转写作 čülüg el(čülüg 国)，视作北朝的北周。见 Li Yong-Söng, "On ČWLGL (or ČWLGIL) in the Kül Tegin and Bilgä Kagan Inscriptions", pp. 406-407。不过，据克利亚什托尔内(С. Г. Кляшторный)《古代突厥鲁尼文碑铭中亚细亚史原始文献》，李佩娟译，哈尔滨，黑龙江教育出版社 1991 年版，第 86—88 页，与"周"同属章母尤韵开口三等的"州"在阙特勤碑东面第 31 行和毗伽可汗碑东面第 21 行中均音写作 čuv。而且，北周位于 Li Yong-Söng 视作 Tavɣač 的北齐之西，这与碑文记录的高句丽与 Tavɣač 之间的 čülgil 的位置不合。兹不从。

等,仍有待我们中国学者发挥自己的强项,从和谐交流之视角给予批判性的反思和研究。管窥之见,权当抛砖引玉,冀望学界同仁推陈出新。

(原载刘迎胜主编《中西元史》第2辑,2023年,第147—166页,收入本书进行了修订)

# 第五章　回鹘"日月光金"钱考
## ——唐代摩尼教文化交流的真实写照

日月光金钱是一面铸有汉文"日月光金"四字，一面铸有胡书铭文的与回鹘摩尼教有关的圆形方孔铜钱。[1] 从这一枚小小的铜钱，尤其是从胡书铭文的释读中，我们可以见证丝绸之路沿线不同民族和地区之间文化上的交流交融，唐宋之际北疆地区与中原内地之间的密切联系。

## 一、问题之所在

已知日月光金钱的考古学出土情况是，中国新疆吉木萨尔县北庭古城高昌回鹘佛寺遗址 1 枚，[2] 内蒙古和林格尔县唐单于都护府故址 1 枚；[3] 蒙古国汗国故都哈拉和林遗址 20 余枚，[4] 蒙古国喀剌巴剌噶孙回鹘牙帐城遗址 5 枚、蒙古国布尔干省 Khutag-Öndör 苏木额金郭勒（Egiin gol）回鹘汗国定居点遗址 2 枚。[5] 另有吐鲁番

---

[1] 与回鹘摩尼教之间的关联，参见林梅村《日月光金与回鹘摩尼教》，《中国钱币论文集》第三辑，北京，中国金融出版社，1998年，第 308、310、311 页。

[2] 中国社会科学院考古研究所编著《北庭高昌回鹘佛寺遗址》，沈阳，辽宁美术出版社，1991年，第 162 页，照片及拓片图片见图版 95。

[3] 杨鲁安《内蒙古新出西域钱探微》，《内蒙古金融研究·钱币研究》1994 年第 1 期，第 4—5 页，拓片图片见第 60 页。作者称之为"日月金光"钱，兹不取。

[4] 林梅村《和林访古（上）》，《紫禁城》2007 年 07 期，第 213 页，图片及拓片图片见同页。

[5] 关于蒙古国境内出土情况的详细介绍，见 Д. Содномжамц（D. Sodnomjamts）与 У. Эрдэнэбат（U. Erdenebat）发表在蒙古科学院考古研究所编《考古学研究》（Археологийн Судлал，vol. 40，no. 9，2021，pp. 85—95）上的专文《关于与回鹘帝国摩尼教有关的一枚硬币》（"Уйгурын эзэнт гүрний манихейн шашинтай холбогдох нэгэн зооосны тухай"），乌兰巴托，2021 年，第 85—86 页，相关图片见第 93 页。

出土征集品2枚。[1]收藏情况是,上海博物馆1枚传世品,中国上海、呼和浩特、吐鲁番、乌鲁木齐、张家口以及蒙古国等地的私人收藏品1枚到数枚不等。[2]包括上述钱币的一部分在内,已获发现的日月光金钱的彩色图片或拓片大多收录于杨槐文内与D. Sodnomjamts、U. Erdenebat文内。[3]核对后发现,这些日月光金钱按形状可以归为二大类。第一类是圆形外郭周围等间距分布有8个齿尖形圆角的方孔铜钱,中国张家口坝上出土品和蒙古国哈拉和林遗址发现的大部分属于这一类。第二类是圆形方孔钱币,包括中国高昌回鹘佛寺遗址出土品、唐单于都护府故址出土品、上海博物馆收藏品,蒙古国哈拉和林遗址部分出土品、喀剌巴剌噶孙回鹘牙帐城遗址和布尔干省额金郭勒回鹘汗国定居点出土品,以及中国吐鲁番出土征集品等。

上述日月光金钱均在一面铸有汉文"日月光金"四字,楷书体,右旋读,另一面铸有胡书铭文。关于该胡书铭文,《中国历代货币大系》采用货币史专家彭信威意见,称其为吐蕃钱,背面文字为吐蕃文。[4]杨鲁安从此说。[5]林梅村认为此钱铭文似以音素为单位,此点与突厥鲁尼文相似,同时采用草体形式,具有粟特文和回鹘文等音节文字特点,问题关键在于其拼写的是粟特语还是回鹘语。[6]杨富学认为

---

[1] 努尔兰·肯加哈买提《日月光金钱胡书考》,《中国钱币》2007年第1期,第41—46页;周辉、阿不来提·阿不拉、吴龙海《"日月光金"钱币鉴赏》,《新疆钱币》2015年第2期,第38—39页。

[2] 林梅村《日月光金与回鹘摩尼教》,《中国钱币论文集》第3辑,第306—307页;陈源、姚世铎、蒋其祥编《中国历代货币大系·隋唐五代十国货币》第3辑,上海古籍出版社,1991年,第448页;朱新茂《西魏隋唐五代十国货币图说》,北京,文物出版社,2005年,第351页;钱伯泉《"日月光金"钱研究综述及我的观点》,《新疆钱币》2011年第2期,第3页;刘枫《珍稀古钱回鹘"日月光金"》,《张家口晚报》,2016年11月30日。

[3] 杨槐《回鹘方孔圆钱概说之一——"日月光金"胡汉双语钱便览》,《新疆钱币》2018年第2期,第12—18页;Д. Содномжамц, У. Эрдэнэбат, "Уйгурын эзэнт гүрний манихейн шашинтай холбогдох нэгэн зоосны тухай", pp. 93-94.

[4] 陈源、姚世铎、蒋其祥编《中国历代货币大系·隋唐五代十国货币》第3辑,第28页。

[5] 杨鲁安《内蒙古新出西域钱探微》,第4—5页。

[6] 林梅村《日月光金与回鹘摩尼教》,第311页。

是回鹘文变体，推测其内容与汉文面对应，即日—kün、月—ay、光—yaruq、金—altun。[1] 努尔兰·肯加哈买提对吐鲁番出土品（本稿类别2—4）进行解读，认为是直书形式的"草体突厥鲁尼文"，有别于鄂尔浑—叶尼塞碑铭的字体和中亚发现的鲁尼文碑铭字体，共12个字母，分别是从右向左的 γur(太阳)、šükür(金星)、yaruq(光明)与从左向右的 maγ(月)和 yama(jamaq 铜钱的缩写)。[2] 努尔兰是迄今为止唯一解读过日月光金钱胡书的学者，功不可没。其解读意见颇具影响力，学界多有认同。[3]

近来，笔者依据彩色图片和前人论著给出的黑白图片，对前述八角齿轮形和圆形二大类别的日月光金钱的胡书铭文进行了释读。依笔者意见，此类胡书为回鹘语回鹘文，其文字排序分为左旋读和右旋读两种，内容均与摩尼教密切相关。其中，八角齿轮形钱币只有左旋读一种，圆形钱币存在左旋读和右旋读两种。以下按两大类别五种胡书铭文进行分类，给出胡书铭文的换写、转写、对译、译文和必要的词注，再就相关历史背景略作分析。转写中，括号（ ）内文字表示没有写出的元音字母，下方带点文字表示缺少长牙 Y 的 ü。

---

[1] 杨富学《回鹘"日月光金"钱考释》，《西域研究》1998年第1期，第59—61页。

[2] 努尔兰·肯加哈买提《日月光金钱胡书考》，第42—44页。后努尔兰在"中世纪欧亚草原考古"国际学术研讨会上改读出鲁尼文 miγr(太阳)与 somaγ(月亮)，并把 miγr(太阳)、šükür(金星)、yaruq(光明)按从右到左，把 somaγ(月亮)从左到右进行释读。转引自伊斯拉菲尔·玉苏甫、安尼瓦尔·哈斯木《回鹘钱币再谈》，《新疆钱币》2009年第3期，第108页与110页尾注30。

[3] 钱伯泉《"日月光金"钱研究综述及我的观点》，第4—5页；伊斯拉菲尔·玉苏甫、安尼瓦尔·哈斯木《回鹘钱币再谈》，第108页；周辉、阿不来提·阿不拉、吴龙海《"日月光金"钱币鉴赏》，第38—39页；杨槐《回鹘方孔圆钱概说之一》，第11页。此外，中国钱币学会副秘书长王永生认为新疆地区铸造的钱币上有突厥文，此看法恐怕也源自努尔兰释读意见。见王永生《关于丝绸之路钱币研究中的几点思考》，《中国钱币》2010年第2期，第22页；《关于丝绸之路钱币研究的几点思考》，《金融时报》2015年2月6日第11版，第2页；Д. Содномжамц, У. ЭрдэнэбатU. Erdenebat, "Уйгурын ээзэнт гүрний манихейн шашинтай холбогдох нэгэн зооcны тухай", p. 86.

## 二、八角齿轮形钱币胡书(类别 1)

彩色图片(图 5-1)由张家口晚报记者刘枫提供,相关信息取自刘枫之文。[1] 张家口坝上地区出土品,罗君安收藏。据介绍,此钱币青铜质,八角齿轮形,呈黑绿色包浆,直径 30.7 毫米,厚 3 毫米,穿边 6.2 毫米,重 6.6 克,汉文面边缘有 26 个乳钉,胡书面边缘有 22 个乳钉。胡书面铸有半楷书体回鹘语回鹘文,其中部分字母写法与粟特文近同,左旋读。铭文内容与蒙古境内哈拉和林遗址发现的八角齿轮形钱币相同。

图 5-1

换写:PW S'R    RTYNY    P'T M'    YL    MNY TWMN YKZWN

转写:pu-sa-r    (ä)rtini    pat-ma    el    m(a)ni tüm(ä)n-ikzün

对译:菩 萨    珍宝    莲花    国    摩尼 万 动词构词词缀+第三人称命令形

译文:愿菩萨珍宝莲花国的摩尼万岁!

---

[1] 刘枫《珍稀古钱回鹘"日月光金"》,《张家口晚报》2016 年 11 月 30 日。

## 词注

PW S'R＞pu sar：汉语词菩萨的音译，断写作 PW、S、R。其中，PW＞pu 左旋约 90 度书写。S 的上半部是明显向下方凸起的弧线，下半部是伸向右下方的箭头，箭头尾部有向左侧延伸的小牙'。R 位于下一字 T 的正上方，需要右旋 90 度 进行释读。上述 S 的写法，相比回鹘文更接近于粟特文。[1] 回鹘语文献中，菩萨多写作 bodis(a)t(a)v，是梵语 bodhisattva 经由粟特语的 pwtystß 传入回鹘语中的。[2] 不过，回鹘佛教文献中存在汉语词菩萨的音写 bosar/ busar。如，哈密顿（J. R. Hamilton）解读的敦煌出土 Or. 8212-122 背面回鹘语文书是佛经跋文，其中出现 quanšeim bosar（观世音菩萨），[3] 德藏吐鲁番出土 Mainz 858(T Ⅲ M 144)佛教文献跋文中存在人名 busardu ïnal（菩萨奴亦难）。[4] 兹据威尔肯斯（J. Wilkens）意见，[5] 转写作 pusar。在吐鲁番出土回鹘摩尼教文献中，如在 U237 文书残片和 T Ⅲ T 338(Ch／U 6890)中，[6] 在约 11 世纪成书的回鹘语《摩尼大颂》(Great Hymn to Mani)和吐火罗语回鹘语《双语摩尼颂》(Bilingual Hymn to Mani)中，[7] 在 T Ⅱ D171(MIK Ⅲ 198)

---

[1] 关于回鹘文和粟特文的字母对照表，参见 W. Radloff, "Alttürkische Studien IV," *Bulletin de l'Académie Impériale des Sciences de St.-Pétersbourg*, vol. 5, no. 5, 1911, pp. 305-326 的字母表。

[2] J. Wilkens, *Handwörterbuch des Altuigurischen*, Altuigurisch-Deutsch-Türkish, Akademie der Wissenschaften zu Göttingen (Hrsg.), 2021, p. 184.

[3] J. R. Hamilton, *Manuscrits ouïgours du IX$^e$-X$^e$ siècle de Touen-houang: Textes établis, traduits, et commentés*, Paris: Peeters france, 1986, 第 29 页小字形第 1 行，图片第 3 页末尾行第 3 字。

[4] Kasai Yukiyo, *Die uigurischen buddhistischen Kolophone*, Berliner Turfantexte, vol. 26, Turnhout, 2008, 第 252 页第 5 行。

[5] J. Wilkens, *Handwörterbuch des Altuigurischen*, Altuigurisch-Deutsch-Türkish, p. 565.

[6] P. Zieme, *Manichäisch-türkische Textem: Texte, Übersetzung, Anmerkungen*, Berliner Turfantexte, vol.5, Berlin, 1975, 第 50 页 444 行，第 71 页第 755 行。

[7] 参见 L. V. Clark, "The Manichean Turkic Pothi-Book," *Altorientalische Forschungen*, vol. 9, 1982, 第 168 页第 2 行的 mani burxan（摩尼佛），第 174 页第 249 行的 qangïm mani burxan（吾父摩尼佛）。

写本中，[1]均出现 mani burxan（摩尼佛）。不过，考虑到摩尼教在产生之初即吸收有佛教元素，[2]且回鹘摩尼教是由中原引入，汉语借词 pusar（菩萨）出现于回鹘摩尼教中绝非偶然。虽然在回鹘摩尼教文献中未能发现其他摩尼被称作 pusar（菩萨）的用例，但此处菩萨（pusar）一词的发现，为加深讨论回鹘摩尼教与中原之间的交流提供了一条新的材料。

RTYNY＞(ä)rtini（珍宝）：最初不考虑上端的 R，把此图下端圆弧视作词中的 Z，并将其紧下面的字母视作长牙 Y，拼读出 TYZY＞tizi，推测是汉语词弟子的音写。不过，"弟子"在回鹘语佛教文献中写作 tetse（tïtsï），[3]与此不合。仔细观察，发现 TY 的下部长牙 Y 的下方是向下延伸的小竖线和自左侧向右方延伸的长牙。此小竖线和长牙读作词中的 N 与词尾的 Y 不悖于理。故，该字读作 RTYNY＞(ä)rtini（珍宝）较为贴合。在回鹘摩尼教文献中，如前述回鹘语《摩尼大颂》和吐火罗语回鹘语《双语摩尼颂》中，ärt(i)ni 的写法是省略词头的短牙'，写作 RTNY。[4] 值得注意的是，由于回鹘语字词首字音不存在 R，此处仅出现一次的 R，即是上一词 PW S' R＞pusar 的末尾字母，又充当 RTYNY＞(ä)rtini 的打头字母。回鹘语 ärtini 又作 ärdini，借自粟特文 rtny，源自梵语 ratna，珍宝之义。ärtini（珍宝）在回鹘佛教文献中频繁出现，在回鹘摩尼教文献中用以代称或比喻摩尼。如，在回鹘语《摩尼大颂》和吐火罗语回鹘语《双语摩尼颂》中，摩尼被称作

---

〔1〕森安孝夫《ウイグル＝マニ教史関係史料集成》，《平成 26 年度近畿大学国際人文科学研究所紀要》，2013 年，第 42 页第 1—2 行，第 44 页 05 行。

〔2〕林悟殊《〈摩尼光佛教法仪略〉的三圣同一论》，载氏著《摩尼教及其东渐》，北京，中华书局，1987 年，第 184—189 页。

〔3〕J. Wilkens, *Handwörterbuch des Altuigurischen*, *Altuigurisch-Deutsch-Türkish*, p. 710.

〔4〕参见 L. V. Clark, "The Manichean Turkic Pothi-Book," 第 170 页第 62 行和 175 页第 267 行的 nom rtni，第 174 第 251 行的 čintamani rtniteg（像珍宝摩尼宝珠一样）。

čintamani rtniteg(像珍宝摩尼宝珠一样)。[1] 关于 ärdini lenwha(珍宝莲花)等用例,参见威尔肯斯介绍。[2]

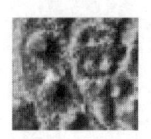

P'T M'>pat-ma(莲花):P'与T以独立体书写,各左旋约90度,上下相连,夸张成四个圆圈,近似水面上漂浮的四片荷叶。之后的文字看起来像回鹘文的L'或粟特文的T,[3]但考虑到年代久远风化等问题,亦有可能是M'的右上端缺损所致。通常认为,梵语 pādma(莲花)传入回鹘语中作 padma。[4] 如,吐鲁番出土 U4707(T Ⅲ M 187)《观音菩萨赞》中 padma 与汉语莲花的译音 lenhu-a 并列出现。[5] 不过,据木再帕尔之说,回鹘文《弥勒会见记》中出现梵语词 pādma 的回鹘语音写 p(a)tma。[6] 笔者2019年8月11日对蒙古国境内哈喇巴喇噶逊遗址,即回鹘牙帐城遗址进行调查,见到遗址东南角落有德国和蒙古国合作考古队挖掘现场。其中,在回鹘汗国时期深井的出土文物中包括2个莲花状花纹石座。当时陪同考察的蒙古国际游牧文化研究所国际联络员敖其尔(A. Ochir)教授赐教,哈喇巴喇噶逊遗址出土文物中曾有过其他莲花状物,蒙古国内其他回鹘墓葬中也曾有过莲花状物。如,浩腾特苏木乌布尔哈布其勒回鹘四方墓中曾经出土莲花纹瓦当。[7] 这些考古学出土文物的存在,与此处释读出的 pat-ma(莲花)

---

[1] 参见 L. V. Clark, "The Manichean Turkic Pothi-Book," 第174页第251行;马小鹤《摩尼教宗教符号"珍宝"研究——梵文 ratna、帕提亚文 rdn、粟特文 rtn、回纥文 ertini 考》,《西域研究》2000年第2期,第54页。

[2] ärdini 参见 J. Wilkens, *Handwörterbuch des Altuigurischen*, *Altuigurisch-Deutsch-Türkish*, pp. 112-113, ärtini 见同书第120页。

[3] 粟特文的T,参见 W. Radloff, "Alttürkische Studien IV," 后附字母表。

[4] 参见 J. Wilkens, *Handwörterbuch des Altuigurischen*, *Altuigurisch-Deutsch-Türkish*, p. 549.

[5] 阿不都热西提·亚库甫《古代维吾尔语赞美诗和描写性韵文的语文学研究》,上海古籍出版社,2015年,第237页。

[6] 木再帕尔《回鹘语与粟特语、吐火罗语之间的接触》,北京,中国社会科学出版社,2019年,第196页。

[7] 塔拉、恩和图布信、陈永志、奥其尔《蒙古国浩腾特苏木乌布尔哈布其勒三号四方形遗址发掘报告(2006年)》,北京,文物出版社,2008年,第55页。

暗合。

YL MNY＞el m(a)ni(国摩尼):前者虽然第一眼看起来像 M'＞ma,但其末尾字母视作伸向上方的钩,整体读作 YL＞el 更为稳妥。el(国)在回鹘文中有两种写法,第一种是 'YL,第二种是 YL。此处是第二种写法。后者 MNY＞m(a)ni(摩尼)的词中短牙 '＞a 被省略,但不妨碍读作 mani(摩尼)。据紧后面的谓语动词短语 TWMN-YKZWN＞tüm(ä)n-ikzün(愿万岁)而言,此处摩尼并非宝珠之义,而是指摩尼教创始人摩尼。

TWMN-YKZWN ＞ tüm(ä)n-ikzün(愿万岁):YKZWN＞ikzün 并不位于 TWM'N＞tüm(ä)n 的紧下方,而是从 N 的右侧(后侧)向下方延伸。其中,TW 的紧下面,用于书写前舌音字 tü 所需的长牙 Y 被省略。tüm(ä)nik-可以视作由 tümän(万)派生的动词,[1]用于表述达到一万之义。末尾的 ZWN＞zün 是第三人称命令形词缀,表示说话者的祈愿。铭文整体是愿菩萨珍宝莲花国的摩尼达到一万之义。虽然存在数量上达到一万的可能,但视作寿命上达到一万,即万岁之义更为稳妥。依此可知,此日月光金钱的胡语铭文是对摩尼的祝福。

综上,据回鹘语铭文 pu-sa-r (ä)rtini pat-ma el m(a)ni tüm(ä)n-ikzün(愿菩萨珍宝莲花国的摩尼万岁!),可以推知该日月光金钱与摩尼教密切相关,同时与佛教有所关联。

## 三、圆形钱币胡书(类别2)

### 类别2-1

上海博物馆藏品,彩色图片(图5-2)和相关信息取自华夏收藏

---

[1] 请参考 ič(内)＞ičik(进入里面,服属),taš(外)＞tašïq(出去到外面,脱离)。

网《日月光金》。[1] 钱币直径 25.5 毫米，重 4.91 克。拓片图片收入《中国历代货币大系·隋唐五代十国货币》第 3 辑。[2] 胡书面半楷书体回鹘语回鹘文，左旋读。铭文内容与蒙古国境内回鹘汗国时期遗址出土圆形钱币相同。[3]

图 5-2

| 换写： | PW S' R | 'RTYNY | P' T M' | YL |
|---|---|---|---|---|
|  | MNY | TW MN | TWTZWN |  |
| 转写： | pu-sa-r | ärtini | pa-t-ma | el |
|  | m(a)ni | tü-m(ä)n | tutzun |  |
| 对译： | 菩萨 | 珍宝 | 莲花 | 国 |
|  | 摩尼 | 万 | 抓住+动词第三人称单数命令形 |  |

译文：愿菩萨珍宝莲花国的摩尼保持万岁！

**词注**

PW S' R＞pu-sa-r（菩萨）：PW、S'、R 均断写，前二者写法与类别 1 八角齿轮形钱币近同，R 写法略显夸张。不过，此处末尾字母的圆弧状视作词尾 R 的二条线条相交后，有时写作▷状的 R 的左半部之变体不悖于理。

'RTYNY＞ärtini（珍宝）：短牙'的左端和 R 的左端与前一词 PW S' R＞pu-sa-r 的 R 粘连在一起，词中 N 的小牙与之后词尾 Y 的圆弧连接在一起。故

---

[1] https://www.cang.com/community/article/1702989，2022 年 7 月 27 日 10：30 检索。上海博物馆于 2022 年 7 月 27 日授权笔者使用该图片。

[2] 陈源、姚世铎、蒋其祥编《中国历代货币大系·隋唐五代十国货币》第 3 辑，第 448 页。

[3] 笔者释读据 Д. Содномжамц, У. ЭрдэнэбатU. Erdenebat, "Уйгурын эзэнт гүрний манихейн шашинтай холбогдох нэгэн зооны тухай", 第 93 页图片。

曾尝试读作 PWT＞but（汉字佛的译音），或把下半段读作 TW＞tu，视作汉语奴的回鹘语译音，[1]但均感勉强。此处词头 ' 的短牙写出，' 与 R 连接成圆弧状，且词尾 Y 呈圆弧状，这表明该钱币铭文的字形、字体出现了少许变体。

P' T M'＞pa-t-ma（莲花）：与类别 1 八角齿轮型钱币相同，P' 与 T 以独立体书写，各左旋约 90 度，上下相连，夸张成四个圆圈，近似水面上漂浮的四片荷叶。尤其是相比类别 1，M'＞ma 甚为清晰。

YL MNY＞el m(a)ni（国摩尼）：相比类别 1 八角齿轮型钱币，MNY＞m(a)ni 的 M 与 Y 近似圆弧形，N 与下方 Y 的圆弧相连在一起。

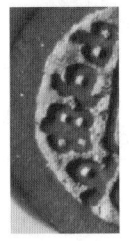

TW MN TWTZWN＞t ü-m(ä)n tutzun（愿保持万岁）：相比类别 1 八角齿轮型钱币的向下方延伸的 N，此处 TW MN＞t ü-m(ä)n 的 N 伸向右下方。之后的文字形状近似四个圆圈，仿佛水面上的四片荷叶。该"四个圆圈"上半部是左旋约 90 度的 TW，下半部是左旋约 90 度的 TZ。

类别 2-2

黑白图片（图 5-3）取自杨槐《回鹘方孔圆钱概说之一》。[2] 出土地与规格不明。胡书面半楷书体回鹘语回鹘文，左旋读。

图 5-3

---

[1] 关于汉语奴的回鹘语音写 tu／du 之介绍，主要参见 P. Zieme, "Samboqdu et alii. Einige alttürkische Personennamen im Wandel der Zeiten," *Journal of Turkology*, vol. 2, no. 1, 1994, pp. 119-133；Dai Matsui, "Uigur Manuscripts Related to the Monks Sivsidu and Yaqsidu at AbitaCave Temple of Toyoq," 新疆吐鲁番学研究院编《吐鲁番学研究——第三届吐鲁番学研究暨欧亚游牧民族的起源与迁徙国际学术研讨会论文集》，上海古籍出版社，2010 年，第 697—714 页；王丁《胡名盘陀考》，向群、万毅编《姜伯勤教授八秩华诞颂寿史学论文集》，广州，广东人民出版社，2019 年，第 196—197 页。

[2] 杨槐《回鹘方孔圆钱概说之一》，第 14 页。

第五章 回鹘"日月光金"钱考 / 93

换写：PW S'R　'RTYNY　P'TM'　YL　MNY TWMNKD'ČY

转写：pu-sa-r　ärtini　pat-ma　el　m(a)ni tüm(ä)n(i)kdäči

对译：菩萨　珍宝　莲花　国　摩尼

万 动词构词词缀＋动词未来式的终止形

译文：菩萨珍宝莲花国的摩尼将要万岁。

**词注**

PW S'R＞pu-sa-r（菩萨）：相比类别1八角齿轮型钱币的 pu-sa-r，文字略显漫漶。依据其整体轮廓和其他日月光金钱的胡语文字而言，第一字是左旋约90度的 PW＞pu，而后二者是正常角度书写的 S'R＞sa-r。

'RTYNY＞ärtini（珍宝）：最初尝试读作 PWT＞but，视作汉语佛的回鹘语音写，惜最上端部分无法给出完美解释。相比类别2－1，此处词头 ' 的短牙并未与之前 pusar（菩萨）的词尾 R 相连，且 ' 与之后的词中的 R 区分明显，二者均清晰可辨。就此点而言，该钱币胡书文字尚未发生变体。

P'TM'＞pat-ma（莲花）：写法与类别2－1相同，P' 与 T 形状同样呈圆圈状，近似四片荷叶。

YL MNY＞el m(a)ni（国摩尼）：相对于类别1和类别2－1，文字稍显漫漶，但不妨碍此种释读。相比类别2－1近似圆弧形的 M 与 Y，此处 M 与 Y 的写法接近于三角形。

TWMNKD'ČY＞tüm(ä)n(i)kdäči（将要万岁）：最初忽略最上端的圆弧读作 TYN D'ČY＞tin-dači（将要复活），然第一音节文字与前面介绍的其他钱币的铭文一致，为 TW。而 M 紧下面的字母与类别2－1的

TWMN＞tüm(ä)n 的 N 写法不同,且右端带有弧度,与之后的 D 连缀在一起。如此,M 与 D 之间的字母读作 NK 不悖于理。此外,下端清晰可见的词中 Č 的紧下面字母看起来是一条竖线,但仔细观察可以发现是向左侧延伸长牙的 Y。

**类别 2-3**

彩色图片(图 5-4)取自"现代钱币收藏"。[1] 出土地与规格不明。胡书面半楷书体回鹘语回鹘文,左旋读。

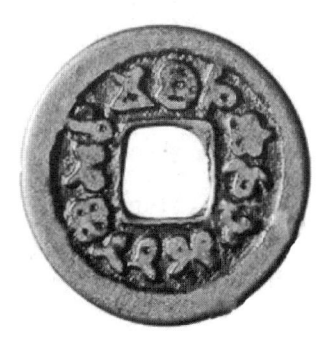

图 5-4

换写：PW S'R　　YW ŠW　　P'T M'　　YL　　MNY
　　　KZWN　　　M'ZWN

转写：pu-sa-r　　yu-šo　　pat-ma　　el　　m(a)ni
　　　k(ä)zün-mäzün

对译：菩　萨　　夷数　　　莲花　　　国　　摩尼
　　　　　　　旅行被动词或自归动词＋第三人称单数否定命令形

译文：愿菩萨耶稣莲花国的摩尼不要离开！

**词注**

PW S'R＞pu-sa-r(菩萨)：PW 的写法和前面介绍的其他类别一致,S 写法与类别 2 一致。末尾的 R 文字漫漶,兹据残余笔画复原。

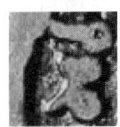

YW ŠW＞yu-šo(夷数,夷瑟,即耶稣)：据图片,该词上端横线右侧有一小圆圈。该圆圈可以视作用于拼写回鹘文 o/u 的圆弧。横线紧下方字母可以读作词头的 Š,之后向右方延伸的圆弧状末尾字母,相比 L 更接近于词尾的 W。在

---

[1] (网名)人民币收藏《日月光金钱钱文之谜》,http://www.are6.com/article_10245_1.html,2022 年 7 月 27 日 6:30 检索。

吐鲁番出土 M. 327 摩尼教鲁尼文写本残片中耶稣写作 yišo,[1]在吐鲁番出土 U 3890(T Ⅲ B)叙利亚文回鹘语景教写本残片中耶稣写作 yšw'。[2] 不过,在吐鲁番出土回鹘语摩尼教文献中,来自粟特语 'yšw 的耶稣除写作 yišo / yišu 外,[3]还写作 'išu。[4] 而且,据威尔肯斯介绍,回鹘文耶稣还有另一种写法 yušo。[5] 依此来看,回鹘文中耶稣的写法并非固定只有一种。兹从威尔肯斯给出的 yušo,视作耶稣。敦煌出土摩尼教诗歌集《下部赞》中包括对诸神、日常行祭、斋戒、忏悔等所使用的赞歌,其中《览赞夷数文言》"今时救我离豺狼,为是光明夷数(佛?)",《赞夷数文第二叠》言"恳切悲鸣诚心起,具智法王夷数佛"。[6] 此处的夷数对应粟特语 'yšw,叙利亚文回鹘语 yšw',回鹘语 yišo / yišu / 'išu。摩尼教徒崇信耶稣,视其为救主和摩尼的先驱。[7] 此处出现 yu-šo(夷数),于情于理相合。

　　P'T M'>pat-ma(莲花):P' 与 T 以独立体书写,各左旋约 45 度,左右相连,形状夸张成近似荷叶状的四个圆圈。

----

　　[1] 正面第 6—7 行。A. von Le Coq, "Köktürkisches aus Turfan. Manuskriptfragmente in köktürkischen 'Runen' aus Toyoq und Idiqut-Schähri," Sitzungsberichte der preussischen Akademie der Wissenschaften, Berlin. 1909, p. 1053. 另,yišo 参见 J. Wilkens, Handwörterbuch des Altuigurischen, Altuigurisch-Deutsch-Türkish, p. 906.
　　[2] P. Zieme, Altuigurische Texte der Kirche des Ostens aus Zentralasien(Gorgias Eastern Christian Studies, vol. 41), Piscataway (New Jersey): Gorgias Press, 2015, pp. 126-127 页,第 11、14 行。
　　[3] yišu 参见 P. Zieme, Manichäisch-türkische Textem: Texte, Übersetzung, Anmerkungen, 1975, 第 25 页第 76 行。
　　[4] P. Zieme, Manichäisch-türkische Textem: Texte, Übersetzung, Anmerkungen, 第 59 页第 596 行 'iš(u)。
　　[5] J. Wilkens, Handwörterbuch des Altuigurischen, Altuigurisch-Deutsch-Türkish, p. 921.
　　[6] 林悟殊《〈下部赞〉释文》,载氏著《摩尼教及其东渐》,第 234、239 页。"(佛)"为笔者补。
　　[7] 相关讨论参见 J. Kevin Coyle,"Jesus, Mani, and Augustine," in Jacob Albert van den Berg et al. (eds.), 'In Search of Truth': Augustine, Manichaeism and other Gnosticism: studies for johannes van oort at sixty, Leiden / Boston: Brill, 2011, pp. 363-376.

YL MNY＞el mani（国、摩尼）：文字与前面介绍的类别 2－1 近同，不同点在于 M 与 Y 的形状相比类别 2－1 的近圆弧形，此处接近于三角形。

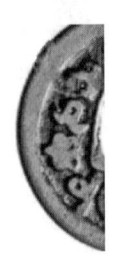

KZWN M'ZWN＞k(ä)zün-mäzün：最初尝试读作 YZWN M'ZWN＞yazun-mazun（愿不犯错误），兹予以更正。据开头字母，前二个音节存在 izün-／ïzun／käzün-／kizün，甚至 qazun-／qïzun-之可能，兹取 käzün-。动词 käz-有旅行、走动、穿越之义，[1] käzün-是动词 käz-的自归动词或被动词。此处 käzün-后续第三人称单数否定命令形，直译是"愿他（即摩尼）不要自我（或被迫）旅行（走动或穿越）"。兹将 käzün-按自归动词取义，整体解释为希望摩尼不要离开之义。

**类别 2－4**

黑白图片（图 5－5）取自努尔兰·肯加哈买提《日月光金钱胡书考》。[2] 吐鲁番地区收集品，规格不明。胡书面半楷书体回鹘语回鹘文，右旋读。相比前面介绍的其他日月光金钱的胡书，回鹘文出现变体字，且上下左右方向不一。努尔兰按"草体突厥鲁尼文"释读（图 5－6），兹不从。

图 5－5

换写：PW S'R　　PWW　　P'T M'　　YL　　MNY
　　　TW MN　　TWTZ WN

转写：pu-sa-r　　poo　　pat-ma　　el　　m(a)ni
　　　tü-m(ä)n　　tutz-un

---

[1] ［英］G. Clauson, *An Etymological Dictionary of Pre-Thirteenth Century Turkish*, Oxford University, 1972, p. 757；J. Wilkens, *Handwörterbuch des Altuigurischen*, *Altuigurisch-Deutsch-Türkish*, p. 360.

[2] 努尔兰·肯加哈买提《日月光金钱胡书考》，第 41 页图 2，同时参考第 43 页图 3。

第五章 回鹘"日月光金"钱考 / 97

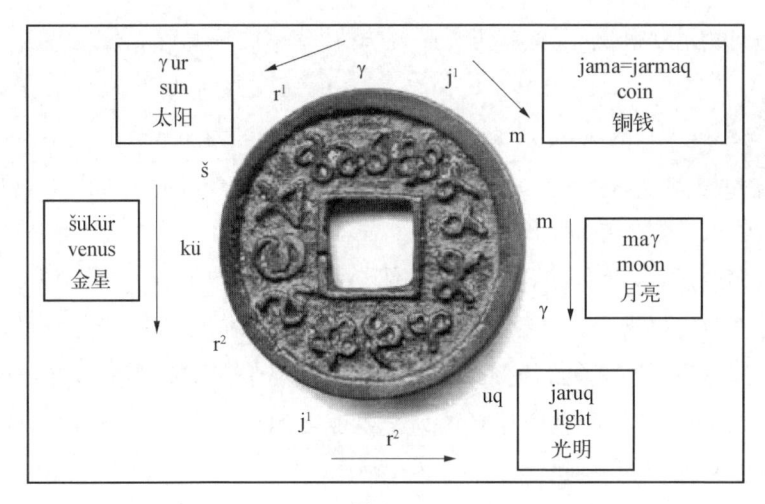

![图5-6 回鹘文钱币拓片及释读示意图]

图 5-6

对译：菩萨　　　生命力　　莲花　　　国　　　摩尼
　　　万　　　　抓住+动词第三人称单数命令形
译文：愿菩萨生命力莲花国的摩尼保持万岁！

**词注**

PW S' R＞pu-sa-r（菩萨）：相比前面介绍的其他日月光金钱的回鹘文 PW S' R＞pu-sa-r（菩萨），此处 S 向下方延伸的箭头位于左侧，需要上下倒转 180 度才能认读。而且，R 与之后的 PWW＞poo（生命力）的 P 相连在一起，且需要左旋 90 度方能识别释读。努尔兰释读作"草体突厥鲁尼文"，主张分别对应"直体"（标准）鲁尼文的 B（ük）、𐰾（š）、𐰺/𐰼（R）。据笔者浅识，除第 1 字近似于左旋 90 度的鲁尼文的 B（ük）之外，其他二字均无从考证。而且，在欧亚大陆各地发现的突厥鲁尼文碑刻和写本中，尚未出现过"草体突厥鲁尼文"。虽然如此，在其他日月光金钱的胡书被解读之前，此处类别 2-4 的胡书被认为是突厥鲁尼文亦无可厚非。不过，既然我们现在已经了解到其他日月光金钱的胡书，尤其是类别 1 八角齿轮型钱币和类别 2-1 高清图片的胡书确切无疑是回鹘语回鹘文，那么就再无必要坚持"草体突厥鲁尼文"之意见。

PWW＞poo（生命力）：该处文字与其他胡书铭文的第二词 ärtini 明显不同，换写为 PWW，转写存在 buu / poo / boo / puu / bou /pou 等可能。克劳森词典未收入类似的单词，但威尔肯斯给出了两种可能。第一种 buu 是汉语部或戊，以及父的音写，[1]显然与此处文义均不合。第二种 poo 是生命力之义[2]。摩尼教崇尚光明，认为光明与黑暗，善良与罪恶永远是敌对与竞争的关系，光明最终战胜黑暗。正如摩尼被称作摩尼光佛那样，光明被摩尼教认为是生命之源。笔者未能查检所有回鹘语文献，姑取与此处贴合的"生命力"之义。努尔兰释读作"草体突厥鲁尼文" (R)与 (G)。

P'T M'＞pat-ma（莲花）：P'与 T 以单独体写成，各左旋约 90 度，上下相连，形状夸张成四个圆圈，近似四片荷叶。此点与上面介绍的其他钱币的铭文一致。之后的 M'需要上下倒置 180 度方能释读。

YL MNY＞el m(a)ni（国摩尼）：上下倒置 180 度后该铭文图像为 ，则铭文写法与前面介绍的类别 2 的其他日月光金钱的 YL MNY 相同，只是 YL＞el 在下，MNY＞m(a)ni 在上。

TW MN TWTZ WN＞tü-m(ä)n tutz-un（愿保持万岁）：最初尝试读作 T'ZWN M'Z WN＞täzün-mäzün（愿不要被迫逃离）。不过，据新获得的类别 2 图片，此处自上而下的第三个文字与图 5-2 的 TWTZ＞tutz-（抓住）近同，兹予以更正。需要说明的是，首字母 T 的齿牙出现在

---

[1] J. Wilkens, *Handwörterbuch des Altuigurischen*, *Altuigurisch-Deutsch-Türkish*, p. 207.

[2] J. Wilkens, *Handwörterbuch des Altuigurischen*, *Altuigurisch-Deutsch-Türkish*, p. 558.

右侧（后方），二次出现于 W 之后的词尾 N 向两侧夸张延伸。此种现象的产生，虽然存在追求美感之故，但也可能另有原因。努尔兰释读作"草体突厥鲁尼文"↑(uQ)、↑(r)、D(Y)与↑(r)。

综上，根据类别 2 的系列铭文 pu-sa-r ärtini pa-t-ma el m(a)ni tü̆-m(ä)n tutzun（愿菩萨珍宝莲花国的摩尼保持万岁！），pu-sa-r ärtini pat-ma el m(a)ni tü̆m(ä)n(i)kdäči（菩萨珍宝莲花国的摩尼将要万岁！），pu-sa-r yu-šo pat-ma el m(a)ni k(ä)zün-mäzün（愿菩萨耶稣莲花国的摩尼不要离开！），pu-sa-r poo pat-ma el m(a)ni tü̆-m(ä)n tutz-un（愿菩萨生命力莲花国的摩尼保持万岁！）而言，此类别日月光金钱同样与摩尼教密切相关，同时也与佛教有着不可分割的联系。

## 四、创造年代及其产生背景

虽然未能对类别 2-4 的胡语铭文进行释读，但林梅村依据汉文面日月光金四字，考述日月光金钱"显然具有浓郁的摩尼教色彩""回鹘摩尼教如此尊崇日月……那么我们就有充分理由将日月光金与回鹘摩尼教联系起来"，并推测相比回鹘保义可汗死后时期，日月光金钱产生于其在位时期（808—821）的可能性更大。[1] 蒙古国学者 D. Sodnomjamts 与 U. Erdenebat 考述这些钱币与回鹘摩尼教密切相关，并依据回鹘可汗称号中带有的日月二字，主张这些钱币的纪年属于回鹘汗国崇德可汗和昭礼可汗时期（821—832）。[2] 据笔者释读，上述两大类别五种日月光金钱的胡书为回鹘语回鹘文，其中出现 mani（摩尼）二字。虽然 mani 有宝珠之义，但根据铭文中 mani（摩尼）之后的动词，不难判断此处摩尼是指摩尼教创建者摩尼本人。从此点出发，笔者对上述关于日月光金钱与回鹘摩尼教相关的意见不

---

〔1〕 林梅村《日月光金与回鹘摩尼教》，第 308、310、311 页。

〔2〕 Д. Содномжамц, У. Эрдэнэбат, "Уйгурын ээнт гүрний манихейн шашинтай холбогдох нэгэн зооосны тухай", pp. 85, 90, 91.

持异议。不过,依愚见来说,二大类别五种日月光金钱的回鹘语铭文内容不尽相同,写法不一。相比汉文铭文,这些回鹘语铭文的内容和写作特点可以为我们提供加深讨论日月光金钱发行年代及其背景的线索。以下对相关内容进行归纳,并略作探讨。

上述五种日月光金钱胡语铭文的共有特点是个别文字(如词头 S)近似粟特文。这说明这些胡语铭文的创造和钱币的发行与粟特文化有着关联,恐怕有粟特人参与其中。从图片以及归纳出来的书写特点,看得出类别 1 八角齿轮型钱币的回鹘文最为工整,且 ärtini(珍宝)的词头的 '(ä)被省略多见于回鹘文的早期写法。而在类别 2 的圆形钱币中,2-1、2-2、2-3、2-4 字体出现变化甚至变体。尤其是类别 2-4 有三处文字上下倒置,回鹘文字体变异明显,且自左向右的行文方向与其他日月光金钱迥然不同。这种从工整的字体向变体字、异体字的变化表明创造年代的渐次更新。从此点出发,我们首先可以肯定类别 1 最为古老,类别 2-4 最新。而在类别 2-1、2-2 和 2-3 中,字体虽然存在细小差异,但仅以此作为判断年代的标准稍显勉强。归纳起来,自古至新的排列顺序依次是类别 1,类别 2-1/2-2/2-3,类别 2-4。依据回鹘摩尼教历史,这些日月光金钱的发行年代最早可以追溯至牟羽可汗引入摩尼教的 763 年,至晚为回鹘摩尼教衰退时期。若具体到不同钱币的产生时期,则需要把回鹘摩尼教历史与胡书铭文内容结合起来进行考虑。

关于摩尼教在漠北回鹘汗国境内的初期传播历史,森安孝夫从史料介绍入手,以引入人 Bögü Qan(牟羽汗)和确立国教地位的 Buqu Xan(卜古汗)的差异为核心,进行了系统的研究。[1] 虽然在关于 Buqu Xan 的人员勘同上存在异议,但学术界公认回鹘是在第三代牟羽可汗执政时期改宗摩尼教,之后顿莫贺达干发动政变,暗杀牟羽,镇压粟特人集团,摩尼教遭到迫害,最后在怀信可汗(795—808

---

[1] 森安孝夫《東ウイグル帝国マニ教史の新展開》,载氏著《東西ウイグルと中央ユーラシア》,名古屋大学出版会,2015 年,第 536—557 页。

年在位)时期重新恢复摩尼教的国教地位。吐鲁番出土回鹘文史书残片 U 1 回鹘文书( T II K Bündel Nr. D 173 )言 tängri-kän uyɣur boquɣ xan qočo-ɣaru kälipän qoi-n yïlqa üč maxi-stak olurmaq üčün možakkä kingädi(圣君回鹘 Boquɣ 汗来到高昌,为三位默奚悉德在羊年赴任之事,与穆阇进行了商议),[1]其中的羊年可以视作怀信可汗在位时期的 803 年。[2]鉴于此点,笔者支持 Buqu xan(卜古汗)源自 Boquɣ / Buquɣ qaɣan(Boquɣ / Buquɣ 可汗),Boquɣ / Buquɣ 可汗即怀信可汗之意见。新疆博物馆藏回鹘文钱币铭文有 köl bilgä tängri boquq uyɣur qaɣan il tutmïš yarlïqïnga(奉智海天卜古回鹘可汗颉咄登密施之敕令)字样。[3]但该 Boquq Uyɣur Qaɣan 应该为高昌回鹘某位可汗,尚不能与漠北时期的 Boquɣ / Buquɣ Qaɣan,即怀信可汗划上等号。[4]现在看来,多出土于回鹘汗国故都遗址、字体最为工整,且祈愿摩尼万岁的类别 1 八角齿轮形钱币只能说大概铸造于对于摩尼教具有纪念意义的时日,如被引入回鹘国内之时和重获新生之时,即牟羽可汗时期(759—780)或怀信可汗时期(795—808)较为稳妥。

摩尼教在产生之初即与佛教存在关联,流入中国后佛教化倾向更加明显。敦煌出土《摩尼光佛教法仪略》开头标明开元十九年(731)六月八日大德拂多诞奉诏集贤院译,之后在《讹化国土名号宗教第一》中言:"佛夷瑟德乌卢诜者(本国梵音也)。译云光明使者。

---

[1] 录文主要见 A. von Le Coq, *Türkische Manichaica aus Chotscho* II, Abhandlungen der Preussischen Akademie der Wissenschaften, Phil.-hist. Klasse, Berlin, 1911, p. 147;森安孝夫《東ウイグル帝国マニ教史の新展開》,第 549 页。

[2] 相关考述,主要参见安部健夫《西ウイグル国史の研究》,东京,彙文堂书店,1955 年,第 208—210 页;荣新江《摩尼教在高昌的初传》,新疆吐鲁番地区文物局编《吐鲁番新出摩尼教文献研究》,北京,文物出版社,2000 年,第 223—224 页;森安孝夫《東ウイグル帝国マニ教史の新展開》,第 549 页。

[3] 伊斯拉非尔·玉苏甫、安尼瓦尔·哈斯木《回鹘钱币再谈》,第 106—107 页。拓片图片见陈源、姚世铎、蒋其祥编《中国历代货币大系·隋唐五代十国货币》第 3 辑,第 447 页。

[4] 相关介绍,参见伊斯拉非尔·玉苏甫、安尼瓦尔·哈斯木《回鹘钱币再谈》,第 106—107 页。

又号具智法王。亦谓摩尼光佛,即我光明大慧无上医王应化法身之异号也。"[1]上文"佛夷瑟德乌卢诜"是中亚摩尼教徒对摩尼的尊称,为中古波斯语 frêštag rôšan 的音译,意为光明的使者,用于称呼摩尼。[2]林悟殊分析认为《摩尼光佛教法仪略》的作者把摩尼、释迦和道教老君三圣视为同一,这是摩尼教在唐代的中国化倾向。[3]回鹘摩尼教的主要源头来自中国,自然受中国佛教之影响。

回鹘人在西迁至东部天山地区后,摩尼教在高昌回鹘王国(9 世纪中期—13 世纪初)早期仍占据优势,但在 10 世纪后半段开始与佛教竞争,进入 11 世纪后开始衰退。提出这一观点的森安孝夫举出了一系列论据。[4]如,吐鲁番柏孜克里克千佛洞中存在佛教、摩尼教双重石窟与寺院;[5]高昌故城摩尼教寺院遗址 α 出土的回鹘语第一木杵文记录将摩尼教寺院改建为佛教寺院;[6]上述摩尼教寺院遗址 α 出土的、摩尼文粟特语 M 112 书信文书背面是半楷书体回鹘文祈愿文,讲述回鹘统治阶层同意破坏摩尼教寺院,并将其建筑资材用于建设佛教寺院,其纪年 kyw'n pγr-lïγ kuu qoyn yïl(土星之癸未年)是 983 年[7]等。虽然在文书年代的判断等问题上尚需进一步补

---

　　[1] 录文据陈垣《摩尼教残经二》,《陈垣学术论文集》第一卷,北京,中华书局,1980年,第 391 页;林悟殊《〈摩尼光佛教法仪略〉释文》,载氏著《摩尼教及其东渐》,第 230 页。

　　[2] [英] M. Boyce, "A Word-List of Manichaean Middle Persian and Parthian," *Acta Iranica*, vol. 9, 1977, p. 41;林悟殊《〈摩尼光佛教法仪略〉的三圣同一论》,载氏著《摩尼教及其东渐》,第 184 页。

　　[3] 林悟殊《〈摩尼光佛教法仪略〉的三圣同一论》,载氏著《摩尼教及其东渐》,第 186—189 页。

　　[4] 森安孝夫《ウイグル=マニ教史の研究》,京都,朋友书店,1991 年,第 143—146 页;森安孝夫《西ウイグル王国におけるマニ教の衰退と仏教の台頭》,载氏著《東西ウイグルと中央ユーラシア》,第 591—592 页。

　　[5] 相关考述,见森安孝夫《ウイグル=マニ教史の研究》,第 7—27 页。

　　[6] 录文与相关考述,参见森安孝夫《ウイグル=マニ教史の研究》,第 151—152 页;Moriyasu Takakao, "Uighur Buddhist Stake Inscriptions from Turfan," in L. Bazin and P. Zieme eds., *De Dunhuang à Istanbul. Hommage à James Russell Hamilton*,(*Silk Road Studies* 5), Turnhout (Belgium), 2001, pp. 159-183;森安孝夫《西ウイグル王国史の根本史料としての棒杭文書》,载氏著《東西ウイグルと中央ユーラシア》,第 690—694 页。

　　[7] 录文与相关考述,见森安孝夫《ウイグル=マニ教史の研究》,第 147—150 页。

充完善,但森安氏的上述见解获得出土文物和文献的支持,有一定的说服力。参考这一点,祈愿摩尼保持万岁的类别 2-1 与 2-2 的日月光金钱,视作铸造于漠北时期的回鹘汗国,以及摩尼教在高昌回鹘境内尚占据优势的 9 世纪后半叶至 10 世纪上半叶较为妥当。推断祈愿摩尼不要离开(类别 2-3)的这类日月光金钱,最早铸造于摩尼教在回鹘人中开始传播之际或高昌回鹘境内的摩尼教开始与佛教竞争的 10 世纪后半段,至晚为摩尼教开始衰退的 11 世纪,似乎与情理相合。而类别 2-4 虽然同样祈祷摩尼万岁,但行文方向、上下左右方向不一的文字表明该类别钱币的铸造时间最晚。其祈祷摩尼万岁的字句可以理解作摩尼教衰退之际摩尼教徒的抗争,不过,苦于形势所迫,他们只能以一种变体的难以识别的文字表达自己的心愿。故此推断类别 2-4 约铸造于 10 至 11 世纪,较为稳妥。

  需要补充的是,虽然摩尼教曾经与佛教抗争,但并不表明摩尼教完全排斥佛教。实际上,根据这些日月光金钱的胡书铭文内容,我们可以进一步了解到不论在漠北时期的回鹘汗国,还是在高昌回鹘境内,摩尼教都在极力接近或吸收佛教要素。前文已经介绍,在蒙古国境内发现的回鹘汗国遗址中出现莲花状花纹石座和莲花纹瓦当。此外,敦煌出土回鹘文摩尼教祈愿文 Pelliot chinois 3071(= MOTH 7)列举了一名慕阇,以及包括别失八里的某位拂多诞在内的六名拂多诞的名字,文中还出现了 namo but namo dram namo sang(南无佛,南无法,南无僧)的佛教三皈依文。[1] 这些都表明回鹘摩尼教与佛教的密切关系,与笔者释读的日月光金钱的胡书铭文内容遥相呼应。

  众所周知,摩尼教在创建之初,即吸取有部分佛教教义。东传的摩尼教经过中亚,在唐初传入中国时审时度势,极力中国化,其中表现之一就是接近中原佛教并吸收其内容。前面介绍的开元十九年

---

[1] J. Hamilton, *Manuscrits ouïgours du IX$^e$-X$^e$ siècle de Touen-houang: Textes établis, traduits, et commentés*, pp. 57-59;森安孝夫《西ウイグル王国におけるマニ教の衰退と仏教の台頭》,第 605—606 頁。

(731)所作《摩尼光佛教法仪略》即把摩尼介绍做法王、光佛、光明大慧无上医王应化法身。

　　此外,唐代汉译摩尼教写卷中还借用一部分中原佛教的抽象用语。[1] 尤其是《九姓回鹘可汗碑》明确记录助唐镇压安史之乱的牟羽可汗收复洛阳,并带回四名摩尼教僧侣到漠北:"将睿息等四僧入国。阐扬二祀,洞彻三际。况法师妙达明门,精通七部,才高海岳,辩若悬河。故能开正教于回鹘。"[2] 其结果之一是"再三恳请。'往者无识,谓鬼为佛。今已悞真,不可复事。特望□□,□□□□。'"诚然,当摩尼教在回鹘开始传播时,有龟兹等地的西域人进入漠北。[3] 而且,在 803 年漠北回鹘汗国直接控制高昌后,[4] 西域的摩尼教完全可以与漠北直接保持联系。不过,记录回鹘汗国光辉历史的《九姓回鹘可汗碑》记载的是从中原的传入。可见,回鹘汗国官方立场是摩尼教是从中原导入的。可以说,日月光金钱胡书铭文中从汉语直接借入的 pusar(菩萨)反映出回鹘摩尼教的中原历史背景。而 ärtini(珍宝)、patma(莲花)再现的是梵语佛教词汇沿丝绸之路,经由吐火罗语或粟特语传入回鹘语中的真实场景。

　　最后,不可回避的问题是这些日月光金钱是否为流通用货币?由于没有确凿的证据,很难给出确切的答案,只能做一推测。依据这些胡书铭文内容,并参考高昌回鹘境内曾流通过以可汗名义铸造的钱币,[5] 笔者当下的看法是以类别 1 八角齿轮性钱币为首的这些日月光金钱大概率是宗教纪念性钱币,具有压邪攘灾和喜庆祈福功能,

---

[1] 张广达《唐代汉译摩尼教残卷——心王、相、三常、四处、种子等词语试译》,《东方学报(京都)》第 77 册,2004 年,第 354—342 页。

[2] 关于《九姓回鹘可汗碑》汉文面的录文和研究成果众多,兹据森安孝夫、吉田豊《カラバルガスン碑文漢文版の新校訂と訳注》,《内陸アジア言語の研究》第 34 辑,2019 年,第 19—20 页。

[3] 白玉冬《有关回鹘改宗摩尼教的 U72-U73、U206 文书再释读》,荣新江、罗丰主编《粟特人在中国考古发现与出土文献的新印证》,北京,科学出版社,2016 年,第 33—35 页;森安孝夫《東ウイグル帝国マニ教史の新展開》,第 543—547 页。

[4] 荣新江《摩尼教在高昌的初传》,第 220—229 页。

[5] 伊斯拉非尔·玉苏甫、安尼瓦尔·哈斯木《回鹘钱币再谈》,第 104—107 页。

可能适用于摩尼教某种纪念性节日和仪式的过程，进而被摩尼教信徒视为具有护身性质的压胜钱。同时，不否定类别2的圆形钱币在回鹘汗国或高昌回鹘王国境内的摩尼教团内部流通的可能性。

## 小　　结

　　流通于丝绸之路上的钱币主要包括三大类。第一类是以汉代五铢钱和开元通宝等为代表的中原王朝铸造的钱币，第二类是萨珊银币和东罗马金币等境外国家和地区所产钱币，第三类是龟兹五铢钱（汉龟二体钱）、突骑施钱、粟特青铜方孔钱等文化交融下的西域本土自造钱币。此第三类钱币模仿中原王朝传统的圆形方孔钱，上有汉字或胡书文字，或二者同时存在，可以视作中原文化的衍生品。在丝绸之路沿线的文化碰撞中，丝绸之路钱币长期充当记录不同文明交流的鲜活载体。透过丝绸之路钱币上的语言文字和宗教符号，我们可以感受到不同文化交往交融的信息，捕捉到中外文明的互动缩影。本章讨论的回鹘日月光金钱作为第三类的一种极具代表性。

　　据上面给出的两大类别六种日月光金钱胡书铭文内容，我们可以了解到以下史实。摩尼教在8世纪后半叶传入漠北回鹘汗国时即吸收有中原佛教要素，其背景是中原摩尼教对回鹘摩尼教的影响。高昌回鹘王国的摩尼教在与佛教的竞争中逐渐衰落，其间曾强调与佛教的共通性。虽然九姓回鹘可汗碑只有汉文面、粟特文面和鲁尼文面，但8世纪时期回鹘人确切已经开始使用回鹘文。胡书铭文中的梵语借词和汉语借词展示了丝绸之路沿线不同民族、不同文化之间的交流交融和交往。日月光金钱背后所隐藏的历史学宗教学寓意和价值，值得进一步挖掘品味。

（原载杜文玉主编《唐史论丛》第35辑，2023年，第398—416页，收入本书时进行了修订）

# 第六章　回鹘语文献中的 Il Ötükän Qutï

在民族史研究领域,北方民族的于都斤 Ötükän 崇拜是个饶有兴趣的话题。史籍明确记录的于都斤崇拜始自东突厥汗国(552—630),后突厥汗国(682—745)时期达到高潮。替代突厥称霸蒙古高原的回鹘汗国(744—840),承袭了突厥的文化传统。回鹘碑文所使用的语言文字与突厥正同。《新唐书·回鹘传》和回鹘第二代可汗磨延啜的纪功碑希内乌苏碑记录,出征安史之乱的磨延啜曾要求唐军总帅郭子仪谒见其权力与权威之象征狼纛。[1] 元代畏吾人偰氏家族祖先出自后突厥汗国三朝权臣暾欲谷之后。[2] 回鹘语文书谈到高昌回鹘的语言是 türk uyɣur tili(突厥语族回鹘语)。[3] 可以说,

---

　　[1] A. Kamalov, "Turks and Uighurs during the Rebellion of An Lu-shan Shih Ch'ao-yi (755-762)," *Central Asiatic Journal*, vol. 45, no. 2, 2001, pp. 251-252. 相关史料见《新唐书》卷 217 上《回鹘传》,北京,中华书局,1975 年,第 6115 页。
　　[2] 相关史料见欧阳玄《高昌偰氏家传》,《圭斋文集》卷 11,《四部丛刊初编》,上海,商务印书馆景印本,1929 年,第 3—4 叶;黄溍《合剌普华神道碑》,《金华黄先生文集》卷 25,四部丛刊初编本(元刻本),第 1—2 叶;许有壬《合剌普华墓志铭》,《至正集》卷 54,收入《元人文集珍本丛刊》第 7 册,台北,新文丰出版公司,1985 年,第 255—256 页。
　　[3] 如回鹘文《金光明经》跋文提到作者是 änätkäk tilintin"从印度语"翻译到 türk uyɣur tilinčä"突厥语族的那个回鹘语"。参见護雅夫《ウイル語訳金光明最勝王経》,《史學雜誌》第 71 编第 9 号,1962 年,收入氏著《古代トルコ民族史研究》第 3 卷,东京,山川出版社,1997 年,第 549 页。关于 türk uyɣur tili,学界以往多译作"突厥回鹘语"。不过,这里的回鹘(uyɣur)修饰的是语言(til),tili 的-i 是表示所属的第三人称词缀,字面意义上该词组直译应作"突厥的那个回鹘语"。众所周知,西迁之前的回鹘人及其汗国从未认同自己是突厥人或突厥汗国的一部分。而且在后突厥汗国灭亡后,突厥作为一个政治体已经彻底消失。回鹘西迁至今新疆地区后,即便在原西突厥之地有部分人自认为是突厥人后裔,但回鹘人并无此意识。türk uyɣur tili 的核心词 til(语言)表明,türk 和 uyɣur 均是限定 til(语言)的修饰词,并不含有国家或族群之义。严格来说,此处 türk 和 uyɣur 均属于语言学的范畴。喀什噶里在《突厥语大词典》中记录的多种古突厥语方言,更说明《突(转下页)

建国初期的回鹘在于都斤山内设置牙帐,[1]应是对突厥政治文化遗产的承袭——借助蒙古高原游牧民族传统圣地于都斤山之神圣性,以达到回鹘政权的平稳。不过,现有资料反映,漠北时代的回鹘人,并未如后突厥汗国碑文那样赤裸裸地表达出他们对于都斤的崇敬之情。相反,回鹘相关于都斤崇拜的材料,多集中出现在写本文献中。森安孝夫先生主张,这些材料反映的背景是于都斤山所蕴含的神圣性与感召力(Charisma)的影响。[2]威尔金斯(J. Wilkens)则以为相关回鹘语材料中的 Ötükän 有女神之意。[3]本稿在上述前辈学者研究基础上,试就回鹘语相关文献中的 il ötükän qutï 的含义进行分析确认,并给出笔者的看法。

## 一、M 919(T. M. 417)回鹘语文书所见 Il Ötükän Qutï

回鹘语文献中,ötükän 之名称最早以 il ötükän qutï 的形式,两次出现在以摩尼文字写成的吐鲁番出土 M 919(T. M. 417)回鹘语文书中。该文书是出现 Ïduq Qut(亦都护)称号的早期文献,自勒柯克(A. von Le Coq)解读以来,虽有阿拉特(R. R. Arat)、森安孝夫

---

(接上页)厥语大词典》的"突厥"完全属于语言学概念。故,türk uyγur tili 译作"突厥语族的那个回鹘语",即"突厥语族回鹘语"更贴合文义。相关回鹘文献中的"突厥",另参见付马《回鹘是"突厥"吗?——回鹘文献中的"突厥"与回鹘的族群认同》,叶炜主编《唐研究》第 24 卷,北京大学出版社,2019 年 3 月,第 73—78 页;付马《回鹘不是"突厥"——回鹘文献中的"突厥"与回鹘的族群认同》,载氏著《丝绸之路上的西州回鹘王朝 9~13 世纪中亚东部历史研究》,北京,社会科学文献出版社,2019 年,第 161—168 页。

[1] 建国初期回鹘牙帐设在于都斤山,参见白玉冬《回鹘碑文所见八世纪中期的九姓达靼》,刘迎胜主编《元史及民族与边疆研究集刊》第 21 辑,上海古籍出版社,2009 年,第 152—155 页。

[2] 森安孝夫《ウイグルから見た安史の亂》,《内陸アジア言語の研究》第 17 辑,2002 年,收入氏著《東西ウイグルと中央ユーラシア》,名古屋大学出版会,2015 年,第 23 页。

[3] J. Wilkens, „Ein Bildnis der Göttin Ötükän", 收入张定京、阿不都热西提·亚库甫编《突厥语文学研究——耿世民教授八十华诞纪念文集》,北京,中央民族大学出版社,2009 年,第 449—461 页。

等人不同程度的研究,但仍有不少不明之处。[1] 此处,笔者以勒柯克的解读为底本,并参考阿拉特、森安孝夫二位的释读,给出相关部分的转写和中译文,再做讨论。转写中,[ ]内为推测复原,( )内为被省略掉的元音,黑体字为着重强调文字。另,qutï 一词,因涉及问题颇为复杂,暂不译出。

M 919(T. M. 417)正面:

[09] 'iligimz '**iḍuq-qut** kün t(ä)ngričä [bata?][10] y(a)rlïqa ḍuq üčün q(a)m(a)γ yoq čïγay qap[11] q(a)ra boḍun buqun bosušluγ qaḍγuluγ[12] boltumuz ärtii ·· qaltïï y(a)na kün t(ä)ngrii[13] ornïnta y(a)ruq ạyy t(ä)ngrii yašïyu b(ä)lgür[ä] [14] y(a)rlïqarča 'iligim(i)z '**iḍuq-qut** ol'oq[15] orunta b(ä)lgürä y(a)rlïqaḍïï ·· altun örgin[16] üzä oluru y(a)rl(ï)γ boltïï ·· '**il ötükän** [17] **qutïï** 'ilkii bögü 'iliglär qanglarïḫ[18] '**iliglär qutïï** bu '**iḍuq örgin qutïḫ**[19] t(ä)ngrii 'iligim(i)z 'ï[ḍu]q-qut üzä ornanmaqï[20] bolzun ······

[09-12] 由于我们的国王亦都护(ïduq qut)如同日神一样(陨落?),我们一无所有的黎民百姓陷入了悲痛之中。[12-15] 而正如同明亮的月神闪亮出现在日神之位置,我们的国王亦都护正出现在了那个位置上。[15-16] 他登上了黄金宝座。[16-20] 愿于都斤国(il ötükän)的 qutï,先前贤明的父王们、国王们的 qutï,这神圣宝座的 qutï,降临到我们天神似的国王亦都护(ïduq qut)之上。······

M919(T.M.417)背面:

---

[1] A. von Le Coq,„ Türkische Manichaica aus Chotscho III," *Abhandlungen der Preussischen Akademie der Wissenschaften*,1922,pp. 33 - 35;R. R. Arat,„ Der Herrschertitel Iduq-qut," *Ural — Altaische Jahrbücher*,vol. 35,1964,pp. 151 - 153;森安孝夫《ウイグルから見た安史の亂》,第21—24页。

第六章 回鹘语文献中的 Il Ötükän Qutï / 109

<sup>10</sup>······kök t(ä)ngriḍä qoḍïï yir <sup>11</sup> t(ä)ngrii xanïnga t(ä)gii·· **qutlar** waxšiklar <sup>12</sup> barča köngültä bärü ögirä s(ä)vinü <sup>13</sup>[b]u qutluγ künüg kösüšlüg täginür <sup>14</sup> ärtim(i)z·· '**il ötükän qutii** küč birü <sup>15</sup> y(a)rlïqaḍuq üčün biz q(a)m(a)γ(ï)n barča kọngültäki <sup>16</sup>**qutuγ** bulu tägintükümüz üčün·· köngültä <sup>17</sup> bärü s(ä)vig köngülün ạmranmaq biligin <sup>18</sup> alqïš alqayu s(ä)vinč ötünü täginür <sup>19</sup> biz t(ä)ngrikänim·· t(ä)ngrii 'iligim (i)z '**iḍuq-qut**<sup>20</sup> t(ä)ngriḍäm ïḍuq at at(a)maqïm(ï)z altun <sup>21</sup> örgin r(ä)ḍnilig taučang üzä oluruu<sup>22</sup> ornanu y(a)rlïqamaqïï qutluγ qïvl(ï)γ<sup>23</sup> bolmaqïï bolzun·······

<sup>12-14</sup>从苍天到下方的地神为止，守护灵们（qutlar waxšiklar）都从心里高兴，我们因这个幸运之日，达到了心愿。<sup>14-16</sup> 由于于都斤国（il ötükän）的 qutï 给予了力量，由于我们全体都发现了心灵的幸福，<sup>16-19</sup> 我们从心里高兴，怀着爱心和友谊，歌颂并欢呼。<sup>19-20</sup> 我的神！我们的神一样的国王！我们给予了您神圣的称号亦都护（ïduq qut）。<sup>20-23</sup> 愿您在黄金宝座珍宝道场（taučang）即位就坐并幸福！……

毋庸置疑，前引 M 919 文书是摩尼教文书，内容涉及高昌回鹘王国辖下的摩尼教徒对某位新即位可汗的祈福祝愿。文中共出现 10 次名词 qut。其中，以 qutï 的形式出现 4 次（正面第 17 行与背面第 14 行各 1 次，正面第 18 行 2 次），以复数形 qutlar 出现 1 次（背面第 10 行），以宾格形式 qutuγ 出现 1 次（背面第 16 行），做为称号 Ïduq Qut（亦都护）的一部分出现 4 次（正面第 9、14、19 行与背面第 19 行各 1 次）。此处，笔者最为关注的是，共 2 次出现在正面第 16—17 行与背面第 14 行的 il ötükän qutï（于都斤国的 qutï），以及正面第 18 行的 'iliglär qutïï（国王们的 qutï）与 örgin qutïḅ（宝座的 qutï）。需要指出的是，笔者关注的上述四例中，qutï 的-ï 是第三人称所属词缀，语法

上来说，此处 qutï 词意与单独的 qut 相同。

古突厥语 qut 内涵甚广，且时常因时代不同而有区别。意大利学者邦巴西（A. Bombaci）曾就此问题专做归纳讨论，护雅夫在考察突厥君主观的文章中详细介绍了古今突厥语族语言中 qut 的含义。[1] 概言之，突厥回鹘时代的 qut，主要有幸运、幸福；恩宠、天佑；命运；灵魂、魂魄；君主、殿下；五行要素；守护灵；超凡能力、魅力、感召力（Charisma）等含义。上引 M 919 文书中，背面第 11 行出现的 qutlar，是 qut 的复数形式。其紧后面出现的 waxšiklar 是借自粟特语的 waxšik（灵魂）的复数形，与之前的 qutlar 构成同义词。qut waxšik 在摩尼教文献与佛教文献中均表示人格化的灵魂、精灵，尤指守护灵、守护神。[2] 此处的 kök t(ä)ngridä qodïï yir t(ä)ngrii xanïnga t(ä)gii qutlar waxšiklar 译作"从苍天到下方的地神为止，守护灵们"没有问题。反观正面文书，在介绍完新可汗登基之后，第 16—20 行祈愿于都斤国的 qutï，先王们的 qutï，神圣宝座的 qutï 降临到新可汗身上。关于上述三处 qutï，以及背面第 14—19 行中给予文书作者力量的于都斤国的 qutï，勒柯克解释的尊严，阿拉特解释的祝福，森安先生主张的感召力，固然足备一说；不过，关于 il ötükän qutï，伯希和（P. Pelliot）推测的"国土之女神"，威尔金斯提议的"El Ötükän 之守护神（于都斤国之守护神）"之意，[3] 亦不能轻易否定。

---

[1] A. Bombaci, "Qutluɣ Bolzun! A Contribution to the History of the Concept of 'Fortune' among the Turks I - II," *Ural-Altaische Jahrbücher*, vol. 36, 1964, pp. 284-291, *Ural-Altaische Jahrbücher*, vol. 38, 1966, pp. 13-44；護雅夫《突厥における君主觀》，載護雅夫編《内陸アジア・西アジアの社會と文化》，東京，山川出版社，1983年，收入氏著《古代トルコ民族史研究》第 2 卷，東京，山川出版社，1992 年，356—357 頁。

[2] 主要参见 A. Bombaci, "QutluɣBolzun! A Contribution to the History of the Concept of 'Fortune' among the Turks II," pp. 17, 25, 38-39；森安孝夫《ウイグル＝マニ教史の研究》，京都，朋友書店，1991 年，第 23 頁。

[3] 伯希和（P. Pelliot）《古突厥之"于都斤"山》，中译文收入冯承钧译《中亚史地丛考》，载冯承钧译著《西域南海史地考证译丛五编》，北京，中华书局，1956年，第 125—126 页；J. Wilkens, „Ein Bildnis der Göttin Ötükän," pp. 452-455.

关于突厥碑文中多次出现的 qut，护雅夫在缜密考证基础上，解释作从天神获得的超凡能力、魅力、感召力。[1] 笔者对此见解表示赞同。不过，ötükän qutï（于都斤之 qutï）的用例，尚未在突厥碑文中发现，只出现于后世的回鹘语写本文献中，且其之前加有 il / el（国）。森安先生指出，il / el ötükän 与回鹘希内乌苏碑和塔里亚特碑中出现的 ötükän ili（于都斤地方）含义不同，是于都斤国之意。[2] 即，il / el ötükän qutï 是于都斤国之 qutï 之意。森安先生以为其背景是于都斤至上这一思想的存在。即，占据蒙古高原游牧民族传统圣地于都斤山之人，借助于都斤山的感召力保障自身权力，进而获得正统可汗地位这一思想的存在。

笔者赞同上述思想曾长期存在于中国北方游牧民族传统文化之中。虽然在突厥与回鹘的碑文中尚未发现于都斤之 qutï 这种表述，但若今后在相关碑文中发现 ötükän qutï（于都斤之感召力），或 ötükän yïš qutï（于都斤山之感召力），乃至 ötükän yir qutï / ötükän el qutï（于都斤地方之感召力）等类似的叙述，并不足为奇。同样，于都斤至上这种思想若体现在回鹘语写本文献中，完全可以如上书写。笔者关注的是，现实中回鹘语写本文献标注的是 il / el ötükän qutï（于都斤国之 qutï）。仅从字面而言，这可理解作文书作者是以 il / el ötükän（于都斤国）来与单独的 ötükän（于都斤）、ötükän yïš（于都斤山）或 ötükän yir / ötükän el（于都斤地方），乃至与其自己所处的 on uyγur ili /eli（十姓回鹘国，即高昌回鹘王国）进行区别。

## 二、柏孜克里克千佛洞第 38 窟的 Ötükän 女神

吐鲁番柏孜克里克千佛洞第 38 窟是由摩尼教洞窟改建成的佛

---

［1］ 護雅夫《突厥における君主観》，第 356—374 页。
［2］ 森安孝夫《ウイグルから見た安史の亂》，第 23 页。

教洞窟,其外侧壁画是佛教壁画,内侧则是摩尼教壁画。[1] 正面摩尼教壁画中画有摩尼教生命树,树的左右两侧各画有六人,壁画下部有若干回鹘文回鹘语铭文题记。关于这些人物,森安先生通过对壁画铭文的解读,指出其中紧靠生命树左右的凡人装束的男女二人,是营造该摩尼教洞窟的出资人 Qutluγ Tapmïš Qy-a 夫妇二人,其余的均为守护灵。现转引森安先生解读的相关铭文及其译文如下:[2]

铭文 1:qut wxšiklar quvraγï bu ärür

译 文:这是守护灵集团。

铭文 3:¹ ötükän [nγo] šakanč ² qutluγ tapmïš qy-a ³ küy(ü) (közä)d[ü]-ü tud ẓu[n](?)

译 文:愿守护 Ötükän Nγošakanč Qutluγ Tapmïš Qy-a(他们)!

关于铭文 3 中出现的 ötükän [nγo] šakanč,森安先生按出资人 Qutluγ Tapmïš Qy-a 的女眷处理,解释做专用名词 ötükän 后续 nγošakanč(女性信徒);他还指出铭文 1 与铭文 3 相互衔接,铭文 1 的守护灵集团即为铭文 3 的守护者;同时提出,若[nγo]šakanč 的读法有误,则 ötükän 非人名,而应为地名,其之后的文字应修饰 Qutluγ Tapmïš Qy-a;并在介绍回鹘摩尼教文献中的 ötükän 之例后,指出 ötükän 之名出现于此说明该洞窟确切是由回鹘摩尼教徒所遗留。威尔金斯在《于德建女神的一幅肖像》一文中,重新释读了上述铭文 3,[3]指出上述森安先生读作[nγo] šakanč 的部分,应读作[w](a)xšikanč,铭文整体可读为 ötükän [w](a)xšikanč qutluγ tapmïš qy-a küyü küzädü tuṭzu[n],解释做 Mögen die Schutzgöttin Ötükän und Qutluγ Tapmïš Qy-a behüten und beschützen!(愿女神 Ötükän 和 Qutluγ Tapmïš Qy-a 保护!)。此处的 waxšikanč,相对于铭文 1 的

---

[1] 相关考证与介绍,见森安孝夫《ウイグル＝マニ教史の研究》,第 6—34 页。壁画与铭文见图片 1—8。

[2] 森安孝夫《ウイグル＝マニ教史の研究》,第 18—21 页。

[3] J. Wilkens, „Ein Bildnis der Göttin Ötükän," pp. 449–461.

wxšik(守护灵)，指的是女性守护灵。鉴于铭文 1 中介绍说"这是守护灵集团"，且摩尼教壁画的守护灵中包括女性肖像，威尔金斯的释读看起来似乎更进一步。笔者确认森安先生提供的图片，该部分读作[w](a)xšikanč，亦未尝不可。

　　元亦都护高昌王世勋碑在记录漠北时期的回鹘先世时云："又有山曰天哥里干答哈，言天灵山也，南有石山，曰胡的答哈，言福山也。"[1]天哥里即 tängri，对应汉语的天，胡的答哈即 qut taγ，对应汉语的福山。关于天哥里紧后面的干答哈，岑仲勉先生以为是于答哈之讹，并将其与蒙元时期到访蒙古的柏朗嘉宾（Plan Carpin）记录的蒙古萨满教神灵 Ytoga 相对应，主张为于都斤之异名。[2] 不过，笔者以为，上文中，胡的答哈的"答哈"无疑应是突厥语 taγ(山)之音译，那么天哥里干答哈的"答哈"同样视作 taγ(上)的音译，更为合理。至于干答哈的"干"，黄文弼先生据《武威县志》所载碑文给出的录文中确切是"干"，并非是"于"。另外，元虞集《道园学古录》卷 24 所载《高昌王世勋之碑》中，相关山名同样记做天哥里干答哈。[3] 虽然"干"与"于"字形接近，甚至经常发生混淆，上述岑仲勉的主张亦不无是处，但笔者仍然以为"干"应视作与其紧前面的天哥里（tängri）构成同一词汇，即天哥里干 tängrikän。字面上而言，tängrikän 是 tängri（天、神、神圣的）与后续表示身份地位的词缀 kän 构成的名词或形容词，原意是像天一样的，或天、神之意。[4] 正因为其具备的上述神圣性，所以正如克劳森给出的例句所表明，在包括后突厥汗国翁金碑，以及佛教文献与摩尼教文献等在内的部分文献中，该词经常被作为

---

〔1〕 黄文弼《亦都护高昌王世勋碑复原并校记》，新疆社科院考古研究所编《新疆考古三十年》，乌鲁木齐，新疆人民出版社，1983 年，第 459—460 页，第 7 行。

〔2〕 岑仲勉《外蒙于都斤山考》，《历史语言研究所集刊》第 8 本第 3 分册，1939 年，收入氏著《突厥集史》下册，北京，中华书局，1958 年，第 1084—1085 页。

〔3〕 见《四部丛刊初编》（上海，商务印书馆，1929 年）所收《道园学古录》第 6 册，上海涵芬楼藏明刊本。

〔4〕 克劳森以为 tängrikän 原意是虔诚的、衷心的，并否定具有"神圣的"之意。此说有误。见 G. Clauson, *An Etymological Dictionary of Pre-Thirteenth Century Turkish*, Oxford: Clarendon Press, 1972, p. 525。

统治者之称号而出现。值得一提的是，t(ä)ngrikän 一词，还以后续第一人称词缀-m 的形式，即以 t(ä)ngrikänim 的形式出现在前面介绍的 M 919 文书背面第 19 行中，用于称呼祈愿祝福的对象国王(ilig)。考虑到该文书中，君主被称作 ilig，称号是亦都护(iduq qut)，故此处出现的 t(ä)ngrikänim 的 t(ä)ngrikän 视作天、神，更为妥当。而在上引亦都护高昌王世勋碑中，天哥里干答哈 tängrikän taγ 的 tängrikän，显然不是君主之称号，而应是天灵之意。这正是 tängrikän 最初的含义。总之，虽然尚不敢断言天哥里干答哈的解释至确，亦不敢断定天哥里干答哈代指于都斤山，但重要的是，我们在此处可确认到神格化的山名之存在。同理，原本作为山名出现的 Ötükän，在柏孜克里克千佛洞第 38 窟回鹘语铭文中升华为女神之名，亦不悖于理。不过，笔者以为，上面介绍的铭文 3 中，Ötükän Waxšikanč（女神于都斤）应是施加保护者，Qutluγ Tapmïš Qy-a 是受保护者。原因在于虽然 Ötükän Waxšikanč（女神于都斤）难以确定具体指哪位守护灵，但应是壁画中出现的十位守护灵之一。而且，壁画可理解作十位守护灵在保护出资者 Qutluγ Tapmïš Qy-a 夫妇。是故，笔者主张铭文 3 应译作（愿女神 Ötükän 保护 Qutluγ Tapmïš Qy-a!）。[1] 这里，Ötükän 是守护灵 Waxšikanč，即女神的名字。

## 三、Il Ötükän Qutï 之含义

关于 M 919 文书的 il ötükän qutï，威尔金斯在上述关于柏孜克里克千佛洞第 38 窟铭文的释读基础上，经过与伯希和关于蒙古语 Natigay，以及蒙古萨满教神歌中的 Ötügen Eke、Etügen Eke 与 El Etügen Eke 的用例之间的对比，推断其为"El Ötükän（于都斤国）之

---

〔1〕 铭文 1 明显高出铭文 3，且与铭文 3 的间距约为铭文 3 的行间距 2 倍，故铭文 1 难言与铭文 3 共成一文。

守护神"之意。[1] 因 qut 词意丰富,笔者尚不敢对上述威尔金斯观点表示赞成。幸运的是,汉籍史料能够给我们提供一些有益的线索。《太平御览》卷882《神鬼部二》"神"条下言:[2]

> 又曰:初,薛延陁之将败也,有一客乞食于主人。主人引入帐,令妻具馔。其妻顾视,客乃狼头人也。妻告邻人共视之,狼头人已食主人而去。相与逐之,止郁督军山,见二人,追者告其故,二人曰:"我则神人也。薛延陁当灭,我来取之。"追者惧而退走。延陁竟败于郁督军山。

上引史料中,郁督军山即于都斤山。该史料还见于《太平御览》卷909《兽部二一》"狼"条、[3]《太平广记》卷297《薛延陀传》,[4] 内容大同小异,重点讲述薛延陀汗国的灭亡是神人所预示,且是在郁督军山覆灭。仔细观察则可发现,上文中,吃掉主人(即薛延陀人)的狼头人实际上就是出现在郁督军山的神人。

关于上引史料的产生背景,我们很难给出确切答案。不过,上述狼头人,自然让我们联想起突厥著名的狼祖传说。众所周知,薛延陀汗国灭于唐朝之手,而且在征讨薛延陀的唐军中包括左骁卫大将军阿史那社尔、右骁卫大将军契苾何力等所率领的部分突厥语族部落。故,不排除上引史料存在唐方面人为夸张之嫌。即,为保障唐朝在漠北羁縻统治的顺利开展,唐方面有可能借助突厥狼祖传说,刻意渲染薛延陀当灭,唐政府替天行道等思想。即便如此,预言薛延陀当灭的狼头神人出自郁督军山,这恰恰衬托出于都斤山对漠北统治的重要性。总之,不论上引史料的流传背景如何,我们均可以想象得出:借狼头神人之口预言薛延陀当灭的这种思想,其产生的平台应该是建立在突厥于都斤崇拜思想之上。联想到突厥在于都斤山内进行的包

---

[1] J. Wilkens, „Ein Bildnis der Göttin Ötükän," pp. 452-455.
[2]《太平御览》卷882,北京,中华书局影印本,1995年,第3917页。
[3]《太平御览》卷909,第4028页。
[4] 北京,中华书局,1961年,第2364页。

括先窟祭拜等在内的一系列国家主导的政治礼仪活动,[1]上述在于都斤山出现的狼头神人,可理解作喻义身处于都斤山的突厥祖先,亦即祖先之灵。然则,出自于都斤山的二人,或可与亦都护高昌王世勋碑所言天哥里干答哈 tängrikän taγ,即天灵山的天灵 tängrikän 相媲美。笔者以为,可视为喻义突厥先人的《太平御览》所言狼头神人,与上述天灵山的天灵 tängrikän 在其文中的寓意相同,意味着于都斤山的守护灵。

如本文开头所介绍,回鹘认同包括狼祖传说、于都斤崇拜等在内的突厥文化遗产。那么,上引《太平御览》中出现的代表突厥先人的狼头神人思想为回鹘所承袭,亦不足为怪。而且,突厥语 qut 所包含的词意中,除幸运、幸福、感召力等抽象物之外,还包括君主、殿下;灵魂、魂魄;守护灵等具体事物与神格化的形象。前面介绍的柏孜克里克千佛洞第 38 窟摩尼教壁画上的神灵,即是为时人所人格化的上述神格化形象的 qut。是故,笔者以为 M 919 文书中出现二次的 el ötükän qutï,即被祈愿降临到新可汗的 el ötükän qutï 与给予作者力量的 el ötükän qutï,若不予考虑 el(国家),则均可视作上引《太平御览》史料所言狼头神人,即于都斤山之守护灵的再现。而且,被祈愿降临至新可汗的第二个对象——先前贤明的父王们、国王们的 qutï,亦可视作上引《太平御览》史料所言狼头神人——笔者视为突厥先人之再现。另外,据文意可推测,文书作者之前介绍的"从苍天到下方的地神为止的守护灵们"应包括文中介绍的三部分。即,第一部分是于都斤国之守护灵,第二部分是先前贤明的父王们、国王们的 qutï,第三部分是神圣宝座的 qutï。考虑到柏孜克里克千佛洞第 38 窟摩尼教壁画记录的守护灵不仅限于一个,关于上述第二部分与第三部分 qutï,虽阿拉特主张的祝福、森安先生与威尔金斯所言感召力均很

---

[1] 如《周书》卷 50《突厥传》言:"可汗恒处于都斤山,牙帐东开,盖敬日之所出也。每岁率诸贵人,祭其先窟。又以五月中旬,集他人水,拜祭天神。于都斤四五百里,有高山迴出,上无草树,谓其为勃登凝黎,夏言地神也。"(北京,中华书局,1971 年,第 910 页)

有魅力,但笔者仍以为应视作守护灵。至于背面第 14—19 行句子中的 qutï,即给予文书作者力量的于都斤国的 qutï,仅限于该句而言可解释作感召力(Charisma)。不过,鉴于整段文章内容的相关性,笔者仍倾向于视作守护灵,即于都斤国的守护灵。

此外,el ötükän qutï 这一表达方式,还出现于德藏 Mainz 345 回鹘文书断片中。该文书最早由茨默(P. Zieme)解读,后由威尔金斯收入摩尼教回鹘文文献目录。[1] 森安先生对该文书断片进行了重新解读,发现其记录了关于回鹘助唐剿灭安史之乱,以及牟羽可汗在回鹘国内传播摩尼教的故事。[2] 关于文书正面第 1 行(森安先生更正为背面第 1 行)的 il ötükän(于都斤国)之后的文字,森安先生复原做 qut,具体解释作于都斤山的威灵或守护灵。[3] 如是,该文书第 1—2 行,讲述的是 el ötükän qut(于都斤国之守护灵)施与护佑之事。

el ötükän qutï 还出现于哈密顿(J. Hamilton)解读的敦煌出土 P. 2988 背面回鹘语文书中。[4] 该文书是 10 世纪曹氏归义军时期出使敦煌的西州回鹘使臣书写的发愿文。文书第 1 行中,开头的 3 个词汇可读作 y(e)mä el ȯt(ü)kän,之后部分缺损,但其间可见 L 的残余笔画。哈密顿推定缺损处为 qutluγ(有福的),森安先生对此表示赞同。笔者仔细观察图片,发现 L 前后各约有 3 字或 4 字左右空间,且纸张近末端处有墨迹。看来,哈密顿复原的 qutluγ 不能填满该文书第 1 行。而紧随其后的第 2 行第 1 字,应读作 ent(ü)ri,视作动

---

[1] P. Zieme, *Manichäisch-türkische Texte: Texte, Übersetzung, Anmerkungen*, Berliner Turfantexte, vol. 5, 1975, p. 62, n. 618, p. 69, n. 726; J. Wilkens, *Alttürkische Handschriften*, Teil 8, *Manichäisch-türkische Texte der Berliner Turfansammlung*, Stuttgart: Franz Steiner Verlag, 2000, pp. 85-86, N. 61.

[2] 森安孝夫《ウイグルから見た安史の亂》,第 26 页。

[3] 森安孝夫《ウイグルから見た安史の亂》,第 17—28 页。

[4] J. Hamilton, *Manuscrits ouïgours du IXe-Xe siècle de Touen-houang: Textes établis*, traduits, et commentés, Paris: Peeters france, 1986, pp. 109-110.

词 entür-(降下、放下)的副动词。[1] 因 qutluγ 通常是形容词"有福的",[2] 故 qutluγ 与 entür-之间需要宾语。就残余空白及其与上下词汇间的关联性而言,该处所需宾语应是 qut 或 küč(力量)、törü(法)、yarlïγ(命令)等自上而下给予的某物。鉴于前面介绍的 M 919 文书中出现 2 次 el ötükän qutï,笔者推定该处应为 qut 的第三人称所有形式的 qutï 或其对象格形式 qutïn。即,P. 2988 背面文书开始处第 1—2 行可复原做 y(e)mä el öt(ü)kän qutluγ qutï / qutïn ent(ü)ri biz ek(k)ün törümištä(当于都斤国降下有福的 qutï 时,当我们二人出现时)。[3] 考虑到后面出现"希望我们能平安抵达自己国家"等祈愿文,此处的 qutï,笔者仍然主张代指于都斤国之守护灵。

至此,我们可以说后突厥汗国时期的圣地 Ötükän 于都斤在高昌回鹘王国时期,一方面是女神(守护灵、守护神)名称,同时又是守护灵曾经存在过的国家之名。那 el ötükän qutï(于都斤国之守护灵)有何特殊含义?

众所周知,漠北回鹘汗国是在牟羽可汗执政时期改宗摩尼教的。九姓回鹘可汗碑记录牟羽可汗在镇压完安史之乱后回国之际,"将睿息等四僧入国"(第 8 行),[4] 并开正教于回鹘。九姓回鹘可汗碑粟特文面则描述牟羽可汗率领军队"在此于都斤之地……打败他们并取得",之后介绍牟羽可汗改宗摩尼教的经过。[5] 前面介绍的 Mainz 345 文书,记录了摩尼教在回鹘国内得到传播的情景。茨默解读的 81TB10 元代回鹘文书同样记录摩尼教在回鹘国内的传播。

---

[1] 哈密顿读作 ent(i)ri,但词意与笔者意见相同。
[2] 出现于突厥回鹘可汗称号中的骨咄禄 qutluγ 原本为形容词。
[3] 句中的 yemä 表示并列,译作"也、还"。但句首的 yemä 通常表示转换话题,相当于汉语"且说、话说、现在",也可不译出。
[4] 参见森安孝夫编《シルクロードと世界史》,(大阪大学 21 世纪 COE 项目 2002—03 年度报告书),丰中,大阪大学文学研究科,2003 年,图片 2。
[5] 吉田豊《ソグド人と古代のチュルク族との關係に關する三つの覺え書き》,《京都大學文學部研究紀要》第 50 卷,2011 年,第 20—22 页。

虽然回鹘国名在该文书中被写作 Il Orqun(鄂尔浑河),[1]但本质上与 Il Ötükän 并无区别。德藏 U168＋U169(T Ⅱ D 173 a＆b)回鹘文摩尼教经典文书含有猪年(795)字样的发愿文跋文,其中 U168 背面第 14—21 行言：[2]14 y(e)mä t(ä)ngri mani burxan15 t(ä)ngri yiringärü barduqïnta16 kin biš yüẓartuqï äkii17 otuẓunč laγẓïn yïlqa 18 ötükäntäki nom uluγï 19 tükäl ärdämlig yarlaγ qančuči20 bilgä bäg t(ä)ngri mar niw mani 21 m(a)xïstaka ayγïn bu äki(在神圣的摩尼佛前往天国之后的第五二二年的猪年,承蒙于都斤的教义长、德高望重的贤明的甸、神圣的 mar niw mani 默奚悉德之命,这两个……)。著名的 U1 回鹘文书断片(T Ⅱ K Bündel Nr. D 173)提道：[3] t(ä)ngri-kän uyγur boquγ xan qočo-γaru k(ä)lipän qoi-n yïlqa üč m(a)xï-stak olurmaq üčün možakkä kingädi(神圣的君主回鹘卜古汗来到高昌,为三位默奚悉德在羊年赴任而与慕阇商谈)。上引文中,默奚悉德(maxïstaka)是摩尼教教会第三阶层高僧,Boquγ Xan 应指使摩尼教在漠北回鹘汗国获得重生的怀信可汗,羊年是 803 年,三位默奚悉德的赴任地是漠北回鹘汗国。[4] 而根据汉籍史料,我们知道回鹘牟羽可汗被暗杀后,回鹘顿莫贺可汗镇压摩尼教,并虐杀支持摩尼教

---

〔1〕 茨默《有关摩尼教开教回鹘的一件新史料》,王丁译,《敦煌学辑刊》2009 年第 3 期,第 1—7 页;森安孝夫《東ウイグル帝國マニ教史の新展開》,载氏著《東西ウイグルと中央ユーラシア》,第 543—545 页。

〔2〕 A. von Le Coq, „Türkische Manichaica aus Chotscho I," Abhandlungen der Preussischen Akademie der Wissenschaften, 1911, p. 12;森安孝夫《東ウイグル帝國マニ教史の新展開》,第 552—553 页。

〔3〕 A. von Le Coq, „Ein manichäisches Buch-Fragment aus Chotscho," in Festschrift für Vilhelm Thomsen, Leipzig, 1912, p. 147.(Repr.: Sprachwissenschaftliche Ergebnisse der deutschen Turfan—Forschung, vol. 3, Leipzig, 1985, pp. 539-548, pl. XXII.).

〔4〕 关于文中的 boquγ xan 是牟羽可汗还是怀信可汗,学术界观点不一,兹不赘述。笔者赞成视作怀信可汗。主要参见安部健夫《西ウイグル国史の研究》,东京,彙文堂书店,1955 年,第 207—210 页;森安孝夫《ウイグルから见た安史の乱》,第 27 页;森安孝夫《東ウイグル帝國マニ教史の新展開》,第 549—552 页;荣新江《西域——摩尼教最终的乐园》,《寻根》2006 年第 1 期,收入氏著《丝绸之路与东西文化交流》,北京大学出版社,2015 年,第 373 页。

的胡人。不过,在业已公开的回鹘文文献中,笔者尚未发现相关回鹘镇压摩尼教的叙述。

从上举回鹘人自身的记录而言,高昌回鹘王国的摩尼教徒充分了解到,漠北时期的回鹘汗国是高昌回鹘摩尼教的肇兴之地。而在当时的高昌回鹘王国境内,摩尼教与佛教、基督教等并存,并在后来为佛教所取代。对摩尼教徒的生存环境而言,强调漠北时期的回鹘王室与摩尼教的亲密结合,渲染回鹘国家上层对摩尼教的扶持实属正常诉求。笔者以为,回鹘摩尼教文献中的于都斤国之名称,蕴含着身处高昌回鹘王国境内的摩尼教徒对往昔漠北时期回鹘汗国的美好回忆。Il Ötükän Qutï(于都斤国之守护灵)不应是单纯的女神于都斤或于都斤之地的守护灵。威尔金斯曾提出,摩尼教文献中存在于都斤山的守护灵为摩尼教的光明佛所替代之可能。[1] 笔者虽不敢断言威尔金斯的意见至确,但至少可以说 Il Ötükän Qutï(于都斤国之守护灵)所反映的是,在高昌回鹘王国摩尼教徒心目中,Ötükän Qutï(于都斤之守护灵)已经升华为护佑摩尼教在回鹘国内得到保护传播的守护灵。

## 小　　结

M 919(T. M. 417)摩尼文回鹘语文书记录有短语 Il ötükän qutï(于都斤国的 qutï)。关于其中的 qutï,前人推测为女神、尊严、祝福、感召力或守护神。吐鲁番柏孜克里克千佛洞第 38 窟摩尼教壁画,反映十位守护灵在保护出资者 Qutluγ Tapmïš Qy-a 夫妇。而且,在壁画铭文 3 中,山名 ötükän 做为女神之名而出现。鉴于元亦都护高昌王世勋碑记录有神格化的山名天哥里干答哈 tängrikän taγ

---

[1] J. Wilkens, „Ein manichäisch-türkischer Hymnus auf den Licht-Nous," *Ural-Altaische Jahrbücher*, vol. 16, 2000, pp. 228–229. 此处转引自森安孝夫《ウイグルから見た安史の乱》,第 24 页。

（天灵山），上述铭文 3 的 ötükän 可视作山名神格化后的女神之名。《太平御览》讲述薛延陀汗国的灭亡是于都斤 ötükän 山的狼头神人所预示。该狼头神人即是突厥祖先之灵，亦即于都斤山的守护灵。壁画中的女神 ötükän，应是山名 ötükän 的神格化形象 qut 的人格化。故，M 919 文书中的 Il ötükän qutï，均可视作《太平御览》所言狼头神人，即于都斤山之守护灵的再现。在高昌回鹘王国摩尼教徒心目中，Il Ötükän Qutï（于都斤国之守护灵）已经升华为护佑摩尼教在回鹘国内得到保护传播的守护灵。

（原载荣新江主编《唐研究》第 22 辑，2016 年，第 397—409 页，收入本书时进行了修订）

# 第七章　契丹祖源传说的产生及其与回鹘之关系考辨

近年来,契丹史学界出现了一个引人关注的新动向。在关于契丹小字、契丹社会经济政治等原有研究基础上,探讨回鹘文字文化对契丹之影响,已然成为学界关注热点。[1] 回鹘与契丹,同为中国北方阿尔泰语系游牧民族,前者属突厥语族,后者属蒙古语族。其中,前者创建的回鹘汗国(744—840)曾统治过后者。且高昌回鹘王国(约866年—13世纪初)与甘州回鹘王国(约880—1028),与契丹人所建辽王朝(907—1125)同期并存于中国北方。故回鹘与契丹,二者在政治军事文化制度等方面,有着不可分割的密切联系。前人已对此做了不少有意义的工作,亦取得了不菲的成就。[2] 其中,就契丹祖源传说而言,杨富学先生着重于契丹与回鹘祖源传说的共同点——"一山二水",认为契丹的祖源传说(按即著名的"白马神人"与

---

[1] 主要研究成果有杨富学先生系列论文《回鹘佛教对北方诸族的影响》,《昭乌达蒙族师专学报》1998年第3期,第82—86、64页;《契丹族源传说借自回鹘论》,《历史研究》2002年第2期,第150—153页;《论回鹘文化对契丹的影响》,李兵主编《辽金史研究》,北京,中国文化出版社,2003年,第46—67页;《回鹘文化影响契丹的点点滴滴》,《宋史研究论文集》第10辑,兰州大学出版社,2004年,第412—423页;《回鹘语文对契丹的影响》,《民族语文》2005年第1期,第61—64页;王小甫《契丹建国与回鹘文化》,《中国社会科学》2004年第4期,第186—202页;张碧波《契丹与回纥族源文化异同论》,《西北民族研究》1999年第1期,第145—156页。

[2] 王日蔚《契丹与回鹘关系考》,《禹贡》第4卷第8期,1935年,收入孙进己等编《契丹史论著汇编》上,沈阳,辽宁省社科院,1988年,第812—820页;李符桐《回鹘与辽朝建国之关系》,载氏著《李符桐论著全集》第2册,台北,学生书局,1992年,第263—405页;王民信《契丹外戚集团的形成》,载氏著《契丹史论丛》,台北,学海出版社,1973年,第73—87页。

"青牛天女"传说)借自回鹘,[1]此观点得到了部分学者的支持。[2]王小甫先生则利用摩尼教教义,对契丹社会特有现象或习俗进行解释,并认为耶律阿保机借用回鹘汗国国教摩尼教神话自己,进而将"白马神人"与"青牛天女"解释做摩尼教教义中的亚当与夏娃。[3]上举二位虽观点不尽相同,但不约而同地将契丹的祖源传说视作回鹘文化的衍生物。二位的考释,自然有其独到的视角及可取之处。但弱点亦很明显,即没有从契丹与回鹘间的历史关系上进行相关的深层次论证。

固然,契丹的祖源传说,完全可以与回鹘联系起来进行一番比较研究。然而,祖源传说故事,事关一个民族的诞生问题,意义重大。它的产生,需要人们的认知并接受,其流传,往往更需要社会长时间的考验与熏陶。试想,属于社会意识形态领域内的如此重要的思想上层建筑,契丹人是否轻易使用"拿来主义"借自回鹘,值得商榷。而且,当时的外部环境——这里主要指契丹与回鹘间的互动关系,是否已经达到催生这种借鉴产生的地步,也颇值得重新探讨。

笔者才学疏浅,对契丹祖源传说的深层次的文化人类学方面研究,只能望洋兴叹。在此,仅据现有资料,尽可能以客观的视角,对契丹祖源传说的产生背景及其与回鹘之关系,略抒浅见。

## 一、8—10世纪回鹘与契丹之关系

回鹘,又称回纥,是隋唐时代九姓铁勒之一部。贞观四年(630),唐朝灭东突厥汗国(583—630),大批突厥人被迁入今鄂尔多斯地区。继而,占据漠北的薛延陀汗国(630—646)复为唐朝所灭,九姓铁勒占

---

[1] 杨富学《契丹族源传说借自回鹘论》,第150—153页。
[2] 康建国《糯思回鹘身份说新证》,《兰州学刊》2009年第12期,第17—18页;张碧波《契丹与回纥族源文化异同论》第147页。
[3] 王小甫《契丹建国与回鹘文化》,第186—202页。其中,关于"白马神人"与"青牛天女"的解释见第194页。

据了漠北草原,同时接受唐王朝的羁縻统治。永淳二年(682),突厥降户骨咄禄起事,北上占据漠北,后突厥汗国(682—745)复兴。这一时期,总体而言,回鹘是后突厥汗国属部之一。汗国晚期,政局动荡,回鹘遂与拔悉密、葛逻禄合力,攻灭后突厥汗国。经历拔悉密、葛逻禄政权的昙花一现之后,回鹘汗国最终成立。

关于回鹘立国,汉文史料更多关注的是统治者的更迭。相反,回鹘汗国第二代可汗磨延啜的三大记功碑——希内乌苏碑(又称磨延啜碑,建于759年后不久)、塔里亚特碑(又称铁尔痕碑,建于752—753年),以及特斯碑(建于750年),可为我们提供关于回鹘汗国建国初期历史的第一手资料。根据这些史料,可知752年之前,回鹘致力于在漠北站稳脚跟,753年曾出兵助唐灭安史之乱。[1]上述三碑文,除缺损部分外,基本已被解读完毕,但尚未发现有关回鹘与契丹二者关系之内容。

契丹,作为宇文鲜卑余部,自4世纪末起游牧于今内蒙古东南部草原地带。由于地处漠北游牧政权与中原农耕政权的中间边缘地带,长期交替委身于二者。但,总体而言,隶属漠北游牧政权的时间更长。《旧唐书·契丹传》言开元三年(715),契丹首领李失活以默啜政衰,率种落内附,但又首鼠两端。天宝四载(745)后突厥汗国灭亡后,契丹复投唐朝,随后又反。[2]建国伊始的回鹘,忙于在漠北东征西讨,无暇顾及契丹。安禄山的叛军中亦有契丹出身者,说明这些契丹人当时脱离了漠北回鹘政权。

安史之乱(755—763)后,回鹘自恃有功于唐,从唐廷获取大量丝绸。与回鹘人保持千丝万缕关系的粟特商人的贩运转卖,使回鹘国

---

[1] 希内乌苏碑见森安孝夫等《シネウス碑文訳注》,《内陆アジア言語の研究》第24辑,2009年,第9—42页。塔里亚特碑见片山章雄,《タリアト碑文》,载森安孝夫、奥其尔编《モンゴル国現存遺蹟·碑文調査研究報告》,丰中,中央ユーラシア学研究会,1999年,第168—174页。特斯碑见大澤孝《テス碑文》,载森安孝夫、奥其尔编《モンゴル国現存遺蹟·碑文調査研究報告》第159—162页。

[2]《旧唐书》卷199下《契丹传》,北京,中华书局,1974年,第5351页。

势蒸蒸日上。相反,此时的唐王朝,陷入了长期的财政困难。且以河朔三镇为首,藩镇势力明显加强。其中的卢龙节度使,原本镇抚东北二蕃——奚和契丹,是其设立初衷,但其独立化倾向日趋显露。安史之乱平定后不久,契丹渐隶属回鹘,应在情理之中。敦煌出土伯希和藏文藏卷P.t.1283《北方若干国君之王统叙记》,记述的是8世纪中后期北亚各民族分布状况。其中,提到契丹与回鹘时战时和。[1]《辽史·仪卫志三》言:"遥辇氏之世,受印于回鹘。至耶澜可汗请印于唐,武宗始赐'奉国契丹'。"[2]《旧唐书·契丹传》记录,会昌二年(840)九月,唐幽州节度使张仲武奏契丹旧用回鹘印,今乞国家赐印,唐因以"奉国契丹之印"为文赐之。[3] 总之,约8世纪60年代后,直至漠北回鹘政权崩溃为止,契丹曾受回鹘统治,此点无疑。遗憾的是,因史料欠缺,回鹘统治契丹的情况,我们尚了解不多。

众所周知,回鹘汗国灭亡之后,部众四散。除迁往西域以及河西地区的部分外,乌介可汗率领的回鹘十三部曾南下阴山一带附唐。唐会昌年间(841—846)宰相李德裕的文集《会昌一品集》,[4]收录有关于唐廷安抚征讨回鹘部众的一批官方文书。这些文书中,关于回鹘的崛兴、亡国以及降唐过程的描述,是时人的珍贵记录,有助于我们了解回鹘汗国与契丹之关系。其中,《幽州纪圣公碑铭并序奉敕撰》言:

> 以公威动蛮貊,功在漏刻,因命为东面招抚回鹘使。先是奚、契丹皆有虏使监护其国,责以岁遗,且为汉谍,自回鹘啸聚,

---

[1] 文书第27—29页。见森安孝夫《チベット語史料中に現れる北方民族——DRU—GUとHOR——》,《アジア·アフリカ言語文化研究》第14期增刊,1977年,第4、13页。

[2] 《辽史》,第913页。

[3] 《旧唐书》卷199下《契丹传》,第5354页。

[4] 文书校订及年代考证,见岑仲勉《李德裕〈会昌伐叛集〉编证上》,《史学专刊》(中山大学)第2卷第1期,1937年,收入氏著《岑仲勉史学论文集》,中华书局,1990年,第342—461页;傅璇琮、周建国《李德裕文集校笺》,石家庄,河北教育出版社,2000年。

靡不鸱张。公命裨将石公绪等谕意两部,戮回鹘八百人。"[1]

上文作于会昌五年(845),是为褒奖讨伐回鹘的幽州节度使张仲武而作。上文明记回鹘在契丹派驻使者,职责是"监护其国,责以岁遗,且为汉谍"。《隋书》卷84《契丹传》提道:"突厥沙钵略可汗遣吐屯潘垤统之。"[2]回鹘派驻契丹的使者(监使),应即为突厥语tudun"吐屯"之意译。据护雅夫研究,"吐屯"是由突厥可汗派至在其统治下诸族,以监察和征收赋税为任之官职。[3]笔者看来,回鹘派至契丹的使者,与日后的西辽派到高昌回鹘的"少监"性质相同,其主要目的就是征收赋税。"自回鹘啸聚,靡不鸱张",说明回鹘亡国,致使这些身在契丹的回鹘使者失去了后盾。这反映,当时的回鹘,并未在契丹大量派驻军队。契丹受印于回鹘,仅仅能够说明契丹附属回鹘,奉回鹘为"上国",并不能证明回鹘对契丹施行的是在政治、军事、思想等诸多方面上的严密统治。借鉴中国封建王朝对周边民族施行的"羁縻统治"政策,笔者称回鹘对契丹的统治为"游牧式羁縻统治"。

又,作于会昌二年四月的《奏回鹘事宜状》云:"望赐仲武诏,令差明辨识事宜军将,至奚、契丹等部落,谕以朝旨。……令奚、契丹等与其同力,讨除赤心下散卒。遣可汗渐出汉界,免有滞留。"[4]会昌二年九月所作《请发镇州马军状》云:"回鹘移营近南四十里,刘沔料必是缘契丹不同,恐袭其背,所以移营。"[5]可见,当时的契丹,在唐王朝号召之下,已弃绝回鹘。另,同作于会昌二年九月的《授张仲武东面招抚回鹘使制》言:"可检校兵部尚书、兼充东面招抚回鹘使。其当道行营兵马使及奚、契丹、室韦等,并自指挥。"[6]前引《幽州纪

---

[1] 傅璇琮、周建国《李德裕文集校笺》,第13页。
[2] 《隋书》,中华书局,1982年,第1882页。
[3] 護雅夫《突厥の国家構造》,载氏著《古代トルコ民族史研究》第1卷,东京,山川出版社,1967年,第43页。
[4] 傅璇琮、周建国《李德裕文集校笺》,第251页。
[5] 傅璇琮、周建国《李德裕文集校笺》,第260页。
[6] 傅璇琮、周建国《李德裕文集校笺》,第39页。

圣公碑铭并序奉敕撰》末尾亦言，公（即张仲武）命裨将石公绪等谕意两部（契丹与奚），杀戮回鹘八百人。显然，摆脱回鹘控制的契丹，在会昌二年四月以后不久，即协助唐王朝讨伐回鹘。《辽史》卷63《世表一》记录到"契丹王屈戍，武宗会昌二年授云麾将军，是为耶澜可汗"，[1]这应是其助唐讨伐回鹘立功所致。《辽史·仪卫志三》谈到遥辇氏时受印于回鹘，耶澜可汗时，唐武宗赐"奉国契丹"之印。这正说明，回鹘亡国之后，契丹彻底与回鹘决裂，重归唐廷怀抱。

史料记载，回鹘亡国阶段，有部分回鹘人东北奔大室韦。[2]《幽州纪圣公碑铭并序奉敕撰》还记录到："公前后受降三万人，特勒二人，可汗姊一人，都督外宰相四人，其他侯王骑将，不可备载。"可见，当时除西迁的回鹘人之外，亦有大批回鹘人降唐或投奔东方的部族。唯需要注意的是，正如笔者前文所言，回鹘亡国时期，契丹积极响应唐廷召唤，弃绝回鹘，协助唐廷征讨回鹘。据此而言，当时的契丹，不太可能大量接收回鹘人。[3]事实上，包括《会昌一品集》在内，唐代相关典籍亦不存在回鹘人大量投奔契丹的记录。

诚然，部分史料记载，契丹的个别驻地或氏族与回鹘保持有特定关系。如《辽史》卷37《地理志一·上京道》广义县条云："本回鹘部牧地，"仪坤州条言："本契丹右大部地，回鹘糯思居之，至四世孙容我梅里生述律氏。"[4]部分学者据此认为，契丹后族萧氏族属回鹘，回鹘人在契丹政权内占据重要地位。[5]

前文已指出，回鹘对契丹的统治是"游牧式羁縻统治"，而且，回鹘亡国阶段，亦未有大量回鹘人迁居契丹。据此而言，前文所言广义

---

[1]《辽史》，中华书局，1974年，第952页。
[2]《旧唐书》卷195《回纥传》，第5214页。
[3]王小甫先生观点与笔者相反，见王小甫《契丹建国与回鹘文化》，第202页。
[4]《辽史》第446页。
[5]杨富学《契丹族源传说借自回鹘论》，第153页；杨富学《回鹘文化影响契丹的点点滴滴》，第416—417页；王小甫《契丹建国与回鹘文化》，第199—202页；张碧波《契丹与回纥族源文化异同论》，第148—149页；李符桐，《回鹘与辽朝建国之关系》，第274—297页。

县"本回鹘部牧地",十有八九指的是回鹘统治契丹时期的情形,极可能指的是回鹘监使的牧地。耶律阿保机妻述律氏先祖糯思,应即为回鹘监使。值得注意的是,南宋叶隆礼《契丹国志》介绍述律氏时言:"本国契丹人也。"[1]既然已明言"本国",则"契丹人"应理解为"契丹族人"。陈永志甚至认为,据《元史》卷150《石抹也先传》,述律氏先世实为契丹人,据奚族、萧族的源流关系及其与契丹族间政治关系、地缘关系考证,萧族即是奚族。[2] 契丹建国时期述律氏族属是否已由回鹘变为契丹,尚不敢断言。但,述律氏纳入契丹国舅系统,是太宗朝以后之事。[3] 辽朝后族日后势力庞大,更应与述律皇后的个人魅力及其在宫廷内的地位有关。述律氏先世历经会昌年间的屠戮,仍能在契丹部族内延续其政治生命,或许与其虽属回鹘,但原本族出契丹有关。总之,述律氏参与契丹建国,只是个案。这并不能证明契丹建国时期,其本土有大量回鹘人存在。我们不能"只见树木,不见森林"。

不可否认,古突厥语族游牧国家对契丹的统治,曾对契丹带来一定影响,如契丹官制、政治等方面的术语,数见与突厥回鹘雷同之处。[4] 但有研究表明,突厥回鹘的官制之中,有很大一部分术语继承自之前的柔然以及拓跋鲜卑。[5] 作为鲜卑余部,契丹官制、政治等方面上的术语,亦有可能继承自鲜卑集团。其部分源自汉语的称号等,亦有可能直接借自汉语。总之,就官制、政治等方面而言,契丹与古突厥语族游牧国家间的关系,是个多元复杂的问题。断言这些

---

[1] 叶隆礼《契丹国志》,贾敬颜、林荣贵点校,上海古籍出版社,1985年,第138页。另学界关于述律氏族属之讨论,见康建国《糯思回鹘身份说新证》,第16—17页。

[2] 陈永志《奚族为辽之萧族论》,孙建华主编《辽金史论集》第11辑,呼和浩特,内蒙古大学出版社,2009年,第96—121页。其中,有关述律氏族属考证见第98页正文及注释7。

[3] 相关研究综述及考证,见王民信《契丹外戚集团的形成》,第74—75页。

[4] 杨富学《回鹘文化影响契丹的点点滴滴》,第412—423页。

[5] 罗新《虞弘墓志所见的柔然官制》,《北大史学》第12辑,2007年,收入氏著《中古北族名号研究》,北京大学出版社,2009年,第130—132页;《论拓跋鲜卑之得名》,《历史研究》2006年第6期。收入氏著《中古北族名号研究》,第54、59—60、63—65页。

术语,均来自古突厥语族游牧国家,[1]或为时尚早。但,这并不等于否定回鹘文字文化对契丹的影响。笔者的看法是,对回鹘汗国与契丹之关系未作深入探讨,仅凭契丹社会的局部现象,从而得出契丹祖源传说借自回鹘,或受回鹘摩尼教影响之结论,恐怕欠缺一些公正的视角,过分夸大回鹘部族对契丹建国之影响,有先入为主之嫌。

## 二、回鹘祖源传说的流传

回鹘人关于其先世的最早记录,见于回鹘汗国第二代可汗磨延啜的记功碑希内乌苏碑。该碑北面开头 4 行残留部分,记录有立国之前的回鹘历史。现引用相关部分如下:[2]

**北面 2.** ötükän eli ögräš eli ekin ara olurmiš suvï säläŋä ärmiš anta eli(?)////(共约 29 字脱落)ermiš barmiš////(共约 74 字脱落)

居住在于都斤地方和于格利施地方两地之间。其河流是色楞格河。在那里,其国家?……独立生存……

**北面 3.** su-////-nta qalmïšï bodun on uyγur toquz oγuz üzä yüz yïl///(共约 25 字脱落)orqun ögüz///(共约 70 字脱落)

在……留存的人们(或:残存的人们)在作为民众的十姓回鹘及九姓乌古斯(九姓铁勒、九姓回鹘)之上,一百年间……鄂尔浑河……

上引碑文中未被标明的主语,无疑应为磨延啜祖先。其中,第 2 行提到回鹘人最早的居住地,并言:"其河流是色楞格河。"这与汉籍记录

---

[1] 杨富学《回鹘语文对契丹的影响》,第 62—64 页。
[2] 转写引自森安孝夫等《シネウス碑文訳注》,第 9 页。译文为笔者所加。

的回鹘部的最初驻地相符。而第3行反映,磨延啜先人曾统治过十姓回鹘及九姓铁勒。这应该指的是薛延陀汗国灭亡之后,在唐朝羁縻统治下,回鹘首领菩萨称可汗时期。就与汉文史料间的对应关系而言,上引希内乌苏碑内容,应具有可靠的史料来源。

现有资料反映,有关回鹘祖源传说的史料,集中出现在13—14世纪。甘肃武威藏亦都护高昌王世勋碑载:[1]

> 盖畏吾而之地有和林山,二水出焉,曰秃忽剌,曰薛灵哥。一夕有天光降于树,在两河之间,国人即而候之,树生瘿,若人妊身(娠)。然自是光恒见者,越九月又十日,而瘿裂,得婴儿五,收养之,其最稚者,曰兀单卜古可罕。既壮,遂能有其民人土田,而为之君长。传四十余君,凡五百二十载,是为阿力秘毕立哥亦都护可汗……

接下来讲述,经历与唐朝间的攻伐与和亲之后,可汗薨,自此国多灾难,相传数代后,迁至交州(今吐鲁番)。上举回鹘祖源传说,还见于《道园学古录》卷24《高昌王世勋之碑》、《金华黄先生文集》卷24《辽阳等处行中书省左丞亦辇真公神道碑》、《元史》卷122《巴而术阿而忒的斤传》、《元史类编》卷28《野立安敦传》等。[2]而《世界征服者史》虽略有不同,但更为详尽,尤其提到卜古可汗梦见白衣人托梦于己。[3]

上引文中,可汗名兀单卜古与同一碑文回鹘文面第29行的

---

[1] 引自黄文弼《亦都护高昌王世勋碑复原并校记》,新疆社科院考古研究所编《新疆考古三十年》,乌鲁木齐,新疆人民出版社,1983年,第459—460页,第5—6行。引文中,标点为笔者所加,()内文字为前一字的补正。另党寿山先生在《考古与文物》1983第1期,发表有《高昌王世勋碑考》一文,惜未能过目。

[2] 虞集《道园学古录》,《四部丛刊初编》第1440册所收上海涵芬楼藏明刊本,商务印书馆,1929年,第135—136页;黄溍《金华黄先生文集》,《四部丛刊初编集部》,上海书店,1989年;《元史》,北京,中华书局,1976年,第2999—3000页;邵远平《元史类编》,台北,文海出版社,1984年,第1556—1557页。

[3] 志费尼《世界征服者史》,何高济译,翁独健校,呼和浩特,内蒙古人民出版社,1981年,第62—67页。

Boquq 相对应。[1] 兀单（Udan），据张铁山、茨默二位研究，在关于高昌回鹘初期历史的回鹘文 xj 222—0661.9 文书第 15 行中，作为高昌回鹘可汗姓氏的一部分出现。二位还指出，Udan 在笠井幸代编辑的回鹘文题记中，以氏族名称出现。[2] 看来，上文中的兀单卜古可罕，应即为卜古可罕。[3] 有关上述回鹘祖源传说，前辈学者已做了详细研究。由于该传说中出现"树木""天光""白衣人"等与摩尼教相关要素，多数学者认为该传说与摩尼教密切相关。[4] 就最新的研究观点而言，森安孝夫力推该传说是在摩尼教影响之下成立，[5] 笠井幸代对此表示赞同。[6] 华涛先生在对森安氏观点表示赞成的同时，指出该传说中最重要的为"树"，回鹘语 buγuq（树瘿、花苞、花蕾）成为人名后产生"树瘿"传说，然后才有卜古可汗传说。[7] 另，关于卜古可汗的原型，虽早期学者多将其比定为牟羽可汗（759—779 年在位），但近年的研究表明，给予摩尼教国教地位的怀信可汗（795—808 年在位）更为适合。[8] 至于传说的由来，虽有可能在漠北时代后半

---

[1] Geng Shimin and J. Hamilton, "L'inscription ouïgoure de la stèle commémorative des Iduq Qut de Qočo," *Turcica*, vol. 13, 1981, p. 35. 此处转引自 Zhang Tieshan and Peter Zieme, "A Memorandum about the King of the On Uygur and His Realm," *Acta Orientalia Academiae Acientiarum Hungaricae*, vol. 64, no. 2, p. 145.

[2] Zhang Tieshan and Peter Zieme, "A Memorandum about the King of the On Uygur and His Realm," pp. 137, 141, 145.

[3] 回鹘文 Boquq 在汉文史料中，有多种不同写法。本稿以"卜古"为准。

[4] 相关研究归纳见华涛《〈世界征服者史〉中的畏吾儿祖先传说》，郝时远、罗贤佑主编《蒙元史暨民族史论集：纪念翁独健先生诞辰一百周年》，北京，社会科学文献出版社，2006 年，第 676—677 页。

[5] 森安孝夫《ウイグル＝マニ教史の研究》，京都，朋友书店，1991 年，第 167—169 页。关于主张该传说未受摩尼教影响之研究，见笠井幸代《トカラ語より翻訳された未比定のウイグル語仏典注釈書》，《内陸アジア言語の研究》第 21 辑，2006 年，第 23 页注 4.

[6] Yukiyo kasai, „Ein Kolophon um die Legende von Bokug Kagan,"《内陸アジア言語の研究》第 19 辑，2004 年，第 12—17、26—27 页；笠井幸代《トカラ語より翻訳された未比定のウイグル語仏典注釈書》，第 22—23 页。

[7] 华涛《〈世界征服者史〉中的畏吾儿祖先传说》，第 680—681 页。

[8] 安部健夫《西ウイグル国史の研究》，东京，彙文堂书店，1955 年，第 169—197、207—210 页；森安孝夫《ウイグルから見た安史の乱》，《内陸アジア言語の研究》第 17 辑，2002 年，修订稿收入氏著《東西ウイグルと中央ユーラシア》，名古屋大学出版会，2015 年，第 44 页注释 33；笠井幸代《トカラ語より翻訳された未比定のウイグル語仏典注釈書》，第 22—24 页。

期开始出现,但传说的整体内容是在回鹘人迁徙到天山地区以后才开始流传的。[1]

  以亦都护高昌王世勋碑为代表的卜古可汗传说,在与回鹘相关的唐代编撰文献中未见记录。回鹘保义可汗(808—821年在位)时期所立九姓回鹘可汗碑(建于814年),极具摩尼教色彩,逐一颂扬保义可汗及其之前的回鹘汗国诸可汗功绩。[2]该碑文鲁尼文面、粟特文面保留甚少,但汉文面约三分之二强仍可见。尤其是,关于卜古可汗的可能的原型——牟羽可汗与怀信可汗的记述保留尚好。遗憾的是,其中并未出现关于卜古可汗传说的描述。[3]卜古可汗传说,事关回鹘可汗诞生,至关重要,但却在九姓回鹘可汗碑中未被记录,于常理不符。反言之,在九姓回鹘可汗碑立碑时的814年,卜古可汗传说尚未出现或形成体系。无论是人为创造,抑或自然产生,人们的头脑中形成卜古可汗这一形象,需要时日。进言之,卜古可汗的形象产生之后,形成传说并获得普遍认可,进而形成体系在回鹘社会内部流传开来,更需时日。参此而言,卜古可汗形象的形成,距814年应有一段时期。而且,形成传说、得到认可亦需年月。笔者相信,卜古可汗传说形成体系且在回鹘社会内部流传,应在回鹘西迁之后。

  另外,古波斯史学家拉施特(Rašīd al-Dīn)在《史集·部族志》畏兀儿条中,曾概述回鹘人的古代史。他谈道,回鹘人发祥地的畏兀儿斯坦地区有两座非常大的山……哈剌和林山位于两山之间。窝阔台

---

  [1] 山田信夫《ウイグルの始祖説話について》,收入氏著《北アジア遊牧民族史研究》,东京大学出版会,1989年,第103—105页;森安孝夫《ウイグル゠マニ教史の研究》,第168页;笠井幸代《トカラ語より翻訳された未比定のウイグル語仏典注釈書》,第24—25页。

  [2] 关于九姓回鹘可汗碑,其整体介绍见程溯洛《释汉文〈九姓回鹘可汗碑〉中有关回鹘和唐朝的关系》,《中央民族学院院报(哲学社会科学版)》1978年第2期,收入氏著《唐宋回鹘史论集》,北京,人民出版社,1994年,第102—103页。关于其与摩尼教之关系考证,见森安孝夫《ウイグルから見た安史の乱》,第30—33页;《コレージュ゠ド゠フランス講演録ウイグル゠マニ教史特別講義》,载氏编《シルクロードと世界史》(大阪大学21世纪COE项目2002—03年度报告书),丰中,大阪大学文学研究科,2003年,第59—62页。

  [3] 关于汉文面记录的可汗事迹内容,见森安孝夫《コレージュ゠ド゠フランス講演録》,fig 2.

汗所建的城,也用那座山的名字来称呼。两山之旁有一座名为忽惕—塔黑(qut—taγ)的山。在窝阔台汗所建的城附近,一处地方有十条河流,一处地方有九条河流。沿着十条河流居住的回鹘人被称为十姓回鹘(on uyγur),住在九条河流地区的,被称为九姓回鹘(toquz uyγur)。其中,十条河流叫 on orqun(十鄂尔浑河)。[1]接下来,讲述了十条河流的名称,回鹘人的具体分布及其君长的选出方式等。遗憾的是,关于另外九条河流之名称,拉施特未提供任何线索。

对比亦都护高昌王世勋碑与拉施特的记录,则会发现二者有雷同之处,但差异亦很明显。共同点在于均提到古畏兀儿之地有一山(和林山/哈刺和林山)、二水(秃忽剌、薛灵哥/十鄂尔浑河)、九条河流。但前者关于卜古可汗诞生的传说,不见于后者。而且,河流名称亦不同。哈密顿认为,拉施特记录的十条河流名称,均与构成回鹘内族的十个部落名称相关。[2]九条河流虽名称不明,但参照 on orqun(十鄂尔浑河)而言,或许应为 toquz toγla(九土拉河)或 toquz sälänä(九色楞格河),尤以 toquz toγla 的可能性更大。[3]而且,笔者看来,《史集》记录的关于畏兀儿族源的故事,重点在于十姓回鹘与九姓回鹘的居住地,以及回鹘君长的选出过程。其君长选出过程之记录,虽人名无法考证,但大体还是符合汉文史料所反映的回鹘首领的产生过程。"一山二水"是勾画上述重点内容的辅助要素,并不是该故事的主体内容。

---

[1] 详见拉施特《史集》第1卷第1分册,余大钧、周建奇译,北京,商务印书馆,1983年,第239—240页。文中回鹘文为笔者所加。

[2] J. Hamilton, "Toquz-OGGuz et On-UyGGur," *Journal Asiatique*, vol. 250, 1962, pp. 23-63;哈密顿《九姓乌古斯与十姓回鹘》(下),耿昇译,《敦煌学辑刊》1984年第1期,第132—137页。

[3] 契丹曾设西北路招讨司,镇抚蒙古高原中心地带的阻卜—达靼部落。相关考证见陈得芝《辽代的西北路招讨司》,南京大学历史系元史研究室编《元史及北方民族史研究丛刊》第2辑,1978年,收入氏著《蒙元史研究丛稿》,北京,人民出版社,2005年,第25—38页。其中,开泰二年(1013)任西北路招讨使的萧孝穆,在《辽史》卷88《萧孝穆传》中记作"九水诸部安抚使"。见《辽史》第1331页。按当时的西北路招讨司治所位于今土拉河南畔镇州可敦城,且阻卜—达靼部落主要分布在杭爱山—鄂尔浑河—土拉河上游一带。该九水,极可能指土拉河。如是,拉施特所言九条河流,极可能即为土拉河。

杨富学先生认为，拉施特记录的"一山"应为忽惕—塔黑，即"福山"，"九河"可复原做突厥—回鹘语 tuguz suv。进而认为，《契丹国志》所载契丹祖源传说中的陶猥思河（即陶猥思没里、土河）即 tuguz suv 之译音，薛灵哥河（色楞格河）意为黄，与契丹祖源传说中的潢河同意。在对回鹘的福山、契丹的木叶山崇拜，二者的部族数，以及述律氏在契丹的地位等进行介绍之后，杨先生最终提出契丹族源传说的来源应归于回鹘这一见解。[1] 杨先生的解释自然有其道理，足备一说。笔者只是以为 tuguz suv（九河）视作陶猥思河，薛灵哥河解释作"黄"，仍有待进一步探讨。[2]《史集·部族志》畏兀儿条的"一山二水"，很难与契丹祖源传说的"一山二水"直接画上联系。

反之，对比上引希内乌苏碑内容与拉施特的记录，虽然地名与河名不尽相同，但二者最重要一点在于均记录了部族名称——十姓回鹘与九姓回鹘。其中，希内乌苏碑北面第 3 行反映的唐朝羁縻统治时期，回鹘部已经脱离最初的驻地色楞额河流域南迁，九姓铁勒的其他部落也已活动在蒙古高原。诚然，《史集》反映的亦有可能是漠北回鹘汗国时期的部落分布情况。但就部落驻地而言，希内乌苏碑与《史集》有关畏兀儿历史的记录，有相同之处，二者应有共同的具体的史料来源。这与在客观现实上无法考证其真实性的卜古可汗传说——极具摩尼教色彩的"树木""天光""白衣人"等祖源传说，明显有相异之处。

概而言之，就上举有关回鹘祖源的史料而言，希内乌苏碑与《史集》的记录，能够从唐代以前（包括唐代）的汉籍得到旁证，有极大的可信性。而以亦都护高昌王世勋碑为代表的卜古可汗传说，在唐代

---

〔1〕杨富学《契丹族源传说借自回鹘论》，第 150—153 页。
〔2〕白鸟库吉认为，陶猥思没里是蒙古语族语言的"灰尘"后续没里（河流之意）。见白鸟库吉《東胡民族考》（《史学雑誌》第 21—24 卷，1910—1913 年，收入氏著《白鳥庫吉全集》第 4 卷，东京，岩波书店，1970 年，第 98—99 页）。该河即今老哈河，隋代称托纥臣水，唐代称土护真水或吐护真河。显然，"臣""真"的中古尾音-n，与蒙古"灰尘"toγoson 的尾音-n 一脉相传。突厥—回鹘语的 toquz，何种情况下音转后附带-n 音，sälänä 一词，何种情况义为黄，现有资料还很难释清。

汉籍以及九姓回鹘可汗碑中未见相关记录，其开始流传，应在回鹘西迁之后。相比之下，上举《史集》内容，与其说是祖源传说，毋宁说是关于回鹘汗国统治体系中产生先史的口承记录。

众所周知，回鹘西迁后，仍延续着漠北时期的宗教传统，高昌回鹘初期阶段仍信奉摩尼教。不可否认，高昌回鹘与契丹保持有密切关系，[1]对契丹的文字文化，有过一定影响。比如，契丹小字的创造，在拼音制度方面曾参考回鹘文与鲁尼文的语音拼写规律。[2]但文字文化与思想体系，显然不可相提并论。10—11世纪时期的契丹，正以前所未有的雄姿屹立于北方民族之中，综合实力远超高昌回鹘。契丹人借用经历亡国、且整体实力远逊于己的高昌回鹘的祖源传说及其宗教，加以强调自身统治之合理性，有悖常理。借用刘浦江先生观点而言，那种由契丹祖源传说中的"神人""天女"的故事联想到迭剌部与回鹘人的合作，有些牵强附会。[3]

## 三、契丹祖源传说的产生

契丹关于"青牛白马"的祖源传说，历来受到学界关注。《辽史》卷37《地理志一·上京道》永州条云：[4]

> 相传有神人乘白马，自马盂山浮土河而东，有天女驾青牛车由平地松林泛潢河而下。至木叶山，二水合流，相遇为配偶，生八子。其后族属渐盛，分为八部。每行军及春秋时祭，必用白马青牛，示不忘本云。

---

[1] 华涛《高昌回鹘与契丹的交往》，《西域研究》2000年第1期，第29—32页；《西域历史研究（八至十世纪）》，上海古籍出版社，2000年，第93—101页。

[2] 吴英喆《契丹小字中的"元音附加法"》，《民族语文》2007年第4期，第44—45页。

[3] 刘浦江《契丹族的历史记忆——以"青牛白马"说为中心》，《漆侠先生纪念文集》，石家庄，河北大学出版社，2002年，收入氏著《松漠之间——辽金契丹女真史研究》，北京，中华书局，2008年，第103页。

[4] 《辽史》，第445页。

契丹的这一祖源传说，还见于北宋范镇《东斋记事》《契丹国志》，南宋王称《东都事略》等。[1] 其中，《契丹国志》中，"土河"被记作"陶猥思河"。

关于上举契丹的祖源传说，前辈学者多有考证，可谓仁者见仁，智者见智。[2] 笔者不是文化人类学者，亦不是宗教学者，只能依据现有的文献资料，对此传说产生的背景条件，进行尽可能客观公正的探讨。

众所周知，《蒙古秘史》记录的蒙古的祖源传说中，关于苍狼与白鹿相结合的记载，是蒙古先民，即室韦—达靼人从大兴安岭森林深处走向草原地带的历史真实反映。甚至可认为，苍狼代表的是草原游牧民，白鹿代表的是森林狩猎民，二者示喻蒙古祖源的两大源流。参此而言，契丹祖源传说中的神人与天女，似乎代表的是构成古代契丹部族的两大源流。然二者的不同之处亦很明显，相比蒙古祖源传说的古朴自然而言，契丹的祖源传说颇具神话色彩，甚至有人为创作之嫌。

关于上述契丹祖源传说产生时期的学界意见，刘浦江先生做了详细介绍。进而据遥辇氏契丹八部的形成时期，提出该传说产生于8

---

[1] 相关记录的对比探讨，见蒲田大作《释契丹古传说——萨满教研究之一》，载日本《民族学研究》第47卷第3期，1982年，赵冬晖、冯继钦中译文收入王承礼主编《辽金契丹女真史译文集》第1集，长春，吉林文史出版社，1990年，第315—316页；刘浦江《契丹族的历史记忆——以"青牛白马"说为中心》，第100—103页；田广林《契丹古八部质疑》，《社会科学战线》2008年第11期，第113—114页。

[2] 如，王民信先生认为"神人"与"天女"示喻迭剌部与回鹘人，爱宕松男则把青牛白马分别视作契丹的"审密"与"耶律"。田村実造认为该传说受中原哲学影响，蒲田大作认为是受萨满教影响，杨富学先生认为是受到回鹘族源传说影响，王小甫先生则以摩尼教教义解释"神人"与"天女"。见王民信《契丹古八部与大贺遥辇迭剌的关系》，载氏著《契丹史论丛》，台北，学海出版社，1973年，第46—47页；田村実造《唐代に於ける契丹族の研究——特に開国伝説の成立と八部組織に就いて——》，《満蒙史論叢》第1辑，1938年，收入氏著《中国征服王朝の研究》上册，京都大学东洋史学会，1964年，第59—112页；爱宕松男《契丹古代史の研究》，京都大学东洋史学会，1959年，第85—105页；蒲田大作《释契丹古传说——萨满教研究之一》，第292—319页；杨富学《契丹族源传说借自回鹘论》，第150—153页；刘浦江《契丹族的历史记忆——以"青牛白马"说为中心》，第99—122页；王小甫《契丹建国与回鹘文化》，第186—202页。

世纪中叶以后,阿保机时代之前。[1] 按唐代史料虽对遥辇氏八部作有介绍,但关于神人与天女,并未留下片言断语。诚然,这或许是因为唐人对契丹的了解不详所致。但反言之,亦有可能是因为,虽8世纪中叶遥辇氏八部已经出现,但神人与天女的要素与其结合为一体,更在后日。况且,遥辇氏八部以某种概念的形式,在当时的人们头脑中成型并固定下来,距其出现尚需一些时日。而与神人、天女的结合,喻示遥辇八部这一概念,在契丹人的心目中已发生了质的变化。这种变化,恐怕所需时间更长。而且,很可能非外力无法促成此升华。

8世纪中期,漠北正处于回鹘汗国建国初期。前文已介绍,回鹘曾统治契丹,但回鹘对契丹的统治,是派驻监使、征收赋税的"羁縻统治",并未大量派驻军队。会昌年间,契丹脱离回鹘,转投唐廷,亦未接受大量回鹘人。诚然,回鹘汗国在怀信可汗(795—808年在位)时期,给予摩尼教国教地位。摩尼教在政治、经济、文化、艺术等方面对回鹘产生过一定影响,[2] 但对其思想体系方面的影响,甚不明了,值得怀疑。在这一前提条件下,虽曾身处回鹘治下,但契丹人在思想意识等方面,是否真正受到过回鹘摩尼教影响,不得不令人生疑。而且,会昌年间,唐朝对回鹘笃信的摩尼教采取肃清政策,关闭内地回鹘摩尼教寺院,严禁摩尼教在内地传播。在当时的这种政治氛围下,契丹奉唐正朔,即便其曾受到过摩尼教影响,是否敢于反其道而逆行,更令人怀疑。

王小甫先生认为,契丹社会的某些习俗与现象,可用摩尼教教义来解释。实际上,王先生列举的事例,并非非摩尼教教义不可理解,王先生亦未完全否认。比如,阿保机的降生神话,可与中国北方和东北民族常见的"梦日入怀"或"感日而孕"等英雄降诞故事联系起来。

---

[1] 刘浦江《契丹族的历史记忆——以"青牛白马"说为中心》,第102—103页。

[2] 相关考证见陈俊谋《试论摩尼教在回鹘中的传播及其影响》,《中央民族学院学报(哲学社会科学版)》1986年第1期,第41—42页;买买提祖农·阿布都克力木《试论摩尼教对鄂尔浑回鹘的影响》,《首都师范大学学报(社会科学版)》2010年第5期,第138—141页。

木叶山崇拜,可用突厥人对其心目中的圣地——于都斤山之崇拜来理解。"柴册仪"中的"燔柴"涉及的拜火与祭天,乃萨满教自古至今重要的礼节。祭日更是北方民族自匈奴以来的普遍现象,亦是萨满教的礼仪之一。阿保机"素服白马"等契丹多尚白的习俗,亦见于东北古族扶余与高句丽。阿保机的"明王""明王楼"或可与摩尼教明王划上联系,但也可能来自汉语的"圣贤君主"之意。[1] 总之,断言契丹的这些习俗,均来自回鹘摩尼教之影响,为时略早,还有待进一步深入研究。

时过境迁,会昌年间以后,契丹人迎来了千载难逢的发展机遇。回鹘汗国的崩溃,使得契丹人摆脱了旧有桎梏;而同时期的唐王朝,中央集权统治力日益削弱,地方割据现象日趋严重,无法遏制契丹。这些都为契丹的势力壮大,提供了便捷条件。《新唐书》《册府元龟》《旧五代史》等均言光启年间(885—887),契丹王习尔强盛,役使达靼、奚、室韦等诸部入寇,其后王钦德频与幽州刘守光交战云云。[2] 耶律阿保机正是在唐末对周边诸部族的征讨中,崭露头角,并于907年统一各部称汗,国号"契丹"。随后,网罗汉人,兴建都城,制定法律,完善官制。又命人制契丹大小字,弘扬民族文化。虽天赞三年(924)远征漠北,获得不小收获,但迟迟没有完全掌控漠北。统和二十二年(1004),契丹在土拉河畔的可敦城设置镇州建安军,之后,逐步确立起对漠北阻卜诸部之统治。即便如此,契丹也未如柔然、突厥、回鹘、蒙古等游牧政权那样,以漠北草原为统治核心,而是始终以契丹肇兴之地为本,进行统治。这说明,耶律阿保机创建国家,并不基于继承漠北游牧政权立国之传统,而是创建一个有别与以往游牧国家的、契丹人独自经营的游牧与农耕国家。这或许正是,现有史料只能允许我们推测,但始终无法认定契丹人曾信仰摩尼教的真正原因。因为,他们未继承之前的回鹘汗国漠北游牧政权之立国传统,没

---

〔1〕 葛华廷《辽代四楼研究》,《北方文物》2008年第4期,第95—96页。

〔2〕《新唐书》卷219《契丹传》,北京,中华书局,1975年,第6172页;《宋本册府元龟》卷956《外臣部·总序》,北京,中华书局,1989年,第3816页;《旧五代史》卷137《契丹传》,北京,中华书局,1976年,第1827页。

有必要利用摩尼教来强调自己政权统治的合理性。

众所周知,《辽史》虽产生于元末动荡时期,但以辽耶律俨《辽实录》,金陈大任《辽史》等为底稿。无论哪种,其原始史料应源于辽代"监修国史"官员的第一手笔录。学界公认,《辽史》编纂时间紧,有不少舛误之处。但笔者翻阅《辽史》,感受更多的是,作为10—12世纪的北方强国主体民族,契丹人所持有的强烈的民族自豪感与自信感。契丹人膨胀的民族感,迫使他们需要一个精神上的升华与寄托。回鹘对契丹的"羁縻统治",契丹的弃绝回鹘,以及唐王朝对回鹘摩尼教的取缔,不论从内因或外因而言,均很难培育出摩尼教在契丹本土扎根发芽的坚实基础。我们知道,回鹘汗国牟羽可汗引入摩尼教,但却死于反对摩尼教的传统势力手中。退一步而言,即便契丹曾受过摩尼教影响,但涉及宗教思想体系方面的重大问题,阿保机是否轻易借鉴,值得反思。相反,包括契丹在内,北方民族自古以来崇拜上天。把阿保机的先世——遥辇八部的产生与上天联系起来,不仅为传统势力——契丹统治阶层的身份特定创造了一个良好的保障,而且为契丹下层民众提供了一个精神上的慰藉。这可以使契丹民族共有一个独特认同——他们是神人与天女的后裔,是上天赐予他们居住在土河(今老哈河)与潢河流域。无疑,这对契丹中央集权统治力的加强,对外政治影响力的扩大等诸多方面,均有益处。考虑到摩尼教对契丹精神思想领域的影响,还是个未知数,笔者认为,实际上,这是古代北方民族萨满教"君权神授"思想的某种表现。[1]只不过,契丹祖源传说中的"君权",其内涵已延伸到了契丹人以及契丹国家对其统治地域内各部族的支配权。

反观契丹祖源传说,多见于宋元时期编撰文献,最初应来自庆历

---

[1] 关于古代北方民族君主与萨满教之渊源,见護雅夫《遊牧国家における「王権神授」という考え——突厥の場合——》,《歷史学研究》第133期,1948年,收入氏著《古代トルコ民族史研究》第2卷,东京,山川出版社,1992年,第256—290页。

元年(1041)叛辽投宋的赵志忠。[1]可见,赵志忠叛辽之前,该传说已经在契丹国内流传一段时间了。前文已介绍,契丹在会昌年间请印于唐,奉唐正朔。然天祐四年(907),朱温废唐哀帝,自行称帝。而阿保机在唐亡、朱温称帝后不久,果断立国称汗。一方面,这是契丹民族意识的觉醒,另一方面,这是中国大地上与朱温的后梁政权并驾齐驱、相互抗衡的另一政权的诞生。阿保机在907年的所作所为,以及日后契丹改国号为"辽",均喻示其与中国传统王朝的正统思想有关。

9世纪中叶以后,契丹标榜的是民族的独立与强大。契丹的立国根基在于契丹本土,契丹人致力于创建自主之国。这是契丹摒弃之前的突厥、回鹘等游牧政权——以漠北杭爱山、鄂尔浑河流域为其统治核心这一立国理念之缘由。这为契丹祖源传说中的八部与神人、天女的结合,培育了必要的土壤。而以阿保机为首的强势首领的出现,带来了契丹的崛兴。这更为八部与神人、天女的结合,提供了强有力的催化剂。简言之,虽遥辇氏八部的出现可上溯到8世纪中叶,但关于契丹八部的祖源传说以完整的形式——与神人、天女的结合而流传开来,则应是在契丹建国前后的9世纪末至10世纪初。而该传说中,"神人"与"天女",颇具中原文化色彩。极可能,这是阿保机及其汉人智库集团集体合作的结晶。

## 小　　结

回鹘对契丹的统治属于具有游牧国家特色的"羁縻统治",对契丹社会带来深刻影响的可能性不大。回鹘汗国灭亡之际,亦未有大量回鹘人亡入契丹。耶律阿保机的回鹘族述律皇后,只是个案。回

---

[1] 有关契丹族源传说的来源及其相关史料的对比分析,见刘浦江《契丹族的历史记忆——以"青牛白马"说为中心》,第101页;田广林《契丹古八部质疑》,第113—114页。

鹘关于卜古可汗的祖源传说，虽有可能在漠北时代晚期崭露头角，但真正流传是在西迁之后。而且，《史集》有关畏兀儿族源的记录，是关于回鹘汗国统治体系产生的口承记录，与卜古可汗传说有着不同的史料来源。契丹遥辇氏八部的出现可上溯到 8 世纪中叶，"神人"与"天女"之要素与其相结合，带给了它质的变化。这种变化，非外力所不及。内部条件与外部环境制约契丹接受回鹘摩尼教，并在思想体系上改变自我。契丹立国，并不基于继承漠北游牧政权之传统，没有必要利用摩尼教来强调自己政权统治的合理性。相反，契丹始终以肇兴之地为统治根本。这是契丹祖源传说走向完美的先决条件。最终，深深打上北方民族"君权神授"思想烙印的这一美好传说，伴随着阿保机的登场而流传开来。

诚然，如王小甫先生考证，契丹有些独特的习俗，或许能够以摩尼教教义来解释。这些问题，只好留待日后探讨。

（原载《中西文化交流学报（Journal of Sino-Western Communications）》2013 年第 2 期，第 23—36 页，收入本书时进行了修订）

# 第八章　葛儿罕称号考

在北方民族史研究领域,统治者名号构成政治制度研究的基本材料。毋庸置疑,关于这些名号的讨论有助于我们加深对北方民族政权影响力和政治称号相承性的了解。笔者此处关注的称号葛儿罕(Gür-ḵhan, Gür-khān, Gür-ḫan, Kūr-ḫān),汉文标记另有古儿罕、鞠儿汗、阔儿罕、菊儿可汗、居里可汗等,最初是西辽(喀喇契丹)王朝统治者称号,12—13世纪为蒙古高原的游牧部族首领所采用。相比突厥汗国和回鹘汗国充满君权神授思想、稍显冗长的统治者称号,[1]该称号略显落单孤寂。其简洁干练的风格,可与一代天骄成吉思汗的称号相媲美,[2]但又不及后者那样威名远扬,诱惑人心。

[1] 相关研究,主要参见森安孝夫《東ウイグル可汗および西ウイグル国王のクロノロジー》,载氏著《ウイグル＝マニ教史の研究》,京都,朋友书店,1991年,第182—183页;P. Zieme, „Manichäische Kolophone und Könige," in G. Wiessner and H. J. Klimkeit eds., Studia Manichaica: II. Internationaler Kongreß zum Manichäismus, 6.-10. August 1989, St. Augustin, Bonn, Wiesbaden: O. Harrassowitz, 1992, pp. 323-327; W. Sundermann, "Iran Manichaean Turfan Texts Concerning the Tufran Region," in Turfan and Tun-huang, the Texts: Encounter of Civilizations on the Silk Route, ed. A. Cadonna. Firenza: Leo S. Olschki, 1992, pp. 66-71; V. Rybatzki, "Titles of Türk and Uigur Rulers in the Old Turkic Inscriptions," Central Asiatic Journal, vol. 44, no. 2, 2000, pp. 205-292.

[2] 相关研究主要参见 P. Pelliot, Notes on Marco Polo, 3vols., Paris: Imprimerie Nationale, 1959-63, vol. 1, pp. 281-363; G. Doerfer, Türkische und Mongolische Elemente im Neupersischen, Band 1, Wiesbaden, 1963, pp. 312-315;亦邻真《至正二十二年蒙古文追封西宁王忻都碑》,《中国民族古文字研究会第二次学术讨论会论文》,1983年,收入氏著《亦邻真蒙古学文集》,齐木德道尔吉等编,呼和浩特,内蒙古人民出版社,2001年,第692页;Igor de Rachewiltz, "The Title Cinggis Qan / Qaɣan Re-examined," in W. Heissig and K. Sagaster eds., Gedanke und Wirkung. Festschrift zum 90. Geburtstag von Nikolaus Poppe, Wiesbaden: O. Harrassowitz, 1989, pp. 281-298;罗依果《成吉思汗—合罕称号再探》,陈得芝译,刘迎胜主编《元史及民族史研究 （转下页）

关于葛儿罕称号，虽然有巴托尔德（V. V. Barthold）、伯希和（P. Pelliot）、魏特夫（K. A. Wittfogel）和冯家昇等学者的介绍和相关辞典条目等，但尚无对不同音值所做的审音勘同等考证性质的专文。而且，就其渊源而言，学术界意见不一，尚未达成共识。拙文旨在抛砖引玉，唯冀有所发现，以求方家指正。

## 一、问题之所在

关于葛儿罕称号，最早言及的是巴托尔德。他在1926年至1927年编写的关于中亚突厥民族的发展和变迁历史的讲义中，谈到Gür-han（葛儿罕）的 Gür 有可能就是见于鄂尔浑碑铭、伽尔迪齐（Gardīzī）著《记述的装饰》（Zainu'I-Axbār）（成书于1050年前后）和喀什噶里（Maḥmūd el-Kāšġarī）著《突厥语大词典》（成书于11世纪70年代）的古突厥语词汇 kür（原意为勇敢——笔者）或 kül（意义不明——笔者）。[1] 魏特夫和冯家昇在《中国社会史》辽代卷中认为该称号是喀喇汗朝统治者称号，但其音值 Gūr-xān 或 Gōr-xan 尚未在语源学方面得到诠释，并将其前两个音节勘同为《蒙古秘史》中旁译作"普"的蒙古语 gür，指出同源词另有《突厥语大词典》记录的 kür（勇敢），奥斯曼突厥语中的 gür（充足、丰富、幸运），还认为该词与满语的 goro（远、深远）有关，最终推定 Gōr-xan 是具有深远力量的统治者，即最高统治者之意。[2] 伯希和与韩百诗（L. Hambis）则在《圣武亲征录译注》中，虽然未言及与突厥语、满语之间的关系，但其关于

---

（接上页）集刊》第16辑，海口，南方出版社，2003年，第276—287页；蔡美彪《成吉思及撑黎孤涂释义》，《中国史研究》2007年第2期，收入氏著《辽金元史考索》，北京，中华书局，2012年，第254—265页；钟焓《从"海内汗"到转轮王——回鹘文〈大元肃州路也可达鲁花赤世袭之碑〉中的元朝皇帝称衔考释》，《民族研究》2010年第6期，第75—82页；白玉冬《成吉思汗称号的释音释义》，《历史研究》2019年第6期，第45—58页。

[1] 威廉·巴托尔德《中亚突厥十二讲》，罗志平译，北京，中国社会科学出版社，1984年，第127页。

[2] K. A. Wittfogel and Fêng Chia-Shêng, *History of the Chinese Society: Liao (907–1125)*, Philadelphia: The American Philosophical Society, 1949, p. 431.

蒙古札达兰部首领扎木合的称号古儿罕和克烈部主王汗之叔父菊儿可汗（Gür-qahan）的意见，与上述魏特夫和冯家昇一致。值得一提的是，二位还专门介绍布莱资奈德（E. V. Bretschneider）在《基于东亚史料的中世纪研究》[1]中提出的该称号 kürägän 来自蒙古语词 kürgän（女婿）之意见。[2]此后，伯希和在《马可·波罗注》中对上述观点进行了改进和拓展。[3]他首先介绍葛儿罕称号在《元史》中作阔儿罕（卷 120《曷思麦里传》——笔者），[4]在《辽史》中解释做"漠北君王称"（卷 116《国语解》——笔者），[5]接下来他把葛儿罕与阔儿罕的拼写分别复原为 Gör-ḫan 与 Kör-ḫan，指出二者似乎由了解到该称号回鹘式蒙古文写法的人物给出，且其正确发音并无惯例可循，推定二者原音作 Gür-ḫan 与 Kür-ḫan。之后介绍志费尼（'Ala-ad-Din 'Ata-Malik Juvaini）《世界征服者史》（约成书于 1252—1260 年）记做 Gūr-ḫān，其意思为"众汗之汗"，进而对视作蒙古语付马 kürägän＞ kürgän 的看法进行了批判，并对前面介绍的巴托尔德意见提出质疑。最终，他虽然提到突厥语中存在 kür 这一词汇，但主张无论读作 Gür-han 或 Kür-han，gür 或 kür 都是蒙古语词汇。并举出其理由在于《蒙古秘史》的抄本经常给蒙古语中实际发音为 k-的字以 g-，且蒙古语中存在表示人群的词汇 kür。德福（G. Doerfer）在《新波斯语中的突厥蒙古语要素》中，引用大量材料，考证 Kür-ḫān 来自突厥蒙古语的 kür（勇敢、强大、有力）后续 xan（汗），继而发展出

---

[1] E. V. Bretschneider, *Mediaeval Researches from Eastern Asiatic Sources: Fragments Towards the Knowledge of the Geography and History of Central and Western Asia from the 13th to the 17th Century*, London: Routledge, 1888.

[2] P. Pelliot and L. Hambis, *Histoire des campagnes de Gengis Khan: Cheng-wou ts'in-tcheng lou*, Leiden: Brill, 1951, vol. 1. pp. 248 - 249.

[3] P. Pelliot, *Notes on Marco Polo*, 3vols., Paris: Imprimerie Nationale, 1959 - 63, vol. 1, pp. 225 - 226.

[4] 北京，中华书局，1976 年，第 2969 页。

[5] 北京，中华书局，2016 年，第 1698 页。

Universal Ruler(普天下之汗)之意。[1]《伊斯兰百科辞典》Gürkhān 条撰者 B. Spuler 认为可能来自突厥语 kür/gür(宽阔、宽广、普遍)。[2] 村上正二在《蒙古秘史》的译注中,推定该称号有汗中汗,即大汗之意,并介绍奥斯曼突厥语中 gür 有"强大的、丰富的"之意。[3] 罗伊果(Igor de Rachewiltz)在《蒙古秘史》译注中,遵循 Universal Ruler 之意,但并未给出理由。[4]

总之,作为称号,葛儿罕在《世界征服者史》中被记录为众汗之汗之意。[5] 不谋而合的是,《蒙古秘史》中虽然喀喇契丹的古儿罕之名旁译作人名皇帝或人名,[6] 王汗叔父古儿罕之名也旁译作人名,[7] 但扎木合被众人推举的古儿合,旁译作"普皇帝"。[8] 考虑到《世界征服者史》作者志费尼是 13 世纪之人,音译《蒙古秘史》成书于 14 世纪,上述学术界主流主张的葛儿罕为众汗之汗或普天下统治者之意见概无问题。不过,在关于葛儿罕的原音及其由来等具体问题上,前人意见之间仍存在不小差异,尚未达成共识。

―――――――

[1] G. Doerfer, *Türkische und Mongolische Elemente im Neupersischen*, Band 3, Wiesbaden, 1967, pp. 633-635, kŭr—hān.

[2] B. Lewis, CH. Pellat and J. Schacht eds., *The Encyclopaedia of Islam* (New Edition), vol. 2, Leiden: E. J. BRILL, 1991, p. 1143.

[3] 村上正二《モンゴル秘史》第 1 册(チンギス・カン物语),东京,平凡社,1970 年,第 323 页。

[4] Igor de Rachewiltz, *The Secret History of the Mongols: A Mongolian Epic Chronicle of the Thirteenth Century*, Leiden·Boston: Brill, 2004, p. 521.

[5] 'Ala-ad-Din 'Ata-Malik Juvaini, *The History of World-Conqueror*, translated from text of Mizra Muhammad Qazvini by J. A. Boyle, Cambridge: Harvard University Press, 1958, p. 62, no. 4;志费尼《世界征服者史》,何高济译,翁独健校,呼和浩特,内蒙古人民出版社,1980 年,第 152—153 页注释 4。

[6] 如第 177、198 节,主要参见栗林均、确精扎布编《〈元朝秘史〉モンゴル語全単語・語尾索引》,《东北亚研究中心丛书》第 4 号,东北大学东北亚研究中心,2001 年,第 282—283、364—365 页;佚名著《元朝秘史(校勘本)》,乌兰校勘,北京,中华书局,2012 年,第 197、246 页。

[7] 第 150、177 节,主要参见栗林均、确精扎布编《〈元朝秘史〉モンゴル語全単語・語尾索引》,第 216—217、280—281 页;佚名著《元朝秘史(校勘本)》,乌兰校勘,第 157、196 页。

[8] 第 141 节。主要参见栗林均、确精扎布编《〈元朝秘史〉モンゴル語全単語・語尾索引》,第 186—187 页;佚名著《元朝秘史(校勘本)》,乌兰校勘,第 132 页。

## 二、葛儿罕称号之缘起

如前面所介绍,早年的巴托尔德推定葛儿罕 Gür-ḫan 的前两个音节来自古突厥语 kür 或 kül。据克劳森(G. Clauson)撰《十三世纪之前突厥语词源词典》,kür 原意为"勇敢的、英勇的、明显的"之意,但扩张意思包括有任性的、快速流动的、胖的、结实的、不可控制的、饱的,而且在奥斯曼突厥语中,gür 有"浓密的、浓厚的"之意。[1] 拉德洛夫(W. Radloff)著《突厥语方言词典》,介绍奥斯曼突厥语的 gür 有充足、丰富、幸运之意。[2] 参此而言,古突厥语 kür 的扩张意思与奥斯曼突厥语 gür 的词意,和葛儿罕的葛儿 gür 有相合之处。而且,语音学方面,gür 可以视作 kür 在同期或晚期的浊音化形式。不过,略早于耶律大石的喀什噶里在《突厥语大词典》中收录的 kür är,是冷静、坚强和自豪的男人之意。[3] 按喀什噶里曾对包括喀喇契丹建都立国的河中地区在内的中亚地区进行过实地调查,对当时的中亚突厥语部族所操语言中的 kür 应有足够的了解。而且,波斯伊利汗国宰相拉施特(Rašīd al-Dīn)于 14 世纪初编撰的《史集》(Jami'al-Tarikh)介绍克烈部与喀喇契丹的古尔汗(Gür-khān)时,言古尔汗大概是威武的意思。[4] 虽然不敢断言正确无误,但这是把 Gür-khān(古尔汗)的 Gür 视作突厥语 kür(勇敢、威武)。笔者查阅也门 Rasūlid 王朝国王 ʿAli Dergam-al-Din(1363—1377 年在位)编撰的阿拉伯、波斯、突厥、希腊、亚美尼亚、蒙古六种语言的《国王词

---

[1] G. Clauson, *An Etymological Dictionary of Pre-Thirteenth Century Turkish*, Oxford: The Clarendon Press, 1972, p. 735.

[2] W. Radloff, *Versuch eines Wörterbuches der Türk-Dialecte*, 4vols., St. Petersburg, 1893 - 1911, vol. 2, p. 1637.

[3] Maḥmūd-al-Kāšγārī, *Compendium of the Turkic Dialects*, 3vols., R. Dankoff and J. Kelly eds. and trs., Cambridge: Harvard University Printing Office, 1982 - 1985, vol. 1, pp. 259 - 260.

[4] 拉施特《史集》第 1 卷第 2 分册,余大钧、周建奇译,北京,商务印书馆,1983 年,第 145 页。

典》(The Rasūlid Hexaglot),[1]蒙古帝国时期编撰的西部突厥语库蛮语词典 Codex Cumanicus,[2]以及 14 世纪的《华夷译语·高昌馆课》,[3]但均未发现 kür。诚然,gür 有可能为 kür 的浊音化形式,巴托尔德所主张的葛儿罕 Gür-ḫan 的葛儿 gür 来自古突厥语 kür 的意见颇有道理。不过,笔者仍然难以想象《突厥语大词典》记录的 kür(冷静、坚强和自豪)在半个世纪左右后不久,即衍生出与汉文"普"意思近同的词意。即,严格意义上的历史语言学分析,并不完全支持葛儿罕 Gür-ḫan 的 gür 出自突厥语 kür。

而关于伽尔迪齐记录的高昌回鹘建国故事的主人翁 Gūr-tegīn 的 gūr,[4]虽然巴托尔德并未给出含义,但推定该词存在是 Kül-tegin(阙特勤)之 kül 音转的可能性,进而将其与葛儿罕 Gür-ḫan 的 Gür 联系在一起。关于 Kül-tegin(阙特勤)之 kül,学术界意见不一,[5]兹不赘述。克劳森词典虽然收录了 kül,指出其构成人名要素,但并未给出具体含义。[6]笔者查阅资料,发现《突厥语大词典》和《国王词典》收录的是 kül(灰),[7]库蛮语词典 Codex Cumanicus 和《华夷译语》没有收录 kül。伯希和怀疑喀什噶里所言回鹘(即高昌回鹘——笔者按)君主带有 Köl Bilgä Qan 的称号是把 kül 误以为

---

[1] P. B. Golden, ed., *The King's Dictionary: The Rasūlid Hexaglot — Fourteenth Century Vocabularies in Arabic, Persian, Turkic, Greek, Armenian and Mongol*, tr. T. Halasi-Kun, P. B. Golden, L. Ligeti, and E. Schütz, Leiden: Brill, 2000. 相关介绍见 Encyclopaedia Iranica, http://www.iranicaonline.org/articles/rasulid—hexaglot,2017 年 8 月 12 日 13 点 45 分。

[2] K. Grønbech, *Komanisches Wörterbuch. Türkischer Wortindex zu Codex Cumanicus*, København: Einar Munksgaard, 1942.

[3] 《北京图书馆古籍珍本丛刊》经部 6,北京,书目文献出版社,2000 年。

[4] A. P. Martinez, "Gardīzī's Two Chapters on the Turks," *Archivum Eurasiae Medii Aevi*, vol. 2, Wiesbaden: Otto Harrasowitz, 1982, pp. 133-134.

[5] 详见罗新《论阙特勤之阙》,《中国社会科学》2008 年第 3 期,收入氏著《中古北族名号研究》,北京大学出版社,2009 年,第 196—199 页。

[6] G. Clauson, *An Etymological Dictionary of Pre-Thirteenth Century Turkish*, Oxford: The Clarendon Press, 1972, p. 715.

[7] Maḥmūd-al-Kāšγārī, *Compendium of the Turkic Dialects*, vol. 1, p. 267; P. B. Golden, ed., *The King's Dictionary: The Rasūlid Hexaglot — Fourteenth Century Vocabularies in Arabic, Persian, Turkic, Greek, Armenian and Mongol*, p. 250.

köl(湖泊)。[1] 不过,现在我们已经知道,德藏回鹘文木杵文书中出现的 Köl Bilgä Tängri Ilig(智海天王)为汉文史料记录的高昌回鹘国王名智海,亦为高昌回鹘国王之泛称。[2] 看来,部分学者主张应读作 kül 的阙特勤的阙,完全存在释读作 köl(湖、海)的可能。如是,古突厥语中存在一个用于人名美称的 kül 的看法,值得怀疑。即,主张 kür 是 kül 之音转的意见,其前提存在极大的可疑性。[3] 相反,如前所述,Gūr-tegīn 的 gūr(gür)可以视作 kür 的浊音化形式,且 kür 的本意"勇敢、冷静和自豪"恰恰与伽尔迪齐记录的忍辱负重,最终战胜敌手、夺取政权,并建立起高昌回鹘王国的故事主人翁性格相契合。

与上述巴托尔德的看法相左,魏特夫和冯家昇倾向于把 Gür-han(葛儿罕)的 gür 视作蒙古语 gür,而伯希和则直言 Gür-han 或 Kür-han 中,gür 或 kür 都是一个蒙古语词汇。按《蒙古秘史》出现词汇古儿兀鲁思(gür ulus,1 次)及其宾格形式古儿兀鲁昔(gür ulus-i,2 次)。[4] 其中,古儿 gür 旁译为普,兀鲁思 ulus 旁译为百姓,兀鲁昔 ulus-i 旁译为百姓行。另外,据伯希和之言,gür ulus 还出现在李盖提(L. Ligeti)刊布的蒙古语写本中。[5] 如前文所介绍,伯希和指出《蒙古秘史》经常系统性的把蒙古语的 k-音标记为 g-音。虽然伯希和把蒙古语表示人群的词汇 kür 与动词 quri-(聚集、集合、聚会;蓄积、

---

[1] P. Pelliot, *Notes on Marco Polo*, Imprimerie nationale, vol. 1, p. 225.

[2] 森安孝夫《ウイグル=マニ教史の研究》,第 183—184 页,第 161 页注释 100;森安孝夫《西ウイグル王国史の根本史料としての棒杭文書》,载氏著《東西ウイグルと中央ユーラシア》,名古屋大学出版会,2015 年,第 690 页第 2 面第 3 行,第 726 页注释 27。

[3] A. P. Martinez 在研究伽尔迪齐书时,将该词视作 Köl Tegin(阙特勤),兹不从。

[4] 前者出现于第 254 节,后者出现于第 203 节、224 节。分别参见栗林均、确精扎布编《〈元朝秘史〉モンゴル語全単語・語尾索引》,第 528—529 页,第 390—391、440—441 页;佚名著《元朝秘史(校勘本)》,乌兰校勘,第 351、259、290 页。

[5] P. Pelliot, *Notes on Marco Polo*, vol. 1, p. 226.

积累)联系在一起的想法尚需新材料予以完善,[1]但他把 gür 视作蒙古语词汇 kür(人群、一群、群众)是有据可依的。不过,他把贵由汗致教皇英诺森四世(Pope Innocent Ⅳ)信札的波斯文译本中的突厥语自称,即 kür uluγ ulus-nung taluï-nung qan,译作 the Oceanic Khan of the whole great nation,即把此处的 kür 视作 whole(全体)则值得怀疑。

如伯希和自己所言,上述信札的蒙古文印玺中,蒙古统治者自称是 yäkä mongγol ulus-un dalai-in qan(伯希和文中把蒙古语的 e 转写作 ä—笔者),这与上述突厥语中的自称互相对证。[2]据冯承钧转译,伯希和把上述蒙古文译作大蒙古民族之海内汗。就元朝建立前,蒙古人中曾行用大蒙古国(Yeke Mongqol Ulus)的国号而言,[3]蒙古语 ulus 虽有人们之意,但此处视作国之意更为贴切。如是,上述突厥语 kür uluγ ulus 中,第三个词虽然存在转写作回鹘文 uluš 的可能,但考虑到与之相对应的是蒙古语固定名号 yäkä mongγol ulus,然则上述 kür uluγ ulus 的 ulus 更可能是蒙古语 ulus 在突厥语中的借用。换言之,即便上述第三个词可以释读作突厥语 uluš,但其已经失去了 uluš 原有的侧重疆土的 country(国家、国土)之意。即, kür uluγ ulus

---

〔1〕 后元音词 quri-出现于约 1224 年建立的蒙古语碑文《也松格纪念碑》中,然 kür 是个前元音词。动词 quri-是否出自名词 kür,尚难以判断。关于《也松格纪念碑》,主要参见 В. В. Радлов, *Атласъ древностей Монголіи* (*Atlas der Alterthümer der Mongolei*), Санкт-Петербургъ: Типографія Императорской академіи наукъ, 1892 - 1899, vol. 1,图片 49—3;韩百诗(Louis Hambis)《"成吉思汗碑"铭考》,耿昇译,《蒙古学信息》1998 年第 3 期,第 5 页;Dobu, *Uyiγurjin mongγol üsüg-ün durasqaltu bičig-üd*(道布《回鹘式蒙古文文献汇编》),北京,民族出版社,1983 年,第 3、5 页;D. Tumurtogoo, G. Cecegdari eds., *Mongolian Monuments in Uighur-Mongolian Script* (*XIII -XIV centuries*), *Introduction, transcription and bibliography* (*Language and Linguistics Monograph Series A - 11*), Taipei: Institute of Linguistics, Academia Sinica, 2006, pp. 9 - 10.

〔2〕 伯希和《蒙古与教廷》,冯承钧译,北京,中华书局,2008 年,第 22 页。

〔3〕 如元文宗朝所修《经世大典·序录》有云:"世祖皇帝初易大蒙古之号而为大元。"(苏天爵编《国朝文类》,四部丛刊缩印元末西湖书院刊本,卷 40,"帝号"条)另参见 A. Mostaert and F. W. Cleaves, "Trois documents mongols des Archives secrètes vaticanes," *Harvard Journal of Asiatic Studies*, vol. 15, 1952, pp. 486 - 491;陈高华、张帆、刘晓《元代文化史》,广州,广东教育出版社,2009 年,第 3 页。

是强大国家之意。大蒙古国是 Yeke Monɣol Ulus 的直译，汉文"大朝"是其简译，[1]则 kür uluɣ ulus 的含义完全可以视作"大朝"。可以认为，kür uluɣ ulus 是 Yeke Mongqol Ulus 在突厥语中的对译。笔者的这一看法，与把 kür 解释做 machtvollen（强大）的德福的意见殊途同归。[2]

结合上面介绍的突厥语 kür/gür 和蒙古语 kür/gür 的词意，笔者以为西辽统治者之称号葛儿汗的葛儿源自蒙古语族语言的看法更为妥善。那么，契丹人自身遗留的、被认为是蒙古语近亲语言的契丹语材料是否支持笔者的这一推定呢？

不可否认，契丹大小字碑刻文献是关于辽金时期中国北方民族历史研究的重要史源，惜就其解读现状而言，契丹文字资料尚很难作为成熟的史料而利用于历史学方面的研究。虽然如此，部分经专业学者反复释读、词意基本被释清的字词，仍具参考价值。

著名的西安乾陵"无字碑"上镌刻的《大金皇弟都统经略郎君行记》，因有对译的汉文，故而成为契丹小字解读的基本材料。其铭文的汉字部分开头为"大金皇弟都统经略郎君"十字。学术界历经半个多世纪的研究，基本上理清了汉文与契丹文之间的对应关系。关于契丹文第 1 行第 7 字 亜伞，契丹小字研究小组译作掌。[3]刘凤翥先生进一步指出该字并非音译的汉语借词，按其前后文义和语序应为含有执、掌、握、秉、管等意的动词，同时依据该字在《道宗哀册》第 2 行中带有所有格词尾，断定其同时是个名词。[4]契丹小字研究小组给出的原字 亜 与 伞 的序号分别是 14 与 245，拟音分别为 g? 与 u。[5]

---

[1] 萧启庆《说"大朝"元朝建号前蒙古的汉文国号——兼论蒙元国号的演变》，《内北国而外中国（上册）：蒙元史研究》，北京，中华书局，2007 年，第 64—71 页；陈得芝《关于元朝的国号、年代与疆域问题》，《北方民族大学学报》2009 年第 3 期，收入氏著《蒙元史与中华多元文化论集》，上海古籍出版社，2003 年，第 141 页。

[2] G. Doerfer, *Türkische und Mongolische Elemente im Neupersischen*, p. 634.

[3] 清格尔泰等《契丹小字研究》，北京，中国社会科学出版社，1985 年，第 592 页。

[4] 刘凤翥《若干契丹小字的解读》，《民族语文》1987 年第 1 期，收入陈乃雄、包联群编《契丹小字研究论文选编》，呼和浩特，内蒙古人民出版社，2005 年，第 563—565 页。

[5] 清格尔泰等《契丹小字研究》，第 152—153 页。

不过，刘先生同时把亚的音值构拟为 ik，[1]王弘力先生推定亚伞可能读 aγu，音变成 au，与蒙古语 aguu（伟大——笔者）、达斡尔语 au（宽大）对应。[2] 陈乃雄先生在整理《契丹小字研究》发表后试拟的原字音值和试释的词语时，收入上述刘凤翥、王弘力二位的研究成果，亚的音值拟作 gʔ /ik，亚伞的词意拟作掌、宽大。[3] 即实先生则推定亚伞之意是统、总，[4]并为原字亚给出拟音值 kur，把见于《道宗哀册》第 10 行的亚伞亚 音译作古儿呵，意译作总罕。[5] 作为证据，他引用《辽史》的葛儿罕，《蒙古秘史》的古儿合（旁译作普皇帝——笔者），以及《金史》解释作"统数部者或总帅也"的忽鲁、胡鲁，指出葛儿、古儿、胡鲁实是同语，义为统、总，亚伞应读作 kuru，古儿汗是总汗之意。[6] 而关于原字亚，契丹小字研究小组编号为 53，拟构音值为 xa，汗之意，[7]学术界基本认可这一解读。[8]《契丹国志·契丹国初兴本末》记录契丹古八部的产生后，言"后有一主，号曰廼呵……复有一主，号曰嗢呵……次复一主，号曰画里昏呵"。[9] 王弘力先生把廼呵、嗢呵、画里昏呵分别视作第一可汗、第二可汗、第三可汗之意。[10] 虽然其关于第一、第二、第三的解释尚需要新的材料来补充完善，但其把呵视作亚 xa 是有据可依。因为，这可从前面介绍的《蒙

---

〔1〕 刘凤翥《契丹小字解读再探》，《考古学报》1983 年第 2 期，收入陈乃雄、包联群编《契丹小字研究论文选编》，第 384—385 页。

〔2〕 王弘力《契丹小字墓志研究》，《民族语文》1986 年第 4 期，收入陈乃雄、包联群编《契丹小字研究论文选编》，第 443 页。

〔3〕 陈乃雄《近十年来我国契丹字研究》，《内蒙古大学学报》（哲学社会科学版）1987 年第 3 期，收入陈乃雄、包联群编《契丹小字研究论文选编》第 520、524 页。

〔4〕 即实《契丹小字解读拾零续》，《东北地方史研究》1990 年第 3 期，收入陈乃雄、包联群编《契丹小字研究论文选编》，第 583 页。

〔5〕 即实《解读总表》，氏著《谜林问径：契丹小字解读新程》，沈阳，辽宁民族出版社，1996 年，第 440、448 页。

〔6〕 即实《哀册拾读》，氏著《谜林问径：契丹小字解读新程》，第 51—52 页。

〔7〕 清格尔泰等《契丹小字研究》，第 130、152、155 页。

〔8〕 陈乃雄《近十年来我国契丹字研究》，第 520 页。

〔9〕 叶隆礼《契丹国志》，贾敬颜、林荣贵点校，北京，中华书局，2014 年，第 3 页。

〔10〕 王弘力《契丹小字墓志研究》，《民族语文》1986 年第 4 期，收入陈乃雄、包联群编《契丹小字研究论文选编》，第 422—423 页。

古秘史》记录的扎木合称号古儿合旁译作"普皇帝",即"合"是 qan 之尾音 n 脱落后的形式得到佐证。

综上,契丹小字研究成果表明,**亚伞**有统、总之意,**亚伞夲**有总罕之意。考虑到辽道宗是 11 世纪之人,那么我们可以认为葛儿罕这一称号在耶律大石称帝之前即已经存在。现阶段尚无资料证明契丹的这一称号源自突厥语,故可以认为相关契丹小字的研究成果支持葛儿罕称号源自蒙古语族语言之意见。

## 三、八姓乌古斯的 Qïr Qan

如前面所介绍,葛儿罕称号最初源自契丹,后为克烈部和蒙古部首领所采用。那么,该称号的相承性有无其他可能?

突厥鲁尼文叶尼塞碑铭中,瓦西里耶夫(Д. Д. Васильев)编号为 E98 的威巴特(Ujbat)第六碑,1959 年由 A. N. Lipsky 发现于威巴特河(自北流入叶尼塞河上游支流阿巴坎河)沿岸,现保管于阿巴坎(Abakan)市哈卡斯博物馆内。[1] 碑石高 230 厘米,长 30—60 厘米,宽 16 厘米。[2] 明色砂岩制成,两面各 3 行,共 6 行文字。关于该碑铭,瓦西里耶夫最先进行了整体介绍,[3] 并在《叶尼塞河流域突厥鲁尼文文献集成》中给出了换写(transliteration)、摹写和图片。[4] 之后,科尔姆辛(И. В. Кормушин)、[5] 阿曼吉奥洛夫(А. С.

---

[1] 相关介绍主要参见 Д. Д. Васильев, *Корпус тюркских рунических памятников бассейна Енисея*, Ленинград: Наука, 1983, p. 27.

[2] 据瓦西里耶夫 1983 年书介绍,规格为高 260 厘米,长 60 厘米,宽 18 厘米。

[3] Д. Д. Васильев, "Памятники тюркской рунической письменности азиатского ареала," *Советская тюркология*, 1976, no. 1, p. 74.

[4] Д. Д. Васильев, *Корпус тюркских рунических памятников бассейна Енисея*, pp. 27, 76, 106.

[5] И. В. Кормушин, *Тюркские енисейские эпитафии: тексты и исследования*, Москва: Наука, 1997, pp. 117-123; И. В. Кормушин, *Тюркские енисейские эпитафии грамматика, текстология*, Москва: Наука, 2008, pp. 157-158.

Аманжолов)、[1]爱丁(E. Aydin)等刊出了摹写、转写(transcription)及其相关研究。[2] 此外,哈萨克斯坦"文化遗产"官方网站 TYPIK БITIK(http://bitig.org)刊出了碑铭的图版、摹写、转写与译文。

笔者依据瓦西里耶夫提供的图版、摹写与换写,对 E98 碑铭进行了重新解读。相比前人的研究,笔者的最大发现在于释读出了词汇 ïQ R Q N> qïr qan(葛儿汗)与 s k (z) W (G) W z> säkiz oɣuz(八姓乌纥、八姓乌古斯、八姓铁勒)。下面,笔者先给出 E98 威巴特第六碑的换写、转写(transcription)、中译文,以及最小限度的词注,再做讨论。与先行研究之间存在的差异,因过于烦琐,关键词除外,兹不赘述。遵循的凡例如下:

换写:元音:a>ä/a,i>i/ï,ü>ö/ü,W>o/u,e>e。

辅音:小写字母代表前舌音文字与前后舌双舌音文字,大写字母代表后舌音文字。其中,ṡ 和 ṣ 分别代表用于拼写前后舌双舌音文字 s / š 的 ∧字和 ◇字,ꬻ代表 ŋ 的异体文字◆。

符号:( )内文字表示能见到残余笔画文字,[ ]内文字表示完全破损文字的推测复原,/ 表示完全破损文字,;表示碑文所刻停顿符号。

转写:/ 表示不能复原的破损之处,;表示碑文所刻停顿符号。

译文:( )内文字为补充说明,/相当于换写和转写之中不能复原的破损部分。

1. r B W ꬻ Y W L : Q z G N D m a ; B ü k (m) d m ; m / / /
   är bung yol; qazɣandïm-a; bökmädim; / / /

2. [B] ꬻ a ; D R L D ꬻ z ; č s G a ; Q i r Q r g ; Q ꬻ s z Q a L / / /

---

[1] А. С. Аманжолов, *История и теория древнетюркского письма*, Алматы: Мектеп, 2003, pp. 145–150.

[2] E. Aydin, R. Alimov and F. Yıldırım, *Yenisey-Kırgızistan Yazıtları ve Irk Bitig*, Ankara: Bilgesu Yayıncılık, 2013, pp. 187–189.

bung-a：adrïldïngïz：ič asïɣ-a：qïrq ärig：qangsïz qal ／／／

3. ïQ R Q N：y i r n L D u Q D a：(z) G L G T W ŋ z t g：t r g b g：s i z

qïr qan：yirin alduqda：azïɣlïɣ tonguz täg：tiräg bäg：siz

4. ŋ č B R s t r g：b g m Y ṡ i r d m ／／s i z a

angčï bars tiräg：bägim yasï ärdäm ／／äsizm-ä

5. ／／l ／č r r t (m)／／s k (z) W (G) W z (ŋ)：b g i

／／ilig čor ärtim ／／säkiz oɣuzing：bägi

6. ü l r t m：k ü ük b ü r i：Q R ṣ B G N：ü l r t m a

ölürtim：kök böri：qars baɣïn：ölürtim-a

译文：[1]我把男人痛苦的路程努力（走完）了！啊！我没有感到满足／／／[2]悲痛啊！你们离别了，家里的宝贝啊！四十个男儿失去了父亲而留在／／／[3]当夺取 Qïr Qan 的领土时，像长着獠牙的野猪一样的迪历匐（Tiräg Bäg）去世了。[4] 我是安之末斯迪历匐（Angčï Bars Tiräg Bäg），清纯高尚的品德／／，我的不幸啊！[5-6]／／我是国王的啜(čor)，／／我杀死了八姓乌纥（Säkiz Oɣuz，即八姓铁勒、八姓乌古斯）的匐（bäg），我杀死了青狼皮（kök böri qars）部族（baɣ），啊！

**词注**

3. ïQ R Q N＞ qïr qan：瓦西里耶夫换写、摹写均作 W R Q N；爱丁等的摹写同瓦西里耶夫，转写作 orqon（鄂尔浑）；科尔姆辛、阿曼吉奥洛夫和"文化遗产"网站摹写均作 W Y G R Q N，转写作 uyɣur qan（回鹘汗），其中科尔姆辛在前面补加 küč＞küč（力量），阿曼吉奥洛夫复原出 W Y＞uy。据瓦西里耶夫给出的图版，笔者释读作 ïQ（图片 1）的文字前（右侧）根本没有文字，且该字相比同一碑文的 G（如第 3 行第 15 字，图片 2），不仅缺少 G 的右上部，且左上部与正下方的竖线之间有一明显的横线相连。瓦西里耶夫的摹写和换写，以及爱丁的转写 orqon（鄂尔浑），就 orqon 之名数次出现在回鹘汗国碑铭中而言,极具魅力。不过,相比同一碑文的 W（如第 1 行第 6 字,图片 3）,该字并不向右方尖出呈 >状,而是部分像汉字"中"的左半部,呈 ⌐ 状。该字与 E49 柏布伦（Bay-bulun）第三碑第 3 行第 13 字、第 4 行第 19 字相同。[1] 关于柏布伦第三碑的同一文字,科尔姆辛把第 3 行的转写作 s,把第 4 行的转写作 š,[2] 爱丁均读作 qïš,[3] 阿曼吉奥洛夫均转写作 š。[4] 不过,瓦西里耶夫换写作 Q,并在叶尼塞碑铭的字体表上归类为 ïQ。[5] 笔者的释读结果是——柏布伦第三碑中,该字应按瓦西里耶夫读法视作 ïQ 的异体字。其第 3 行的相关文字可换写作 T W ïQ m,转写作 toqïm,视作动词 toqï-(击败)后续构词词缀-m 而形成的名词。[6] 此种读法与之后的 yaγï(敌人)正好呼应,两者共同构成击败的敌人之意。而第 4 行的相关部分,可换写作 R Q ïQ,转写作 arquq(固执的、倔强的),[7] 与之后的 el(地方)相结合,构成险要之地的意思。是故,笔者把出现于 E98 威巴特第六碑的该字读作 ïQ,与之后的 R 连读作 ïQ R > qïr,视作是限定 Q N > qan 称号的修饰词。笔者以为,Qïr Qan 极可能与葛儿汗有关,详见后文。

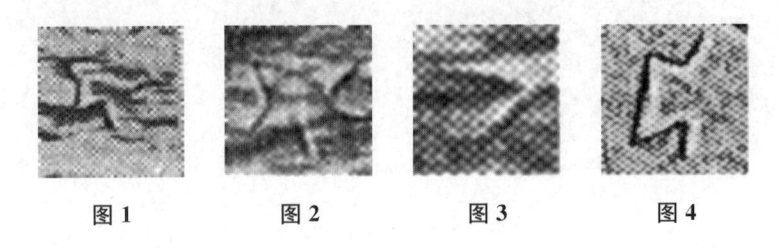

图 1　　　图 2　　　图 3　　　图 4

---

〔1〕Д. Д. Васильев, *Корпус тюркских рунических памятников бассейна Енисея*, pp. 30, 69, 108.

〔2〕И. В. Кормушин, *Тюркские енисейские эпитафии: тексты и исследования*, pp. 172–174.

〔3〕E. Aydın, R. Alimov and F. Yıldırım, *Yenisey-Kırgızistan Yazıtları ve Irk Bitig*, pp. 126–127.

〔4〕А. С. Аманжолов, *История и теория древнетюркского письма*, pp. 131–132.

〔5〕Д. Д. Васильев, *Корпус тюркских рунических памятников бассейна Енисея*, p. 7.

〔6〕同样情况另见 ölüm(死亡)、ičim(饮料)。

〔7〕G. Clauson, *An Etymological Dictionary of Pre-Thirteenth Century Turkish*, p. 216.

5. s k（z）W（G）W z＞ säkiz oγuz（八姓乌纥、八姓铁勒、八姓乌古斯）：瓦西里耶夫和爱丁读出了开头的 s k，但把末尾三字读作 Q i z。如图片（图 8-1）与摹写（图 8-2）所显示，在笔者读作 G、上述二位读作 Q 的文字上方，有一与行文方向几近 90°的近似⌒状文字。该字读作 W 或 N 均可。且 k 左侧的文字，据其残余笔画完全可以复原做 z。按部族名称 Säkiz Oγuz 之名还出现于回鹘汗国希内乌苏碑，[1]该名称出现于此并不令人感到意外。据希内乌苏碑相关内容，Säkiz Oγuz 是与九姓达靼一同发动针对回鹘统治之叛乱的部族集团。仅限于希内乌苏碑内容而言，九姓乌纥之一的拔野古部首领大毗伽都督是这场叛乱的领导者，八姓乌纥视作回纥部除外的九姓乌纥中的八个部落，亦不悖于理。[2]不过，12—13 世纪占据蒙古国西部——阿尔泰山一带的乃蛮部之乃蛮，在蒙古语中是八之意，故前田

---

[1] 东面第 1 行，参见白玉冬《〈希内乌苏碑〉译注》，朱玉麒主编《西域文史》第 7 辑，北京，科学出版社，2012 年，第 85 页。

[2] 白玉冬《〈希内乌苏碑〉译注》，第 103 页注释 säkiz oγuz。

直典以为 Säkiz Oγuz 后来发展成为乃蛮部。[1]关于此处出现的 Säkiz Oγuz 与乃蛮部之关系,笔者稍后再论。

6. k ü ük b ü r i：Q R s B G ＞kök böri qars baγ(青狼皮部族)：其中的 Q R s,多出现于敦煌出土回鹘语粟特语写本文献中,是毛织品的一种,粟特语作 x'rs,汉语作褐子。[2]克劳森解释做衣服。[3]按原意,该词大概代指穿戴狼皮服装之部族。《周书》卷 50《突厥传》言："侍卫之士,谓之附离,夏言亦狼也。"[4]参此而言,此处的青狼皮部族大概是八姓乌纥君主的侍卫。

就上面给出的 E98 威巴特第六碑的内容而言,墓主全称为安之末斯迪历訇(Angči Bars Tiräg Bäg),是国王的啜(čor),在与八姓乌纥(Säkiz Oγuz,即八姓铁勒、八姓乌古斯)的战斗中亡故。Qïr Qan 由"青狼皮部族"充当侍卫,应该是八姓乌纥的君主。

关于 iQ R Q N 的转写,虽然理论上不能完全否定 qur qan、qar qan 的可能性,但通常情况下应转写为 qïr qan。这一名称尚未在突厥汗国与回鹘汗国的大型碑铭中得到发现,不排除今后在叶尼塞碑铭、蒙古国境内或阿尔泰山一带的突厥鲁尼文碑铭中获得发现的可能。笔者核对词典,发现《国王词典》和库蛮语词典 *Codex Cumanicus*,以及《华夷译语·高昌馆课》未收录 qïr。不过,《突厥语大词典》分别给出了神秘、暗褐色、堤坝、独石山等四种意思的

---

[1] 前田直典《十世紀時代の九族達靼——蒙古人の蒙古地方の成立——》,《東洋学報》第 32 卷第 1 号,1948 年,收入氏著《元朝史の研究》,东京,东京大学出版会,1973 年,第 249 页。

[2] J. Hamilton, *Manuscrits ouïgours du IX<sup>e</sup> - X<sup>e</sup> siècle de Touen-houang: Textes établis*, traduits, et commentés, Paris：Peeters france, 1986, p. 234；N. Sims-Williams and J. Hamilton, *Documents Turco-Sogdiens du IX<sup>e</sup> - X<sup>e</sup> Siècle de Touen- Houang* (*Corpus Inscriptionum Iranicarum*, Pt. 2, *Inscriptions of the Seleucid and Parthian Period and of Eastern Iran and Central Asia*, vol. 3：Sogdain, 3), London：School of Oriental and African Studies, 1990, p. 87.

[3] G. Clauson, *An Etymological Dictionary of Pre-Thirteenth Century Turkish*, p. 663.

[4] 北京,中华书局,1974 年,第 909 页。

qïr，[1]克劳森强调 qïr 通常是高地或灰色之意，[2]《突厥语方言词典》收录了包括厄运、路面、边缘、山脊，以及刮、杀等意的 qïr。[3] 喀喇汗朝的优素甫·哈斯·哈吉甫（Yüsüp Xas Hajip）于 1070 年左右创作的《福乐智慧》（Qutadɣu Bilig）记录的 qïr 为"边"之意。[4] 高昌回鹘王国前期，由回鹘人胜光法师（Šïngqu Säli）翻译的回鹘文《大慈恩寺三藏法师传》中，qïr 与"岑"（小而高的山）对应。[5] 据吐送江·依明教授赐教，当代维吾尔语中，qïr 仍然有草原或偏远之地等意。笔者承认古突厥语中存在名词 qïr，且意思广泛。单纯从语音学而言，上述 qïr 之中的某一个（如神秘或高地之意的 qïr）存在充当八姓乌古斯的君主称号 qïr qan 之 qïr 的可能。

## 四、qïr qan 与居里可汗

上一节末尾介绍 Qïr Qan 之 qïr 存在源自古突厥语 qïr 的可能。本节从 Qïr Qan 所属集团 Säkiz Oɣuz（八姓乌纥、八姓铁勒、八姓乌古斯）着手，探讨 Qïr Qan 的另外一种可能性。

众所周知，黠戛斯汗国统治中心位于叶尼塞河上游。据日本学者枞本哲介绍，哈卡斯共和国乡土博物馆所藏阿巴坎河沿岸出土的玉册断片，内有"贡""封疆""大唐咸通七年"等文字。枞本先生指出该玉册反映了唐朝的册封体制，但同时认为自唐朝受赐玉册的人物

---

[1] Maḥmūd-al-Kāšɣārī, *Compendium of the Turkic Dialects*, vol. 1, p. 259.

[2] G. Clauson, *An Etymological Dictionary of Pre-Thirteenth Century Turkish*, p. 641.

[3] W. Radloff, *Wörterbuches der Türk-Dialecte*, vol. 2, pp. 860–861.

[4] 吐送江·依明《〈福乐智慧〉回鹘文抄本研究》，博士学位论文，北京，中央民族大学，2011 年，第 139 页。

[5] 汉文版玄奘奏文中有"窃以攀荣奇树，必含笑而芬芳，跪宝玉岑，亦舒渥而贻彩"一文。其中的"岑"被译作 qïr。详见 Kahar Barat, *XUANZANG—Ninth and Tenth Chapters*, Indiana University Research Institute for Inner Asian Studies Bloomington, Indiana，2000, p. 28.

应属于黠戛斯政权内汉人。[1] 笔者则以为上述受唐册封的人物应为当时的黠戛斯可汗。[2] 而发现于 E98 威巴特第六碑西北方约 10 公里处的 E32 威巴特第三碑,记录了为了装饰墓葬从突厥汗杀人石之处带来九人。[3] 突厥汗杀人石所在之地无疑是在漠北。反言之,E32 威巴特第三碑的墓主极可能参加过 9 世纪 40 年代的黠戛斯可汗名下出兵漠北的战争。而且,据叶尼塞碑铭分布图,[4] 可知包括威巴特河谷在内的阿巴坎河流域为用于纪念社会上层人物的叶尼塞碑铭的一大集中地。看来,阿巴坎河流域在古代黠戛斯社会中不会处于边缘地带,应是黠戛斯政治中心地区。参此而言,E98 威巴特第六碑中记录的国王视作黠戛斯政治核心地区的某一"国王",甚至视作黠戛斯可汗亦于理可通。即,可以认为 E98 碑墓主是黠戛斯汗国军队将领,是在参加对 Qïr Qan 统领的八姓乌纥的战争中殉没。

Qïr Qan 所属部族集团 Säkiz Oγuz(八姓乌纥、八姓乌古斯、八姓铁勒),还见于回鹘汗国希内乌苏碑。其内容反映 749 年之际,Säkiz Oγuz 主要活动在漠北杭爱山脉至色楞格河一带,[5] 因与九姓达靼共同发动针对回鹘统治的叛乱而被追击。据这些内容,可知当时的 Säkiz Oγuz 并无统帅集团整体的可汗。此种情况与 E98 碑铭所反映的 Qïr Qan 由"青狼皮部族"充当侍卫,并任 Säkiz Oγuz 集团君主这种情况有别。诚然,仅限于希内乌苏碑内容而言,Säkiz Oγuz

---

[1] 枡本哲《南シベリアアバカン近郊発見の玉冊片について》,《大阪府埋葬文化財協会研究紀要——設立 10 周年記念論集》3,1995 年,第 347—348、第 359 页。

[2] 白玉冬《叶尼塞碑铭威巴特第九碑浅释》,《民族古籍研究》第 2 辑,2014 年,第 146—147 页。

[3] 第 10 行,主要参见 Д. Д. Васильев, *Корпус тюркских рунических памятников бассейна Енисея*, pp. 26, 66, 105; E. Aydın, R. Alimov and F. Yıldırım, *Yenisey-Kırgızistan Yazıtları ve Irk Bitig*, pp. 93 - 94;白玉冬《牢山剑水——鲁尼文叶尼塞碑铭译注》,上海古籍出版社,2022 年,第 78—83 页。

[4] Д. Д. Васильев, *Корпус тюркских рунических памятников бассейна Енисея*, p. 10;白玉冬《牢山剑水——鲁尼文叶尼塞碑铭译注》,第 169 页。

[5] 白玉冬《回鹘碑文所见八世纪中期的九姓达靼(Toquz Tatar)》,刘迎胜主编《元史及民族与边疆研究集刊》第 21 辑,上海古籍出版社,2009 年,第 155—157 页。

视作回鹘除外的九姓铁勒中的八个部族不悖于理。不过,E98 威巴特第六碑记录的 Säkiz Oγuz 看来拥有一位统领整个部族集团的首领 Qïr Qan。大概在蒙古高原中西部活动的 Säkiz Oγuz 集团聚集在拥有汗号的某位首领之下,这不太可能是在另一个强势的漠北政权——比如回鹘或黠戛斯掌控蒙古高原时期。就此而言,E98 威巴特第六碑存在属于回鹘西迁,且黠戛斯已经退回叶尼塞河流域本土以后,即 10 世纪已降的可能性。如此,我们不得不重新考虑 Säkiz Oγuz 与乃蛮部之间的关系。

由于乃蛮(Naiman)之音值是蒙古语八之意,故前田直典推定乃蛮出自回鹘时代的 Säkiz Oγuz。乃蛮部居地,核心位于阿尔泰山至额尔齐斯河流域一带。12 世纪后半叶的鼎盛时期,其势力东扩至杭爱山,南抵准格尔盆地北缘,西南越过额尔齐斯河抵达叶密立(Īmil)河地区,北抵叶尼塞河上游克姆契克(Kemchik)河流域。[1] 另外,据《元史·地理志·西北地附录》谦谦州条,以及记录 8 世纪中后期内亚民族分布情况的敦煌出土 P.t. 1283 地理文书等,我们可以了解到 8 世纪时期乃蛮部居地在色楞格河—叶尼塞河—唐努山一带。[2] 大概乃蛮部做为黠戛斯属部参加了击溃回鹘汗国的战争,但在 10 世纪 30 年代之前,在东部天山一带为高昌回鹘所兼并,后来又因高昌回鹘国力日趋平庸而脱离其控制。[3]《史集》记录乃蛮部的君主纳儿乞失-太阳罕(Nāqiš Tāyānk)和阿尼阿惕(Aniāt)合罕联合击溃过乞儿吉思部(即黠戛斯)。[4] 羊年(1199),当乃蛮部遭到蒙古部攻击时,乃蛮的不亦鲁黑罕逃到了乞儿吉思的谦谦州地区。[5] 总之,乃

---

[1] 植村清二《乃蛮小考》,《和田博士古稀纪念东洋史论丛》,东京,讲谈社,1962年,第151—152页;巴合提·依加汗《蒙古兴起前的乃蛮王国》,《内蒙古社会科学》1991年第5期,第68—71页。

[2] 森安孝夫《チベット語史料中に現れる北方民族——DRU—GU と HOR——》,《アジア・アフリカ言語文化研究》第 14 辑增刊,1976年,第24—25页。

[3] 白玉冬《有关高昌回鹘的一篇回鹘文文献——xj222—0661.9 文书的历史学考释》,《中国边疆史地研究》2014年第3期,第145—146页。

[4] 拉施特《史集》第1卷第1分册,第222页。

[5] 拉施特《史集》第1卷第2分册,第149—150页。

蛮部历史与黠戛斯本土有着密切关系。

据巴合提先生考述,蒙古部兴起之前的乃蛮部可视作汗国。[1]在其整理得出的12世纪末至13世纪的乃蛮王族世系表上,并未出Qïr Qan或与其相关的汗的称号。《辽史》卷26《道宗纪六》寿隆三年(1097)闰二月丙午条载:"阻卜长猛撒葛、粘八葛长秃骨撒、梅里急长忽鲁八等请复旧地,贡方物,从之。"[2]《金史》卷121《粘割韩奴传》言:"是岁(金世宗大定十五年,1175年)粘拔恩君长撒里雅、寅特斯率康里部长孛古及户三万余求内附,乞纳前大石所降牌印,受朝廷牌印。"[3]上文中的粘八葛、粘拔恩即乃蛮部。[4]据此,巴合提先生指出乃蛮部曾服属于辽朝,也曾被纳入西辽王朝之中。[5]正是。如前所述,E98威巴特第六碑记录的Säkiz Oɣuz难以勘同为回鹘除外的九姓乌纥中的八部,然则包括希内乌苏碑在内,史料记录的Säkiz Oɣuz最大可能即是乃蛮部前身。

《元史》卷125《布鲁海牙传》介绍其为畏吾人,随其主内附,充宿卫后云:"太祖西征,布鲁海牙扈从,不避劳苦,帝嘉其勤,赐以羊马毡帐,又以居里可汗女石抹氏配之。"[6]查元明善撰《平章政事廉文正王神道碑》,言布鲁海牙子廉希宪:"妣石抹氏,追封魏国夫人。"[7]按元太祖西征花剌子模是在太祖十四年(1219),则上文的居里可汗应为时人。此居里可汗,自然可与西辽君主称号葛儿罕相联

---

[1] 相关考证,见巴合提·依加汗《乃蛮述略》,《新疆大学学报》1987年第1期,第62—64页。

[2] 第347—348页。

[3] 北京,中华书局,1975年,第2637页。年代据《金史》卷7《世宗纪》,第162页。

[4] 主要参见 J. Marquart, „ Über das Volkstum der Komanen," in W. Bang and J. Marquart, Osttürkische Dialektstudien (Abhandlungen der Akademie der Wissenschaften in Göttingen, Phil.-hist. Klasse, Neue Folge XIII/1), Berlin, 1914, p. 167;伯希和《库蛮》,冯承钧译,收入冯承钧著《西域南海史地考证译丛二编》,北京,商务印书馆,1962年,第34页;巴合提·依加汗《乃蛮述略》,第60—61页。

[5] 巴合提·依加汗《蒙古兴起前的乃蛮王国》,第68页。

[6] 北京,中华书局,1976年,第3070页。史料解释承蒙大阪国际大学名誉教授松田孝一先生、大阪大学松井太教授赐教,深表感谢。

[7] 苏天爵编《元文类(下)》卷65,北京,商务印书馆,1958年,第937页;李修生主编《全元文(第24册)》卷760《元明善4》,南京,江苏古籍出版社,2001年,第352页。

系起来。不过,西辽君主出自耶律氏,则其女不应为石抹氏。

　　石抹氏,即萧氏。陈永志先生以为据奚族、萧族的源流关系及其与契丹族间政治关系、地缘关系而言,萧族即是奚族。[1] 关于奚族与萧族之间关系的讨论业已超出本文范围,兹不赘述。若遵循上述陈先生意见,则乃蛮王曲出律的出身或与奚族有关。比鲁尼(Bīrūnī)著《麻苏迪宝典》(al-Qānūn al-Mas'ūdī,1030 年后不久成书)和喀什噶里撰《突厥语大词典》,以及马卫集(Marvazī)著《动物的自然属性》(Ṭabā'i' al-ḥayawān,约 1120 年成书)均记录蒙古高原西部有 Qay 族存在。[2] 学术界基本认同该 Qay 族即奚族。[3]

　　马卫集著《动物的自然属性》第 19 节记录有由喀喇汗朝首都喀什噶尔经由于阗到达沙州后,通往 Ṣīn(秦,即中国)、契丹和回鹘(西州回鹘)的三条路线。[4] 米诺尔斯基(V. Minorsky)指出有关从沙州到达契丹首都之路程的原始情报,当来自见于马卫集书和伽尔迪齐书的、约牛年(1027)同西州回鹘使者一同访问哥疾宁朝的契丹使者。[5] 考虑到比鲁尼当时正奉职于哥疾宁朝宫廷,且直接接触过契丹使者,笔者以为其关于蒙古高原西部有 Qay 族存在的消息当来自契丹使者,其可靠性毋庸置疑。笔者此前曾考证,xj 222 - 0661.9 回鹘文书记录隶属契丹的六姓达靼人曾归顺高昌回鹘,并成为乃蛮部之别贴乞部(Betki/Betkin)的王子们,且这一归顺与契丹对蒙古高

---

　　[1] 陈永志《奚族为辽之萧族论》,孙建华主编《辽金史论集》第 11 辑,呼和浩特,内蒙古大学出版社,2009 年,第 96—121 页。

　　[2] 关于相关史料的介绍和分析,主要参见刘迎胜《9—12 世纪民族迁徙浪潮中的一些突厥、达旦部落》,南京大学历史系元史研究室编《元史及北方民族史研究集刊》第 12、13 合辑,1989—1990 年,收入《新疆通史》编撰委员会编《新疆历史研究论文选编》,乌鲁木齐,新疆人民出版社,2008 年,第 1—8 页。

　　[3] 刘迎胜《9—12 世纪民族迁徙浪潮中的一些突厥、达旦部落》,第 5—8 页。

　　[4] V. Minorsky, *Sharaf al-Zamān Ṭāhir Marvazī on China, the Turks and India*, pp. 18 - 19.

　　[5] V. Minorsky, *Sharaf al-Zamān Ṭāhir Marvazī on China, the Turks and India*, pp. 76 - 77.

原游牧民的征讨有关。[1]因拙文旨意所在，此处不能就乃蛮王国的构成进行进一步追究，只能给出笔者当下的看法，即，乃蛮王国的主体属于操突厥语部落，但其中包含部分蒙古语族部落等。可能因为部族之间的整合等原因，迁往蒙古高原西部的 Qay 族部分并入了乃蛮，或成了乃蛮的上层阶级。如是，上面介绍的相关元太祖西征史料中出现的居里可汗可视作窃取西辽帝位的乃蛮王曲出律。前面介绍乃蛮可视作 Säkiz Oγuz 的后裔，则曲出律的居里可汗之称号自然存在源自上述 E98 碑铭之 Qïr Qan 的可能。不过，考虑到曲出律是窃取西辽帝位，其称居里可汗更可能是为了突出自己在西辽政权内部的正统性。如此，这也从侧面反映出乃蛮部对契丹的葛儿汗称号并不陌生。如是，极可能在辽道宗朝之前业已出现，且被用于西辽统治者正式称号的葛儿汗称号，有可能如王汗的叔父和扎木合之称号那样，为辽朝属部乃蛮统治者所借用。

总之，E98 威巴特第六碑记录的 Säkiz Oγuz，代指乃蛮部的可能性最大。Säkiz Oγuz 的 Qïr Qan 之称号，虽然存在出自古突厥语的可能性，但亦存在借自契丹语的可能性。

## 小　结

西辽统治者称号葛儿汗难言出自古突厥语，相反源自蒙古语族语言的可能性极大。而学术界关于契丹小字的研究成果反映葛儿汗之称号在契丹朝时即已经开始使用。突厥鲁尼文叶尼塞碑铭中，E98 威巴特第六碑记录有部族集团名称 Säkiz Oγuz，其首领名称为 Qïr Qan。Säkiz Oγuz 最大可能是指乃蛮部。元太祖西征时的居里可汗指代窃取西辽地位的乃蛮王曲出律。契丹统治者的称号葛儿汗有可

---

〔1〕　白玉冬《有关高昌回鹘的一篇回鹘文文献——xj222—0661.9 文书的历史学考释》，《中国边疆史地研究》2014 年第 3 期，第 144—145 页。

能被其属部乃蛮部首领所借用,从而被记录为 Qïr Qan。

(原载朱玉麒主编《西域文史》第12辑,2018年,第233—247页,收入本书时进行了修订)

# 第九章　黄头回纥源流考

唐朝以降,元朝之前,记录新疆西域历史的汉文的传统典籍等史料相当匮乏。就这一时期的新疆历史而言,诸兄弟民族以自己的语言文字书写的碑刻和出土文献等也是重要的历史学、考古学资料。在充分掌握非汉文史料基础上,取其精华,去其糟粕,"取异族之故书与吾国之旧籍互相补正",把历史学、考古学研究有机地结合起来,从内外两面展现和构建中华民族历史、中华文明瑰宝,这是新时代民族语言文字和民族历史研究的关键之所在。

自10世纪末至12世纪初,河南路,即由新疆东入柴达木盆地,经由青海湖、青唐吐蕃政权抵达内地的贸易通道发挥着重要作用。黄头回纥之名称,正出现在经由该通道的相关朝贡贸易史料中。由于部分裕固族自称Sarö Yögur(黄尧呼尔),[1]即"黄回纥",且裕固族中存在东迁传说,故学术界通常认为黄头回纥是裕固族的重要族源之一。关于黄头回纥的起源,学术界主要存在以下五种意见:(1)甘州回鹘;[2]

---

[1] C. G. E. Mannerheim, "A visit to Sarö and SheraYögurs," *Journal de la Société Finno — Ougrienne*, vol. 27, Helsingfors, 1911, pp. 4-6.

[2] 主要参见桑田六郎《回纥衰亡考》,《東洋學報》第17卷第1期,1928年,第121—122、128—129页;李符桐《撒里畏兀儿(sari-vigurs)部族考》,《边政公论》第3卷第8期,1955年,收入氏著《李符桐论著全集》第3卷,台北,学生书局,1993年,第42—48页;李符桐《撒里畏兀儿(sari-vigurs)部族之研究》,《师大学报》第4期,1959年,收入氏著《李符桐论著全集》第3卷,第115—121页;程溯洛《甘州回鹘始末与撒里畏兀儿的迁徙及其下落》,《西北史地》1988年第1期,收入氏著《唐宋回鹘史论集》,北京,人民出版社,1994年,第161—163页;吴永明《裕固族源初探》,《中南民族学院学报(人文社会科学版)》1984年01期,收入赞丹卓尕主编《裕固族研究论文续集》上册,第6—7页;《裕固族简史》编写组编《裕固族简史》,兰州,甘肃人民出版社,1983年,第10—11页。

(2)河西回鹘；[1](3)瓜沙州回鹘；[2](4)龟兹回鹘，[3](5)西州回鹘。[4]笔者近来集中对米兰出土Or.8212/76鲁尼文军需文书与和田出土鲁尼文木牍文进行释读研究，发现对黄头回纥起源问题的深入讨论有所帮助。故撰此稿，不足之处，敬祈方家指正。

## 一、黄头回纥出自河西之质疑

黄头回纥之名始见史乘是在11世纪80年代。《宋会要辑稿·蕃夷四·拂菻》言：[5]

> 元丰四年（1081）十月六日，拂菻国贡方物。大首领你厮都令厮孟判言："其国东南至灭力沙，北至大海，皆四十程，又东至西大石及于阗王所居新福州，次至旧于阗，次至约昌城，乃于阗界。次东至黄头回纥，又东至达靼，次至种榅，又至董毡所居，次至林檎城，又东至青唐，乃至中国界。西至大海约三十程。"

相同史料还见于《续资治通鉴长编》卷317神宗元丰四年十月己未条。[6]另，《宋会要辑稿·蕃夷四·于阗》元丰六年（1083）条记录

---

　[1] 高自厚《黄头回纥与河西回鹘的关系》，《西北民族文丛》1984年，收入赞丹卓尔主编《裕固族研究论文续集》上册，第40—44页。
　[2] 杨富学《"裕固学"应擎起河西回鹘研究的大旗》，《河西学院学报》2015年第3期，第2页；杨富学《裕固族东迁地西至哈至为沙瓜二州考辨》，《河西学院学报》2015年第6期，第6—7页。
　[3] 钱伯泉《龟兹回鹘国与裕固族族源问题研究》，《民族研究》1985年第2期，收入赞丹卓尔主编《裕固族研究论文续集》上册，第60—62页；李树辉《Sarïɣ Ujɣur考源——兼论龟兹回鹘与沙州曹氏归义军政权的关系》，载段文杰、茂木雅博主编《敦煌学与中国史研究论集——纪念孙修身先生逝世一周年》，兰州，甘肃人民出版社，2001年，收入赞丹卓尔主编《裕固族研究论文续集》上册，第219—222页。
　[4] 薛文波《裕固族历史初探（上）》，《西北民族学院学报》1981年第2期，第29—31页；汤开建《解开"黄头回纥"及"草头鞑靼"之谜——兼谈宋代的"青海路"》，《青海社会科学》1984年第4期，收入赞丹卓尔主编《裕固族研究论文续集》上册，第325—329页；汤开建《关于〈龟兹回鹘国与裕固族族源问题研究〉一文的几点看法》，《甘肃民族研究》1985年第3—4期合刊，收入赞丹卓尔主编《裕固族研究论文续集》上册，第67—72页。
　[5] 北京，中华书局，1957年，第7723页。
　[6] 北京，中华书局，1974年，第7661页。

于阗的朝贡使者言:"道由黄头回纥、草头达靼、董毡等国。"[1]约昌城,即今且末,是当时的于阗,即喀剌汗朝的东北边境。[2]达靼即于阗使者所言草头达靼,大概活动在阿尔金山阴面。[3]种榅,即仲云,见于后晋天福四年(939)出使于阗的高居诲《使于阗记》,以及10世纪前往沙州或内地的于阗使者的报告书中,当时活动在于阗东北、罗布泊南大屯城(今新疆米兰)一带。[4]以此推之,黄头回纥居地当在草头达靼之南或西南,在塔里木盆地东缘至阿尔金山脉北麓一带。宋哲宗绍圣年间(1094—1097)镇守洮州(今甘肃临洮)的李远,在其所著《青唐录》中记载自青海湖以西路程时言:"自铁堠西皆黄沙,无人居。西行逾二月即入回纥、于阗界。"[5]自青海湖西行两月的回纥,大体应在柴达木盆地西端以西。这一地理位置与前面得出的黄头回纥居地贴合。谭其骧主编《中国历史地图集·吐蕃诸部》标注的是1038—1065年的疆界情况。其中,黄头回纥居地自塔里木盆地东面的阿尔金山脉东南麓向西北方向延伸到沙州—肃州—甘州以南的

---

[1] 北京,中华书局,1957年,第7722页。另参见《续资治通鉴长编》卷335神宗元丰六年5月丙子朔条与己卯条,第8061页。

[2] 主要参见汤开建《解开"黄头回纥"及"草头鞑靼"之谜——兼谈宋代的"青海路"》,第336页。

[3] 关于此处达靼之居地,桑田六郎认为位于甘肃方面,前田正名认为当在阴山之北,汤开建主张在河西走廊北部,周良霄主张在伊州东,张久和坚持在柴达木盆地东缘,谭其骧主编《中国历史地图集》(第6册,第40—41页)则标于祁连山南麓、沙州东南的党河上游。见桑田六郎《回鹘衰亡考》,第128—129页;前田正名《河西の歴史地理学の研究》,东京,吉川弘文馆,1964年,第634—637、650—651页;汤开建《解开"黄头回纥"及"草头鞑靼"之谜——兼谈宋代的"青海路"》,第329—333页;周良霄《达靼杂考》,《文史》第8辑,1980年,收入史卫民编《辽金时代蒙古考》,呼和浩特,内蒙古自治区文史研究馆,1984年,第131—133页;张久和《原蒙古人的历史:室韦—达怛研究》,北京,高等教育出版社,1998年,第196页。兹不从。笔者据贝利(H. W. Bailey)介绍的《塞语文献文书卷(Saka Documents Text Volume)》第2卷收录的P.2024于阗语文书,认为于阗至沙州途中所在达靼人即是此黄头达靼,其居地不可能偏离于于阗至沙州的路线。并以上述达靼人驻地Kūysa音值与突厥语quz(山的阴面)极其接近,主张位于阿尔金山脉的阴面。详见白玉冬《九姓达靼游牧王国史研究(8—11世纪)》,北京,中国社会科学出版社,2017年,第197—198页。

[4] 榎一雄《仲雲族の牙帳の所在地について》,铃木俊教授还历纪念会编《铃木俊教授还历纪念东洋史论丛》,东京,1964年,收入氏著《榎一雄著作集》第1卷,东京,汲古书院,1992年,第149—157页;哈密顿《仲云考》,耿昇译,《西域史论丛》,乌鲁木齐,新疆人民出版社,1985年,第164—165页。

[5] 孙菊园辑《青唐录辑稿》,《西藏研究》1982年第2期,第155页。

祁连山南麓。[1]依笔者推定的上述黄头回纥居地而言,此种标记或许表明编绘者认为11世纪80年代之前的黄头回纥曾经在祁连山南麓一带活动。另有意见认为黄头回纥位于沙州附近,[2]沙州西南,[3]鄯善至沙州、瓜州之间,[4]或是在沙瓜州西北的罗布泊至伊州之间,[5]均有牵强之嫌。

在前面介绍的关于黄头回纥源流的意见中,(1)甘州回鹘、(2)河西回鹘、(3)瓜沙州回鹘,这三种意见本质上相同。受篇幅所限,笔者不能一一详述,其共同点是均认为黄头回纥出自河西地区的回鹘。前述《中国历史地图集·吐蕃诸部》给出的黄头回纥居地,或许是依据上述意见(1)(2)(3)。甘州回鹘灭亡后,确有部分部众归附青唐唃厮啰政权,[6]亦有投奔沙州者。[7]不过,关于投奔唃厮啰的回鹘部众日后向西迁徙而成黄头回纥,并无史料给予记录。是故,汤开建言前述李符桐意见只能说属于推理与假设。[8]那么,黄头回纥是否可能出自河西地区呢?

众所周知,10世纪后半叶起喀喇汗朝伊斯兰势力东扩,1006年灭掉佛国于阗。1120年成书的马卫集(Marvazī)著《动物的自然属性》(Ṭabā'i' al-ḥayawān)第20节谈到前往契丹的旅行者从沙州(Sājū)需要半月路程到达Shārī族地面,此集团因他们的一个首领之

---

[1] 第6册,第40—41页。
[2] 桑田六郎《回鹘衰亡考》,第128—129页。
[3] 高自厚《黄头回纥与河西回鹘的关系》,第40—44页。
[4] 佐口透《サリクーウイグル種族史考》,《山本博士還暦記念東洋史論叢》,东京,山川出版社,1972年,第197页。
[5] 前田正名《河西の歴史地理学的研究》,第628—651页,尤见第634—637,650—651页。
[6] 《宋史》卷492《回鹘传》言"及元昊取西凉府,潘罗支旧部往往归厮啰,又得回纥种人数万"。
[7] 李正宇《悄然湮没的王国——沙州回鹘国》,载杨富学、牛汝极著《沙州回鹘及其文献》,兰州,甘肃文化出版社,1995年,第294—295页;陆庆夫《归义军晚期的回鹘化与沙州回鹘政权》,《敦煌学辑刊》1998年第1期,第23—24页。
[8] 汤开建《解开"黄头回纥"及"草头鞑靼"之谜——兼谈宋代的"青海路"》,第325—326页。

名 Basmïl（拔悉密）而为人所知，他们因畏惧伊斯兰教的割礼而逃亡至此地。[1]诚如米诺尔斯基（V. Minorsky）所言，[2]上述有关从沙州到达契丹首都之路程的原始情报，当来自马卫集书中第 22 节所介绍的同高昌回鹘使者一同于 1027 年访问哥疾宁王朝的契丹使者。米氏考证 Shārī 族居住地位于河西地区北部的额济纳河流域。[3]换言之，上述 Shārī 族定是在 1027 年之前移居至此地的。按 sarï 可视作 sarïγ 的尾音-γ 脱落后的简化形式。[4] 故，佐口透与巴哈提把 Shārī 族与马卫集书中记录的活动于钦察草原上的 al-Shāriya 相联系起来。[5] 此固然可备一说，唯 Shārī 族与 al-Shāriya 之间相距异常遥远，似有勉强之处。相反，米诺尔斯基与哈密屯将 Shārī 族与撒里畏兀儿（Sarï Uyγur）相联系起来。[6] 就二者之间的距离而言，此看法看来更为稳妥。另外，11 世纪 80 年代，麻赫穆德·喀什噶里（Maḥmūd el-Kāšġarī）编《突厥语大词典》（*Dīvānü Luġāt -it-Türk*）记录有喀喇汗朝与西夏之间的战争。他在 älüklä-（嘲笑，嘲弄）词条中引用诗歌：tangut süsin üšiklädi, kiši išin älüklädi, ärin atïn bälikglädi, bulun bolïp baši tiγdï（乘严寒袭击唐古特军，他们的妻女蒙受欺凌，俘获他们的马匹和兵丁，阶下囚只好俯首听命），再加以解

---

[1] V. Minorsky, *Sharaf al-Zamān Ṭāhir Marvazī on China, the Turks and India*, London：Royal Asiatic Society, 1942, pp. 18－19。原文沙州作 Sānjū，米氏考订其为 Sājū（沙州）。在新发现的马卫集书德黑兰手抄本中，Sānjū 作 Sājū（沙州）。相关内容，见 V. Minorsky, *Sharaf al-Zamān Ṭāhir Marvazī on China, the Turks and India*, p. 73；乌苏吉《〈动物之自然属性〉对"中国"的记载——据新发现的抄本》，王诚译，《西域研究》2016 年第 1 期，第 105 页。

[2] V. Minorsky, *Sharaf al-Zamān Ṭāhir Marvazī on China, the Turks and India*, p. 72.

[3] V. Minorsky, *Sharaf al-Zamān Ṭāhir Marvazī on China, the Turks and India*, p. 73.

[4] G. Clauson, *An Etymological Dictionary of Pre-Thirteenth Century Turkish*, Oxford：Clarendon Press, 1972, p. 848.

[5] 佐口透《サリク—ウイグル種族史考》，第 199—200 页；巴哈提·依加汗《辽代的拔悉密部落》，《西北民族研究》1992 年第 1 期，第 145—146 页。

[6] V. Minorsky, *Sharaf al-Zamān Ṭāhir Marvazī on China, the Turks and India*, p. 73；哈密屯《仲云考》，第 174—176 页。

释。[1]并且,在oγurla-(办事,偷)词条中引用诗文,描述唐古特的伯克躲避敌人(即喀喇汗朝军队——笔者按)云云。[2]考虑到向东方扩张势力的喀喇汗朝,只有在灭掉佛国于阗后才有可能与西夏接壤或发生关系,上述二者之间的战争发生地大概是在西夏最西端的沙州及其以南地带。显然,马卫集《动物的自然属性》描述11世纪上半叶喀喇汗朝在东方的扩张曾造成新疆一带部族的北徙,喀什噶里《突厥语大词典》反映东进的喀喇汗朝在河西西部的沙州及其以南地带曾与西夏发生过战争。可见,在伊斯兰势力咄咄逼人的情况下,客观条件并不支持河西地区的回鹘人反其道而行之,退守沙州西南进而发展成黄头回纥。反观在主张黄头回纥出自河西地区的观点中,唯有高自厚推测撒里畏吾的撒里是今河名疏勒,[3]其余学者并未提供证据,仅是推定。笔者以为,撒里(Sarïγ/Sari)勘同为当代河名疏勒,虽然语音有所接近,但不能以偏概全。综上,对于黄头回纥出自甘州回鹘、河西回鹘或瓜沙州回鹘之观点,笔者持怀疑态度。

## 二、黄头回纥之由来

依上一节结论,黄头回纥似乎原本有别于甘州回鹘、河西回鹘或瓜沙州回鹘。大英图书馆藏Or. 8212/76鲁尼文军需文书,斯坦因(A. Stein)第三次中亚考古期间发现于新疆米兰(Miran)的古城堡遗址,是盔甲等军需物品的发放账本。关于该文书,汤姆森(V.

---

[1] Maḥmūd-al-Kāšγarī, *Compendium of the Turkic Dialects*, 3vols, R. Dankoff and J. Kelly eds. and trs., Cambridge: Harvard University Printing Office, 1982-1985, vol. 1, p. 155;麻赫穆德·喀什噶里《突厥语大词典》第1卷,校仲彝等译,北京,民族出版社,2002年,第327—329页。

[2] Maḥmūd el-Kāšgarī, *Compendium of the Turkic Dialects*, vol. 1, p. 246;麻赫穆德·喀什噶里《突厥语大词典》第1卷,第321—322页。

[3] 关于地名疏勒之解释,参见高自厚《撒里维吾尔新释》,《西北民族学院学报(哲学社会科学版)》1986年第2期,收入赞丹卓尕主编《裕固族研究论文续集》上册,第189—192页;高自厚《黄头回纥与河西回鹘的关系》,第49页;高自厚《宋代回鹘社会的分裂割据——再谈"黄头回纥"的由来和含义》,《西北民族研究》1988年第1期,第136—138页。

Thomsen)最早进行了解读研究。[1] 之后,奥尔昆(H. N. Orkun),以及爱丁(E. Aydin)的团队,按汤姆森的释读顺序重新进行了研究。[2] 笔者在上述前人研究基础之上,依据国际敦煌项目(IDP)网站公开的图版,对 Or. 8212/76 文书进行了再释读,给出了文书的换写(transliteration)、转写(transcription)和简单必要的词注。[3] 关于其构成情况,笔者指出该文书并非如上述学者公认的由 3 张残片构成,而是由文书(1)、(2)构成。其中,文书(1)单面 22 行,文书(2)正面 24 行、背面 20 行。兹转引 Or.8212/76(2)文书背面第 12—14 行相关部分的转写和译文,再做讨论。以下引用的鲁尼文文献转写中,":"为文书所书停顿符号。

<sup>12</sup> …… yolluq：urungu：yarïqï-<sup>13</sup>-n tay irkin sarïγ uluš urunguqa yarlïγ <sup>14</sup> boltï：……

……把药禄蘘官(Yolluq Urungu)的盔甲分发给了大俟斤,(即)撒里地方蘘官(Tay Irkin Sarïγ Uluš Urungu)。

上引文中,分发到盔甲的人物名称是大俟斤,(即)撒里地方蘘官(Tay Irkin Sarïγ Uluš Urungu)。其中,大俟斤(Tay Irkin)与撒里地方蘘官(Sarïγ Uluš Urungu)为同位语关系。古代突厥语中,tay 是古汉语"大"的借词,irkin(俟斤)是部族长称号,sarïγ(撒里)是黄色之义,uluš 是城市、乡村之义。urungu(蘘官),原义是旗帜,克劳森词典 urungu 条引用本文书,指出共出现 13 次的 urungu 为某称号。[4] 唐张义之夫人阿史那氏墓志言:"夫人姓阿史那,本部落左厢第二蘘

---

[1] V. Thomsen, "Dr. M. A. Stein's manuscripts in Turkish 'Runic' script from Miran and Tunhuang," *Journal of the Royal Asiatic Society*, 1912, pp. 181–189.

[2] H. N. Orkun, *Eski Türk Yazıtları*, 4vols., 1936–1941, Istanbul: Devlet Basımevi, vol. 2, pp. 63–68; E. Aydin, R. Alimov and F. Yıldırım, *Yenisey-Kırgızistan Yazıtları ve Irk Bitig*, Ankara: Bilgesu Yayıncılık, 2013, pp. 467–470.

[3] 白玉冬《米兰出土 Or.8212/76 鲁尼文文书译注》,余太山、李锦绣主编《丝瓷之路》第 7 辑,北京,商务印书馆,2019 年,第 31—46 页。

[4] G. Clauson, *An Etymological Dictionary of Pre-Thirteenth Century Turkish*, Oxford: Clarendon Press, 1972, p. 236.

官、双河郡都督憪舍提噉啜第二女。"[1]其中的蘉当为 urungu 之意译。即,分发到盔甲的人物是 Sarïγ(撒里)地方的首领。诚然,仅依据上述史料,我们很难判明撒里地方(Sarïγ Uluš)的地理位置。不过,鉴于 Or.8212/76 文书出自米兰,且汉籍记录 11 世纪 80 年代黄头回纥居地就在米兰附近,此处不否定黄头回纥居地即是撒里地方(Sarïγ Uluš)的可能。无独有偶,Or.8212/76(1)文书第 18 行亦出现与撒里(Sarïγ)有关的描述。兹转引第 14—22 行的转写与译文如下。转写中,"|"为原文书中 bir"一"的缩写。

  [14] suγču balïq：da：kirmiš：yarï- [15] -q：da：bayïrqular：qa：altï：yarïq [16] tiginkä：|：bars qan sangunqa：|：[17] qotuz：urungu：qa：|：köl：čigsi：i- [18] -nisingä：|：sarïγ čorqa：|：känsig：k-[19]-ä：|：tänglig apa：qa：|：qutluγ：qa：|：[20] sü čörkä：|：urungu：sangun：qa：|：[21] bäčä apa：ičräk：ikä：bir：yarïq：yo- [22] -šuq：birlä：yarlïγ boltï。

  从抵达自肃州城(Suγču Balïq)的盔甲中,给拔野古(Bayïrqu)们分发了六套盔甲,给特勤(Tigin)一套,给拔塞干将军(Bars Qan Sangun)一套,给阔图兹蘉官(Qotuz Urungu)一套,给阙敕史(Köl Čigsi)的弟弟一套,给撒里啜(Sarïγ Čor)一套,给健石(Känsig)一套,给登陆阿波(Tänglig Apa)一套,给骨咄禄(Qutluγ)一套,给苏啜(Sü Čör)一套,给蘉官将军(Urungu Sangun)一套,给巴茶阿波内廷大臣(Bäčä Apa Ičräki)分发了一套盔甲和一把剑。

上引文记录把来自肃州城的盔甲,分发给包括拔野古(Bayïrqu)人、拔塞干将军(Bars Qan Sangun)、撒里啜(Sarïγ Čor)等在内的共 18 人各一套。虽然部分人员只带有姓名,如骨咄禄(Qutluγ),但其中的

---

[1] 郭茂育、赵振华《〈唐张羲之夫人阿史那氏墓志〉与胡汉联姻》,《西域研究》2006 年第 2 期,第 92 页。

拔塞干将军(Bars Qan Sangun)的将军(Sangun)，阔图兹蠹官(Qotuz Urungu)的蠹官(Urungu)，登陆阿波(Tänglig Apa)的阿波(Apa)，阙敕史(Köl Čigsi)的敕史(Čigsi)，巴茶阿波内廷大臣(Bäčä Apa Ičräki)的内廷大臣(Ičräki)，撒里啜(Sarïγ Čor)的啜(Čor)和苏啜(Sü Čör)的啜(Čör)，以及蠹官将军(Urungu Sangun)等均是官职名称。笔者关注的 Sarïγ Čor(撒里啜)的 čor，此处虽然是后元音文字，但与 Sü Čör(苏啜，军队的啜)的 čör 相同，对应汉字"啜"。可见，在上述人员名单中，官号之前的部分均是起限定作用的修饰词。即，撒里啜(Sarïγ Čor)是管理 Sarïγ 的官职。笔者以为撒里啜(Sarïγ Čor)的撒里(Sarïγ)应即前引 Or.8212/76(2)文书的撒里地方(Sarïγ Uluš)之撒里(Sarïγ)，是地区名或部族名。

关于 Or.8212/76 文书的年代，汤姆森(V. Thomsen)、斯坦因(A. Stein)、克里亚施托尔内(S. G. Klyashtorny)等认为属于 8—9 世纪。[1] 森安孝夫倾向于西州回鹘王国或河西回鹘王国时期。[2] 值得一提的是，Or.8212/76(1)文书中出现的拔塞干将军(Bars Qan Sangun)的拔塞干即吐鲁番出土德藏第三件木杵铭文(回鹘文)记录的高昌回鹘的西部边界拔塞干(Barsxan，天山北麓伊塞克湖东南岸的上拔塞干)。[3] 笔者通过对上述拔塞干将军(Bars Qan Sangun)等的考释，主张 Or.8212/76(1)(2)文书属于西州回鹘王国时期，反

---

〔1〕 V. Thomsen, "Dr. M. A. Stein's manuscripts in Turkish 'Runic' script from Miran and Tunhuang," pp. 184-185；A, Stein, Serindia: *Serindia, Detailed Report of Explorations in Central Asia and Weternmost China*, vol. 1, Oxford: Clarendon Press, 1921, pp. 472-474；克里亚施托尔内《新疆与敦煌发现的突厥卢尼文文献》，杨富学、王立恒译，《吐鲁番学研究》2010 年第 2 期，收入杨富学编《回鹘学译文集》，兰州，甘肃民族出版社，2012 年，第 127 页。

〔2〕 森安孝夫《吐蕃の中央アジア進出》，《金沢大学文学部論集(史学科篇)》第 4 辑，1984 年，修订稿收入氏著《東西ウイグルと中央ユーラシア》，名古屋大学出版会，2015 年，第 184—185 页。

〔3〕 木杵文内容主要参见森安孝夫《西ウイグル王国史の根本史料としての棒杭文書》，载氏著《東西ウイグルと中央ユーラシア》，第 694—701 页。

映的是西州回鹘向塔里木盆地东面的势力扩张。[1] 如此，Or. 8212/76(2)记录的 Sarïγ Uluš（撒里地方）多半隶属西州回鹘王国，或其部族长当时隶属于西州回鹘。

无独有偶，笔者解读的和田地区策勒县达玛沟北部某佛教遗址出土的 6 片鲁尼文木牍，年代极可能属于 10 世纪中后期，其中出现部族名称 Sarïγ（撒里）。[2] 据中国社会科学院考古研究所、中共策勒县委、策勒县人民政府著《策勒达玛沟——佛法汇集之地》图 81《达玛沟北部区域其他遗址追缴的被盗木牍文书、木简文书残件》介绍，[3] 这批木牍 2003 年左右出土，被不法分子收集，详细出土情况与规格不明。此前，笔者与杨富学联名研究了其中的 4 片。[4] 后杨富学将上述成果收入个人专著内。[5] 笔者则一直希望能够调查实物，以验证是否为赝品。2019 年 7 月 4 日，笔者拜访策勒县文体局，就这些木牍文的真实性咨询韩勇奎书记和其他相关人员，并蒙韩书记赠送《策勒达玛沟——佛法汇集之地》。策勒县文体局方面肯定答复包括鲁尼文木牍文在内的一大批木牍文、木简文不可能是赝品。总之，假定这些鲁尼文木牍文是赝品的话，然则追缴自同人，同样发现于达玛沟北部区域其他遗址的和田文木牍文书群也只能说是赝品。"解铃还须系铃人"，笔者相信策勒县文体局的判断，这些鲁尼文木牍文不会是赝品。[6]

---

[1] 白玉冬《米兰出土 Or. 8212/76 鲁尼文军需文书年代考》，余欣主编《中古中国研究》第 3 卷，上海，中西书局，2020 年，第 53—67 页。

[2] 白玉冬《和田出土鲁尼文木牍文再研究》，中国社会科学院古代史研究所、武威市凉州文化研究院编《凉州与中国的民族融合和文明嬗变学术研讨会论文集》，上海，中西书局，2021 年，第 316—342 页。

[3] 香港，大成图书有限公司，2012 年，图片 81。

[4] 白玉冬、杨富学《新疆和田出土突厥卢尼文木牍初探，突厥语部族联手于阗对抗喀剌汗朝的新证据》，《西域研究》2016 年第 4 期，第 39—49 页。

[5] 杨富学《和田新出突厥卢尼文木牍及其所见史事钩沉》，载氏著《敦煌民族史探幽》，兰州，甘肃文化出版社，2018 年，第 149—176 页。

[6] 策勒县方面赐教，这些木牍文在 2011 年经新疆文物局专家鉴定，被认为是"无研究价值之物"，后下落不明。

据《策勒达玛沟——佛法汇集之地》介绍,木牍文共 6 片,图 80 刊载 2 片,图 81 刊载 4 片。笔者最初主张该木牍文是于祝(今新疆阿克苏乌什)地方的某古代突厥语部族首领上达给某汗(于阗国王)的书信。[1] 现在看来,木牍也有可能是此后为了封存保管而记录的。在上达给某汗的书信中,这位部族首领报告了如下事情:第一,于祝(今乌什)部众捕获住了威胁于术(今焉耆西车尔楚、七个星)的敌人首领 25 人;第二,表明以发信人为首的于祝部众支持对方之决心;第三,他们被敌人封锁住,但因与唆里迷(即焉耆)处于敌对关系无法获其救援;第四,他们让 sarïγ(撒里族)的佛教徒一千人建"国"了;第五,已经收到对方远送而来的马匹与食粮;第六,巴尔斯匐的部众计划出征。

上面提到的几处地名,在《新唐书·地理志七下》均有记录。前人的研究,[2] 为笔者归纳其相互间关系提供了便捷条件。鉴于发信人捕获的是威胁于术的敌人,且于术东邻焉耆不会过来救援被封锁住的己方,故可推测出以下两点。第一,发信人所在地并非在于术西千里之遥的于祝,而应是在于术一带;第二,威胁于术和围困发信人的敌人来自西面的可能性更大。笔者关注的上述第 2—4 条内容的转写及其译文如下:

  木牍 B¹ ačsïz∶biz artuq aγïr kü at qanlïq uluγ ör šatïm ² solmï yaγï bolup kim kälmägäy tolu∶umupan ³ učisintäg biz sarïγ upasi upasančïγ bing 木牍 C¹ ačsïz∶biz el yarat[t]ïm……

  没有贪欲的我们是具有非常卓越名望的汗之高大的(降魔)

---

[1] 白玉冬、杨富学《新疆和田出土突厥卢尼文木牍初探》,第 45—47 页。
[2] 主要参见严耕望《唐代交通图考》第 2 卷《河陇碛西区》,台湾"中研院"历史语言研究所专刊第 83 号,1985 年,第 470—479 页;荒川正晴《唐代河西以西的交通制度》,载氏著《ユーラシアの交通・交易と唐帝国》,名古屋大学出版社,2010 年,第 290—298 页;荣新江《唐代安西都护府与丝绸之路——以吐鲁番出土文书为中心》,《龟兹学研究》第 5 辑,2012 年,收入氏著《丝绸之路与东西文化交流》,北京大学出版社,2015 年,第 13—18 页。

杵。唆里迷(即焉耆)成了敌人谁也不会来吧！我们被封锁住就像端角一样。撒里(Sarïγ)族的优婆夷(upasi)、优婆塞(upasanč)一千人，没有贪欲的我们让(他们)组织了"国(el)"……

上引文中,优婆夷(upasi)、优婆塞(upasanč)是指在家佛教男女信徒,分别从梵语 upāsaka 通过粟特语 'wp's'k,梵语 upāsikā 通过粟特语 'wp's'nc 传入回鹘语中。[1] 从此条史料可以得知,被发信人组织建国(el)的撒里(Sarïγ)是信仰佛教的部族。从木牍 B 第 1 行"没有贪欲的我们是具有非常卓越名望的汗之高大的(降魔)杵(ačsïz: biz artuq aγir kü at qanlïq uluγ ör šatïm)"而言,发信人可能同样信仰佛教。据前面推知的发信人的活动地于术一带而言,推定上述 sarïγ(撒里族)当时的居地距离焉耆不远,即塔里木盆地北缘比较贴合。

如前面所介绍,马卫集记录因畏惧伊斯兰教的割礼,有 Shārī 族在 1027 年之前逃亡到额济纳河流域,此 Shārī 族与撒里畏兀儿(Sarï Uyγur)相关。哈密屯据此主张黄头回纥原本是操突厥语的佛教部族,因遭到伊斯兰教徒的驱逐才离开塔里木盆地。[2] 笔者此前对此意见表示赞同,[3]但苦于只有上述木牍文书这一孤证。不过,现在已经有 Or.8212/76 文书关于撒里(Sarïγ)的另一条佐证。即,伴随着喀喇汗朝伊斯兰教势力的东扩,上述木牍文反映的活动在塔里木盆地北缘的撒里(Sarïγ)被迫向东迁徙,发展成为 Or.8212/76 文书记录的撒里(Sarïγ),也即日后的黄头回纥,此说似可通。不过,需要解决一个问题。即,撒里(Sarïγ)何以成为高昌回鹘属下的人群？他

---

[1] P. Zieme, *Altun yaruq sudur, Vorworte und das erste Buch: Edition und Übersetzung der alttürkischen Version des Goldglanzsūtra*, *Berliner Turfantexte*, vol. 18, 1996, p. 206; Takakao Moriyasu, "Uighur Buddhist Stake Inscriptions from Turfan," in L. Bazin and P. Zieme eds., *De Dunhuang à Istanbul. Hommage à James Russell Hamilton* (Silk Road Studies, vol. 5), Turnhout (Belgium), 2001, pp. 166-167.

[2] 哈密屯《仲云考》,第 174—176 页。

[3] 白玉冬、杨富学《新疆和田出土突厥卢尼文木牍初探》,第 48 页。

们何以被称为回纥?

　　年代约在 10 世纪末至 11 世纪初的、圣彼得堡东方学会藏 MS SI 2 Kr 17 号与 MS SI KrⅣ 256 号回鹘语公文书记录,在塔里木盆地北面的裕勒都斯河谷与伊犁河流域之间,有拔悉密部落在活动,是西州回鹘下属焉耆的边防对象。[1] 考虑到此拔悉密和焉耆之关系与木牍文中的撒里(Sarïγ)族与焉耆之关系相符,且撒里(Sarïγ)族首领曾被记录做 Basmïl,则撒里(Sarïγ)族有可能是指拔悉密。那么,拔悉密何以成为高昌回鹘属下的人群?众所周知,伊斯兰教喀喇汗朝的东扩,不仅仅是针对佛国于阗和西州回鹘,还包括对拔悉密等游牧部落的战争。《突厥语大词典》记录有多首针对拔悉密等的战争的诗歌。[2] 不难想象,同属佛教信徒,又在同一时期与伊斯兰教喀喇汗朝之间发生战争的回鹘与拔悉密,有可能会尽释前嫌,二者联手抵抗喀喇汗朝。再者,西州回鹘是 10—11 世纪新疆地区最为强盛的国家,是抵抗喀喇汗朝的中流砥柱。曾经是回鹘属下的拔悉密投奔回鹘而被归为回鹘名下,不悖于理。正因为遭到来自西面的喀喇汗朝的挤压,原本在塔里木盆地北缘活动的撒里(Sarïγ)族才有可能东迁。981 年出使西州回鹘的宋使王延德谓其:"所统有南突厥、北

---

〔1〕 主要研究参见 L. Ju. Tuguševa, "Three Letters of Uighur Princes," *Acta Orientalia*, vol. 24, 1971, pp. 173 - 187; G. Clauson, "Two Uygur Administrative Orders," *Ural-altaische Jahrbücher* 45, 1973, pp. 213 - 222,有关焉耆的勘定见第 219 页注 A31;张广达、荣新江《有关西州回鹘的一篇敦煌汉文文献——S. 6551 讲经文的历史学研究》,《北京大学学报(哲学社会科学版)》1989 年第 2 期,收入张广达著《西域史地丛稿初编》,上海古籍出版社,1995 年,第 238 页;耿世民《回鹘文社会经济文书研究》,北京,中央民族大学出版社,2006 年,第 64—70 页;李树辉《圣彼得堡藏 S12 Kr17 号回鹘文文书研究》,《敦煌研究》2011 年第 5 期,第 97—99 页。关于该文书的写作年代,主要意见有西州回鹘时期(L. Ju. Tuguševa);1030 年至 1130 年(G. Clauson);10—11 世纪(耿世民);1053 年(李树辉)。这些文书被抄写在年代属于 10 世纪后半叶至 11 世纪初的汉文佛典背面,且其字体接近于哈密屯解读的敦煌出土 9—10 世纪的回鹘语文书。笔者以为是在 10 世纪末至 11 世纪初。

〔2〕 相关研究,主要参见 R. Dankoff, "Three Turkic Verse Cycles Relating to Inner Asian Warfare," in: S. Tekin and I. Ševčenko., eds., *Eucharisterion: Essays Presented to Omeljan Pritsak*, *Harvard Ukrainian Studies*, vol. 3/4, Part 1, Cambridge: Harvard University press, 1979 - 1980, pp. 154 - 165;巴哈提·依加汗《辽代的拔悉密部落》,第 138—142 页。

突厥、大众熨、小众熨、样磨、割禄、黠戛斯、末蛮、格哆族、预龙族之名甚众。"[1]其中的众熨即仲云,如前文所介绍,当时活动在于阗东北、罗布泊南大屯城(今米兰)一带。[2]既然西州回鹘势力波及米兰,那么遭到喀喇汗朝挤压的撒里(Sarïγ)族东移,出现于西州回鹘时期的米兰出土 Or.8212/76 文书中并不意外。Or.8212/76 文书虽然反映的历史背景是西州回鹘在塔里木盆地东部的势力扩张,但与其针对东扩的喀喇汗朝的战略防御并不矛盾。不过,正如随着西州回鹘势力的衰退,龟兹回鹘约在 11 世纪中后期与其分离那样,撒里(Sarïγ)族,即黄头回鹘也大约在同一时期与西州回鹘分道扬镳,并非没有可能。

诚然,于阗地处塔里木盆地南缘,无论是突厥汗国、回鹘汗国或高昌回鹘王国,其势力是否达到此地,颇令人怀疑。而且,如斯坦因、黄文弼等学者曾被欺骗一样,和田地区的文物造假由来已久。[3]是故,国内外部分学者对笔者解读的和田出土鲁尼文木牍文的来历及其真实性表示怀疑在所难免。幸运的是,据笔者释读分析,这些木牍文并非意义不明的"天书",相反确切是用鲁尼文古代突厥语写成,词义连贯,文脉通顺,内容与某佛教王国抵抗喀喇汗朝的战争有关。尤其是,笔者在解读上述木牍文时,尚未对 Or.8212/76 文书进行释读研究。Or.8212/76 文书中部族名撒里(Sarïγ)的出现,极大地支持上述木牍文不会是赝品。

关于黄头回纥的源流,笔者意见是出自此前 10 世纪时期活动在塔里木盆地北缘的、和田出土鲁尼文木牍文记录的佛教徒撒里(Sarïγ)族,同时也是 Or.8212/76 鲁尼文文书记录的撒里(Sarïγ)族。

---

[1] 王明清《王延德历叙使高昌行程所见》,《挥麈录》前录卷 4,上海书店出版社,2015 年,第 28—31 页。另见王国维《古行记校录》,王东点校,载《王国维全集》第 11 卷,杭州,浙江教育出版社,2009 年,第 161—164 页。

[2] 榎一雄《仲雲族の牙帳の所在地について》,第 149—157 页;哈密屯《仲云考》,第 164—165 页。

[3] 韩索房《一个新疆文盲古董贩子,如何骗过斯坦因、斯文赫定、季羡林》,微信公众号"大象公会",2017 年 11 月 27 日。

上述笔者看法只是一家之言，姑抛砖引玉，冀望学界同仁推陈出新。

## 小　结

"巧妇难为无米之炊"，历史学研究归根结底立足于史料分析。边疆历史研究受困于史料的数量和质量，获取些许进展可谓难得。本文即是基于新发现新解读史料，对宋代汉籍记录的黄头回纥之源流进行的一个尝试性考释。主要观点可归纳如下：11世纪黄头回纥居地位于塔里木盆地东缘至阿尔金山脉北麓一带。10—11世纪，在喀喇汗朝伊斯兰势力东进的大潮流下，客观条件不支持河西地区的回鹘人反其道而行之，退守沙州西南进而发展成黄头回纥。和田出土鲁尼文木牍文记录10世纪时期佛教徒撒里（Sarïγ）族在塔里木盆地北缘一带活动，米兰出土 Or.8212/76 鲁尼文文书记录米兰一带有撒里（Sarïγ）族。此撒里（Sarïγ）即11世纪后期的黄头回纥。

（原载《西域研究》2021年第4期，第1—9页，收入本书时进行了修订）

# 第十章　蒙古部"祖元皇帝"与"太祖元明皇帝"考

祖元皇帝与太祖元明皇帝，是汉籍记录的12世纪出现的蒙古部首领之称号。相比成吉思汗、窝阔台汗等蒙元的可汗皇帝，这一称号并不突出。笔者之所以对其进行讨论，是因为在"大蒙古国"（Yeke Mongγol Ulus）成立之前，蒙古部的社会发展状况有可能从上述称号获得相关信息，且学术界对此尚无专文讨论。程妮娜主张女真统治集团与包括蒙古部在内的草原游牧部落发生关系始于金初反辽战争时期，其后逐步建立起政治隶属关系，直到13世纪初金蒙开战，女真对草原地区维持了长达80多年的羁縻统辖关系。[1]可见，对于12世纪的蒙金关系来说，祖元皇帝和太祖元明皇帝同样是值得关注的人物。故撰此稿，以求教于大家。错误之处，敬乞指正。

## 一、祖元皇帝与太祖元明皇帝之出现

关于蒙古酋长自称祖元皇帝并改元天兴的史料，集中出现在李心传著《建炎以来系年要录》（以下简称《要录》）和《建炎以来朝野杂记》（以下简称《杂记》）等南宋人著述中。清四库全书馆臣整理的《要录》卷156绍兴十七年（金皇统七年，1147年）三月条言："是月，金人与蒙古始和。岁遗牛羊米豆绵绢之属甚厚。于是蒙酋鄂抡贝勒乃自

---

[1] 参见程尼娜《金朝与北方游牧部落的羁縻关系》，《吉林大学社会科学学报》2016年第1期，第94—104页。

称祖元皇帝,改元天兴。金人用兵连年,卒不能讨,但遣精兵分据要害而还。"[1]文后注言"此据王大观《行程录》"云云。上文中,鄂抡是蒙古部某首领之名抑或其官号,贝勒是女真语官号"勃极烈"在清代的译法。[2]后者《杂记》乙集卷19《鞑靼款塞·蒙国本末》言:"又有蒙国者,在女真之东北,唐谓之蒙兀部,金人谓之蒙兀,亦谓之萌骨。人不火食,夜中能视,以鲛鱼皮为甲,可捍流矢。自绍兴初始叛,都元帅宗弼用兵连年,卒不能讨,但分兵据守要害,反厚赂之。其酋亦僭称祖元皇帝,至金亮之时,与鞑靼并为边患,其来久矣。"[3]原文"连年"后小字注:"宗弼即兀朮,所谓四太子者。"绍兴(1131—1162),即宋高宗赵构建炎(1127—1130)之后年号,金亮即金废帝完颜亮(1149—1161在位)。据此可知,蒙古部约在1131年"叛",金名将兀朮多年用兵于蒙古,蒙古酋长自称祖元皇帝,并在完颜亮执政时期与鞑靼(笔者按:即克烈部)并成金朝边患。李心传(1167—1244)著《要录》共二百卷,叙述宋高宗朝(1127—1162)事,成书时间约为嘉定初年(1208—1210)。[4]同人著《杂记》分甲乙四十卷,可补《要录》事宜。《要录》原书早已失传,今本是清四库全书馆臣从《永乐大典》中辑出,并重新釐定、整理而成。从成书年代来看,《要录》与祖元皇帝改元天兴相距约60年。这一期间宋与蒙古部几无接触,李心传所言"据王大观《行程录》"的真实性自无必要怀疑。

宇文懋昭著《大金国志》卷12《熙宗纪》皇统七年(1147)条言:"是岁朦骨国平。"并介绍之前金朝与蒙古之间的战争与议和,之后言:"且册其酋长熬罗孛极烈为朦辅国王。至是始和,岁遗甚厚。于是熬罗孛极烈自称祖元皇帝,改元天兴。"[5]崔文印校《大金国志》指

---

[1] 李心传《建炎以来系年要录》,北京,中华书局,1956年,第2529页。
[2] 参见《中国历代职官辞典》,上海辞书出版社,1998年,第69页。
[3] 李心传《建炎以来朝野杂记》,徐规校,北京,中华书局,2006年,第848—849页。
[4] 参见孔学《建炎以来系年要录著述时间考》,《河南大学学报(社会科学版)》第36卷第1期,1996年,第53—56页;来可泓《李心传事迹著作编年》,成都,巴蜀书社,1990年,第95页。
[5] 宇文懋昭《大金国志校证》,崔文印校,北京,中华书局,1986年,第176页。

出，该书原名为《金国志》，被上奏时期应为端平元年（1234）左右。[1]则《大金国志》关于祖元皇帝的记载应是出自李心传《要录》或王大观《行程录》。其中，熬罗孛极烈即前引清四库全书本《要录》中的蒙酋"鄂抡贝勒"的原字。熬罗盖为酋长之名，孛极烈是金代官职名称，地位尊贵。《金史·百官志一》载："金太祖以都勃极烈嗣位，太宗以谙版勃极烈居守。"[2]参此而言，蒙酋熬罗孛极烈的孛极烈，相比金人按金源习俗的改称而言，女真人赋予蒙古部酋长之称号的可能性为大。此外，刘时举《续宋中兴编年资治通鉴》卷6宋绍兴十七年（1147）条亦言："是岁，金与蒙国议和，蒙国自称祖元皇帝。"[3]《续宋中兴编年资治通鉴》记录南宋高宗、孝宗、光宗、宁宗朝（1127—1224）历史，不难看出上述史料同样源自《要录》或《行程录》。

不过，嘉定十四年（1221）奉使燕京、面见蒙古元帅木华黎的赵珙，在其著《蒙鞑备录》中云："旧有蒙古斯国，在金人伪天会间（1123—1137）亦尝扰金房为患，金房尝与之战，后乃多与金帛和之。"[4]鉴于蒙古斯（Monggos）即蒙古（Mongγol）的女真语复数形式，赵珙的上述记录应源自金人。关于蒙古斯国，赵珙接下来补充到："按李谅《征蒙记》曰：'蒙人尝改元天兴，自称太祖元明皇帝。'"李谅，即李大谅，宋朝官员。由于《征蒙记》原书已佚，我们无法得知是否存在其他相关蒙古部建元称帝的记录。但不难看出，作为时人，赵珙并未怀疑《征蒙记》的真实性，故而才予以引用，加以补充自己的看法。之后，赵珙记录自己的所见所闻："今鞑人甚朴野，略无制度，珙常讨究于彼，闻蒙已残灭久矣。盖北方之国，或方千里，或方百里，

---

[1]《大金国志校证》前言，第10—11页。
[2] 脱脱《金史》，北京，中华书局，1975年，第1215页。
[3]《续宋编年资治通鉴》，王云五主编《丛书集成初编》，上海，商务印书馆，1939年，第72页。
[4] 赵珙撰，王国维校《〈蒙鞑备录〉笺证》，《蒙古史料校注四种》，清华学校研究院，1926年，收入谢维扬、房鑫亮主编《王国维全集》第11卷，杭州，浙江教育出版社，2009年，第338页。

兴衰起灭无常。"可见,赵珙就蒙古斯国的存在问题,在燕京木华黎军内进行了探查,得到的答复是"残灭久矣"。

王国维考《行程录》和《征蒙记》,认为1147年左右发生蒙金战事,皆为南宋人伪作而托金人者,征蒙一事并无根据。[1] 赵宇从题名作者身份、记事笔法、内容体例等方面入手,对王国维旧有论证进行补正,主张金熙宗朝金蒙大战虽然为真,但《征蒙记》《行程录》两书确系伪书。[2] 李寒箫将《行程录》佚文与相关金朝史料、域外文献进行比对后,发现它们所记载的许多关键信息均可相互印证,据此断定《行程录》不是一部伪书,但赞同《征蒙记》为伪书。[3] 诚如王国维所考,《三朝北盟会编》(以下简称《会编》)《要录》所引《征蒙记》主要记录金朝权贵之间的争斗,其中错谬颇多,并不涉及北征蒙古。据李寒箫之说,成书于绍熙五年(1194)前后的《会编》只收录了《征蒙记》,但成书于嘉定初年(1208—1210)的《要录》中兼采《行程录》《征蒙记》两书。[4] 此情况表明《征蒙记》的成书极可能要早于《行程录》。而且,《要录》《会编》所引《征蒙记》内容虽然仅限于金廷内部故事,但这只是作者征引的个人爱好而已,不足以说明《征蒙记》并无相关蒙金战事的记录。笔者以为,虽然存在部分谬误,但《征蒙记》中关于蒙金之间交战的内容应当不少,否则不能名其为《征蒙记》。据此,窃以为《征蒙记》并非都是伪造,上引"蒙人尝改元天兴,自称太祖元明皇帝"一文并非空穴来风。赵珙记录的蒙古斯国,即蒙古语 Mongγol Ulus 的女真语叫法 Monggos Gurun 的汉译。不论是蒙古语 ulus,抑或是女真语 gurun,此处代表的均是部族、部落、族群,并非等同于汉语语

---

[1] 参见王国维《南宋人所传蒙古史料考》,《清华大学学报》,1927年,收入谢维扬、房鑫亮主编《王国维全集》第14卷,第322—338页。
[2] 参见赵宇《再论〈征蒙记〉与〈行程录〉的真伪问题——王国维〈南宋人所传蒙古史料考〉补正》,刘迎胜主编《元史及民族与边疆研究集刊》第32辑,上海古籍出版社,2017年,第160—169页。
[3] 参见李寒箫《再论〈行程录〉的真伪问题》,《历史教学》2019年第6期,第61—72页,尤见第68页。
[4] 参见李寒箫《再论〈行程录〉的真伪问题》,第65—66页。

境下的"国家"。

由于《行程录》与《征蒙记》原书早已散佚,我们无法确定具体成书时间。清人李文田注《元朝秘史》时提及《征蒙记》成书于宋高宗绍兴年间(1131—1162),足备一说。[1]同时,李文田在注"合不勒"的时候言:"诸书叙述蒙古改元天兴,在熙宗皇统七年……即是合不勒无可疑者。"小注标明诸书叙述合不勒汗改元天兴,是引自前人书籍,惜未加以考证。[2] 清赵翼著《陔余丛考》卷25《历代正史编年各号》载元朝年号时标明:"元祖元皇帝(天兴)。"[3]清屠寄《蒙兀儿史记》卷1言:"合不勒可汗……并辖蒙兀全部,于时始有可汗之号。"小字注释云:"祖元皇帝乃太祖元明皇帝之说误。"[4]而贾敬颜则认为蒙古酋长称祖元皇帝,改元天兴一事为真,认为祖元皇帝是蒙古某一部落首领。[5]

综上,前辈学者多认为祖元皇帝是指合不勒汗。然关于祖元皇帝的来历及其与太祖元明皇帝之间的关系,以及改元天兴一事,并无专文考察。以下,不妨从早期蒙金关系的发展入手加以探讨。

## 二、12世纪前半期的蒙金关系

关于12世纪蒙古部的发展历史,王国维早已做过详细的分析考察。[6]他所依据的史料,是前面介绍的南宋人李心传编《要录》《杂

---

[1] 李文田《元朝秘史注》,王云五主编《丛书集成初编》,上海,商务印书馆,1936年,第37页。
[2] 李文田《元朝秘史注》,第36—37页。
[3] 赵翼《陔余丛考》,上海,商务印书馆,1957年,第509页。
[4] 屠寄《蒙兀儿史记》,北京,中国书店,1984年,第7页b。
[5] 参见贾敬颜《从金朝的北征、界壕、榷场和宴赐看蒙古的兴起》,南京大学历史系元史研究室编《元史及北方民族史研究集刊》第9辑,南京大学,1985年,第149—150页。
[6] 参见王国维《萌古考》,初刊《辽金时蒙古考》《学衡》第53辑,1926年,收入谢维扬、房鑫亮主编《王国维全集》第14卷,第284—300页;王国维《南宋人所传蒙古史料考》,《清华大学学报》,1927年,收入谢维扬、房鑫亮主编《王国维全集》第14卷,第322—338页。

记》和《旧闻证误》,刘时举《续宋中兴编年资治通鉴》,宇文懋昭《大金国志》,以及赵珙《蒙达备录》。其根本材料,均来自《行程录》与《征蒙记》。如前所述,王国维认为关于金熙宗朝蒙金战争的史料描述属于夸大其词。日人外山军治以金人王彦潜所撰《大金故尚书左丞相金源郡贞宪王完颜公神道碑》(以下简称完颜希尹神道碑)与《金史》相关记载为例,主张金熙宗朝蒙金之间的战争并非仅仅是蒙古部扰边的程度。[1]与外山军治持有类似看法的还有程妮娜。[2]前文已做介绍,关于《征蒙记》与《行程录》的真伪问题,虽然赵宇和李寒箫之间意见不同,但均不否认金熙宗朝时期蒙金战争的存在。兹征引相关史料,以为补充。

12世纪20年代辽朝的灭亡,为原本处于辽朝治下蒙古高原诸部落的发展提供了空间,蒙古部亦不例外。耶律大石西迁之前,曾北遁至漠北的可敦城,聚集十八部,"遂得精兵万余,置官吏,立排甲,具器仗"。[3]其所征集的十八部中,茶赤剌即属于尼伦蒙古的札答兰部,王纪剌即与蒙古部同出额儿古涅—昆的弘吉剌部。

耶律大石尚未及南下,女真人的兵锋已经深入漠北。《金史》卷121《粘割韩奴传》言:"(天会)八年(1130)遣耶律余睹、石家奴、拔离速追讨大石,征兵诸部,诸部不从,石家奴至兀纳水而还。"[4]《金史》卷120《石家奴传》云:"会契丹大石出奔,以余睹为元帅,石家奴为副,袭诸部族以还。"上文中,兀纳水即今鄂嫩河,[5]"诸部"中包括蒙古部。[6]"征兵诸部,诸部不从",故"袭诸部族以还"看来颇合情理。

---

[1] 外山軍治《金朝史研究》,京都大学,1964年,第426—436页。

[2] 程妮娜《金朝与北方游牧部落的羁縻关系》,《吉林大学社会科学学报》2016年第1期,第96页。

[3] 《辽史》卷30《天祚皇帝4》耶律大石条,北京,中华书局,2016年,第401—402页。

[4] 《金史》,北京,中华书局,1975年,第2637页。

[5] 参见宝音德力根《兀纳水考》,《内蒙古大学学报(哲学社会科学版)》1993年第2期,第34—36页。

[6] 元人编《辽史》《金史》,讳言蒙古先世曾为辽金王朝属部,多以"北部""诸部"代之。

《金史》卷3《太宗纪》天会二年(1124)十月条言："戊辰,西南、西北两路权都统斡鲁言：'辽祥稳挞不野来奔,言耶律大石自称为王,置南北官属,有战马万匹。辽主从者不过四千户,有步骑万余,欲趋天德,驻余都谷。'"[1]上文中所言耶律大石驻兵所在"余都谷"盖为突厥鲁尼文碑文记录的ötükän(于都斤,即今杭爱山脉)的别译。另,前引《金史·粘割韩奴传》言："(天会)三年(1125),都统完颜希尹言,闻夏人与耶律大石约曰：'大金既获辽主,诸军皆将归矣,宜合兵以取山西诸部。'"又言："(天会)七年(1129),泰州路都统婆卢火奏：'大石已得北部二营,恐后难制,且近群牧,宜列屯戍。'"从上引文不难看出,在漠北可敦城一带整顿的大石并非仅满足于保命,似有卷土重来之势。金朝对此反应并不过于敏感,只是加强探查,之后在天会八年(1130),金军出兵追讨大石。关于其结果,《金史·粘割韩奴传》引用参加追讨的耶律余睹报元帅府言："闻耶律大石在和州之域,恐与夏人合,当遣使索之。"和州,即高昌,今吐鲁番。虽然和州与耶律大石所奔中亚七河流域不合,但此文仍然反映出在金军抵达漠北可敦城一带时,耶律大石业已西迁。如此,则前引《金史》所言为征讨耶律大石而"征兵诸部,诸部不从"的真实性需要重新考虑。鉴于当时蒙古部所在兀纳水(鄂嫩河)一带远在可敦城之东北,可能的情况是——金军抵达可敦城一带之际发现大石已经西去,于是顺路抄袭了兀纳水一带的蒙古部。那种鼓吹"可敦城之役"的提法脱离史实,[2]不足为取。有鉴于此,"征兵诸部,诸部不从"不免是元人为蒙古部与女真金朝之间的初次接触,安插的一个冠冕堂皇的理由之嫌,唯"袭诸部族以还"的真实性不容置疑。原因在于金朝的乣军中包括蒙古乣,这些蒙古乣正是在战争或交易中被金朝虏获的蒙古人。[3]总之,在辽亡金兴之际,蒙古部已经与女真金朝有过接触,此点不必

---

[1]《金史》,第51页。
[2]参见宝音德力根《成吉思汗建国前的金与蒙古诸部》,《内蒙古社会科学》1990年第4期,第58页。
[3]赵筱《萌古乣小考》,《黑龙江史志》2017年第9期,第22—27页。

怀疑。

关于蒙古部与金朝之间的早期战争，确切进行记录的是完颜希尹神道碑。该碑清光绪年间出土于吉林省舒兰市小城乡，碑文主人公完颜希尹是金朝著名将领，从金太祖伐辽征宋，创女真字，官拜尚书左丞相，功绩显著。[1] 关于完颜希尹神道碑的成立年代，学者们虽然在具体时间上存在差异，但整体意见多认为是在大定末期完成的。[2] 完颜希尹死于金熙宗天眷三年(1140)，镌刻碑文时间距其死亡已逾多年。碑文在叙述完颜希尹追随金太祖灭辽，追击辽天祚帝，征讨宋朝并平定耶律余睹之叛后言：

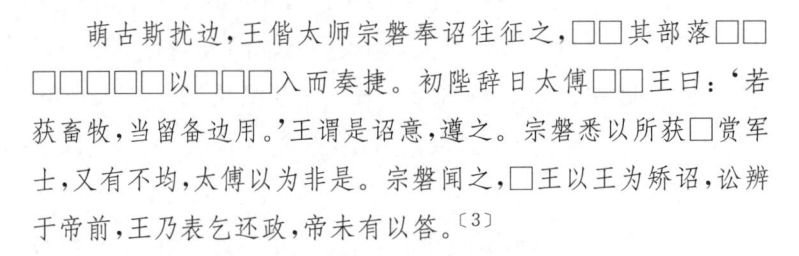

> 萌古斯扰边，王偕太师宗磐奉诏往征之，□□其部落□□□□□□以□□□入而奏捷。初陛辞日太傅□□王曰：'若获畜牧，当留备边用。'王谓是诏意，遵之。宗磐悉以所获□赏军士，又有不均，太傅以为非是。宗磐闻之，□王以王为矫诏，讼辨于帝前，王乃表乞还政，帝未有以答。[3]

上文中，"萌古斯扰边"的萌古斯即 Mongγol（蒙古）的女真语复数形式。《金史·太宗纪三》天会十年(1132)条言："九月，元帅右都监耶律余睹谋反，出奔。其党燕京统军使萧高六伏诛，蔚州节度使萧特谋葛自杀。"[4] 看来，上文"萌古斯扰边"时间当在天会十年(1132)之后。据此可知，完颜希尹在1132年后不久与太师宗磐奉诏征讨侵扰金朝边境的蒙古部。虽然因文字欠损，无法了解确切文义，但推断得出金军对蒙古部进行了还击，并获得了军事上的胜利。之后，完颜希

---

〔1〕 相关完颜希尹碑文的保存状况、拓本情况，参见秦明《金〈完颜希尹神道碑碑〉拓本考略》，《故宫博物院院刊》2007年第4期，第111—130页。

〔2〕 关于创建年代包括在内的研究史综述，参见穆鉴臣、穆鸿利《金完颜希尹神道碑研究述略》，《北方文物》2010年第2期，第81—85页，年代介绍见第83页。如，张博泉《金完颜希尹碑史事考辨》，《吉林大学社会科学学报》1987年第4期，第44页认为碑文建于大定二十二年(1182年)左右。

〔3〕 罗福颐《满洲金石志》卷3，《罗雪堂先生全集》续编，台北，大通书局，1964年，第434页a。

〔4〕 《金史》，第64页。

尹奉命把所收获的畜牧留作边用,但此举遭到宗磐诬陷,二者关系恶化。据碑文之后内容,可知宗磐此前竞争太子之位失败时,希尹援助闵宗(即金熙宗),故宗磐怀恨于希尹。接下来碑文言:

> 帝既即位,罢宗磐尚书令,以为□□,而相王任政。宗磐知谋出于王,憾焉,自是交恶深矣。会东京留守宗隽、左副元帅挞懒来朝,皆党附宗磐,同力以挤王。出为兴中尹,宗隽代为左丞相,令人告发王北征日多私匿马牛羊,奏遣使鞠之。无状,告者伏□。明年,召还,拜尚书左丞相,封许国公。[1]

上文"帝既即位"的帝,指的是金熙宗。据此可知"萌古斯扰边"具体时间应在天会十年(1132)之后,金太宗驾崩的天会十三年(1135)正月之前,大概在 1133—1134 年。李心传《要录》卷 96 宋绍兴五年(1135)条言:"是冬金主亶以蒙古叛,遣领三省事、宋国王宗磐提兵破之。"[2]即指此役。另据上引完颜希尹神道碑内容可知金熙宗即位后,宗磐被贬。后东京留守宗隽、左副元帅挞懒攀附宗磐,打压希尹,代为左丞相的宗隽"令人告发王北征日多私匿马牛羊"。就"扰边"而言,此次蒙金之间的战争,似乎是蒙古部的主动出击。若注意到金军缴获的畜牧中包括非战斗用品牛羊而言,蒙古部的扰边更可能是整个部落整体的南下。这反映出当时的蒙古部势力已经大有发展,甚至南下威胁金朝边境。完颜希尹神道碑特意介绍完颜希尹参与镇压蒙古部之战事的原委,当然不否定与碑文创建时期金朝朝廷内部的政治斗争有关。[3]若考虑到 12 世纪 80 年代蒙古部与金朝之间关系的恶化,亦有可能恰恰是因为蒙古部在此前天会年间对金朝进行了严重侵扰,才在完颜希尹神道碑上特意强调其征讨蒙古部并获得胜利。不过,自视为战胜者一方的金朝,不见得会如实描述蒙

---

[1] 罗福颐《满洲金石志》卷 3,第 434 页 b。
[2] 李心传《建炎以来系年要录》卷 96,第 1594 页。
[3] 如碑文介绍宗磐等逆反事发被诛,希尹进封陈王。另参见王久宇、孙田《完颜希尹神道碑碑文的史料价值》,《古籍整理研究学刊》2015 年第 4 期,第 41 页。

古部的入侵,故而轻描淡写。反言之,蒙古部的入侵不只是"扰边"程度,蒙古部与金朝之间更可能发生了较为激烈的冲突。

《要录》卷133绍兴九年(1139)条云:"女真万户呼沙呼北攻蒙古部,粮尽而还。蒙古追袭之,至上京之西北,大败其众于海岭。"[1]《大金国志》卷10《熙宗纪》天眷元年(1138)条记录同一事件,唯呼沙呼作"胡沙虎",蒙古部作"盲骨子"。[2]《要录》卷148绍兴十三年(1143)4月条引《行程录》云:"是月,蒙古复叛……初,鲁国王昌既诛,其子胜花都郎君者率其父故部曲以叛,与蒙古通。蒙古由是强取二十余团寨,金人不能制。"[3]《金史》卷120《乌林答晖传》云"天眷(1138—1140)初,充护卫,以捕宗磐、宗隽功授忠勇校尉,迁明威将军。从宗弼北征,迁广威将军。"[4]《金史》卷81《耶律怀义传》介绍其降金后从宗翰伐宋,天会十年(1132)"加尚书左仆射,改西北路招讨使",并言:"天眷(1138—1140)初,为太原尹,治有能声。改中京留守。从宗弼过乌纳水,还中京。"[5]《金史》卷72《鹘英传》介绍其南下参加伐宋战争,接下来言:"历行台吏部工部侍郎,从宗弼巡边,迁刑部尚书,转元帅左都监。"[6]这些史料中的"从宗弼北征""从宗弼过乌纳水""从宗弼巡边",均表明天眷(1138—1140)初金朝曾北征蒙古部,正好印证"呼沙呼北征"的可靠性。李寒箫在验证《行程录》并非如王国维所言伪书时,引用上述《要录》卷133与《大金国志》卷10"呼沙呼北征"史料,认为《大金国志》所言"大败其众于海岭"之意义"反倒转变为金军取胜了"。[7]这显然是把"大败其众于海岭"的"其"视作蒙古部使然,兹不取。总之,蒙古部在天眷(1138—1140)初期的蒙金战争中追袭金军并获得了胜利。

---

[1] 李心传《建炎以来系年要录》卷133,第2143页。
[2] 宇文懋昭《大金国志校证》卷10,崔文印校,北京,中华书局,1986年,第147页。
[3] 李心传《建炎以来系年要录》,第2388页。
[4] 脱脱《金史》,第2620页。
[5] 《金史》,第1826—1827页。
[6] 《金史》卷72,第1661—1662页。
[7] 李寒箫《再论〈行程录〉的真伪问题》,第64—65页。

又,《要录》卷155绍兴十六年(1146)条转引《行程录》言:"金都元帅宗弼之未卒也,自将中原所教神臂弓弩手八万人讨蒙古,因连年不能克。是月,遣领汴京行台尚书省事萧保寿奴与蒙古议和,割西平河以北二十七团寨与之,岁遗牛羊、米豆,且命册其酋敖罗孛极烈为蒙古国王,蒙人不肯。"[1]上引文中,"八万人"和"二十七团寨"似乎有些夸张,且"割西平河以北二十七团寨"与《要录》绍兴十三年(1143)四月条所引《行程录》的"蒙古由是强取二十余团寨"内容似有重复。《金史》卷94《内族襄传》云:"父阿鲁带,皇统(1141—1142)初北伐有功,拜参知政事。"[2]宋人洪皓著《松漠记闻》言:"盲骨子,其人长七八尺⋯⋯与金人隔一江,常渡江之南为寇,御之则反,无如之何。"[3]上引两条史料足以补证宗弼在1146年之前讨伐蒙古,但连年不克。总之,约1143—1146年之际,蒙古部在与金朝的战争中,曾自金朝获取部分团寨和牲畜粮食等作为补偿。

综上,自1130年至1146年期间,蒙古部与金朝之间至少发生4次大的冲突。第1次是追讨耶律大石的金军顺路袭掠蒙古部,时间约在1130年。第2次是完颜希尹神道碑记录的"萌古斯扰边",时间约在1133—1134年,战役结果是金军获胜。第3次是"呼沙呼北征",金军曾进抵鄂嫩河流域,但粮尽而还,反而在上京西北的海岭遭到蒙古部重创,时间约为1138年。第4次是宗弼将中原所教神臂弓弩手八万人讨蒙古之役,时间约在1138年至1146年之间。其中,在第4次战争之后,金朝册封蒙古部酋长敖罗孛极烈为蒙古国王,但蒙人不肯。正是在此种条件下,出现了第一节开头介绍的1147年"蒙酋鄂抡贝勒乃自称祖元皇帝,改元天兴"一事。相关这些战役的记录,主要见于宋金人所著《行程录》与完颜希尹神道碑等,基本不见于《金史》。这是因为元人编撰《金史》时,讳言蒙古人先世曾被金朝欺

---

[1] 李心传《建炎以来系年要录》,第2514页。
[2] 《金史》,第2085页。
[3] 洪皓《松漠纪闻》,日本早稻田大学图书馆藏照旷阁本,第18a页。

辱,甚至被册封使然。

波斯伊利汗国拉施特(Rašīd al-Dīn)编撰的《史集》(*Jāmi'al-Tavārīkh*)在研究蒙元史方面的重要地位,毋庸置疑。其中,记录蒙古、突厥诸部族起源和发展的《部族志》尤具史料价值。《史集·成吉思汗列祖纪》介绍相当于铁木真三世祖辈分的俺巴孩合罕,为金朝属部塔塔尔部所执送往金朝遇害,并详细叙述合丹太师、秃带和铁木真之父也速该把阿秃儿等拥戴忽图剌合罕登上汗位,向乞台进军复仇一事。[1] 此役大概发生于1145年以后,与《行程录》所记宗弼北征对应。[2]

在谈及曾经统一全体蒙古人的铁木真三世祖合不勒汗时,《史集·成吉思汗列祖纪》云:"在蒙古诸部中,合不勒汗的名声昭著,很受尊敬。是自己部落和属民(atbā)的君主和首领(pīšwā)。"接着谈阿勒坦汗(金朝皇帝)曾邀请合不勒汗来金都,是因为"在阿勒坛汗心目中[合不勒汗]是一个值得尊敬的伟人,所以他想同他接近,想在双方之间开辟出一条团结友好的大道……他命人从国库里取来许多金子、宝石和衣服赐给他(合不勒汗),极其尊敬和彬彬有礼地将他送了回去"。之后介绍在合不勒汗离开金朝后,金朝皇帝派遣使者到合不勒汗营地抓捕他,合不勒汗最终成功逃脱并指挥部众杀掉了金朝使者。[3] 虽然史料并未明确记载合不勒汗曾经接受金朝招降,但其前来金朝表明他至少名义上是接受了这个名分。因合不勒汗大致活动时间在金太宗、熙宗时期,上述《史集》记录的金朝皇帝与合不勒汗之间的和解令人联想起《行程录》记录的绍兴十六年(1146)条"遣领汴京行台尚书省事萧保寿奴与蒙古议和……且命册其酋敖罗孛极烈为蒙古国王,蒙人不肯"。由于合不勒汗杀死了金朝使者,蒙金之间再次结仇,之后合不勒汗长子斡勤-巴儿合黑亦死于金朝手中。金朝皇

---

〔1〕 参见拉施特(Rašīd al-Dīn)《史集》第1卷第2分册,余大钧、周建奇译,北京,商务印书馆,1983年,第25—28、54—55页。
〔2〕 相关考察,参见李寒箫《再论〈行程录〉的真伪问题》,第69—70页。
〔3〕 拉施特《史集》第1卷第2分册,第42—44页。

帝招降合不勒汗,盖因合不勒汗所统领的势力过于庞大,恐怕会影响到金朝的北部安全问题,被视为边患使然。

作为蒙元史研究的根本史源之一,《元朝秘史》所具有的重要史料价值,无须多言。[1] 然关于合不勒汗的事迹,《元朝秘史》仅言:"合木<sub>黑</sub>忙豁里 合不<sub>勒</sub>合罕篯颠阿巴。"旁译作"众达达百姓,合不勒皇帝管着来"[2],此外并无其他记录。按《史集》言合不勒汗曾前往金朝而言,不否定《元朝秘史》对合不勒汗时期蒙古与金朝之间的关系有所避讳的可能。尤其是依据《行程录》所言,1146年之前蒙古部酋长已经带有孛极烈这样的女真官职,似乎说明此前蒙古部曾接受女真册封。不过,势力逐渐强大起来的蒙古部显然对女真册封的蒙古国王称号不以为然,进而抛弃金朝封号,脱离与金朝之间的干系。在金人与宋人看来,此种决裂或许就相当于改元。

## 三、太祖元明皇帝与祖元皇帝之臆测

如前文介绍,太祖元明皇帝见于赵珙《蒙鞑备录》所引《征蒙记》,祖元皇帝见于《要录》《杂记》《续宋中兴编年资治通鉴》《大金国志》等,其根本史料为《行程录》。其中,前者《征蒙记》仅言:"蒙人尝改元天兴,自称太祖元明皇帝。"未给出改元的具体时间,后者《行程录》给出改元天兴是在1147年。对比"太祖元明皇帝"与"祖元皇帝",二者似乎并非同一人。

艾鹜德(Christopher P. Atwood)在关于成吉思汗家族六世系的研究中,列举了不同的世系延续,给出了合不勒汗之父屯必乃的不同写法。据其说,《史集》记录的成吉思汗七世祖系与八世祖系和《金册》均作 Tumbina Qan(屯必那汗),《蒙古秘史》作 Tumbinai Sechen

---

[1] 相关介绍,参见乌兰《〈元朝秘史〉版本流传考》,《民族研究》2012年第1期,第62—65页。

[2] 佚名著《元朝秘史(校勘本)》,乌兰校勘,第52节,第16页。

(屯必乃薛禅),《也可·脱卜赤颜》作 Dumbinai Qan(屯必乃汗),《十祖世系录》作 Tumbinai(屯必乃)。[1] 据嘎日迪研究,中古蒙古语的名词所有格词缀包括-i。[2] 按此推论,上文介绍的屯必乃汗的不同写法中,附带有-i 词缀的 Tumbinai / Dumbinai 均应视作 Tumbina 的所有格形式。否则,Tumbina 与 Tumbinai 之间语音和词义上的龃龉难以解决。即,屯必乃汗的名称实为 Tumbina,Dumbina 是其浊音化形式。分析 Tumbina 语音,不难看出词中的-mb-分属两个音节。即,Tumbina 可拆分为 Tum 和 bina。查蒙古语 tomu 有"大"之义。[3] 口语中,tomu 经常转为 tom 音,tom 转音为 tum 不无可能。在《蒙古秘史》的成书年代,汉语韵尾-m 音尚未完全消失,屯必乃的屯可以说是 tum 音的最为稳妥的译写。反观 bina,难以找到一个直接对应的蒙古语词汇。[4] 据亦邻真介绍,元代蒙古语中 borqai 为高祖之义。[5] tomu-borqai 语义上与汉语的太祖接近。不幸的是,borqai 第一音节的圆唇元音-o-明显与 binai 第一音节平口元音-i-不同,二者之间的勘同较为牵强。

据 11 世纪成书的麻赫穆德·喀什噶里(Maḥmūd el-Kāšġarī)著《突厥语大词典》(Dīvānü Luġāt-it-Türk),东方诸部族中很多部族都有自己的语言,但同时也能说突厥语,如达靼、拔悉密等。[6] 九姓达靼(或阻卜九部)是 10—12 世纪鄂尔浑河、土拉河和可敦城一带的部

---

[1] 参见艾鹜德《蒙古帝国成吉思汗先世的六世系》,罗玮译,刘迎胜主编《元史及民族与边疆史研究集刊》第 31 辑,上海古籍出版社,2016 年,第 251 页。

[2] 嘎日迪《中古蒙古语研究》,沈阳,辽宁民族出版社,2006 年,第 261 页。

[3] 内蒙古大学蒙古语文研究室编《蒙汉辞典》,呼和浩特,内蒙古人民出版社,1976 年,第 1059 页。

[4] 内蒙古大学蒙古语文研究室编《蒙汉辞典》,第 458 页。

[5] 参见亦邻真《成吉思汗与蒙古民族共同体的形成》,《内蒙古大学学报》1962 年第 1 期,收入氏著《亦邻真蒙古学文集》,齐木德道尔吉等编,呼和浩特,内蒙古人民出版社,2001 年,第 398 页脚注 1。

[6] Maḥmūd-al-Kāšÿārī, *Compendium of the Turkic Dialects*, 3vols., R. Dankoff and J. Kelly eds. and trs., Cambridge: Harvard University Printing Office, 1982-1985, vol. 1, p. 83;麻赫穆德·喀什噶里《突厥语大词典》,校仲彝译,北京,民族出版社,2001 年,第 33 页。

族集团。在突厥语族民族统治蒙古高原的时代,受其统领的古代蒙古语族达靼部落(如九姓达靼),曾受到古代突厥语族民族的文化影响。《元朝秘史》中出现大量的古代突厥语词汇,说明在 13 世纪以前蒙古语族部落曾借用部分突厥语词汇。[1]故,12—13 世纪的蒙古人名中,存在不少源自古突厥语的借词。笔者以为,上述屯必乃之名若以古突厥语借词来解释,则与"太祖元明皇帝"的元明之间存在极大的关联性。第一,古突厥语存在 tun 一词,其义为"第一个"。唐代汉籍记录的后突厥汗国权臣阿史德元珍即鲁尼文碑文的 tunyuquq(暾欲谷),其中的 tun 对应汉字"元"。[2]第二,唐代对应古突厥语词 bilgä(贤明)的汉字为"明"。tunbilgä 中,连读的情况下,受紧后面圆唇音 b 的影响,tun 的尾音-n 完全存在转音为-m 的可能性。而且,bilgä 中,-l 转音为-n-,[3]继而 bingä 的-ng-讹化作-n-,[4]或词中的-g-弱化甚至消失,[5]类似的现象在语音学上并非个案。

---

[1] 相关考述,主要参见 N. Poppe, "The Turkic Loan Words in Middle Mongolian," *Central Asiatic Journal*, vol. 1, no. 1, 1955, pp. 36-42. 另有 P. Aalto, "Prolegomena to an edition of the Pañcarakṣā," *Studia Orientalia*, vol. 19, no, 12, 1954, pp. 1-48;G. Clauson, *Studies in Turkic and Mongolic Linguistics*(*Royal Asiatic Society Books*, 1962), rep.:London and New York:Routledge Curzon, 2002, pp. 133-154;庄垣内正弘《モンゴル語仏典中のウイグル語仏教用語について》,崎山理・佐藤昭裕编《アジアの諸語と一般言語学》,东京,三省堂,1990 年,第 157—175 页;白玉冬《十至十一世纪漠北游牧政权的出现——叶尼塞碑铭记录的九姓达靼王国》,《民族研究》2013 年第 1 期,第 81—82 页。

[2] 关于阿史德元珍的元珍与突厥碑文的 tunyuquq(暾欲谷)之间的关系,俄罗斯学者克里亚施托尔内(С. Г. Кляшторный)进行了考证;此处转引護雅夫《エスゲクリャシュトルヌィの突厥史研究》,载氏著《古代トルコ民族史研究》第 1 卷,东京,山川出版社,1967 年,第 562—564 页。

[3] l 音与 n 音的互转较为常见。如,回鹘文契约文书中的地名纳职 napčik,即清代的拉布楚喀 lapčuq,13 世纪的马可·波罗亦把词头记作 lop。参见森安孝夫《ウイグル文書箚記(その二)》,《内陸アジア言語の研究》第 5 辑,1990 年,第 72—80 页。当代汉语四川方言中,n 音与 l 音极易相混,如河南与荷兰。

[4] 词中的-ng-讹化作-n-并不罕见。如在汉语河西方言和日语中,ng 音与 n 音区分不明显。

[5] 关于词中-g-的弱化或消失,可参考古突厥语 kärgäk(需要,必要)的变音 käräk。参见 G. Clauson, *An Etymological Dictionary of Pre-Thirteenth Century Turkish*, Oxford University, 1972, p. 742 kärgäk;J. Wilkens, *Handwörterbuch des Altuigurischen*, *Altuigurisch-Deutsch-Türkish*, Akademie der Wissenschaften zu Göttingen(Hrsg.), 2021, p. 358 k(ä)rgäk ~ kärgäk ~ kärg(ä)k, p. 357 käräk ~ k(ä)räk。

综上，笔者以为屯必乃之名实为 Tumbina，可能是古突厥语 tunbilgä 转入蒙古语中后的讹化音。由于 tun 与 bilgä 词义上正好对应汉语"元"与"明"，故在汉文史料中，屯必乃汗被记录作元明皇帝。汉语中的太祖属于庙号，这反映 1147 年蒙古部酋长自称祖元皇帝之际，第一任"元明皇帝"似乎已经离世。若此看法可行，这正与合不勒汗称汗时其父屯必乃业已离世相合。虽然从合不勒汗（Qabul Qan）的名称中尚未发现与祖元皇帝的祖元相通之处，但考虑到祖元皇帝建元年代 1147 年与合不勒汗在世年代相合，且合不勒（qabul）之名与汉籍记录的祖元皇帝名熬罗有部分可通之处，祖元皇帝视作合不勒汗较为稳妥。唯有一点，关于其名号祖元皇帝的祖元，不排除是《行程录》作者依据《征蒙记》进行了加工的可能。

## 四、改元天兴年号问题

如前文所引，《征蒙记》《行程录》皆言蒙古酋长改元天兴。站在中原的角度，改元就是采用新的纪年方式，"称帝建元"意味着改朝换代，意义重大。由于在其他文献记载中无法确认到上述改元，故多数学者对此表示怀疑。

据《史集》与《元朝秘史》记载，可以看出蒙古游牧民的生产、生活方式，以及统治体制与中原王朝有极大的不同。12 世纪的蒙古部是以单一部落或是部落联盟的状态存在，逐水草而居，以黑车白帐为家。部落之间，为争夺牧地、水源等私有财产，时常发生争端。这些部落被称为兀鲁思（ulus），每一个兀鲁思均拥有自己的区域、财产、奴隶等。部落之间会有联合，组成一个较大的部落联盟，同时不断兼并周边小部落。苏联弗拉基米尔佐夫（Б. Я. Владимирцов）著《蒙古社会制度史》以《史集》内容为主，详细分析了蒙古封建制的进程。其中在描述 11—12 世纪的蒙古高原时，作者列举了大量氏族残余现象，即属于父权制的血缘亲族集团的存在。而且作者认为这一时期不会遇到那种在其他时代和其他民族里从来没有发生过的、全然不重复的东西,蒙古氏族通常都是结成各种各样的集团,称为亦儿坚(irgen)或兀鲁思(ulus),但是极不稳定。[1] 部落之间形成的联盟,会选取其中势力最大的、最有才能的人作为首领,称为把阿秃儿(勇士)、薛禅(贤者)、蔑儿干(善射的弓箭手)、必勒格(智者)等。还有从汉人那里借来的称谓,如太师、太子、公主等,[2] 以及来自突厥语的的斤、不亦鲁等。弗拉基米尔佐夫将这些转变,称之为草原氏族贵族制形成的特征。[3] 12世纪的蒙古各部落与金朝文化和汉文化接触很少,所受影响并不显著。

关于合不勒汗曾经统一蒙古部各部落,《元朝秘史》和《史集》观点一致。其中,《元朝秘史》中"合罕"称号的最早出现,就是于合不勒名之后,即合木黑忙豁里(众蒙古部族)的合不勒合罕。汗(qan)或者合罕(qaɣan)是蒙古早期政治体制发展的重要标志,相当于汉人社会的部族长、领主、国王或皇帝,但应根据具体历史背景灵活掌握。罗依果(Igor De Rachewiltz)对12—14世纪蒙古高原上出现的"汗"(罕)与"合罕"两个称号进行了详细的考察。他以1229年窝阔台即位为汗为分界点,主张1229年之前的"汗"对内主要用于草原部落以及百姓推选出来的首领,或者部落联盟的首领。[4] 其中,就包括合不勒汗。依据当时的蒙古高原游牧集团特点,合不勒汗所建立的是立足于游牧社会之上的游牧部族联盟体制,与中原王朝的中央集权的政治体制并不相同。合不勒汗被赋予的"汗"的称号,在缺乏对游牧社会了解的汉人的记录当中被记作"皇帝",此无可厚非。总之,"汗"与"皇帝"虽然均包含统治者之义,但所依据的社会背景不同,本

---

[1] 弗拉基米尔佐夫《蒙古社会制度史》,刘荣焌译,北京,中国社会科学出版社,1980年,第94—95页。

[2] 方龄贵《蒙古语中汉语借词释例》,《云南师范大学学报》第36卷第3期,2004年,第110—118页。

[3] 弗拉基米尔佐夫《蒙古社会制度史》,第119页。

[4] 罗依果(Igor De Rachewiltz)《"汗"、"合罕"与贵由之玺》,王湘云译,内蒙古自治区社会科学院编《蒙古学资料与情报》1985年第Z1期,第92—98页。

质不同,二者之间无法完全画上等号。

如前所述,年代早于《行程录》的《征蒙记》所记太祖元明皇帝可以视作屯必乃汗。以此类推,则改元天兴的人物亦可视作屯必乃汗。汉文史料的改元存在两种可能,第一是皇帝在位期间改换年号,第二是新皇帝即位时颁布新年号。此处讨论的蒙古部太祖元明皇帝之改元,显然属于后者。由于金太宗的年号天会与天兴接近,不排除《行程录》与《征蒙记》的作者刻意模仿或记载紊乱的可能。

值得一提的是,众所周知,元代大汗的圣旨往往以套语 möngke tngri-yin kücün-dür, yeke suu ǰali-yin ibegen-dür, qaγan ǰarliγ manu 起始,对应的汉文通常是"长生天气力里,大福荫护助里,皇帝圣旨"。[1] 考虑到蒙古人的上天崇拜,不否定他们曾经使用过如上文元朝圣旨套语那样的表达的可能。möngke tngri-yin kücün-dür, yeke suu ǰali-yin ibegen-dür,字面意思上与天兴有共通之处,天兴可以视作其简略译法。以此推论,按蒙古部曾经为辽朝属部而言,屯必乃汗大概在辽亡后不久"改元"称汗,"改元"或是脱离辽王朝统治的宣言。而1147年合不勒汗的"改元",应是此前曾受金朝册封的合不勒汗脱离金朝的宣言。汉文史料记录的改元"天兴",实质上是他们在蒙古部内部的称汗,代表的是游牧部族社会贵族制发展的一个高级阶段,并未从根本上对蒙古部社会的变化产生过决定性的影响,绝不可以汉语语境下的"改元"来理解。

## 小　结

从12世纪早中期有关祖元皇帝与太祖元明皇帝和蒙金战争的记载,我们能够发现蒙古部早期的发展是与金朝初期发展同步。屯必乃汗与合不勒汗的统治推动了蒙古部落的发展,对金朝产生了威

---

[1] 实例参见中村淳、松川節《新発現の蒙漢合璧少林寺聖旨碑》,《内陸アジア言語の研究》第8辑,1993年,第16、41、46、48、52页。

胁，并与其多次发生过战役。太祖元明皇帝的"元明"可以视作屯必乃汗之名，是古代突厥语 tun（元）bilgä（明）转入蒙古语中后的讹化音。祖元皇帝视作合不勒汗较为稳妥，其名称"祖元"不排除是《行程录》作者依据此前的太祖元明皇帝进行了加工的可能。汉文史料记录的改元"天兴"，实质上是他们在蒙古部内部的称汗，或可以视作脱离辽朝和金朝统治的一种表达方式。称汗"改元"，代表的是游牧部族社会贵族制发展的一个高级阶段，不可以汉语语境下的"改元"来理解。天兴可以视作后来的蒙元皇帝圣旨套语 möngke tngri-yin kücün-dür，yeke suu jali-yin ibegen-dür（长生天气力里，大福荫护助里）的简略译法。13 世纪初成吉思汗创建的"大蒙古国"（Yeke Mongɤol Ulus），其内部包含有众多蒙古部以外的其他草原部落，是不同部族种群的集合体。盖为区别于 12 世纪前中期的"蒙古国"Mongɤol Ulus，故而名之为"大蒙古国"。

（原文与赵筱合著，载刘迎胜主编《元史及民族与边疆研究集刊》第 42 辑，2022 年，第 12—23 页，收入本书时进行了修订）

# 第十一章　12—13世纪的粟特—回鹘商人与草原游牧民

天时地利与人和,造就了13世纪"大蒙古国"(Yeke MongγolUlus)的诞生。契丹辽王朝的灭亡,为包括蒙古部在内的北方草原诸部族的发展提供了自由的空间。蒙古部所在三河源头,远离金朝边境,西与占据蒙古高原核心地域鄂尔浑河—杭爱山地区的克烈王国接壤。[1]此种地利,不仅使蒙古部很难屈服于女真金朝的"灭丁"与"羁縻统治",危难时刻还促使其与西邻克烈王国结为同盟而获其庇护。此外,成吉思汗的个人魅力,如对内部的安抚与震慑,对外部的笼络与利诱等,促使其周边形成了一个与其同生共死的团队。早期的这些团队人物,大部分出自草原部族,部分出自色目人,构成日后成吉思汗个人近卫军团,即怯薛军的核心。《蒙古秘史》有不少脍炙人口的故事,正用于讲述这些高大上形象的豪杰勇士如何甘为铁木真成吉思汗效力。关于这些人物,如"四杰""四骏""四獒"的研究众多。相对而言,关于商人在早期成吉思汗政权中的活动,学术界关注度略显不足。值得一提的是,关于中古时期粟特商人在欧亚大陆东部华夏大地和大漠南北的活动情况,学术

---

[1] 关于当时克烈部的社会发展程度已经达到游牧王国阶段,参见陈得芝《十三世纪以前的克烈王国》,《元史论丛》第3期,1986年,收入氏著《蒙元史研究丛稿》,北京,人民出版社,2005年,第201—232页;白玉冬《十至十一世纪漠北游牧政权的出现——叶尼塞碑铭记录的九姓达靼王国》,《民族研究》2013年第1期,收入氏著《九姓达靼游牧王国史研究(8—11世纪)》,《第六批"中国社会科学博士后文库"》,北京,中国社会科学出版社,2017年,第75—95页。

界早已关注多年,且成果丰硕,兹不一一赘述。此处,笔者就 12—13 世纪时期他们的后裔粟特—回鹘商人与漠南漠北草原游牧民之间的互动略作补述。

关于 12—13 世纪粟特—回鹘商人在东方的活动,杨志玖曾补叙回回人札八儿火者的事迹,并就回回人的东来进行了概述。[1] 虽然史料未言札八儿火者之职业,但出身大食的他孤身来到遥远的东方草原活动,恐怕丝路贸易行商之身份最适合于他。此外,土耳其学者涂逸珊(I. Togan)在《草原结构的融通性与局限性:克烈汗国与成吉思汗》中,充分注意到了丝路贸易与漠北草原游牧民之间的关系,魅力十足,惜有夸大穆斯林商人历史作用之嫌。[2] 笔者近来审读相关史料,发现在关于 12—13 世纪粟特—回鹘商人与草原游牧民之间的互动问题上尚可继续挖掘。

## 一、粟特—回鹘商人与草原游牧民的联系

中古早期,活跃在丝绸之路贸易网络上的商人,在欧亚大陆东部主要以出身中亚粟特地区的粟特商人为主,兼包括一小部分印度商人和犹太商人等。伴随着伊斯兰势力的东扩,8—9 世纪粟特地区逐步转变为大食穆斯林王朝的殖民领地。此种历史发展,为粟特商人带来了两种不同的命运。继续留守在粟特本土的,逐渐融入日后的穆斯林商人之中。而逃离粟特本土的,大部分向东方的唐帝国境内发展。他们在新疆地区与稍后成立的高昌回鹘王国结合在一起,以回鹘商人的身份延续着粟特商人的 DNA,笔者姑且称之为狭义的粟

---

[1] 杨志玖《补元史札八儿火者传》,《回族研究》1991 年第 3 期,第 22—25 页;杨志玖《回回人的东来和分布(上)》《回族研究》1993 年第 1 期,收入氏著《元代回族史稿》,北京,中华书局,2015 年,第 77—95 页。

[2] I. Togan, *Flexibility and Limitation in Steppe Formations*, *The Keriat Khanate and Chinggis Khan* (*The Ottoman Empire and its Heritage*, vol. 15), Leiden, New York, Köln: Brill, 1998, pp. 21-22, 25-26, 33-37, 47-59.

特—回鹘商人。[1]粟特移民和商人此前即已经与中国王朝和蒙古高原的柔然、突厥、回鹘等游牧政权保持着密切关系。譬如,隋唐帝国设置萨宝府安置这些粟特移民,突厥汗国与回鹘汗国内部存在胡部,即粟特人集团。这些粟特移民,部分信仰祆教(即拜火教),或聂斯托利派基督教(即景教),或摩尼教,极少部分信仰佛教。西姆斯·威廉姆斯(N. Sims-Williams)在对敦煌吐鲁番出土相关基督教文献进行考察后指出,当时可能存在使用粟特语与突厥(即回鹘)语双语的基督教(景教)教团,当时的粟特人基督教徒正处于突厥化(即回鹘化)之中。[2]由于摩尼教教义并不提倡商业行为,活跃在丝路贸易上的粟特商人大部分为祆教与景教信仰者,以及一小部分佛教信仰者,摩尼教徒的数量极少。

关于8—9世纪以降粟特—回鹘商人于丝路贸易中留下的痕迹,敦煌出土粟特语与回鹘语文书给我们带来鲜活的第一手资料。笔者在对景教徒粟特商人在欧亚大陆东部的发展进行讨论时,曾进行过介绍。[3]现引用部分史料,以为补述。《宋会要辑稿》载太平兴国元年(976)五月,西州龟兹遣使易难,与婆罗门、波斯外道来贺。[4]宋

---

[1] 相关研究众多,主要参见森安孝夫《シルクロードのウイグル商人——ソグド商人とオルトク商人の間——》,《岩波講座世界歴史》第11卷《中央ユーラシアの統合》,东京,岩波书店,1997年,收入氏著《東西ウイグルと中央ユーラシア》,名古屋大学出版会,2015年,第420—431页;荣新江《中古中国与粟特文明》,北京,三联书店,2014年;É. de la Vaissière, *Sogdian Traders*, D. Sinor and N. Cosmo eds., *Handbook of Oriental Studies Handbuch der Orientalistik*, Section 8, Central Asia, vo. 10, J. Ward tr., BRILL: Leiden · Boston, 2005;杨蕤《回鹘时代》,北京,中国社会科学出版社,2015年;白玉冬《丝路景教与汪古源流——从呼和浩特白塔回鹘文题记TextQ谈起》,《中山大学学报(哲学社会科学版)》2018年第2期,收入氏著《九姓达靼游牧王国史研究(8—11世纪)》,第228—245页。

[2] 西姆斯·威廉姆斯《从敦煌吐鲁番出土写本看操粟特语和突厥语的基督教徒》,陈怀宇译,《敦煌学辑刊》1997年第2期,第138—142页。

[3] 白玉冬《丝路景教与汪古源流——从呼和浩特白塔回鹘文题记TextQ谈起》,第240—245页。

[4] 《宋会要辑稿》蕃夷4《龟兹》,北京,中华书局,1957年,第7720页;郭声波点校《宋会要辑稿·蕃夷 道释》,成都,四川大学出版社,2010年,第131页。部分学者认为龟兹回鹘有别于西州回鹘。如钱伯权《龟兹回鹘国始末》,《新疆社会科学》1987年第2期,第100—110页。然引文之前,《宋会要辑稿》言"或称西州回鹘,或称西州龟兹,又称龟兹回鹘,其实一也",这是时人的理解。关于龟兹回鹘隶属西州回鹘的考证,主要参见田卫疆《北宋时期西州回鹘相关史实考述》,《西域研究》2003年第1期,第8—15页。

太平兴国九年(984)五月,"西州回鹘与波斯外道来贡"。[1] 上文的"波斯外道",实为隶属西州回鹘的景教徒。[2] 出使敦煌的西州回鹘使臣书写的发愿文 P.2988+P.2909 号回鹘语文书中,与带有都督、柱国、将军、啜等官职名称的人物并列,出现 Yoxnan 特勤、Yoxnan Maxu 啜、Yoxnan Bilgä、Yoxnan Manyaq 啜等人名。[3] 这里的 Yoxnan 即约翰,来自叙利亚语 Yoḥanān,是景教徒常用姓名。[4] 哈密屯(J. Hamilton)著《敦煌出土九至十世纪回鹘语文书》收入相关丝路贸易的回鹘语书信、账单等 36 篇,[5] 哈密屯与辛姆斯·威廉姆斯(N. Sims-Williams)的合著《敦煌出土九至十世纪突厥粟特语文书》收入包括两篇基督教徒手稿(P.28 文书与 P.3134 背面文书)在内的粟特文书信等 8 篇。[6] 其中,前者所收第 20 号文书,即伯希和藏第 15 号回鹘文书,记录粟特—回鹘商人希力克(Silig)兄弟、葛啜(Qar Čor)、瓦兹(Vazïr)曾到达漠北九姓达靼居地范围内的于都斤(Ötkän,即 Ötükän)地方。[7] 哈密顿编号 23 的回鹘语文书则言

---

[1]《宋史》卷 4《太宗纪 4》,北京,中华书局,1985 年,第 72 页。

[2] 陈怀宇《高昌回鹘景教研究》,《敦煌吐鲁番研究》第 4 卷,1999 年,收入氏著《景风梵声——中古宗教之诸相》,北京,宗教文化出版社,2012 年,第 89 页;王媛媛《五代宋初西州回鹘"波斯外道"辨释》,《中国史研究》2014 年第 2 期,第 75—86 页。

[3] J. Hamilton, *Manuscrits ouïgours du IXe-Xe siècle de Touen-houang: Textes établis*, traduits, et commentés, Paris: Peeters france, 1986, pp. 109-110.

[4] O. F. Sertkaya, „Zu den Name türkischer Christen in verlorengegangenen altuigurischen Urkunden", in T. Pang, Simone-Christiane Raschmann and G. Winkelhane eds., *Unknown Treasures of the Altaic World in Libraries, Archives and Museums: 53rd annual meeting of the Permanent International Altaistic Conference, institute of Oriental Manuscripts*, Berlin: Klaus Schwarz, 2013, pp. 385, 392-392; P. Zieme, *Altuigurische Texte der Kirche des Ostensaus Zentralasien: Old Uigur Texts of the Church of the East from Central Asia*, Gorgias Eastern Christian Studies, vol. 41, Piscataway: Gorgias Press, 2015, p. 187.

[5] J. Hamilton, *Manuscrits ouïgours du IXe-Xe siècle de Touen-houang: Textes établis*, traduits, et commentés, Paris: Peeters france, 1986.

[6] N. Sims-Williams and J. Hamilton, *Documents Turco-Sogdiens du Ixe-Xe Siècle de Touen-Houang (Corpus Inscriptionum Iranicarum*, Pt. 2, *Inscriptions of the Seleucid and Parthian Period and of Eastern Iran and Central Asia*, vol. 3: Sogdain, 3), London: School of Oriental and African Studies, 1990.

[7] 相关释读参见 J. Hamilton, *Manuscrits ouïgours du IXe-Xe siècle de Touen-houang: Textes établis*, traduits, et commentés, pp. 109-110.

baban čor elitmiš tavar üčün baban čor qïtay qa barïr ärmiš(巴班啜由于带来的财物，巴班啜去了契丹)。后者所收 P. 28 粟特语文书作者是景教徒粟特—回鹘商人，他在介绍自己身负债务的原委后言："雄骆驼在达靼（达靼国）跑掉了。"[1]笔者以为，此处所言粟特—回鹘商人去过的达靼视作漠北的达靼部落于理不悖。[2]另，P. 3134 背面粟特语文书是景教徒粟特—回鹘商人的毛织品账本，其第 22 行以回鹘文回鹘语记做 tatar dïn kälmiš amɣada säkiz qars alt[ïm]（从来自达靼的押牙处，[我]获得了 8 枚褐子）。[3] 张广达指出唐末至宋初西北地区的班次贸易，其重要的从事者一般为官员或使节。[4]极可能，上述达靼押牙是代表达靼国从事公务贸易的使节。重要的是，我们在这里能够确认到，景教徒粟特—回鹘商人确实在与当时的草原游牧民之代表达靼人进行着交易。

综上，笔者介绍的只是敦煌出土粟特文与回鹘文贸易相关文书的一小部分，但这并不妨碍我们了解这一史实：10 世纪时期，粟特—回鹘商人与漠北的达靼部落及其近邻契丹保持着贸易关系。无独有偶，《辽史》记录了不带有所属地的单独的回鹘频繁入贡。这些回鹘，应视作从事官私朝贡贸易的丝路贸易回鹘商人，[5]即笔者所言粟特—回鹘商人。尤其是，《辽史》卷 22《道宗纪二》咸雍六年（1070）条言："十一月乙卯，禁鬻生熟铁于回鹘、阻卜等界。"[6]按当时甘州回

---

〔1〕 N. Sims-Williams and J. Hamilton, *Documents Turco-Sogdiens du Ixe-Xe Siècle de Touen-Houang*, p. 41.

〔2〕 白玉冬《十世紀における九姓タタルとシルクロード貿易》，《史学雑誌》第 120 编第 10 号，2011 年，第 22—24 页；白玉冬《九姓达靼游牧王国史研究（8—11 世纪）》，第 154—155 页。

〔3〕 N. Sims-Williams and J. Hamilton, *Documents Turco-Sogdiens du Ixe - Xe Siècle de Touen-Houang*, pp. 23 - 25.

〔4〕 张广达《唐末五代宋初西北地区的班次和使次》，载《季羡林教授八十华诞纪念论文集》下，南昌，江西人民出版社，收入氏著收入张广达著《西域史地丛稿初编》，上海古籍出版社，1995 年，第 335—346 页。

〔5〕 代田贵文《カラハン朝の東方発展》，《中央大学大学院研究年報》第 5 辑，1976 年，第 257 页，第 268—269 页尾注 6。

〔6〕 北京，中华书局，2016 年，第 306 页。

鹘已亡,此处回鹘只能是西州回鹘。然西州回鹘与辽朝之间当时存在已经成为辽朝属部的阻卜—达靼部落,且西州回鹘与辽朝之间关系良好,并无冲突。上文应该理解做辽朝统治者担心当时正反抗其统治的阻卜—达靼部落从契丹或回鹘获得生熟铁,故禁止卖铁给回鹘和阻卜地界。禁止卖铁给回鹘,实际上就是禁止卖铁给粟特—回鹘商人。从这一点能够看出,粟特—回鹘商人在11世纪,仍然与阻卜—达靼部落保持着贸易关系。巴尔希伯来著《教会编年史》(*Gregorii Barhebraei Chronicon Ecclesiasticum*),记录漠北的克烈国王在11世纪初带领部众改信景教。[1] 笔者的看法是——对克烈部改信基督教而言,如上述粟特文 P. 28 文书与 P. 3134 背面文书所反映,西州回鹘出身的景教徒粟特—回鹘商人所起的作用更大。笔者同时以为,汪古部五大代表性集团的源流,均与东来的景教徒粟特—回鹘商人有着密切关系。[2]

谈起粟特—回鹘商人,"回回"商人是个绕不过去的话题。"回回"一词,始见于北宋沈括著《梦溪笔谈》。杨志玖认为"回回"一词从唐宋时期的回纥与回鹘(uyγur)音转而来,元代回鹘已改称畏兀儿或畏吾儿等,"回回"则主要用以称信奉伊斯兰教的中亚、西亚诸民族,有时又泛指西域人或色目人。[3] 刘迎胜补述元明时期的"回回"大体可以说是西域的近义词。[4] 类似的观点还有《辞海》"回回"条等。[5] 日本学者森安孝夫划分得具体一些,他把辽代已降、元世祖

---

[1] 有关改宗,主要参见 D. M. Dunlop, "The Karaits of Eastern Asia," *Bulletin of the School of Oriental and African Studies*, vol. 11, no. 2, 1944, pp. 277–278;罗香林《唐元二代之景教》,香港,中国学社,1966年,第156—157页。

[2] 白玉冬《丝路景教与汪古源流——从呼和浩特白塔回鹘文题记 TextQ 谈起》,第234—240页。

[3] 主要参见杨志玖《回回一词的起源和演变》,《回族研究》1992年第4期,收入氏著《元代回族史稿》,第57—67页。

[4] 刘迎胜《有关元代回回人语言问题》,李治安主编《元史论丛》第10辑,修订稿收入氏著《华言与蕃音——中古时代后期东西交流的语言桥梁》,上海古籍出版社,2013年,第201页。

[5] 《辞海》"回回"条,上海辞书出版社,1979年;另见马明忠《元代"撒尔特兀勒"与"回回"关系考》,《回族研究》2000年第4期,第29—30页。

忽必烈朝之前的中间时段的回回归为五类："(1)高昌回鹘国人或其后裔畏吾人(多为佛教徒,还包括部分基督教徒,偶见伊斯兰教徒);(2)中亚的突厥语族人(与宗教无关);(3)中亚人(与民族无关,仅限于地理上的界定);(4)色目人;(5)伊斯兰教徒;主张应根据文意酌情区别对待。"[1]

13世纪30年代初到访蒙古的宋使彭大雅,在其《黑鞑事略》中介绍蒙古人的文字曰:"其事书之以木杖,如惊蛇屈蚓,如天书附篆,如曲谱五凡工尺,回回字殆兄弟也。"文后徐霆疏言:"行于回回者,则用回回字,镇海主之。回回字只有二十一个字母,其余只就偏旁上凑成。"并介绍燕京市学多教回回字,汉文公文书由镇海书写回回文字以为验。[2] 上述回回字,就只有二十一个字母而言,并非指波斯文,而是指回鹘文。[3] 稍早,同为宋使的赵珙在嘉定十四年(1221)奉使燕京,面见蒙古元帅木华黎。他在其《蒙鞑备录》中直言:"迄今文书中自用于他国者,皆用回鹘字,如中国笛谱字也。"[4] 不难看出,《黑鞑事略》所言回回字正是回鹘字。即,在13世纪前期的宋人看来,回回与回鹘相通。故,笔者对上述学者们,尤其对森安孝夫关于回回的归类大体表示赞同,唯以为相关穆斯林商人、回回商人与蒙元时期斡脱商人(ortaq/ortoq)之间的关系需要做一补充。

欧洲教士鲁布鲁克(William of Rubruck)在1253—1255年间访问蒙哥汗治下的蒙古,他在记录蒙古境内的基督教徒等时言:"在一直到契丹的广大地区里,有聂斯脱里派基督教徒和萨拉森人(萨拉森

---

[1] 森安孝夫《ウイグル文字新考——回回名称問題解決への一礎石》,《東方学会創立五十周年記念:東方学論集》,东京,东方学会,1997年,第1231页。

[2] 彭大雅撰,徐霆疏,王国维校《〈黑鞑事略〉笺证》,《蒙古史料校注四种》,清华学校研究院,1926年,收入谢维扬、房鑫亮主编《王国维全集》第11卷,杭州,浙江教育出版社,2009年,第374—375页。

[3] 杨志玖《回回一词的起源和演变》,收入氏著《元代回族史稿》,北京,中华书局,2015年,第62—63页;森安孝夫《ウイグル文字新考——回回名称問題解決への一礎石》,第1232—1237页;刘迎胜《有关元代回回人语言问题》,第204—205页。

[4] 赵珙撰,王国维校《〈蒙鞑备录〉笺证》,《蒙古史料校注四种》,清华学校研究院,1926年,收入谢维扬、房鑫亮主编《王国维全集》第11卷,第339页。

人即伊斯兰教徒——笔者按)居住在这些民族中间,像外国人一样。……在那里的聂斯脱里派教徒什么也不懂……这种情况说明了这样的事实:他们彻底地腐化了。首先,他们是高利贷者和醉汉。"[1]此处高利贷者即指与蒙元朝廷有着千丝万缕关系的斡脱商人。从中不难看出,13世纪前期,除广为人知的穆斯林商人外,基督教徒也与蒙古社会上层保持有商业上的合作关系,充当斡脱商人。森安孝夫在讨论丝绸之路上的回鹘商人时,就10世纪和蒙元时期的回鹘商人贸易网络进行了介绍,提出元代斡脱商人的源流在于回鹘商人,并非穆斯林商人。[2]此言甚是。笔者以为上述景教徒高利贷者,即此前粟特—回鹘商人在蒙古时期的延续。

另,《蒙古秘史》中,撒<sub>舌</sub>儿塔兀仑(sartaγulun)旁译作"回回的",总译作"回回"。[3]其中,sartaγulun的-un是表示所有的词缀。撒<sub>舌</sub>儿塔<sub>黑</sub>台(sartaγtay)旁译作"种"(即部族名),总译作"回回"。[4]撒<sub>舌</sub>儿塔兀仑或撒<sub>舌</sub>儿塔<sub>黑</sub>台的基本词义出自梵语sart(商队),是经由粟特语传入回鹘语,再由回鹘语传入蒙古语中的。明人编《蒙古秘史》的当时,"回回"已经代指穆斯林。不过,13世纪初期,"回回"并不等同于穆斯林。故,笔者以为,虽然蒙古勃兴时期已经出现用于地理名称和民族名称的sart,但撒儿塔兀勒或撒儿塔<sub>黑</sub>台并非完全等同于"回回",它们只是"回回"的一部分。

辽末金初人洪皓在《松漠纪闻》中介绍回鹘自唐末至宋朝衰微,居甘、凉、瓜、沙四郡外者自为国,且言:"其人卷发深目,眉修而浓,自眼睫而下多虬髯。"[5]显然,此类回鹘并非纯粹的蒙古人种之回

---

[1] 道森《出使蒙古记》,吕浦译,周良霄注,北京,中国社会科学出版社,1983年,第162—163页。
[2] 森安孝夫《シルクロードのウイグル商人——ソグド商人とオルトク商人の間——》,第420—431页。
[3] 佚名著《元朝秘史(校勘本)》卷5第152节,乌兰校勘,北京,中华书局,2012年,第160页上段。
[4] 佚名著《元朝秘史(校勘本)》卷6第182节,乌兰校勘,第206页下段。
[5] 洪皓《松漠纪闻》,日本早稻田大学图书馆藏照旷阁本,第5a页。

鹘，而是带有高加索人种特征的回鹘。森安孝夫以为这正是粟特商人融入西州回鹘的明证。[1]即笔者所言粟特—回鹘商人。洪皓接下来介绍粟特—回鹘商人的交易商品中包括珠玉、丝锦、硇砂、乳香等，他们如何通过西夏境内贩运到内地，之后言："奉释氏最甚，共为一堂，塑佛像其中，每斋必刲羊，或酒酺以指染血涂佛口，或捧其足而鸣之，谓为亲敬。"[2]可见，12—13世纪，活跃在内地与漠北的粟特—回鹘商人中，除鲁布鲁克记录的景教徒外，还包括佛教徒。洪皓另云："其在燕者皆久居业成，能以金相瑟瑟为首饰……又善捻金线别作一等，背织花树，用粉缴，经岁则不佳，唯以打换达靼。"[3]以此看来，12世纪前期粟特—回鹘商人仍然在与草原游牧民达靼进行着交易，这与前面介绍的敦煌出土文献殊途同归。

## 二、粟特—回鹘商人与汪古部

元人姚燧(1238—1313)撰《牧庵集》卷13《皇元高昌忠惠王神道碑铭并序》是相关克烈部历史的重要史料，翁根其其格从家族史的角度进行了专题研究，并逐文给出了笺证。[4]笔者以为在讨论粟特—回鹘商人与汪古部之间的关系时，该碑铭有着巨大的参考价值。该碑铭底本有四部丛刊本《皇元高昌忠惠王神道碑铭并序》和四库全书本《高昌忠惠王神道碑》，另有广雅书局光绪年间重刊版本，《业书集成》中的标点本以及《全元文》四库本辑录文等。[5]由于清四库馆臣的妄改，碑铭的专有名词出现了较大变动，但整体文脉文义未受影

---

[1] 森安孝夫《シルクロードのウイグル商人——ソグド商人とオルトク商人の間——》，第424—425页。
[2] 洪皓《松漠纪闻》，第5a—5b页。
[3] 洪皓《松漠纪闻》，第6a页。
[4] 翁根其其格《蒙元时期克烈部也先不花家族史事研究》，硕士学位论文，内蒙古大学，2015年，第12—45页。
[5] 相关介绍，另见翁根其其格《蒙元时期克烈部也先不花家族史事研究》，第9—10页。

响。碑主人名叫答失蛮,曾受封高昌王,碑文由其子阿剌不花所立。碑铭首先讲述立碑原委,之后介绍碑主先世云:

> 王曾祖考伊埒库们实,奇尔氏,初以百夫长事王汗。可汗之为大号,自唐以然,今惟曰汗,王今所加,故兼称之。曾祖妣夫人脱伦怯昵生图卜巴哈、齐哩克、萨理斡罕、合腊斡罕四人。太祖方以神武戡定朔漠,王汗与之有间,图卜巴哈率其属二百户来归,径雍古,为其王所止,居之蒙古鲁地。遣其子约苏穆尔伪为商,至帝所控其然。帝遣托抢萨理、必塔台二人,使永古特王阿勒呼木实克齐呼尔所,召其弟与二百户者偕来。帝问图卜巴哈在王汗所何官?曰:"为质也。"俾仍为质,宴享则赐班,坐大臣位。帝征西域,尽率其属以从。会旌战劳,赐回鹘户五百四十有八。

碑文接下来介绍碑主曾祖在太宗和宪宗朝从征金朝和西域,兹不赘引。《元史》卷134《也先不花传》言:"也先不花,蒙古怯烈氏。祖曰昔剌斡忽勒,兄弟四人,长曰脱不花,次曰怯烈哥,季曰哈剌阿忽剌。方太祖微时,怯烈哥已深自结纳,后兄弟四人皆率部属来归。"据此可知,碑文中伊埒库们实的四个儿子,即图卜巴哈、齐哩克、萨理斡罕和合腊斡罕就是《元史·也先不花传》的脱不花、怯烈哥、昔剌斡忽勒和哈剌阿忽剌。据《元史·也先不花传》未引文,碑主答失蛮即萨理斡罕之孙。此处,当成吉思汗与王汗决裂时,率属民二百户投奔成吉思汗的图卜巴哈未直接投奔蒙古部,而是先到汪古部落脚。这说明,当时的汪古部与克烈部,同时也与蒙古部保持着密切的关系。图卜巴哈遣其子约苏穆尔伪装成商人抵达成吉思汗处,说明汪古部和蒙古部之间当时存在有贸易往来。文中被成吉思汗招抚的"其弟"应包括碑主答失蛮之祖萨理斡罕(昔剌斡忽勒)。然而令人费解的是,汪古部长阿勒呼木实克齐呼尔(即前文介绍的阿剌忽失的吉剔忽里)让图卜巴哈一行居住的"蒙古鲁"之地,即是被清四库馆臣改动的蒙古之地。换言之,汪古部辖地内有蒙古人存在。此蒙古鲁之地,当然不是指成吉思汗所在的三河之源一带的蒙古本土。

辽末,天祚帝曾依靠阴山达靼毛割石(又作谋葛失)兵抵抗金军,耶律大石西行时,曾在阴山北得到白达达,即汪古部首领床古儿接济。辽帝被擒后,毛割石附金。王国维以为上述毛割石、谋葛失即蒙古的另一译法,蒙古部在辽末即已经有部分迁居到阴山一带。[1] 不过,尚无其他确切史料证明辽代蒙古部曾经主动或被动南迁至阴山一带。相反,鉴于词中 r 音的换位并非个案,笔者以为毛割石、谋葛失均为人名,是景教教名 Marcus 的对音。如是,辽末的阴山达靼,实与白达靼相同,均指信仰景教的汪古部。不过,金代情况与此不同。原因在于金朝对日益强大的蒙古部实行灭丁政策。金朝的部族军,即乣军中包括萌骨乣(即蒙古乣)。这些萌骨乣正是在战争或交易中被金朝虏获的蒙古人。[2] 虽然这些萌骨乣的驻地无法确定,但想象得出应该是在金朝的北部边境一带。笔者以为,其当在汪古部所辖领地内,且这些蒙古乣盖为汪古部所统辖,否则不会出现图卜巴哈一行被汪古部长"居之蒙古鲁地"这样疑惑丛生的表述。联想到对金朝贡的成吉思汗是前来汪古部辖地内的净州,然则在汪古部与蒙古部之间的来往中,蒙古乣可能充当过桥梁的作用。

在讨论汪古部与蒙古部之间的交往时,有一个人物值得关注,即回鹘商人阿三。《蒙古秘史》卷 6 记录成吉思汗遭到克烈部王罕军队重创而败退,他与随行的 19 人退守巴勒渚纳海子。波斯人志费尼('Ala-ad-Din 'Ata-Malik Juvaini)1251 年前往哈剌和林庆贺蒙哥汗登基,在其次年开写的《世界征服者史》(Tārīkh-i Jahāngushāy-i Juwaynī)中,志费尼记录说上述战争的日期是 599 年(1202—1203),并言:"所有参战的人,不论贵贱,上起诸王,下至奴隶、张幕者、马

---

[1] 王国维《萌古考》,《辽金时蒙古考》,《学衡》第 53 辑,1926 年,收入谢维扬、房鑫亮主编《王国维全集》第 14 卷,第 288—290 页。
[2] 赵筱《萌古乣小考》,《黑龙江史志》2017 年第 9 期,第 22—27 页。

夫、突厥人、大食人和印度人,都名载史册。"[1]在描述成吉思汗一行艰苦度日时,《蒙古秘史》言:"汪古敦　阿剌_中_忽失的吉_剔_ _中舌_忽里苔察　阿三 撒_舌_儿塔_黑_台　察罕　驥篾额秃　敏_中_罕　亦_舌_儿格思　跌兀周 额_舌_洒古涅沐_舌_涟　忽_剔_鲁兀　不罏_中_合_惕_客_舌_列门　_中_忽荅_勒_都周　阿不_舌_剌　阿亦速_中_仑 巴_勒_渚纳 兀速阑　斡_中_罗_中_灰突_舌_儿 兀赤_舌_剌罢。"总译作:"又有阿三名字的回回,自汪古_剔_种的阿剌忽失的吉_剔_忽里处来。有羯羊一千、白驼一个,顺着额洒古涅河易换貂鼠、青鼠。来至巴_勒_渚纳海子,饮羊时遇着成吉思。"[2]其中,"察罕驥篾额秃"旁译作"白骆驼有的",此处的"秃",即蒙古语表示"拥有"的词缀tu的音译。依据语法而言,察罕驥篾额秃并非总译那样"有白驼一个"之义,而应该是"有白驼者"。即,阿三名字的撒儿塔_黑_台是骑白驼者,该部分总译应该是"又有阿三名字的回回白驼者"云云。我们知道,骆驼通常是黄褐色,时至今日白驼非常罕见。在蒙古人的传说中,白驼是给成吉思汗拉战车的神驼;成吉思汗弥留之际,部将用白驼额头上的绒毛放在他嘴边吸附其灵魂。[3]牧民通常认为,白驼是某种圣物。考虑到貂鼠和青鼠所产皮毛,是草原游牧民和森林狩猎民重要的贸易品和朝贡品,赶着一千只羊购买貂鼠、青鼠的回回人阿三,不可能是单打独斗,他应该是个商队首领。

　　上述关于回回阿三的叙述不见于《圣武亲征录》,好在《世界征服者史》留存有相关资料。书中记录蒙古军队攻打花剌子模时,在逼近毡的城附近、位于河岸边的速格纳黑(Suqnaq)时,成吉思汗派哈散哈只(Ḥasan Ḥajjī)为使先行。并介绍说:"这个哈散哈只以商人的身

---

[1] 'Ala-ad-Din 'Ata-Malik Juvaini, *Genghis Khan: The History of the World-Conqueror*, translated from text of Mizra Muhammad Qazvini by J. A. Boyle, Cambridge：Harvard University Press, 1958, vol. 1, pp. 37–38;志费尼《世界征服者史》,何高济译,翁独健校,呼和浩特,内蒙古人民出版社,1980年,第39页。

[2] 佚名著《元朝秘史(校勘本)》第182节,乌兰校勘,北京,中华书局,2012年,第206页下段。

[3] 吴文杰《西博草原上的白骆驼牧人》,《生命·人文》第269期,2012年,第67页。

份,早已归顺征服世界的皇帝,并被收纳为他的扈从。传达给使命后,因为他跟居民熟识,且系同族,他打算给他们发出警告,诏谕他们投降,以此可以保全他们的生命和财产。进入速格纳黑,他传达了他的使命。"[1]不幸的是,虽然是同族,哈散哈只仍然遇害。巴托尔德(W. Barthold)早已指出,此哈散哈只大概就是《蒙古秘史》记录的回回商人阿三。[2]从上述史料不难看出,哈散哈只是出生在花剌子模,也即粟特本土的商人。[3]他与花剌子模人同族,说明他是操突厥语的穆斯林,应该就是前面介绍的《世界征服者史》记录的参战人员中突厥人之原形。他从遥远的中亚到中国行商,最初的落脚点是汪古部。可以推测出,他当时与突厥语族人汪古部应该有着密切的联系。关于阿三投奔铁木真的原委,据史料记录是行商时偶遇,赵筱以为不否定阿三是假借商人名义投奔成吉思汗的可能。[4]笔者注意到,关于哈散哈只,即阿三投奔铁木真的原委,《世界征服者》强调说是以商人的名义。《元史》卷122《雪不台传》介绍当成吉思汗在班朱泥河建"兴都"时,雪不台(即速不台)父亲"哈班驱群羊入贡"。[5]进言之,当汪古部首领把希望与其结盟共同对抗蒙古部的乃蛮使者送至成吉思汗处时,成吉思汗的酬礼除马五百匹外,还有羊一千。[6]此羊一千,恰好与阿三呈给成吉思汗的见面礼数目相同。此处,笔者不否定当时游牧部族之间大型礼物的赠与以羊一千为准的可能。鉴于上述几点,以及也先不花家族先人是经由汪古部首领推荐给铁木

---

〔1〕'Ala-ad-Din 'Ata-Malik Juvaini, *Genghis Khan: The History of the World-Conqueror*, pp. 87—88;志费尼《世界征服者史》,第101—102页。

〔2〕巴托尔德《蒙古入侵时期的突厥斯坦(下)》,张锡彤、张广达译,上海古籍出版社,2007年,第415页。

〔3〕元代的花拉子模之名来自唐代粟特本土的火寻,参见王丁《胡名释例》,《敦煌写本研究年报》第13号,2019年,第99—100页。

〔4〕赵筱《12世纪中后期蒙古部历史研究》,硕士学位论文,辽宁师范大学,2019年,第50页。

〔5〕第3008页。建"兴都"应指铁木真在班朱泥河的第一次称汗。同一史料又见《元史》卷121《速不台传》(北京,中华书局,1976年,第2975页),内容大同小异。

〔6〕《元史》卷118《阿剌兀思剔吉忽里》,第2924页。

真的,笔者以为阿三虽然是赶着羊群在额尔古纳河流域行商,但他并非是为了行商而在当地一带活动,其真实目的在于经由汪古部推荐而结识铁木真。

## 三、粟特—回鹘商人与克烈王国

第一节已做介绍,与克烈部一脉相承的九姓达靼在 10—11 世纪时期与粟特—回鹘商人保持有贸易往来。而 12 世纪的情况,则必须从镇海谈起。

元末许有壬撰《故右丞相怯烈公神道碑铭》言:"丞相名镇海,即称海,系出怯烈台氏。或曰:'本田姓,至朔方,始氏怯烈。'曰:'实怯烈族,时同名者三,因主屯田,故加田别之。'"[1]《元史·镇海传》云:"镇海,怯烈台氏。初以军伍长从太祖同饮班朱尼河水。与诸王百官大会兀难河,上太祖尊号曰成吉思皇帝。"[2]上文怯烈台即克烈。不过,宋使彭大雅在其著《黑鞑事略》中言:"其相,四人:曰按只觯,黑鞑人,有谋而能断。曰移剌楚材,字晋卿,契丹人,或称中书侍郎。曰粘合重山,女真人,或称将军。共理汉事;曰镇海,回回人。专理回回国事。"[3]此处镇海被记做"回回"人,专理"回回"国事。而波斯伊利汗国拉施特(Rašīd al-Dīn)编撰的《史集》(Jāmi'al-Tavārīkh)言:"合罕(窝阔台汗)有一畏吾儿大臣镇海。"[4]即,关于镇海的族属,史料记载出现混乱,由此引发的是学术界对镇海出身的不同意见。

如第一节所介绍,据《黑鞑事略》与《蒙鞑备录》,在 13 世纪前期的宋人看来,"回回"与"回鹘"相通。然则与《史集》记录相同,被彭大雅记录做回回人的镇海实际上就是回鹘人。

---

[1] 陈高华《元故右丞相怯烈公神道碑铭》,载氏著《元代维吾尔、哈剌鲁资料辑录》,乌鲁木齐,乌鲁木齐,新疆人民出版社,1986 年,第 141 页。
[2] 《元史》卷 120《镇海传》,第 2963—2964 页。
[3] 王国维校《〈黑鞑事略〉笺证》,第 366 页。
[4] 拉施特《史集》第 2 卷,余大钧、周建奇译,北京,商务印书馆,1983 年,第 189 页。

王国维认为镇海代表成吉思汗出迎丘处机来漠北,当精通汉文,加之镇海与回鹘(笔者按即高昌回鹘)王颇为交好,又会回回字(回鹘字),管理回回事,故虽然《元史·镇海传》记其出自克烈部,但据《黑鞑事略》所载,说其出自回回(回鹘)亦有可能。[1]武尚清与丁国范对此进行了进一步的补充,不同之处在于前者认为"田"姓非镇海本性,镇海当属回鹘人,[2]而后者认为镇海五世孙赫斯在建造《故右丞相怯烈公神道碑铭》时,因当时的"四等人制"而假借克烈部从而提高身份地位使然,并考证镇海本田姓,为畏兀儿族。[3]森安孝夫主张镇海是原属高昌回鹘王国的回鹘商人。[4]

　　受教皇因诺曾爵四世(Innocent Ⅳ)派遣,圣方济各会教士柏朗嘉宾(Plano Carpini)曾于1245—1247年访问蒙古,并带回贵由汗给教皇的答书。在其留下的行程录中,柏朗嘉宾详细记录了当时蒙古的政治、经济、军事和风俗习惯等。据其介绍,镇海(Chingay)当时的官职为丞相,[5]贵由汗给教皇答书的原本为蒙古语回鹘式蒙古文,是由大臣镇海、哈答(Kadac)和八剌(Bala)三人逐字对译给柏朗嘉宾,又命柏朗嘉宾将其拉丁语译本返译给彼等解说,最后以西方或有人能解萨拉森语(Saracenic,波斯文),乃将答书重写为萨拉森语,加盖印玺后由柏朗嘉宾带回。[6]志费尼《世界征服者史》和《史集·贵

---

[1] 王国维校《〈黑鞑事略〉笺证》,第366—367页。
[2] 武尚清《〈黑鞑事略〉及其疏证笺证》,《史学史研究》1995年第2期,第71—72页。
[3] 丁国范《镇海族源辨》,南京大学历史系元史研究室编《元史及北方民族史研究集刊》第10辑,南京大学,1986年,第43—45页。
[4] 森安孝夫《シルクロードのウイグル商人——ソグド商人とオルトク商人の間——》,第428—429页。
[5] C. Dawson, *The Mongol Mission: Narratives and Letters of the Franciscan Missionaries in Mongolia and China in the Thirteenth and Fourteenth Centuries*, London and New York: Sheed and Ward, 1955, p. 63;道森《出使蒙古记》,吕浦译,周良霄注,北京,中国社会科学出版社,1983年,第62页。
[6] C. Dawson, *The Mongol Mission*, pp. 66—67;道森《出使蒙古记》,第65—66页。

由汗纪》则介绍说 Chinqai（镇海）是给予贵由汗基督教影响的基督教徒。[1] 从中不难看出，镇海是个基督教徒，兼通回鹘式蒙古文、回鹘文、萨拉森语波斯文。综上，笔者以为即便曾是田姓且兼通汉文汉语，但镇海并不具备汉人出身背景，也不是单纯的畏吾尔人，而是具有中亚景教背景的回鹘商人，即笔者此处所言粟特—回鹘商人。

关于 12 世纪末至 13 世纪初粟特—回鹘商人在内地的活动，《蒙鞑备录》还介绍说："其俗既朴，则有回鹘为邻，每于两河博易贩卖于其国。"[2] 两河即河南河北。据此推测得出，回鹘商人是在中原与漠北之间进行远距离贸易活动。在介绍完蒙古的文字后，赵珙云："且回鹘有田姓者，饶于财，商贩巨万，往来于山东、河北，具言民物繁庶，与乣同说鞑人治兵入寇，忒没真忿其欺凌，以此犯边，边州悉败死，长驱犯燕。"[3] 此处所言田姓回鹘巨商即指带有汉姓的镇海（田镇海）。笔者关注的是他"与乣同说鞑人治兵入寇"。乣即指金朝辖下的乣军，包括唐古乣、霞马乣、木典乣、萌骨乣、咩乣、胡都乣等。鉴于正是在汪古部的配合之下蒙古军才南下攻金，此处的乣当指汪古部。如第二节所述，汪古部的"蒙古鲁"即金朝境内的萌骨乣（蒙古乣），然则此处的乣内亦可以包括萌骨乣。总之，从这条史料可以看出，作为商人的镇海，在投奔成吉思汗之前，已经通过汪古部和蒙古部建立起了联系。此处不否定镇海曾经参与蒙古部和金朝之间的榷场贸易，进而才结识铁木真的可能。

至于镇海为何被记录做克烈人，丁国范的看法固然聊备一说。除此之外，笔者以为还有可能是因为镇海是基督教徒，与信奉景教的克烈部之间有着共同的宗教信仰，且其曾经在漠北或克烈部内行商使然。进言之，从《元史·镇海传》等史料得知，镇海不仅在阿尔泰山

---

[1] 'Ala-ad-Din 'Ata-Malik Juvaini, *Genghis Khan: The History of the World-Conqueror*, p. 259；志费尼《世界征服者史》，第 301 页；拉施特《史集》第 2 卷，第 220 页。

[2] 王国维校《〈蒙鞑备录〉笺证》，第 339 页。

[3] 王国维校《〈蒙鞑备录〉笺证》，第 352 页。

东南屯垦，又在弘州(今河北阳原)设局管领中亚出身的织金绮纹工生产著名的纳失失锦。笔者以为，上述镇海的委任并非偶然。概言之，最大可能是——镇海原本就是与西域有密切联系的粟特系回鹘商人，在阿尔泰山东南屯垦，并掌管西域出身的织金绮纹工，大概是因为他西域中亚基督教背景使然。总之，在讨论粟特—回鹘商人与勃兴期的蒙古部之间的关系时，镇海是个非常重要的关键人物。

## 四、U5328 回鹘文书译注

从以上三节不难看出，13 世纪初期，粟特—回鹘商人与蒙古部之间保持有密切的联系。兹引 U5328(T.Ⅱ.B.21)蒙元时期的回鹘文账本文书，以作补充。

U5328 文书，是 20 世纪初德国吐鲁番探险队所获，出自高昌故城，现藏柏林德国国家图书馆，原编号为 T.Ⅱ.B.21。文书以草书体回鹘文写成，共 12 行，彩色图版已在"吐鲁番研究"中公开。[1] 除第 5 行开头处少有破损外，文书基本保持完整。包括摹写和德译文在内，早年拉德洛夫(W. Radloff)的研究成果以 USp 79 编号收入其遗著《回鹘文文献集》内。[2] 兹据德国"吐鲁番研究"公开的图版(图片 11-1)，给出换写、转写、译文和简单词注，再做讨论。

U5328 回鹘文书

1. YYRLK T(W)YŠ'K YNA PYR X(YZZ)L (X'R)L(YX) (TWYŠ'K)

   yirl(i)g t(ö)šäk.  yna bir q(ïzï)l x(ar)l(ïγ) (töšä)k
   底子有 褥子　　还一 红　 花纹有 褥子

2. PYR ''L YYRLYK 'WŠ'X X'RLYX TWYŠ'K

---

[1] 网址为 http://turfan.bbaw.de/dta/u/dta—u—index.htm.
[2] W. Radloff, *Uigurische Sprachdenkmäler*, Materialien nach dem Tode des Verfassers mit Ergänzungen von S. Malov herausgegeben, Leningrad 1928.（Repr. Osnabrück 1972.）, pp. 135–136.

图 11 - 1

  bir al yirlig ušaq xarlïɣ töšäk
  一 红 底子 小 　 花纹有 褥子
3. 'WXWL X' PYRKWČY NYNK 'YŠY PYRMYŠ
  oɣul qa birgüči ning iši birmiš
  人名<sub>与格</sub>给<sub>将来时</sub> <sub>所属格</sub>工作 给<sub>形动词</sub>
4. TWYŠ'K YN' PYR 'L YYRLYX 'S'N KY(D)Z 'L TWYŠ('K)
  töšäk. yna bir al yirlig äsän kidiz al töš(äk)
  褥子。还 一 红底子 吉祥毡子 红 褥子
5. /////////X('R)LYX TWYŠ'K · 'YKY SYXWN LWX
  ///////// xa(r)lï(ɣ) töš(äk) · iki sïɣun luɣ
  …… 花纹有 　 褥子。　 二 雄鹿有

第十一章　12—13世纪的粟特—回鹘商人与草原游牧民 / 217

6. TWYŠ'K · PYR 'L YYRLK PYR 'WYRWNK YYRLK
   töšäk · bir aļ yirl(i)g bir ürüng yirl(i)g
   褥子。一　红底子有　一　白　底子有

7. ''R' TWYŠ'K YN' PYR ''L YYRLYK T'RT'
   aļa töšäk yna bir al yirlig tarda
   斑驳色 褥子 还 一 红底子有 苔儿苔高级金缎子

8. TWYŠ'K PYRL' PYŠ T'RT' TWYŠ'K 'YKY
   töšäk birlä biš tarda töšäk iki
   褥子 一同 五 苔儿苔高级金缎子 褥子 二

9. PWS'X TWYŠ'K 'YKY KYČYKY' 'WYRWNK YYRLK
   bozaq töšäk iki kiči(k)kyä ürüng yirl(i)g
   灰色　褥子　二　小<sub>小品词</sub>　　白　底子有

10. T'RT' TWYŠ'K PYR T'D'R NYNK 'WYWX
    tarda töšäk bir taṭar nïng uyuq
    苔儿苔高级金缎子 褥子 一 达靼<sub>所属格</sub>地标模样

11. LWX KYDYZ 'WYČ XYTYX LYX PYR XYTYX
    luγ kidiz üč qïtïγ lïγ bir qïtïγ
    有　毡子　三　饰边有　一　饰边

12. SYZ TWYRT 'WYRTKWK KYDYZ
    siz tört örtgük kidiz.
    无　四　床罩　毡子

译文：[1]有底子的褥子。另一个有红花纹的褥子。[2]一个有红底子的小花纹的褥子。[3-4]要给 Oγul 的活计用的褥子。另一个有红底子的吉祥毛毡子的红褥子[5-6]……有花纹的褥子。有两匹雄鹿的褥子。[6-7]有一部分红底子、一部分白底子的斑驳色褥子。另一个有红底子的苔儿苔高级金缎子。[8-9]和褥子在一起的五个苔儿苔高级金缎子的褥子。两个灰色褥子。[9-10]两个小巧可爱的白底子的苔儿苔高级金缎子。[10-11]一个达靼的有地标模样的毛毡子。[11-12]三边有饰边、一边无饰边的四个毛毡子罩。

**词注**

3 行 oγul（给 Oγul）：拉德洛夫读作 uluγ，兹不从。

4 行 äsän kidiz aḷ（吉祥 毡子 红）：拉德洛夫未进行摹写，疑为笔误。

7 行 ara＞aḷa（斑驳色）：斑驳色，古代突厥语通常作 ala。草书体回鹘文中，-r-和-l-的区别在于后者右侧（后部）带有伸向右上方的勾线。疑此处有笔误。

7 行 tarda（荅儿荅高级金缎子）：同样物品还出现于第 8 行和第 10 行。拉德鲁夫摹写和译文均作 Tarta，后加(?)，以示存疑。tarda 另出现于《回鹘文契约文书集成》所收 WP 03 文书，即日本龙谷大学所藏大谷探险队所获 Ot. Ry. 1414b 文书中。该文书以"猪年四月"开头，之后有"我 qaračuq 患重病时，给我的儿子记录下遗产"，接下来列举家什器物，其中出现"七个白 tarda 褥子，五个灰白色 tarda 褥子"字样。[1] 小田壽典、茨默（P. Zieme）、梅村坦、森安孝夫四人在编《回鹘文契约文书集成》时，对该字的读法尚持怀疑态度，词注中标出也可读作 tanda。[2] 次年，森安孝夫发表《回鹘文书札记（四）》，肯定该字应读作 tarta/tarda，并引用长注详细进行了讨论。[3] 森安从《蒙古秘史》中发现高昌回鹘王国亦都护进献给成吉思汗的贡物中包括荅舌儿荅思（dardas），作为巴格达的特产记录有荅舌儿荅思（dardas）。[4]《蒙古秘史》中，上述两处荅舌儿荅思分别旁译作"浑金

---

[1] 山田信夫著，小田壽典、P. ツィエメ、梅村坦、森安孝夫编《ウイグル文契约文书集成》第 2 卷，大阪大学出版会，1993 年，第 137—138 页。

[2] 山田信夫著，小田壽典、P. ツィエメ、茨默、梅村坦、森安孝夫编《ウイグル文契约文书集成》第 2 卷，第 137 页。

[3] 森安孝夫《ウイグル文书劄记（その四）》，《内陆アジア言语の研究》第 9 辑，1994 年，第 84—91 页。

[4] 森安孝夫《ウイグル文书劄记（その四）》，第 85 页。相关史料参见佚名著《元朝秘史（校勘本）》卷 10 第 238 节，卷 12 第 274 节，乌兰校勘，第 312—313、385—386 页。

段子"和"绣金",其中"思"(-s)是蒙古语复数词缀。据森安分析,tarta/tarda 恐怕是使用金线织成的带有豪华花纹的高级丝绸,惜详情难以判断。姑按《蒙古秘史》作此解释。

9 行 bozaq(灰色):拉德鲁夫摹写作 PWS'X,译文作 Boška,后加(?),以示存疑。文字写作 PWS'X,即词中的 Z 写作 S。回鹘文中,此种唇齿音 Z 和 S 之间的文字互换现象,多见于蒙元时期。

10 行 taṭar(达靼):文字写作 T'D'R,即词中的 T 写作 D。回鹘文中,此种舌音 D 和 T 之间的文字互换现象,同样多见于蒙元时期。

从上引文可知,这一文书是西州回鹘商人在吐鲁番当地遗留的账本文书,其中包括产自达靼的有地标模样的毛毡子。即,该回鹘商人曾经直接或间接与达靼人发生过交易。诚如拉德洛夫所言,文书中的 Tatar 还见于突厥鲁尼文碑文。不过,蒙元时期,Tatar 的内涵与突厥鲁尼文碑文大为不同。这一时期,部落名塔塔尔(Tatar)伴随着塔塔尔部的消亡已经不复存在。此处的 Taṭar,应该被视作蒙古(Mongγol)的别称。即,从这篇文书可以发现,虽然无法确定达靼人生产毡子的具体位置,但蒙元时期回鹘商人无疑仍然在与达靼人进行着商业交易。这可以为笔者在前三节得出的结论锦上添花。

## 小　　结

在"大蒙古国"成立前夜,活跃在中国北方的商人,主要是信奉景教和佛教的粟特—回鹘商人,另包括一小部分穆斯林商人。克烈部人脱不花投奔成吉思汗时,先寓居汪古部"蒙古鲁"处,表明金朝的萌古糺是设置在汪古部地界内。脱不花派遣其子伪装成商人自汪古部寻访蒙古部,说明当时的汪古部和蒙古部之间有着密切往来。当成吉思汗受困于班朱泥河时,偶遇成吉思汗的回回商人阿三并非纯粹的商人,他应该是假借商人名分,经汪古部推荐投奔铁木真的。大蒙古国时期,曾任丞相的镇海,其出身实际上是通汉、蒙古、回鹘、波斯等多种语言文字的回鹘商人。镇海可能在华北地区行商时,通过蒙金之间的榷场交易结识了铁木真。同时,他也曾在漠北克烈部内行商,故又被认为是克烈人。蒙元时期,粟特-回鹘商人的后裔仍然在与游牧民进行着交易。

笔者此前曾考证,景教徒粟特—回鹘商人在11世纪已经与漠北的达靼部落保持有商业贸易关系,在漠北克烈部改宗景教问题上,相比纯粹的传教士,高昌回鹘王国出身的粟特系回鹘商人所起的作用更大。[1]辽末金初,笃信景教的阴山南北的汪古部五大家族,或多或少均与包括高昌回鹘在内的西域中亚的景教徒有关。[2]从拙文的结论上不难看出,当蒙古部勃兴之时,粟特—回鹘商人仍然与他们保持有密切的联系。

(原载《民族研究》2020年第3期,第117—125页,收入本书时进行了修订)

---

[1] 白玉冬《十世紀における九姓タタルとシルクロード貿易》,《史学雑誌》第120编第10号,2011年,第14—18、22—29页;白玉冬《九姓达靼游牧王国史研究(8—11世纪)》,第145—149、153—159页。

[2] 白玉冬《丝路景教与汪古源流——从呼和浩特白塔回鹘文题记TextQ谈起》,第234—240页。

# 第十二章　成吉思汗称号的释音释义

在民族史研究领域，部族名称、首领名称等的原始语音语义往往语焉不详。关于这些名称之音义的讨论，涉及词汇和语音的机械性排列，颇枯燥乏味。不过，由于这些名称往往充当相关族群历史记忆的符号之一，映射出该族群不同历史阶段的文化发展特色，故仍有必要给予探讨。兹以元太祖成吉思汗之号为例试做考述。

## 一、问题的提出

元太祖铁木真的称号成吉思汗（Činggis Qan）可谓家喻户晓。依文献记载，成吉思之义存在四种解释：（1）13世纪初宋人赵珙著《蒙鞑备录》称"或曰成吉思者乃译语天赐二字也"。[1]（2）1253—1255年访问蒙古的欧洲传教士鲁不鲁乞（William of Rubruck），在出使报告中转引蒙哥汗给教皇回函大意时言："成吉思汗是天子，铁木真·成吉（demugin cingei）即'铁的声音'……他们（即蒙古人）称呼成吉思（chingis）为'铁的声音'是因为他是一个铁匠。"[2]（3）波斯伊利汗国宰相拉施特（Rašīd al-Dīn）14世纪初编撰的《史集》（*Jāmi'al-*

---

[1] 赵珙撰，王国维校《〈蒙鞑备录〉笺证》，《蒙古史料校注四种》，清华学校研究院，1926年，收入谢维扬、房鑫亮主编《王国维全集》第11卷，杭州，浙江教育出版社，2009年，第338页。

[2] C. Dawson, *The Mongol Mission: Narratives and Letters of the Franciscan Missionaries in Mongolia and China in the Thirteenth and Fourteenth Centuries*, London and New York: Sheed and Ward, 1955, p. 202；道森《出使蒙古记》，吕浦译，周良霄注，北京，中国社会科学出版社，1983年，第222页。

*Tavārīkh*）写作 jīnkkīz，并言"成"（čing＞ jīnk）是强大、坚强的意思，成吉思（činggis＞ jīnkkīz）是这个词的复数，它与哈剌契丹的君主称号古尔汗同义，都是强盛伟大的君主之意。[1]（4）17 世纪的蒙古鄂尔多斯部萨岗彻辰（Saɣang Sečen）著《蒙古源流》（*Erdeniyin Tobči*）介绍说是五色鸟鸣叫声。[2] 以上诸说中，《蒙鞑备录》所释"天赐"系称颂皇帝的"长生天气力里"的雅译，并非成吉思的译语。[3] 鲁不鲁乞所介绍的"铁的声音"，似有所依，然未对 chingis 的词尾-s 给出解释，难言公允。拉施特所言蒙古语 čing（强大，坚强）的复数，为伊利汗国瓦萨甫（Abdallah ibn Faḍlallah Sharaf al-Din Shīrāzī）著《瓦萨甫史》（*Tārīkh-i Waṣṣāf*）所采纳，[4] 后又为 19 世纪的多桑（C. D'ohsson）所承袭。[5] 不过，伯希和（P. Pelliot）以为 činggis 难言是 čing 的复数形，惜未给出理由。[6] 由于波斯文词首字 j 与 ch（č）的写法区别在于前者下方一点，后者下方三点，疑拉施特所记 jīnkkīz 为 čīnkkīz 之词首字音点脱落所致。[7] 至于萨岗彻辰所释五色鸟鸣叫声，可认为是佛教思想影响下的牵强附会之辞，不足为信。[8]

　　除上述四种文献记录外，今人亦就成吉思 činggis 的语义提出了

---

[1] 拉施特《史集》第 1 卷，余大钧、周建奇译，北京，商务印书馆，1983 年，第 1 分册第 97 页、第 2 分册第 208 页。

[2] 道润梯步《新译校注〈蒙古源流〉》，呼和浩特，内蒙古人民出版社，1981 年，第 119 页；乌兰《〈蒙古源流〉研究》，沈阳，辽宁民族出版社，2000 年，第 150、568—569 页。另，这一传说的变体还见于 17 世纪成书的罗桑丹津著《黄金史》，善巴著《阿萨剌黑齐史》等书中，相关介绍见上引乌兰书第 193 页注 54。

[3] 蔡美彪《成吉思及撑黎孤涂释义》，《中国史研究》2007 年第 2 期，收入氏著《辽金元史考索》，北京，中华书局，2012 年，第 255 页。

[4] 参见乌罕奇《〈瓦萨甫史·成吉思汗纪〉节选译注》，《元史及民族与边疆研究集刊》第 36 辑，2018 年，第 199 页。

[5] 多桑《多桑蒙古史（上）》第 1 卷第 3 章，冯承钧译，上海世纪出版集团，2005 年，第 57 页。

[6] P. Pelliot, *Notes on Marco Polo*, 3vols., Paris: Imprimerie Nationale, 1959–63, vol. 1, p. 297.

[7] 魏曙光教授赐教，《史集》抄本中的成吉思一词，首字音多没有音点，如伊朗卡里米刊本，不可取。苏联集校本加上音点，作 chinggis，为大多数学者采用。

[8] P. Aalto, „Der Name und das Siegel Činggis-khan," *Acta Orientalia*, vol. 27, no. 3–4, 1963, pp. 140–144.

不同见解。主要有：（1）班咱罗夫（D. Banzarov）提议该词见于匈奴称号单于。[1]（2）兰斯铁（G. J. Ramstedt）与伯希和主张源于古突厥语 tängiz，原意为海、洋，意广博。[2]（3）兰斯铁在1949年出版的《韩语词源学研究》中，认为来自朝鲜语的 čin-kes-i＞činggesi（事实，真相）。[3]（4）德福（G. Doerfer）《新波斯语中的突厥蒙古语要素》čingīz（牢固的，强烈的）条言词源不明，但强调说该词与亚库特语čingïs～čïgïs（坚固的，残忍的）词意相通。[4]（5）亦邻真主张按拉施特所言出自蒙古语 čing（有力和坚固）之复数形式释义。[5]（6）罗依果（Igor de Rachewiltz）依据巴赞（L. Bazin）在鲁尼文叶尼塞碑铭 E16 察浩勒第 4 碑（Ča-Xol IV, E16 碑铭）中发现的 čingiz（强健的，坚固的，强韧的）一词和上述德福的意见，并结合雅库特语和安纳托里亚语 čingiz 的意思，解释为"强健的"，主张源自古突厥语 čingiz（可怕的，凶猛的，坚固的，强健的）。[6]

上述意见中，把成吉思 činggis 与匈奴称号单于相联系的观点语音上难以立足。朝鲜语音 čin-kes-i＞činggesi 显然与古汉语音"真"相关，与蒙古语音 činggis 只是语音的相近而已。而伯希和主张的

[1] 相关介绍主要参见 P. Pelliot, *Notes on Marco Polo*, vol. 1, p. 297；G. Doerfer, *Türkische und Mongolische Elemente im Neupersischen*, band 1, Wiesbaden: F. Steiner, 1963, p. 312 čingīz.

[2] G. J. Ramstedt, „Mogholica: Beiträge zur kenntnis der moghol-sprache in Afghanistan," *Journal de la Société Finno-Ougrienne*, vol. 23, no. 4, 1905, p. 25, A, čaṅgiz xān；P. Pelliot, *Notes on Marco Polo*, vol. 1, pp. 296–303.

[3] G. J. Ramstedt, *Studies in Korean Etymology* (*Suomalais—ugrilaisen Seuran toimituksia*, vol. 95), Helsinki: Suomalais-Ugrilainen Seura, 1949, p. 34. 此处转引自上述德福（G. Doerfer）书 čingīz 条。

[4] G. Doerfer, *Türkische und Mongolische Elemente im Neupersischen*, band 1, p. 315.

[5] 亦邻真《至正二十二年蒙古文追封西宁王忻都碑》，《中国民族古文字研究会第二次学术讨论会论文集》，北京，1983年10月，收入氏著《亦邻真蒙古学文集》，齐木德道尔吉等编，呼和浩特，内蒙古人民出版社，2001年，第692页。

[6] Igor de Rachewiltz, "The Title Cinggis Qan / Qagan Re-examined," W. Heissig and K. Sagaster eds., *Gedanke und Wirkung, Festschrift zum 90. Geburtstag von Nikolaus Poppe*, Wiesbaden: O. Harrassowitz, 1989, pp. 284–288；罗依果《成吉思汗—合罕称号再探》，陈得芝译，刘迎胜主编《元史及民族史研究集刊》第16辑，海口，南方出版社，2003年，第277—278页。

činggis 源于古突厥语 tängiz(海，洋)的意见长期以来影响深远。[1] 诚然，关于蒙古语中的古突厥语借词之 t 音转为 č 音的现象，除伯希和介绍的用例之外，我们还有例可查。[2] 不过，令人感到困惑的是，《蒙古秘史》的"腾汲思"(tenggis)即古突厥语 tängiz 的借用语。[3] 这对上述伯希和意见来说是个难以逾越的鸿沟。是故，主张成吉思činggis 出自蒙古语 čing(有力和坚固)的复数形，或出自古突厥语 čingiz(可怕的，凶猛的，坚固的，强健的)的意见，近年渐有影响。[4] 尤其是后者，颇受重视。钟焓在关于中外学者"内亚"史研究的评述中，对乌瑞夫人(Käthe Uray-Kőhalmi)以民族学资料考释蒙古草原文化承受西伯利亚森林狩猎民族影响的系列研究情有独钟，[5]并以成吉思汗称号为例进行了补充。[6] 在全面赞成上述罗依果意见的基础上，钟氏进一步考证"西迁之前的乌古斯人(钟氏认为的塞尔柱突厥人的祖先)必定是从蒙古高原的北方，也即南西伯利亚森林地带借入该词的"，进而推论"同样 12—13 世纪之际游牧于鄂嫩河流域的蒙古人应该是从其北方的森林地区，引入这个仅分布在特定地域的稀见词语"，强调西伯利亚森林狩猎民对蒙古文化的影响。

综上，成吉思汗称号的音义问题困扰学界多年。笔者调查鲁尼

---

[1] 相关介绍，主要见韩百诗(L. Hambis)，《"成吉思汗碑"铭考》，耿昇译，《蒙古学信息》1998 年第 3 期，第 5 页；G. Doerfer, *Türkische und Mongolische Elemente im Neupersischen*, band 1, p. 313 čingīz; Rashid al-Din, The Successors of Genghis Khan, Translated from the Persian by J. A. Boyle, New York: Columbia University Press, 1971, p. 16, no. 2; Igor de Rachewiltz, "The Title Cinggis Qan / Qagan Re-examined," pp. 282-283 及其注释 9；罗依果《成吉思汗—合罕称号再探》，第 276、282 页注释 9。

[2] G. Clauson, *Studies in Turkic and Mongolic Linguistics* (Royal Asiatic Society Books, 1962), rep.: London and New York: Routledge Curzon, 2002, p. 140.

[3] 佚名著《元朝秘史(校勘本)》，乌兰校勘，北京，中华书局，2012 年，第 1 页。

[4] 蔡美彪《成吉思及撑黎孤涂释义》，《辽金元史考索》，第 255—256 页；钟焓《从"海内汗"到"转轮王"——回鹘文〈大元肃州路也可达鲁花赤世袭之碑〉中的元朝皇帝称衔考释》，《民族研究》2010 年第 6 期，第 79 页。

[5] 相关评述，参见钟焓《乌瑞夫人北亚民族学研究的贡献与启示》，《重释内亚史：以研究方法论的检视为中心》，北京，社会科学文献出版社，2017 年，第 253—301 页。

[6] 钟焓《重释内亚史：以研究方法论的检视为中心》，"导言"，第 36—38 页。

文、回鹘文与蒙古文文献,了解到上述获得重视的罗依果观点存在可疑之处。故撰此稿,以求方家指正。

## 二、叶尼塞碑铭的 čingiz

如前所述,罗依果基于叶尼塞碑铭来推进其主张。由于叶尼塞碑铭年代属于蒙古勃兴之前,故其观点颇受重视。笔者查看察浩勒第 4 碑图片,相关文字虽然确切无误,但其中出现异体字⊙。[1] 而且,就 čingiz 一词的含义而言,笔者意见与罗依果不同。

关于察浩勒第 4 碑的字母⊙,巴赞解读作 ŋ(ng)。该字属于多音字,在突厥回鹘的碑铭中读作 nt,但在叶尼塞碑铭中存在拼写前后舌双舌音文字 s / š 的文字◊之可能。故拉德洛夫(W. Radloff)、奥尔昆(H. N. Orkun)、马洛夫(C. E. Малов)与爱丁(E. Aydin),均未能给出最佳答案,而瓦西里耶夫(Д. Д. Васильев)《叶尼塞河流域突厥鲁尼文文献集成》释读作 S。[2] 罗依果言:"明白无误地应为字母 ŋ。不明白为什么它会被误读,因为两处都刻写得很清楚。"[3] 显然是因为他并不了解叶尼塞碑铭中存在一字多音现象所致。字母⊙另见于叶尼塞碑铭 E98 威巴特(Ujbat)第六碑第 1 行第 4 字、第 2 行第 2、8、21 字、第 3 行第 20 字、第 4 行第 1 字,参与构成的词汇可以分别

---

〔1〕 Д. Д. Васильев, Корпус тюркских рунических памятников бассейна Енисея, Ленинград: Наука, 1983, p. 93; http://bitig.org/? mod=1&tid=2&oid=10&lang=e, 2017 年 9 月 19 日 20:26.

〔2〕 W. Radloff, Die Alttürkischen Inschriften der Mongolei, 3vols., St. Petersburg 1894–1899, (rep. Osnabrück: Otto Zeller, 1987), vol. 2, pp. 320–321; H. N. Orkun, Eski Türk Yazıtları, 4vols., 1936–1941, Istanbul: Devlet Basımevi, vol. 3, pp. 118–119; C. E. Малов, Енисейская письменность тюрков: Тексты и переводы, Москва: Издательство АН СССР, 1952, pp. 38–39; Д. Д. Васильев, Корпус тюркских рунических памятников бассейна Енисея, pp. 21, 61, 93; E. Aydin, R. Alimov and F. Yıldırım, Yenisey-Kırgızistan Yazıtları ve Irk Bitig, Ankara: Bilgesu Yayıncılık, 2013, pp. 55–56.

〔3〕 Igor de Rachewiltz, "The Title Cinggis Qan / Qagan Re-examined," p. 283, n. 25.

复原为 bung(痛苦)、bung(痛苦)、adrïldïngïz(你们离别了)、qang(父亲)、tonguz(野猪)、angčï(猎人)。[1] 是故,关于察浩勒第 4 碑的字母☉,笔者赞同巴赞的释读 ŋ。

察浩勒第 4 碑是名为合纛官都督(alp urungu tutuq)之人物的墓志铭,三面各 1 行。在带有印记的第 1 行中墓主首先向妻子告别。接下来的第 2 行换写(transliteration)、转写(transcription)和译文如下:[2]

B i ŋ ∶ č i ŋ i z ∶ (Q) D Ṡ L R m ∶ D R L W B R D m a ∶ Q z ŋ r m a b ü k m b ï n g čingiz∶ qadašlarïm∶ adrïlu bardïm-a∶ aq azïng ärimä bökm[ädim]

我的一千名强大的亲族!我离别了啊!我对我的白阿兹(族)的男儿依依不舍。

上文 čiŋiz> čingiz(强大的),即罗依果关注之词。笔者查阅麻赫默德·喀什噶里(Maḥmūd al-Kāšγārī)在 11 世纪 70 年代编纂的《突厥语大词典》(Dīwān Luγāt at-Turk)、[3] 克劳森(G. Clauson)编《十三世纪以前的突厥语词源辞典》,[4] 惜未发现 čingiz。也门 Rasūlid 王朝国王'Ali Dergam-al-Din(1363—1377 年在位)编撰的阿拉伯、波斯、突厥、希腊、亚美尼亚、蒙古六种语言的《国王词典》(The Rasūlid Hexaglot),[5] 库蛮语(西部古突厥语方言之一)词典 Codex

---

[1] 白玉冬《葛儿罕称号考》,朱玉麒主编《西域文史》第 12 辑,北京,科学出版社,2018 年,第 240—242 页。

[2] Ṡ 代表拼写后舌音 S 的ɑ,ŋ 代表 ŋ 的异体文字☉,aq az(白阿兹族)读法为笔者最新释读案,兹不赘述。

[3] Maḥmūd-al-Kāšγārī, *Compendium of the Turkic Dialects*, 3vols., R. Dankoff and J. Kelly eds. and trs., Cambridge: Harvard University Printing Office, 1982-1985.

[4] G. Clauson, *An Etymological Dictionary of Pre-Thirteenth Century Turkish*, Oxford University, 1972.

[5] P. B. Golden ed., *The King's Dictionary: The Rasūlid Hexaglot — Fourteenth Century Vocabularies in Arabic, Persian, Turkic, Greek, Armenian and Mongol*, tr. T. Halasi-Kun, P. B. Golden, L. Ligeti, and E. Schütz, Leiden: Brill, 2000.

*Cumanicus*,〔1〕以及 14 世纪的《华夷译语·高昌馆课》,〔2〕均未收录 čingiz。近人著作中,拉德洛夫(W. Radloff)编《突厥语方言词典》未收入 čingiz,〔3〕德福编《新波斯语中的突厥蒙古语要素》收录有 čingīz(牢固的,强烈的)。〔4〕据《突厥语方言词典》,后元音词 čïng(响声)存在于奥斯曼方言中,前元音词 čing(响声)存在于察哈台书面语中,而 čing 在维吾尔语塔兰奇方言中有"坚硬,牢牢地塞满,充分"之义。〔5〕

高昌回鹘王国前期,由回鹘人胜光法师(Šïngqu Säli)翻译的回鹘文《大慈恩寺三藏法师传》记录有动词 čïngï-,〔6〕Kahar Barat 译作"增强,增大,充满"。书中记录玄奘为感谢御赐大慈恩寺碑而上表,表中描述僧人的欢悦之情时言:"凡在淄素,电激云奔,瞻奉惊跃,得未曾有。"该段内容回鹘文译作 qamaγ toyïnlar egillär yašïnlayu evišü bulïtlayu yügürüšü körü ayayu täginip, ängip čïngïp uluγ mungadmaq qa tägip tururlar(所有的出家人和在家信徒像光一样快速移动,像云一样奔跑,毕恭毕敬地看着,他们充满兴奋,大为惊叹)。〔7〕上文中,汉文"惊跃"被译作动词连缀 ängip čïngïp(充满兴奋),表达的是见到御赐大慈恩寺碑的僧侣们受到鼓舞、十分振奋的样子。即 čïngï-的词根 čïng 不应是"响声"之义的 čïng/čing,而应是

---

〔1〕 K. Grønbech, *Komanisches Wörterbuch: Türkischer Wortindex zu Codex Cumanicus*, København: Einar Munksgaard, 1942.

〔2〕《北京图书馆古籍珍本丛刊》经部 6,北京,书目文献出版社,2000 年。

〔3〕 W. Radloff, *Versuch eines Wörterbuches der Türk-Dialecte*, 4vols., St. Petersburg, 1893-1911, vol. 3.

〔4〕 G. Doerfer, *Türkische und Mongolische Elemente im Neupersischen*, band 1, p. 315.

〔5〕 W. Radloff, *Versuch eines Wörterbuches der Türk-Dialecte*, vol. 3, pp. 2062, 2108-2109, 2116.

〔6〕 Kahar Barat, *XUANZANG—Ninth and Tenth Chapters*, Indiana: Indiana University Research Institute for Inner Asian Studies Bloomington, 2000, pp. 49, 391.

〔7〕 Kahar Barat, *XUANZANG—Ninth and Tenth Chapters*, p. 49.

"牢牢地塞满，充分"之义的 čing。[1] 由于 čïngïp-与 čingip-写法完全相同，上文 čïngïp-转写作 čingip-亦于理可通。语法上，čingi-可以视作名词 čing 后续词缀-i 而构成的动词 čingi-(充满，增强，增大)。如"千"在鲁尼文文献中存在 bing 和 bïng 两种语音，[2]可能类似的现象亦存在于 čing/čïng 二词中。

由于叶尼塞碑铭整体年代属于唐代以降(包括唐代)、蒙古勃兴之前，故虽然没有具体记录，但察浩勒第 4 碑纪年与《大慈恩寺三藏法师传》回鹘文译本接近。而且，čiŋiz＞čingiz 的词根 čing 与上述 čingi-的词根相同，čingiz 语法上可解释做动词 čingi-后续名词构词词缀-z 而构成的名词或形容词。[3] 是故，笔者以为相比亚库特语 čïngïs～čïgïs(坚固的，残忍的，可怕的，凶猛的)等近世语义，察浩勒第 4 碑的 čiŋiz＞čingiz 语义更与《大慈恩寺三藏法师传》回鹘语译本的 čingi-(充满，增强，增大)接近，čiŋiz＞čingiz 译作"强大的"更贴合文义。因 12—13 世纪的蒙古语中不存在 z 音，故上述 čingiz 如被借入到蒙古语中，则应转变为 čingis。看起来，上述罗依果与钟焓意见是个非常完美的解释——在笔者对大英图书馆藏鲁尼文 Or. 8212/76(2)文书进行释读之前。

---

[1] 关于 čing(耳鸣声，充满)参见 Maḥmūd-al-Kāšγārī, *Compendium of the Turkic Dialects*, vol. 2, p. 331. 关于 čïng 表示清脆响声或用于表达某事物完全充满的状态，参见 G. Clauson, *An Etymological Dictionary of Pre-Thirteenth Century Turkish*, p. 424.

[2] "千"在突厥汗国毗伽可汗碑南面 1 行、暾欲谷第一碑南面 7 行、9 行写作 biŋ＞bing，在暾欲谷第一碑东面 1 行写作 Bïŋ＞bïng，而在回鹘汗国希内乌苏碑北面 6 行、东面 9 行、东面 11 行、南面 2 行均写作 Bïŋ＞bïng。突厥鲁尼文字明确区分后舌音 B 与前舌音 b，一目了然。不过，在回鹘文中，bïng 与 bing 写法相同。毗伽可汗碑与暾欲谷碑相关内容分别参见 T. Tekin, *A Grammar of Orkhon Turkic*, Bloomington: IndianaUniversity, 1968, pp. 245, 250；希内乌苏碑相关内容，参见白玉冬《希内乌苏碑》译注》，朱玉麒主编《西域文史》第 7 辑，北京，科学出版社，2013 年，第 83、87、88 页。

[3] 关于 z 的解释，参见 A. von. Gabain, *Alttürkische Grammatik*, Wiesbaden: Otto Harrassowitz, 1974, p. 83；A. 冯·加班《古代突厥语语法》，耿世民译，呼和浩特，内蒙古教育出版社，2004 年，第 68—69 页；M. Erdal, *Old Turkic Word Formation: A Functional Approach to the Lexicon*, Wiesbaden: Otto Harrassowitz, 1991, vol. 1, pp. 323-327.

## 三、鲁尼文 Or. 8212/76(2)文书的 čingis

　　大英图书馆藏 Or. 8212/76 鲁尼文文书,系斯坦因(A. Stein)第三次中亚考古时发现于新疆米兰的古城堡遗址,属于军需品发放账本。[1] 该文书最早由汤姆森(V. Thomsen)以 M.I.xxxii.006.a(单面 22 行)、b(正面 12 行和背面 10 行)、c(单面 9 行)之名进行了解读。[2] 之后,奥尔昆与爱丁等按汤姆森的释读顺序进行了再研究。[3] 不过,汤姆森仅给出了字迹清晰部分的释读案,未给出断片 c 反面的图版和释读;奥尔昆虽然对汤姆森未能释清的相关词义进行了补正,但文字释读并没有超出汤姆森;爱丁等人亦未对前此二位的读法进行修正,文字释读上未有新的进展。笔者在前人研究基础上,依据 IDP 公开的图片,确定 Or. 8212/76 文书并非由三个断片构成,而是由文书(1)(2)构成,并给出了文书整体的最新换写、转写和中译文。[4] 以下转引文书(2)背面第 14 行第 6 字至第 16 行第 3 字的换写、转写和译文。换写中,( )内为根据残余笔画的复原文字,[ ]内为推测复原文字。相关图片和摹写参见图片 12-1 和图片 12-2。

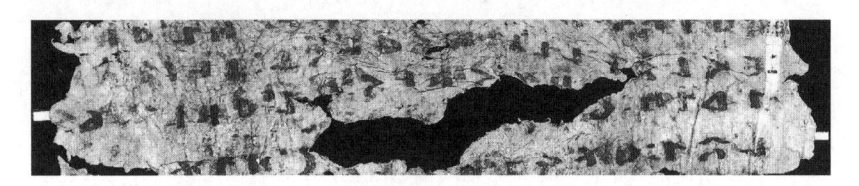

图 12-1

---

[1] A. Stein, *Serindia: Detailed Report of Explorations in Central Asia and Weternmost China*, vol. 1, Oxford: Clarendon Press, 1921, pp. 471, 474.

[2] V. Thomsen, "Dr. M. A. Stein's manuscripts in Turkish 'Runic' script from Miran and Tunhuang," *Journal of the Royal Asiatic Society*, 1912, pp. 181-189.

[3] H. N. Orkun, *Eski Türk Yazıtları*, vol. 2, pp. 63-68; E. Aydin, R. Alimov and F. Yıldırım, *Yenisey-Kırgızistan Yazıtları ve Irk Bitig*, pp. 467-470.

[4] 白玉冬《米兰出土 Or. 8212/76 鲁尼文文书译注》,余太山、李锦绣主编《丝瓷之路》第 7 辑,北京,商务印书馆,2019 年,第 31—50 页。

图 12-2

14：...... L a č (i) N B Y ŋ W (uQ)：č ŋ s (Y R i) 15 i ïQ i n：B (R š) W R ŋ W Q a：Y R L G B W 16 L T i：

14 ...... lačin bayanguq：čingis yar 15 -ïqïn：bars urunguqa：yarlïɣ bo 16 -ltï：

14-16 ......把腊真（鹰隼之意，此处为人名）巴彦谷成吉思（lačin bayanguq čingis）的盔甲分发给了末斯纛官（bars urungu）。

就上引部分而言，笔者与前人的不同之处在于：笔者释读出了第 14 行的人名 L a č [i] (N) B Y ŋ W (uQ) č ŋ s > lačin bayanguq čingis（腊真巴彦谷成吉思）。该文书中，前舌音文字 s 除用于书写前舌音文字 s 外，还用于书写前后舌双舌音文字 š。是故，上述第 14 行的人名要素 č ŋ s 存在读作 č ŋ s 或 č ŋ š，甚至于第一字与后二字、前二字与第三字断读的可能性。

我们知道，鲁尼文文献存在省略元音的现象。不过，在第一音节，圆唇元音 u/o 与 ü/ö 无省略现象，而平唇元音中，a/ä 几乎全省略，但 ï/i/e 则一般不省略。因此，在鲁尼文文献中，若确实希望读作 čingis，则最为理想的是书写时不是 č ŋ s，而是加上 i 写作 č ŋ s。虽然如此，在鲁尼文文献中时常省略夹在辅音之间的元音文字 i。森安孝夫据此把西安出土回鹘王子葛啜墓志第 1 行的 (p) m ŋ 读作 pimeng（碑铭）。[1] 加之 č ŋ s 中，s 是前舌音文字，č 与 ŋ 是双舌音文

---

[1] 森安孝夫《漠北回鹘汗国葛啜王子墓志新研究》，白玉冬译，荣新江主编《唐研究》第 21 卷，北京大学出版社，2015 年，第 511—512 页。

字，然则 č ŋ s 三字连读的情况下，我们可以排除元音是 a/ï/o/u/ö/ü 的可能性。这样，č ŋ s 存在转写作 äčängäs(š)/äčingäs(š)/äčängis(š)/äčingis(š)/čängäs(š)/čingäs(š)/čängis(š)/čingis(š) 等的可能性。据笔者浅识，上述转写中，čingis 除外的音值在古突厥语中尚未获得发现。值得一提的是，在 L. Rásonyi 和 I. Baski 编撰的突厥语人名词典中，可见到人名 čingis/čingiz（书中标作 ČiÑiS/ČiÑiZ）。[1] 其中，ČiÑiS 条标记作参见 ČiÑiZ。在 ČiÑiZ 条中，编者列出了 18—19 世纪带有 čingis 字样的人名 7 个、15 世纪和 19 世纪带有 čingiz 之名的人名 3 个，以及 19 世纪带有 čingïs 字样的人名 2 个、带有 čingïz 字样的人名 3 个。既然在后世的突厥语族人名中 čingis 并非个案，那么我们没有理由否定该名此前即已经出现的可能。

如前所述，回鹘语动词 čingi-（增强，增大，充满）是名词 čing 后续词缀-i 而构成的。在古突厥语构词法中未有形容词、名词和动词后续 s 的用例，名词复数词缀也不存在 s。不过，名词与动词后续词缀 š 均可构成名词。[2] 笔者以为，动词 čingi-或名词 čing 后续 š 构成名词 čingiš，但因词中-ng-音是鼻浊音，后续充当尾音的卷舌音 š 时发音困难，故尾音 š 转音为舌尖清音 s 是个自然的选择。是故，关于上述人名 č ŋ s，笔者转写作 čingis。需要注意的是，相比含有异体字 ṅ 的察浩勒第 4 碑的 č i ñ i z ＞ čingiz，此处的 č ŋ s 是以通常见于突厥与回鹘汗国碑文的鲁尼文正体字写成。笔者以为上述 č ŋ s ＞ čingis 的发现，为成吉思汗称号的释音释义提供了新的材料。

关于 Or.8212/76 文书的年代，汤姆森（V. Thomsen）、斯坦因（A. Stein）、克里亚施托尔内（S. G. Klyashtorny）等认为属于 8—9

---

[1] L. Rásonyi, I. Baski, *Onomasticon Turcicum*, *Turkic Personal Names*, Bloomington: Indiana University, Denis Sinor Institute for Inner Asian Studies, 2007, p. 201.

[2] G. Clauson, "Suffixes," in *An Etymological Dictionary of Pre-Thirteenth Century Turkish*, xlii, xlv; A. von. Gabain, *Alttürkische Grammatik*, pp. 63, 82-83; A. 冯·加班《古代突厥语语法》，第 55、68 页；M. Erdal, *Old Turkic Word Formation: A Functional Approach to the Lexicon*, pp. 102-103, 262-275.

世纪。[1] 森安孝夫倾向于西州回鹘王国或河西回鹘王国时期。[2] 笔者依据对文书中出现的拔塞干将军（bars qan sangun）和大俟斤撒里地方蘗官（tay irkin sarïɣ uluš urungu）等的考释，主张属于西州回鹘王国时期。[3] 总之，该文书确切告诉我们一个史实，在蒙古勃兴之前的回鹘汗国时期，čingis 作为人名业已出现。考虑到蒙古人借用回鹘文，回鹘人在文化宗教等方面对蒙古施加过影响，以及畏吾人在蒙元时期所扮演的重要角色等，[4] 笔者相信相比叶尼塞碑铭的 čingiz，回鹘汗国人名要素 čingis 与成吉思汗汗号之间的关系应该更为密切。

## 四、回鹘语 čingis 与蒙古语 činggis

在 Or.8212/76(2) 文书中，人名要素 čingis 的尾音 s 是以前舌音字 s 的原字 | 写成。回鹘人自漠北时期接触使用回鹘文字，西迁后回鹘文逐渐取代鲁尼文。考虑到回鹘汗国语言文字的延续性，以鲁尼文正字体书写的 čingis 若出现在回鹘文写本文献中，通常来说其尾音 s 相应的以回鹘文字母 s 来书写。不过，学术界当前在回鹘文文献研究中遇到的棘手问题之一是文字 s 与 z 的混写替换现象。这一现

---

[1] V. Thomsen, *Dr. M. A. Stein's manuscripts in Turkish 'Runic' script from Miran and Tun—huang*, pp. 184-185；A, Stein, *Serindia*, vol. 1, pp. 472-474；克里亚施托尔内《新疆与敦煌发现的突厥卢尼文文献》，杨富学、王立恒译《吐鲁番学研究》2010年第2期，收入杨富学著《回鹘学译文集》，兰州，甘肃民族出版社，2012年，第127页。

[2] 森安孝夫《吐蕃の中央アジア進出》，载氏著《東西ウイグルと中央ユーラシア》，名古屋大学出版会，2015年，第184—185页。

[3] 白玉冬《米兰出土 Or.8212/76 鲁尼文军需文书年代考》，余欣主编《中古中国研究》第3卷，上海，中西书局，2020年，第53—67页。

[4] 主要参见 P. Zieme, *Religion und Gesellschaft im Uigurischen Königreich von Qočo: Kolophpne und stifter des alttürkischen buddhistischen Schrifttums aus Zentralasien* (*Abhandlungen der Rheinisch-Westfälischen Akademie der Wissenschaften* 88), Opladen: Westdeutscher Verlag, 1992, pp. 12-15；茨默《佛教与回鹘社会》，桂林、杨富学译，北京，民族出版社，2007年，第20—23页；M. G. Brose, "Uyghur Technologists of Writing and Literacy in Mongol China," *T'oung Pao*, vol. 91, no. 3-1, 2005, pp. 396-435；杨富学《畏兀儿与蒙古历史文化关系研究》，《兰州学刊》2006年第1期，第55—59页。

象在元代之前已经出现，元代最盛。可见，鲁尼文 čingis 一词的发现，可以为这一问题的深入讨论提供一个值得参考的素材。此处，笔者着重探讨回鹘文 čingis 与蒙古文 činggis 之间的关系。以下所引回鹘语文献中的成吉思之用例，均属于 s 与 z 混写现象频现的元代，足以支撑笔者目前的相关看法。

关于第 1 条史料所列举的成吉思汗（činggiz qan），耿世民转写作 cinggiz gaghan（即 činggiz qaɣan），译作成吉思可汗。笔者查看该碑文回鹘文面图版，[1]4 处 ČYNKKYZ＞činggiz 均无误。不过，对比第 22 行、24 行 qaɣan qan（合罕汗）的 qaɣan，ČYNKKYZ 紧后面的文字并非 qaɣan，而是 qan。[2] 关于第 3 条史料第 2 行的činggiz qan，耿世民和张宝玺作 cinggiz qaɣan，中村健太郎对此表示赞同。[3] 据耿、张二位给出的图版，第 2 字的运笔和写法与第 6 行的činggiz qan 的 qan 相同，应读作 X'N＞qan。考虑到上述三条史料的性质，此处出现的成吉思汗的称号代表的应是官方立场。那么，回鹘语文献中的 činggiz（成吉思）与蒙古语文献中的 činggis（成吉思）有何关联呢？

记录成吉思汗称号的蒙古语材料包括以回鹘式蒙古文、八思巴文、波斯文等标记者。由于蒙古借用了回鹘文，对讨论蒙古语 činggis（成吉思）与回鹘语 činggiz（成吉思）之间的关系而言，回鹘式蒙古文材料极具史料价值。不过，这一看法并非否定八思巴文、波斯文等材料所具备的历史学价值；相反，笔者的某些观点恰恰需要这些文字资料加以补正。下面举一些代表性用例，试作讨论。

---

[1] http://www.dxbei.com/plus/view.php?aid=117504，2017 年 10 月 4 日 17:00。

[2] 另，耿先生所读第 18 行的 cinggiz gaghan，笔者未能发现。

[3] 耿世民、张宝玺《元回鹘文〈重修文殊寺碑〉初释》，《考古学报》1986 年第 2 期，第 257 页；中村健太郎《ウイグル文〈成宗テムル即位記念仏典〉出版の歴史的背景：U 4688 [T Ⅱ S 63]・*U 9192[T Ⅲ M 182] の分析を通じて》，第 55 页。

表 1　回鹘语文献中的成吉思汗

| No. | 史源 | 换写 | 转写 | 行数 | 年代 | 主要研究 | 性质 |
|---|---|---|---|---|---|---|---|
| 1 | U 4688 (T II S63)《元成宗铁穆耳可汗及其家族赞》 | ČYNKKYZ XʾXʾN | činggiz qaɣan | 4、6 | 1295年 | 阿不都热西提·亚库甫《古代维吾尔语赞美诗和描写性韵文的语文学研究》，上海，上海古籍出版社，2015年，第311—313页；中村健太郎《ウイグル文〈成宗テムル即位記念仏典〉出版の歴史的の背景》，《内陸アジア言語の研究》第21辑，2006年，第51—53页；P. Zieme, „Bemerkungen zur Datierung uigurischer Blockdrucke", Journal Asiatique, vol. 269, 1981, p. 388; Yukiyo Kasai, Die uigurichen buddhistischen Kolophone, Berliner Turfantexte, vol. 26, 2008, pp. 262–264. |  |
|  | U 9192 (T III M182) | ČYNKKYZ XʾN | činggiz qan | 8 | 1295年至14世纪初 | 阿不都热西提·亚库甫《古代维吾尔语赞美诗和描写性韵文的语文学研究》，第315—317页；中村健太郎《ウイグル文〈成宗テムル即位記念仏典〉出版歴史的の背景》，第62—64页；O. F. Sertkaya, „Ein Fragment eines alttürkischen Lopreises auf Tämür Qaɣan," Altorientalische Forschungen, vol. 16, no. 1, 1989, pp. 189–192; Yukiyo Kasai, Die uigurichen buddhistischen Kolophone, Berliner Turfantexte, vol. 26, 2008, pp. 266–268. | 纪念元成宗继位回鹘文佛典印本跋文 |

第十二章 成吉思汗称号的释音释义 / 235

续表

| No. | 史源 | 换写 | 转写 | 行数 | 年代 | 主要研究 | 性质 |
|---|---|---|---|---|---|---|---|
| 22 | 回鹘文《重修文殊寺碑》 | ČYNKKYZ X'N | činggiz qan | 2,6 | 1326年 | 耿世民、张宝玺《元回鹘文〈重修文殊寺碑〉初释》,《考古学报》1986年第2期,第257—262页。 | 蒙古察哈台后裔商功德碑 |
| 33 | 《大元肃州路也可达鲁花赤世勋之碑》回鹘文面 | ČY[N]KKYZ X'[N?] | činggiz qan | 1 | 1361年 | 白滨、史金波《〈大元肃州路也可达鲁花赤世袭之碑〉考释——论元代党项人在河西的活动》,《民族研究》1979年第1期,第70、80页;耿世民《回鹘文〈大元肃州路也可达鲁花赤世勋之碑〉译释》《向达先生纪念文集》,1986年,收入氏著《维吾尔古代文献研究》,北京,中央民族大学出版社,2003年,第414—417页。 | 肃州地区党项大族侍奉元朝的纪功碑 |
|  |  | ČY[N]KKY[Z] X'N | činggiz qan | 2 |  |  |  |
|  |  | ČYNKKYZ X'N | činggiz qan | 5 |  |  |  |
|  |  | ČYNKKYZ X'N | činggiz qan | 8 |  |  |  |

表 2  回鹘式蒙古文材料中的成吉思汗

| No. | 史源 | 换写 | 转写 | 行 | 年代 | 主要研究 | 性质 |
|---|---|---|---|---|---|---|---|
| 1 | 也松格碑 | ČYNKKYSX'N | činggis qan | 1 | 约 1224 年 | Dobu, *Uyiɣurǰin mongɣol üsüg-ün durasqaltu bičig-üd*(道布《回鹘式蒙古文献汇编》),北京,民族出版社,1983 年,第 3,5 页;D. Tumurtogoo, G. Cecegdari (eds.), *Mongolian Monuments in Uighur-Mongolian Script (XIII – XIV centuries), Introduction, transcription and bibliography* ( *Language and Linguistics Monograph Series A – 11* ). Taipei: Institute of Linguistics, Academiq Sinica, 2006, pp. 9 – 10,675; В. В. Радлов, *Атласъ древностей Монголіи* ( *Atlas der Alterthümer der Mongolei*). Санкт-Петербургъ: Типографія Императорской академіи наукъ, 1892, Plate. 49 – 3. | 大蒙古国时期纪念碑 |
| 2 | 完者都汗致法王菲力普四世书 | ČYNKKYS X'X'N | činggis qaɣan | 25 | 1305 年 | A. Mostaert, F. W. Cleaves, "Les Lettre de 1289 et 1305 des ilkhan Arɣun et Öljeitü à Philippe le Bel" ( *Harvard-Yenching Institute, Scripta Mongolica Series*, vol. 1). Massachusetts: Harvard University Press, 1962, p. 55; Dobu, *Uyiɣurǰin mongɣol üsüg-ün durasqaltu bičig-üd*, pp. 66,75; D. Tumurtogoo, G. Cecegdari (eds.), *Mongolian Monuments in Uighur-Mongolian Script (XIII – XIV centuries), Introduction, transcription and bibliography*, p. 156. | 伊利汗国与法国间政府公函 |

第十二章　成吉思汗称号的释音释义 / 237

续表

| No. | 史源 | 换写 | 转写 | 行 | 年代 | 主要研究 | 性质 |
|---|---|---|---|---|---|---|---|
| 3 | 德藏吐鲁番出土《入菩萨行论疏》印本残本 | ČYNKKYS X'X'N | činggis qaʏan | 166叶B面2行 | 1312年 | Dobu, *Uyiʏurǰin mongʏol üsüg-ün durasqaltu bičig-üd*, pp. 180, 203; D. Tumurtogoo, G. Cecegdari (eds.), *Mongolian Monuments in Uighur-Mongolian Script（XIII – XIV centuries）, Introduction, transcription and bibliography*, p. 58; F. W. Cleaves, "The Bodistw-a Čari-a Awatar-un Tayilbur of 1312 by Čosgi Odsir", *Harvard Journal of Asia Studies*, vol. 17, 1954, p. 54, Plate. 22. | 元代佛典大都白塔寺印本 |
| 4 | 敕赐兴元阁碑 | ČYNKKYS X'N | činggis qan | 34 | 1347年 | D. Tumurtogoo, G. Cecegdari (eds.), *Mongolian Monuments in Uighur-Mongolian Script（XIII – XIV centuries）, Introduction, transcription and bibliography* (*Language and Linguistics Monograph Series A – 11*). Taipei: Institute of Linguistics, Academiq Sinica, 2006, p. 26; F. W. Cleaves, "The Sino-Mongolian Inscription of 1346", *Harvard Journal of Asia Studies*, vol. 15, 1952, p. 71, 图片11,12; 松川节《敕赐兴元阁碑〉モンゴル文面訳注》,《内陆アジア言語の研究》第32辑, 2008年, 第345页。 | 元顺帝赐碑 |

上引例词均出自蒙元时期官方性质文献。笔者一一确认图版，其相关换写、转写均无误。虽然未能囊括所有用例，但足以说明回鹘式蒙古文中成吉思写作 ČYNKKYS（末尾 S 是以回鹘文字母 Z 书写），这应是标准的正字法。而同时期的八思巴文献中，成吉思通常作 jinggis，只有一例作 činggis。[1] 加之汉语标记的成吉思之思而言，在无尾音 Z 的中古蒙古语中，虽然末尾字以回鹘文字母 Z 书写，但无疑应读作 činggis。这与蒙元之前已经存在以文字 Z 替写 S 音的回鹘文书写习惯相合。看来，就上引回鹘文文献中的 ČYNKKYZ＞činggiẓ 而言，可以认为词中的 KKY＞-ggi-是受了畏吾体蒙古文该名写法的影响。那么，是否所有的蒙元时期音译成吉思之音均来自蒙古语 ČYNKKYS＞činggis 呢？

关于成吉思一语，1245—1247 年访问蒙古的欧洲传教士柏朗嘉宾（Plano Carpini）和稍后的鲁不鲁乞均记录为 Chingis。[2] 魏曙光教授赐教，贵由汗 1246 年答复教皇因诺曾爵四世的蒙古语信函的波斯语译本中，第 15 行第 1 词为成吉思之音译，波斯文作 čngīz。[3] 而在其拉丁语译本中，成吉思作 cyngis。[4] 相比《史集》等成书较晚的史料，柏朗嘉宾、鲁不鲁乞的报告和上述贵由汗的答复信是当事者的亲身记录，较为可信。贵由汗给教皇答书的原本为蒙古语回鹘式

---

[1] 八思巴文之用例，兹不一一引用。主要参见照那斯图《〈蒙古秘史〉汉字音译本底本与八思巴字的关系问题》，《民族语文》1988 年第 6 期，收入氏著《八思巴字和蒙古语文献Ⅰ研究文集》，东京，东京外国语大学，1990 年，第 124 页；照那斯图《八思巴字和蒙古语文献Ⅱ文献汇集》，东京，东京外国语大学，1991 年，第 9、18、23、30、40、45、50、55、63、68、73、78、84、96、101、125、133、139 页；D. Tumurtogoo, G. Cecegdari eds., *Mongolian Monuments in 'Phags-Pa Script, Introduction, transcription and bibliography* (*Language and Linguistics Monograph Series 42*), Taipei: Institute of Linguistics, Academiq Sinica, 2010, p. 193 činggis.

[2] C. Dawson, *The Mongol Mission*, pp. 19, 202.

[3] 图片见 P. Pelliot, "Les Mongols et la Papauté," *Revue de l'Orient chrétien*, vol. 23, 1922–1923, p. 14 后附图版，波斯文复写同文第 17—18 页。

[4] P. Pelliot, "Les Mongols et la Papauté," p. 12；伯希和《蒙古与教廷》，冯承钧译，北京，中华书局，2008 年，第 11—12 页。

蒙古文，由大臣哈答（Kadac）、八剌（Bala）、镇海（Chingay）逐字对译给柏朗嘉宾，又命柏朗嘉宾将其拉丁语译本返译给彼等解说，最后以西方或有人能解萨拉森语（Saracenic），乃将答书重写为萨拉森语，加盖印玺后由柏朗嘉宾带回。[1] 虽然其蒙古文文本未流传于世，但依据前面介绍的回鹘式蒙古文的用例而言，在属于政府公文的该蒙古文原本中，成吉思应写作 ČYNKKYZ＞činggis。如是，在贵由汗给教皇答书的拉丁文译本与波斯文译本中，原蒙古语音 činggis 的词中 g 音已经缺失，且尾音 S 在波斯文译本中变成了 Z。另外，波斯人志费尼（'Ala-ad-Din 'Ata-Malik Juvaini）1251 年前往哈剌和林庆贺蒙哥汗登基，在其次年开始撰写的《世界征服者史》（*Tārīkh-i Jahāngushāy-i Juwaynī*）中成吉思作 čngz。[2] 杉山正明直言成吉思 činggis 在波斯语中标记为 čīnkkīz～čīnkīz。[3] 即在波斯文音译蒙古语材料中，蒙古语音 činggis 的词中音 g 时有时无，尾音 S 均转变为 Z。前人指出，古突厥语词中音 ng 被借入到蒙古语中后变成 ngγ 或 ngg。[4] 除伯希和提到的"海"（tängiz＞tänggis）之外，我们还可以举出"唐古特"（tangut＞tangγud）。[5] 另外，与古突厥语 tängri（天，神圣，天神）对应的蒙古语，虽然写作 TNKRY，

---

〔1〕 C. Dawson, *The Mongol Mission*, pp. 66-67；道森《出使蒙古记》，第65—66页。

〔2〕 'Ala-ad-Din 'Ata-Malik Juvaini, *Genghis Khan: The History of the World-Conqueror*, translated from text of Mizra Muhammad Qazvini by J. A. Boyle, Cambridge：Harvard University Press, 1958, vol. 1, p. 10；志费尼《世界征服者史》，何高济译，翁独健校，呼和浩特，内蒙古人民出版社，1980年，第18—19页注18。

〔3〕 杉山正明《元代蒙汉合璧命令文の研究（一）》，《内陸アジア言語の研究》第5辑，1990年，第13页；另见韩百诗《"成吉思汗碑"铭考》，第5页。

〔4〕 P. Pelliot, *Notes on Marco Polo*, p. 299；G. Clauson, *Studies in Turkic and Mongolic Linguistics*, p. 130.

〔5〕 回鹘文唐古特之例，参见耿世民《回鹘文〈大元肃州路也可达鲁花赤世袭之碑〉译释》，第414页第7行；P. Zieme, "Some Notes on the Ethnic Name Taŋut（tangut）in Turkic Sources," in Российская академия наук, Институт восточных рукописей eds., ТАНГУТЫ в Центральной Азии, Сборник статей в честь 80-летия профессора Е. И. Кычанова, Москва：Восточная литература, 2012, pp. 461-468；蒙古文唐古特见蒙哥汗1254年发布的少林寺圣旨碑。参见 D. Tumurtogoo, G. Cecegdari eds., *Mongolian Monuments in Uighur-Mongolian Script*, p. 10.

但其音为腾格里（tenggri）。笔者并非主张蒙古语音 tenggri 借自古突厥语 TNKRY＞tängri，仅是强调蒙古语词中音 ngg 对应古突厥语音 ng。

依上例而言，成吉思一语在波斯语中的两种类型 čīnkkīz 与 čīnkīz，其拼写的原来语音存在两种可能：蒙古语音 činggis 与古突厥语音 čingis。而贵由汗给教皇答书的拉丁语译本与波斯语译本，依据的是后者 čingis。若参考蒙古语中古突厥语借词的原-ng-音变为-ngg-这一现象，则蒙古语音 činggis 存在出自古突厥语音 čingis 的可能。既然鲁尼文人名要素 čingis 已经出现在回鹘汗国时期，就不能否认其存在于回鹘文文献的可能性。12—13 世纪，包括蒙古部在内的蒙古高原游牧民集团与西北地区的高昌回鹘等有着密切的文化联系，[1]那么我们就不能轻易否定蒙古语音成吉思 činggis 借自回鹘语 čingis（强大物，强壮物）的可能性。

## 五、成吉思称号由来之蠡测

如前所述，关于成吉思一语的由来，《史集》《瓦萨甫史》记录是"强大，坚强"的复数形。除亦邻真介绍的用例外，我们还能找到蒙古语 čing（坚固和有力）的其他古老用例。如 1335 年立张应瑞碑回鹘式蒙古文中出现 čing ünen sedkil（坚定真诚的信念）、čing sedkil（坚定的信念）等。[2]

通常情况下，形容词不存在复数形。不过，古代蒙古语形容词确曾存在过复数形式。《元朝秘史》121 节记录有投奔铁木真的豁儿赤

---

[1] 相关考察，参见白玉冬《十世纪における九姓タタルとシルクロード貿易》，《史学雑誌》第 120 编第 10 号，2011 年，第 14—28 页；白玉冬《九姓达靼游牧王国史研究（8—11 世纪）》，第 153—159 页。

[2] F. W. Cleaves, "The Sino-Mongolian Inscription of 1335 in Memory of Chang Ying-jui," Harvard Journal of AsiaticStudies, vol. 13, no. 1/2, 1950, Harvard-Yenching Institute, pp. 72, l.12, 77, l. 50.

为获得分封而对铁木真进言。相关部分原句为："土篾讷那颜 孛合 阿 兀鲁孙 ᵗ豁阿思 撒亦惕 斡乞惕 荅ᵗ儿ᵗ合阑 阿卜ᵗ合兀勒周 ᵗ忽臣巴 额篾思秃 孛勒ᵗ合"（tümenü noyan bo[l]qaa[t] ulusun qo'as sayid ökid darqalan abqa'ulǰu qučin ba emestü bolqa），傍译为："万户官人 做了 国的 美的每 好的每 女子每 自在 教要 着 三十 也 妇人 有的 教做。"总译作："与了我个万户。再国土里美好的女子。由我拣选三十个为妻。"[1]其中，"豁阿思 撒亦惕（qo'as sayid）" 傍译作"美的每 好的每"，"每"对译蒙古语复数词尾 s（思）、d（惕）。嘎日迪以古代蒙古语 sayid üiles（善行）为例，指出 sayid 之-d 形态是与 üiles（事业）的-s 形态的复数相和谐，并分析认为此类形容词复数形式在表达复数的同时，还构成临时性名词，区别在于充当定语的是形容词，带有格的形态，包括主格的零形态则是临时名词。[2] 此种充当定语的形容词复数形与名词复数形相和谐，恰与匿名审稿专家赐教一致。看来，形容词 čing 在古代蒙古语中存在复数形式是没有问题的。蒙古语通常是在以元音结尾的原词之后直接缀接复数词缀-s，或在以辅音结尾的原词后面垫连一个元音后再缀接-s。前文曾介绍，古突厥语词中音-ng-被借入到蒙古语中后变成-ngγ-或-ngg-。虽然这属于借用语的情况，但仍然反映出当时的蒙古语存在词中音-ng-后垫连音节-g-的现象。笔者查阅中古蒙古语材料的相关字词，如 čing、sang（仓）等，未能发现相关词中音-ng-后垫连-g-，再缀接复数词缀-s 的用例。虽然当下可能尚属孤证，但既然拉施特在《史集》中明言成吉思（činggis）是蒙古语 čing 的复数形式，那么我们仍有必要对此说法给予重视。依上述嘎日迪的相关分析，成吉思（činggis）可以视作临时性名词。

如前所述，波斯语 čīnkkīz 与 čīnkīz 存在分别源自蒙古语音

---

[1] 栗林均、确精扎布编《〈元朝秘史〉モンゴル語全単語・語尾索引》，《東北アジア研究センター叢書》第 4 号，仙台，東北大学東北アジア研究センター，2001 年，第 144—145 页；佚名著《元朝秘史（校勘本）》，乌兰校勘，第 102 页。

[2] 嘎日迪《中古蒙古语研究》，沈阳，辽宁民族出版社，2006 年，第 219—220 页。

činggis 与古突厥语音 čingis 的可能。此处,关注一下参与把贵由汗答书译成萨拉森语的哈答、八剌、镇海和译员铁木尔(Temer)。哈答,柏朗嘉宾记录作全帝国的断事官。[1]《世界征服者史·贵由汗登上汗位》《史集·贵由汗纪》介绍 Qadaq(合答、合答黑)自贵由汗幼年时即作为阿塔毕(ata beg)侍奉他,是个基督教徒。[2] ata 即回鹘语父亲,beg 即匍,即哈答曾是贵由汗的御用"师父"。鲁不鲁乞说蒙古人采用了畏吾人的字母,他们是蒙古人主要的书记,几乎所有的聂斯脱里派基督教徒都能阅读他们的文字。[3] 虽然当时有部分信仰聂斯脱里派基督教的克烈人充当蒙古人的"必阇赤"(即书记),但贵由汗师父哈答最大可能出自畏吾,至少是熟知回鹘文的。八剌,柏朗嘉宾记录作丞相。[4]《世界征服者史》记录在蒙哥朝 1252—1253 年,"因一些人谋逆,引起了倾轧。这些人派一个畏吾儿的偶像教徒,国之大臣,八剌必阇赤(Bala Bitikchi)去找亦都护"。之后详述其与亦都护谋划杀害穆斯林但遭到举报,最终亦都护被斩首,八剌被罚出使埃及和叙利亚。[5] 由此可知,八剌必是畏吾人。镇海,柏朗嘉宾记录作丞相,《世界征服者史·贵由汗登上汗位》《史集·贵由汗纪》介绍说 Chinqai(镇海)是给予贵由汗基督教影响的基督教徒。[6] 元末许有壬《元故右丞相怯烈公神道碑铭并序》言:"丞相名镇海,即称海,系出怯烈氏。或曰:'本田姓,至朔方,始氏怯烈。'曰:'实怯烈

---

[1] C. Dawson, *The Mongol Mission*, p. 66;道森《出使蒙古记》,第 65 页。

[2] 'Ala-ad-Din 'Ata-Malik Juvaini, *Genghis Khan: The History of the World-Conqueror*, p. 259;志费尼著《世界征服者史》,第 301 页;拉施特《史集》第 2 卷,余大钧、周建奇译,北京,商务印书馆,1983 年,第 220 页。

[3] C. Dawson, *The Mongol Mission*, p. 142;道森《出使蒙古记》,第 159 页。

[4] C. Dawson, *The Mongol Mission*, p. 66;道森《出使蒙古记》,第 65 页。

[5] 'Ala-ad-Din 'Ata-Malik Juvaini, *Genghis Khan: The History of the World-Conqueror*, pp. 49-53;志费尼《世界征服者史》,第 55—59 页。

[6] 'Ala-ad-Din 'Ata-Malik Juvaini, *Genghis Khan: The History of the World-Conqueror*, p. 259;志费尼《世界征服者史》,第 301 页;拉施特《史集》第 2 卷,第 220 页。

族,时同名者三,因主屯田,故加田别之。'"[1]《元史》卷120《镇海传》则直言:"镇海,怯烈台氏。"[2]怯烈台即克烈。不过,13世纪30年代成书的《黑鞑事略》介绍蒙古的相时言:"其相四人……曰镇海(回回人),专理回回国事。"[3]拉施特《史集·察合台传》则明记Chingqai(镇海)是回鹘人。[4]即,关于镇海的族属史料记载不一。笔者认为森安孝夫主张的镇海是原属高昌回鹘王国的回鹘商人这一看法最为接近史实,此处暂不展开讨论。[5]同时笔者以为镇海是具有中亚景教背景的商人,"专理回回国事"不仅因为他是回回人,还可能因为他熟悉波斯文使然。译员铁木耳,据柏朗嘉宾介绍,他是斡罗斯(俄罗斯)雅罗思老公爵(Duke Jerozlaus)的武士。同书介绍柏朗嘉宾在拔都的营帐中,由一个族属库蛮的基督教徒斡罗思人充当翻译。[6]考虑到Temer可以视作古突厥语tämür(铁)的音译,笔者以为译员铁木耳同样属于当时与斡罗斯保持密切关系的古突厥语族库蛮人(钦察人)。

此外,鲁不鲁乞在前往蒙古途中横穿钦察草原,先后拜访过撒儿塔及其父拔都的营帐。当时的译员名为阿卜杜剌(Abdullah)。不难看出,此译员当为西方伊斯兰教徒。抵达蒙古之后,鲁不鲁乞的最初译员为聂斯托利派基督教徒,后为巴黎的金匠威廉

---

[1] 许有壬《圭塘小考》卷10,《丛书集成续编》第136册,台北,新文丰出版公司,1988年,第703页;陈高华《元故右丞相怯烈公神道碑铭》,载氏著《元代维吾尔、哈剌鲁资料辑录》,乌鲁木齐,新疆人民出版社,1986年,第141页。

[2] 《元史》卷120《镇海传》,北京,中华书局,1976年,第2963—2964页。

[3] 王国维校《〈黑鞑事略〉笺证》,第2页。

[4] 拉施特《史集》第2卷,第186页;J. A. Boyle, The Successors of Genghis Khan, p. 155.

[5] 森安孝夫《シルクロードのウイグル商人——ソグド商人とオルトク商人の間——》,《岩波講座世界歴史》第11巻《中央ユーラシアの統合》,東京,岩波書店,1997年,收入氏著《東西ウイグルと中央ユーラシア》,名古屋大学出版会,2015年,第428—429页。

[6] C. Dawson, The Mongol Mission, p. 66-67, 71;道森《出使蒙古记》,第65、69页。

（William）之子。[1] 而且，当时蒙哥汗的专用译员也是聂斯托利派基督教徒。[2] 可见，鲁不鲁乞记录的 čingis 同样是经由伊斯兰教徒或聂斯托利派基督教徒等与西方有着密切关系的译员。

不可否认，亚库特语 čingïs～čïgïs（坚固的，残忍的）和《新波斯语中的突厥蒙古语要素》的 čingīz（牢固的，强烈的），与成吉思 čingis 在语音上有相通之处。不过，既然在蒙古勃兴之前已经出现有 čingis（强大物，强壮物），那么以晚期的亚库特语 čingïs～čïgïs 与新波斯语的 čingīz 的语义来推定成吉思 čingis 之语义，就显得有些本末倒置。笔者以为亚库特语 čingïs～čïgïs 所赋予的"可怕的，凶猛的"之义，以及新波斯语 čingīz 所赋予的"坚固的，强健的"之义，甚至安那托利亚方言中被赋予的词义，更应该被视作成吉思汗强悍勇猛的形象在上述相关语言文化中的衍生物。

## 小　　结

依据以上考察，关于成吉思 činggis 一词，可以归纳出以下两点：(1) 存在源自蒙古语 čing（坚固和有力）之复数形式所充当的名词的可能；(2) 存在源自回鹘语 čingis（强大物，强壮物）的可能。考虑到 čing 在蒙古语和回鹘语中均含有"坚固"之义，čing 存在属于阿尔泰语系共同语的可能。蒙古语 činggis 与回鹘语 čingis，极有可能是 čing 在不同历史时期，在不同语族语言中出现的语音和形态方面的变化形式。蔡美彪先生以为记录成吉思汗戎马生涯的《圣武亲征录》的"圣武"应是成吉思名号的最恰当的汉语释义。[3] 笔者的上述见

---

[1]　C. Dawson, *The Mongol Mission*, pp. 141, 195；道森《出使蒙古记》，第175—176, 214页。

[2]　C. Dawson, *The Mongol Mission*, pp. 129-130, 154；道森《出使蒙古记》，第146—147, 172页。

[3]　蔡美彪《成吉思及撑黎孤涂释义》，第258页。

解与蔡先生观点殊途同归,同时也是对罗依果和钟焓观点的一个回应。

(原载《历史研究》2019 年第 6 期,第 45—58 页,收入本书时进行了修订)

# 第十三章　元代回鹘语专用称谓 Uluγ Suu（蒙元皇帝）释义

13世纪蒙古人借用回鹘文记录自己的语言，早期的蒙古佛教曾受回鹘佛教之影响。蒙古与回鹘之间文化交融的探讨，有助于我们加深对元朝社会的兼容并蓄和开放性、融通性之了解。关于此问题，最早进行介绍的当是鲍培（N. Poppe）。他在讨论中世纪蒙古语中的古代突厥语借词的论文中，指出部分蒙古语佛教词汇来自回鹘语。[1] 虽然其关于汗（qan）的来源等看法存在武断之嫌，但其关于 ariγ（纯净的）＜ariγ, toyin（和尚）＜toyïn 等的意见无疑是正确的。克劳森（G. Clauson）在关于古代突厥语和蒙古语语言学研究的专著中专列一章，认为包括如 töre（习惯法）＜törö、burxan（佛）＜burxan 等在内的蒙古语词汇借自古突厥语。[2] 兹后，茨默（P. Zieme）在讨论回鹘文学与蒙古文学之间的关系时进行了补充。[3] 庄垣内正弘则就蒙古佛典中的回鹘语借用词专文进行归纳讨论，指出梵语起源

---

[1] N. Poppe, "The Turkic Loan Words in Middle Mongolian," *Central Asiatic Journal*, vol. 1, no. 1, 1955, pp. 36-42. 另有 P. Aalto, "Prolegomena to an edition of the Pañcarakṣā," *Studia Orientalia*, vol. 19, no, 12, 1954, pp. 1-48. 惜未能寓目。

[2] G. Clauson, *Studies in Turkic and Mongolic Linguistics*（Royal Asiatic Society Books, 1962）, rep.：London and New York：Routledge Curzon, 2002, pp. 133-154.

[3] P. Zieme, „Zu den Beziehungen zwischen dem uigurischen und mongolischen Schrifttum," in J. G. Hangin and J. R. Krueger eds., *The Second International, Congress of Mongolists, The Mongolia Society Bulletin*, vol. 9, no. 2, 1973, Ulaanbaatar, pp. 247-250.

词经由吐火罗语进入回鹘语,而后自回鹘语进入蒙古语。[1] 松川节通过对蒙古文《佛说北斗七星延命经》中回鹘语要素的讨论,指出该佛典是由回鹘语翻译成蒙古语。[2] 中村健太郎通过对回鹘语和蒙古语佛典韵文的对比,以《蒙古秘史》中虽然存在押韵诗,但不存在四句押韵诗文为依据,主张蒙古在14世纪引入回鹘文佛典中的四句押韵文并流传至今。[3]

笔者以为上述学者们的观点虽然不乏值得商榷之处,[4]但大体上可通。不过,13—14世纪高昌回鹘隶属于蒙元王朝,蒙元时期蒙古文化对回鹘的影响亦不可忽视。兹以出现于回鹘文契约文书等文献中的专用称谓 Uluɣ Suu(蒙古皇帝)为例,试做讨论,并求教于方家。

## 一、回鹘文契约文书的 Uluɣ Suu(蒙元皇帝)

元代回鹘文契约文书中,当谈到合同一方的违约责任时,频繁出现固定套语。其中包括一条向 Uluɣ Suu(蒙元皇帝)缴纳罚金。如,土耳其伊斯坦布尔大学所藏 Sa11 回鹘文契约文书以草书体回鹘文写成,共27行,年代属于蒙元时期。内容是名为 Tärbiš 的人物因需要流通用的钞锭(čao yastuq),把属于自己的葡萄园以100锭的价格

---

[1] 庄垣内正弘《モンゴル語仏典中のウイグル語仏教用語について》,崎山理、佐藤昭裕编《アジアの諸語と一般言語学》,东京,三省堂,1990年,第157—175页。

[2] 松川節《モンゴル語訳〈佛説北斗七星延命經〉に残存するウイグル的要素》,森安孝夫编《中央アジア出土文物論叢》,京都,朋友书店,2004年,第85—92页;Takashi Matsukawa, "Some Uighur Elements Surviving in the Mongolian Buddhist Sūtra of the Great Bear," in D. Durkin—Meisterernst et al. eds., *Turfan Revisited — the First Century of Research into the Arts and Cultures of the Silk Road*, Berlin: Reimer, 2004, pp. 224-229.

[3] 中村健太郎《ウイグル語仏典からモンゴル語仏典へ》,《内陸アジア言語の研究》第22辑,2007年,第71—118页。

[4] 如蒙古的四句押韵诗文,虽然存在回鹘佛教四句押韵诗文的影响,但《蒙古秘史》中频繁出现的蒙古自有的韵文诗影响更大。

卖给了 Udči 和 Buqa-a Äsän 二人。兹转引相关文本转写（transcription），再做讨论。因 suu 涉及的问题颇多，暂以换写（transliteration）代之。在谈到 Tärbiš 亲属的违约责任时，该文书言：[1]

> [15] ……apam birök ärklig bäg [16] iši yat yalavač küčin tuḍup čam čarïm [17] qïlsar-lar [18] uluγ SWW-kä bir altun yasḍuq ičgär-i aγïlïq- [19] qa bir kümüš yastuq bägät-lär-kä birär [20] ädär-kä yarašu at qïṣγut birip söz- [21] -lär-i yorïmazun.
>
> 万一他们借助权臣和外来使节（即蒙古的官员）之力惹起纷争的话，给 Uluγ sww 一枚金锭，给内库一枚银锭，给官员们各一匹适合配鞍子的马。他们的话无法律效力（原意不能行通）。

同大学所藏 Sa12 回鹘文契约文书，是名为 Turmïš Tigin 的人物需要在大都（Taydu）通用的钞锭，把在高昌（Qočo）保有的土地，以 80 锭中统宝钞（čungdung bao-čao）价格卖给 Vapso tu（法藏奴）的合同文书。在谈到 Turmïš Tigin 女婿之亲属的违约责任时言：[2]

> [9] ……apam birök ärklig bäg [10] iš-i küčin tutup čam čarïm qïlsar-lar [11] uluγ SWW-kä bir altun yastuq basïp il bäg-lär-ingä ädär-kä [12] yaraγu at birip sözlär-i yorïmazun.
>
> 万一他们借助权臣之力惹起纷争的话，上交 Uluγ sww 一枚金锭，给官员们适合配鞍子的马。他们的话无法律效力（原意不能行通）。

关于上文中的 sww，小田壽典等在《回鹘文契约文书集成》第 2 卷中给出的最新译注中均转写作 sṳü。其中的 ṳ，表示原本写作 u，改读成

---

[1] 转写据山田信夫著，小田壽典、P. ツィーメ、梅村坦、森安孝夫编《ウイグル文契約文書集成》第 2 卷，大阪大学出版会，1993 年，第 25—26 页，图片见同书第三册图片 22。译文依作者意见。

[2] 转写据山田信夫著，小田壽典、P. ツィーメ、梅村坦、森安孝夫编《ウイグル文契約文書集成》第 2 卷，第 27—28 页。图片见同书第三册图片 23。译文依作者意见。

ü。上述二例中，sww 的后缀与格词缀 kä 是前元音文字。回鹘文中，前元音字 sü 通常写作 swy，不过有时会省略末尾的 y，写法与后元音字 su 完全相同。仅限以上二例而言，上述转写 sụü 没有任何问题。

据悉，茨默（P. Zieme）曾口头提议 sụü 可能是汉字"塑"的音译，但未刊文讨论。与上引史料的违约规定相近的用例，还见于另外 6 篇契约文书中。因文本内容过于烦琐，此处只引用与 sww 相关的部分，并加以补充说明。

| 序号 | 换 写 | 转写与页码 | 行 | 位置 | 图片 | 文书 | 备注 |
|---|---|---|---|---|---|---|---|
| 1 | 'wlwx sww k' | uluɣ sụü-kä, 57 | 22 | 顶端 | 48 | Sa 27 | 转写为《回鹘文契约文书集成》第 2 卷转写，图片为同书第 3 卷图片 |
| 2 | 'wykwd'y sww synk' | ögödäy sụü singä, 116 | 13 | 顶端 | 107 | Ad 01 | |
| 3 | 'wlwx sww x' | uluɣ suu qa, 130 | 2 | 顶端 | 113 | Em 01 | |
| 4 | | | 15 | | | | |
| 5 | 'wlwx sww k' | uluɣ sụü-kä, 134 | 11 | 中间 | 116 | WP 01 | |
| 6 | 'wlwx sww k' | uluɣ sụü-kä, 146 | 16 | 顶端 | 124 | Mi 01 | |
| 7 | 'wlwx sww k' | uluɣ sụü-kä, 149 | 15 | 顶端 | 127 | Mi 03 | |

据上表 1—7 的换写，第 2 个文字均为 sww。其中的第 3、4 号，《回鹘文契约文书集成》第 2 卷转写作 suu。这是因为之后的文字换写作 x'，是以后元音字母书写的名词与格词缀 qa。其余第 1、2、5、6、7 号，《回鹘文契约文书集成》第 2 卷转写作 sụü，这是因为之后的文字均是前元音文字使然。笔者注意到，第 5 号 WP 01 除外，包括前面引用的 Sa11 和 Sa12 在内，其余文书中 uluɣ sww（第 2 号为 ögödäy sww，窝阔台 sww）均被置于该行顶端。尤其是，第 3、4 号的 sww，相比同一文书第 1 行（首字为 luu 龙）除外的其他行，均高出一个 uluɣ。看

得出，对回鹘文契约文书的书写者来说，uluɣ sww 是个值得表示敬意的存在。由于第 2 号文书直接写作 ögödäy sww（窝阔台 sww），契约文书中的 sww 代指皇帝无疑。

关于上述契约文书中的 sww，最早进行集中研究的拉德洛夫（W. Radloff）解释做军队。[1] 受此影响，早年的山田信夫和冯家昇等亦视作军队。[2] 李盖提（L. Ligeti）在《关于蒙古时代的回鹘文献》一文中，依据居庸关云台过街塔券洞内壁的回鹘文和八思巴蒙古文的对应韵文等的对比，指出回鹘语 suu / sü 源自蒙古语 su / suu（尊严、威严），uluɣ suu 来自蒙古语 yeke suu ǰali，用来指皇帝。[3] 如回鹘文第 2 偈文的 qaɣan suu-si bodistv idimiz-tä（向我们的可汗的那 suu 菩萨主）与蒙古八思巴文的 qan sutu bodisivid eǰen-dür（向汗 sutu 菩萨主）对应。此后，学术界接受了李盖提的意见。如《回鹘文契约文书集成》第 2 卷中，虽然有两种转写 sṵü 和 suu，但均译作皇帝。国内李经纬、刘戈等亦取皇帝之义。[4] 然《回鹘文契约文书集成》转写作 sṵü 是否可行，此词究竟为何意？关于此点，尚无专门讨论。笔者赞成上述李盖提意见，更以为其相关历史文化背景值得一探。

---

[1] W. Radloff, *Uigurische Sprachdenkmäler*, Materialien nach dem Tode des Verfassers mit Ergänzungen von S. Malov herausgegeben, Leningrad 1928. (Repr. Osnabrück 1972.), pp. 133–135, 211, 212.

[2] 主要参见山田信夫《ウイグル文賣買契約書の書式》，《西域文化研究》第 6 辑《歷史と美術の諸問題》，京都，法藏馆，1963 年，收入小田壽典、P. ツィーメ、梅村坦、森安孝夫编《ウイグル文契約文書集成》第 1 卷，第 58 页；Э・捷尼舍夫、冯家昇《回鹘文斌通（善斌）卖身契三种 附控诉主人书》，《考古学报》1958 年第 2 期，收入新疆社会科学院考古研究所编《新疆考古三十年》，乌鲁木齐，新疆人民出版社，1983 年，第 512—513 页。

[3] L. Ligeti, "À propos d'un document ouigour de l'époque mongole," *Acta Orientalia Academiae Scientiarum Hungaricae*, vol. 27, no. 1, 1973, pp. 3–6.

[4] 刘戈《回鹘文买卖契约译注》，北京，中华书局，2006 年，第 154 页注 48；刘戈《回鹘文契约断代研究：昆山识玉》，北京，中华书局，2016 年，第 178 页；李经纬《吐鲁番回鹘文社会经济文书研究》，乌鲁木齐，新疆人民出版社，1996 年，第 38 页。

## 二、蒙古语 suu/su 的含义

蒙古语 suu/su 频繁出现于蒙元时期的蒙古语文献中，现试举数例，以证其意。居庸关云台佛教寺庙建筑，建成于元末。[1] 其中，过街塔券洞内壁有至正三年(1343)镌刻的梵、藏、回鹘、西夏和蒙古八思巴文等六体文字镌刻的陀罗尼和用梵文以外其余五种文字镌刻的《建塔功德记》。[2] 关于其中的八思巴文铭文，李盖提和西田龙雄等先后进行了解读研究。[3] 现从综合多家意见的照那斯图研究成果中，转引西壁八思巴蒙古文第2—3行的第3偈文。[4]

² ……ut'ayi-yin horč'in mergen neret'u yėke ɢa・an bol ǰu 'ün- ³dur yėke supurɣad-iyar ulus-iyan č'imeǰu oro・ar nayan nasulaɢu k'e・en wiyag(i)rid 'ögt'egsen 'örgön biligt 'u sut'u bothisiwid seč'en ɢa・an ber.

在五台山附近成为具有贤明名望的大汗，以高大的佛塔装饰自己的国家，国土上的所有人预祝(高寿)八十岁，具有广博的智慧和洪福的菩萨薛禅汗(即元世祖忽必烈，后续工具格词缀)。

上文中，修饰菩萨(bothisiwid)的 sut'u＞sutu，即名词 su 后续形容词构词词缀-tu(具有)而构成的形容词。据辞典，当代蒙古语 sutu 具有

---

[1] 相关考证介绍，见宿白《居庸关过街塔考稿》，《文物》1964年第4期，第16—19页；双福《〈居庸关东西壁铭文〉研究》，《内蒙古社会科学》1992年第4期，第115页。

[2] 杨富学《居庸关回鹘文功德记所见 uday 考》，《西北民族学院学报(哲学社会科学版)》2003年第1期，第40页；聂鸿音《论"八思巴字"梵语》，《民族语文》2011年第2期，第61页。

[3] L. Ligeti, *Monuments en écriture 'phags-pa, Pièces de chancelleriè en transcription chinoise*(*Monumenta Linguae Mongolicae Collecta*, vol. 3), Budapest: Akadémiai Kiadó, 1973, pp. 83–88；西田龙雄的释读案收入村田治郎《居庸关》第1册，京都大学工学部，1957年，第137—160页。

[4] 照那斯图《八思巴字和蒙古语文献Ⅱ文献汇集》，东京外国语大学，1991年，第171、174、176页。译文据笔者理解。

"英明的、卓越的、菁华的、拔萃的、独特的"之意。[1] 综合研究八思巴文献的铁木尔陶高，将 su 译作 grandeur。[2] 而明初编《华夷译语》所收蒙古语中，9 例"速图合罕"sutu qahan 旁译均作"洪福皇帝"。[3] "洪福"即"大福气、好福气"。查"福"，相关含义包括两种，一为与"祸"相对的富贵寿考等齐备的状态，即幸福、福气，二为"保佑、造福、赐福"。[4] 在歌颂皇帝美德的上例中，sutu（洪福）的 su（福）按第二种"保佑、造福、赐福"解释较为稳妥。

sutu 还见于上述《建塔功德记》八思巴蒙古文第 8、11、12 偈文的祝辞中。相关部分在第 8 偈文中为 ulus-un ・ihe・en ɢa・an sut'u bodhisiwid ėjen-dur（国家的庇护者、汗 sut'u、菩萨主）后续名词与格词缀-dur，第 11 偈文中为 talayi-yin ėjen ulus-un ɢa・an ɢa・an sut'u（大海之主、国家之汗、汗 sut'u）后续名词属格词缀-yin，第 12 偈文中充当前一句的宾语 gege・en buyant'u ɢa・an sut'u（具有光辉福德的汗 sut'u）。上述第 8、11、12 偈文例子中，前两例的 ɢa・an sut'u（汗 sut'u）与之前和之后的词属于并列关系，构成同位语，均代指皇帝，第 3 例的 ɢa・an sut'u（汗 sut'u）单独代指皇帝。即，ɢa・an sut'u（汗 sut'u）此处均充当名词。此用法与第 3 偈文和《华夷译语》中用于修饰汗的 sutu（洪福）不同。

suu / su 还频繁见于蒙元时期的皇帝圣旨，大王、诸王的令旨和女性皇族发布的懿旨中。[5] 其中，大汗的圣旨往往以套语 möngke

---

[1] 内蒙古大学蒙古语文研究室编《蒙汉辞典》，呼和浩特，内蒙古人民出版社，1976 年，第 930 页。

[2] D. Tumurtogoo, G. Cecegdari eds., *Mongolian Monuments in 'Phags-pa Script, Introduction, transcription and bibliography*, Taipei: Institute of Linguistics, Academiq Sinica, 2010, p. 190.

[3] 栗林均《〈華夷訳語〉（甲種本）モンゴル語全単語・語尾索引》，《東北アジア研究センター叢書》第 10 号，東北大学東北アジア研究センター，2003 年，第 92—93、96—97、108、112 页。

[4] 《汉语大字典》第 5 卷，第 2572 页；《汉语大词典》第 7 卷，第 10544 页。

[5] 相关归纳介绍，见松川節《大元ウルス命令文の書式》，《待兼山論叢》第 29 辑，1995 年，第 38—39 页。

## 第十三章 元代回鹘语专用称谓 Uluɣ Suu(蒙元皇帝)释义 / 253

tngri-yin kücün-dür,yeke suu jali-yin ibegen-dür,qaɣan jarliɣ manu 起始,对应的汉文通常是"长生天气力里,大福荫护助里,皇帝圣旨"。[1] 令旨往往以套语 möngke tngri-yin kücün-dür, qaɣan-u suu-dur,(称号)üge manu,对应的汉文通常是"长生天气力里,皇帝福荫里,(称号)令旨"。懿旨往往以套语 möngke tngri-yin kücün-dür,qaɣan-u suu-dur,(称号)'iji manu,对应的汉文通常是"长生天气力里,皇帝福荫里,(称号)懿旨"。令旨和懿旨的福荫 suu,是专指皇帝 qaɣan 的福荫。"福荫",汉语大词典言犹"福庇",[2] 即福的庇护和保佑。即,元代公文令旨和懿旨中皇帝的 suu(福荫),与上引第3偈文的 örgön biligt'u sut'u bothisiwid seč'en ɢa·an(具有广博的智慧和威严的菩萨薛禅汗)的 sut'u 的 su 寓意相同,均是护佑、赐福之意。反观圣旨,yeke suu jali-yin ibegen-dür(大福荫护助里)中,suu jali 为"福荫"之意。其中的 jali,日本学者多译作日语輝き(光辉、辉耀),[3] 亦邻真先生对译作"荫"。[4] 在蒙古文版《佛陀十二行谊》中,可以确认到 bodistv-un suu jali čoɣ(菩萨的 suu jali čoɣ)一文。[5] 其中的 čoɣ,应是源自回鹘语 čoɣ(光)的借入语。不过,关于 suu 与 čoɣ 之间的 jali,笔者查阅相关蒙古语字典和文献等,惜未能找到合理的解释。大英图书馆藏 Or. 8212/75B 回鹘文书由斯坦因(A. Stein)获自敦煌莫高窟,是《阿比达摩俱舍论实义疏》的元代回

---

[1] 具体例子,参见中村淳、松川節《新発現の蒙漢合璧少林寺聖旨碑》,《内陸アジア言語の研究》第 8 辑,1993 年,第 16、41、46、48、52 页。

[2] 《汉语大词典》第 7 卷,第 946 页。

[3] 杉山正明《元代蒙漢合璧命令文の研究》(一),《内陸アジア言語の研究》第 5 辑,1990 年,第 18—19 页;杉山正明《元代蒙漢合璧命令文の研究》(二),《内陸アジア言語の研究》第 6 辑,1991 年,第 46—47 页;松川節《大元ウルス命令文の書式》,第 36—37 页;中村淳、松川節《新発現の蒙漢合璧少林寺聖旨碑》,第 41、48 页。

[4] 亦邻真《至正二十二年蒙古文追封西宁王忻都碑》,《中国民族古文字研究会第二次学术讨论会论文》,北京,1983 年,收入氏著《亦邻真蒙古学文集》,齐木德道尔吉等编,呼和浩特,内蒙古人民出版社,2001 年,第 686 页。

[5] D. Tumurtogoo, G. Cecegdari eds., *Mongolian Monuments in Uighur-Mongolian Script (XIII - XIV centuries), Introduction, transcription and bibliography* (Language and Linguistics Monograph Series A - 11), Taipei: Institute of Linguistics, Academiq Sinica, 2006, p. 120, 22a.

鹘文译本。其中,回鹘文中插入汉语"然日舒光",之后是对应的译文 kün tngri-ning yadïlmïš isig čoγ-ï。[1] 即,"光"对应 isig čoγ-ï(热光,ï 是第三人称词缀)。同书中,čoγ(光)与 yalïn(焰、光)多次并列出现。[2] 如,čoγluγ yalïnlïγ küči 即"威力",čoγluγ yalïnlïγ ädgüsi 即"威德"。[3] 我们知道,回鹘语词头 y 音对应蒙古语音,如 yïl＞ǰil(年)、yarlïγ＞ǰarlïγ(圣旨、命令)等。考虑到蒙古文《佛陀十二行谊》中ǰali 与 čoγ 并列出现,则此ǰali 可以视作回鹘语 yalïn(焰、光)借入蒙古语中后尾音-n 脱落的形式。[4] 推言之,ǰali čoγ 即"威光"之意。参此而言,元代蒙古语圣旨中的 yeke suu ǰali 的ǰali,原意是"焰、光",后衍生出"威"之义。此"威"对应汉文圣旨之"福荫"的"荫"。即便如此,居庸关八思巴文偈文中的 Ga·an sut'u(汗 sut'u)的含义和回鹘文契约文书的 sww 仍然难以理解。原因是在这些文献中,sut'u、sww 充当的是专用名词,均代指皇帝。

## 三、回鹘语 qut 与蒙古语 suu/su

李盖提引用介绍的居庸关过街塔西壁回鹘文第 1 偈文,对应上引八思巴蒙古文第 3 偈文,惜第 2 句残缺不全。后来,德国学者罗伯恩(K. Röhrborn)和土耳其学者塞尔特卡雅(O. Sertkaya)综合各家之见,对上述居庸关回鹘文铭文进行了全面研究。[5] 杨富学在讨论居庸关回鹘文铭文中的五台山所指时,引用了罗伯恩和塞尔特卡雅

---

[1] 庄垣内正弘《古代ウイグル文阿毘達磨俱舍論実義疏の研究》第 2 卷,京都,松香堂,1993 年,第 74 页第 893—894 行。

[2] 庄垣内正弘《ウイグル文アビダルマ論書の文献学的研究》,京都,松香堂,2008 年,第 543 页 čoγluγ。

[3] 庄垣内正弘《ウイグル文アビダルマ論書の文献学的研究》,第 260 页第 1312 行,第 272 页 1486 行。

[4] 《蒙古秘史》记录的塔塔尔部首领名称有札憐不合(ǰalin buqa)者。疑此ǰalin 即源自回鹘语 yalïn,与 buqa(公牛)结合构成"有威力的公牛"之意。

[5] K. Röhrborn and O. Sertkaya, „Die alttürkische Inschrift am Tor-Stupa von Chü-yung-kuan," *Zeitschrift der Deutschen Morgenlandischen Gesellschaft*, 1980.

第十三章　元代回鹘语专用称谓 Uluɣ Suu(蒙元皇帝)释义 / 255

的研究成果。笔者未能寓目罗伯恩和塞尔特卡雅的大作,现从杨富学文章转引第 1 偈文第 3—4 句,不足之处参考李盖提的释读予以补正,并给出笔者的解释。〔1〕

　　³ otɣuraq säkiz on yašayur tip viyakirit-liɣ ⁴ u /// ïn-ï biliglig uluɣ suu-lüg säčän xan-ïmïz

　　带有健康高寿 80 岁之预言的,具有(广博的?)智慧和洪福的我们的薛禅汗(即元世祖忽必烈)。

显然,回鹘文第 4 句与前面介绍的蒙古语八思巴文第 3 偈文第 4 句 'örgön biligt'u sut'u bothisiwid seč'en ɢa·an(具有广博的智慧和洪福的菩萨)相对应。其中,suu-lüg 的写法虽然有悖于回鹘文元音和谐规律,但与蒙古语八思巴文中的 sut'u 对应。是故,关于文中的 suu-lüg,兹不取罗伯恩和塞尔特卡雅释读的 süüglüg。

德藏吐鲁番出土 U4709(T. Ⅲ M 190)回鹘文书是《佛说北斗七星延命经》回鹘文译文,曾在 1313 年和 1328—1337 年两次印刷出版。〔2〕其跋文中,包括对元朝皇帝的颂词。关于该跋文,先后有热合马提(G. R. Rachmati)和 W. Eberhard、李盖提、茨默(P. Zieme)和笠井等人的研究。〔3〕现在前人研究基础上,依据茨默刊布的图片,〔4〕给出跋文 10—13 行相关内容及其译文。

　　¹⁰ adïnčïɣ ïduq ¹¹ haɣan han suu-sï, aɣïr buyan-liɣ ¹² huŋ

---

〔1〕 杨富学《居庸关回鹘文功德记 uday 考》,《民族语文》2003 年第 2 期,第 62 页。杨文中 on(十)脱落。

〔2〕 P. Zieme, „Bemerkungen zur Datierung uigurischer Blockdrucke," *Journal Asiatique*, vol. 269, no. 1/2, 1981, pp. 389–396.

〔3〕 G. R. Rachmati and W. Eberhard, *Türkische Turfan-Texte V* Ⅱ, *Abhandlungen der Preussischen Akademie der Wissenschaften*, 1936, nr. 12, p. 52; L. Ligeti, "Notes sur le colophon du 'Yitikän sudur'," in *Asiatica. Festschrift Friedrich Weller zum 65. Geburtstag gewidmet*, Leipzig: Harrassowitz, 1954, p. 398; P. Zieme, *Magische Texte des uigurischen Buddhismus*, Berliner Turfantexte, vol. 23, 2005, pp. 148–149; Yukiyo Kasai, *Die Uigurischen Buddhistischen Kolophone*, Berliner Turfantexte, vol. 26, Turnhout, 2008, pp. 133–134.

〔4〕 P. Zieme, *Magische Texte des uigurischen Buddhismus*, TAFEL LVⅢ.

tayhiu qutï, ančulayu oq [13] huŋ hiu qutï

异常神圣的可汗汗的那皇帝（suu），具有洪福的皇太后阁下，如同那样的皇后阁下。

关于笔者关注的 suu，热合马提转写作 suṳ，茨默和笠井转写作 süü，表示该字是个前元音字。确认茨默给出的图片，文字确切是 sww。由于后续的 sy 可以转写作表示第三人称所有词缀 si/sï，故仅从文字 sww 判断，该字首选是后元音字。前面介绍的居庸关过街塔西壁回鹘文第 1 偈文的 suu-lüg 对应蒙古语八思巴文第 3 偈文的 sut'u，故笔者以为李盖提转写的 suu 正确。或许，李盖提除外的三位，可能认为该词并非来自蒙古语 suu。总之，此处称颂的对象 haγan han suu 与 huŋ tayhiu qut 和 huŋ hiu qut 相对应。[1] 由于这里的 qut 表示的是一种称号的美称，与其对应的 suu 也应是某种称号，此处代指元朝皇帝。那么，与回鹘文的 qut 相对应的 suu 是否另有含义？

包括回鹘语在内的古突厥语的 qut，内涵甚广，且时常因时代不同而有区别，此词亦为蒙古语所借入。[2] 意大利学者邦巴西（A. Bombaci）曾就此问题专做归纳讨论。[3] 护雅夫在考察突厥汗国君主观的文章中详细介绍了古今突厥语族语言中 qut 的含义，指出突厥碑文中多次出现的 qut 是指从天神获得的超凡能力、魅力、感召力。[4] 概言之，突厥回鹘时代的 qut，主要有幸运、幸福；恩宠、天佑；命运；灵魂、魂魄；君主、殿下；五行要素；守护灵；超凡能力、魅力、感

---

[1] suu-si 的 si 和 qutï 的 ï 均是第三人称所有词缀。

[2] 松川節《モンゴル語訳〈佛說北斗七星延命經〉に残存するウイグル的要素》，第 88—91 页。

[3] A. Bombaci, "Qutluγ Bolzun! A Contribution to the History of the Concept of 'Fortune' among the Turks Ⅰ‐Ⅱ," *Ural-Altaische Jahrbücher*, vol. 36, 1964, pp. 284‐291, *Ural-Altaische Jahrbücher*, vol. 38, 1966, pp. 13‐44.

[4] 護雅夫《突厥における君主観》，護雅夫編《内陸アジア・西アジアの社会と文化》，东京，山川出版社，1983 年，收入氏著《古代トルコ民族史研究》第 2 卷，东京，山川出版社，1992 年，第 356—374 页。

召力(Charisma)等含义。

吐鲁番出土摩尼文回鹘语 M 919(T. M. 417)文书是出现高昌回鹘国王称号 Ïduq Qut(亦都护)的早期文献,其中多次出现 qut。自勒柯克(A. von Le Coq)解读以来,虽有阿拉特(R. R. Arat)、森安孝夫以及笔者等人不同程度的研究,但仍有不少不明之处。[1] 兹引相关部分,再加讨论。

M 919(T.M.417)正面

[09] 'iligimz '**iḍuq-qut** kün t(ä)ngričä [bata?][10] y(a)rlïqa ḍuq üčün q(a)m(a)γ yoq čïγay qap[11] q(a)ra boḍun buqun bosušluγ qaḍγuluγ[12] boltumuz ärtii ·· qaltïï y(a)na kün t(ä)ngrii[13] ornïnta y(a)ruq ayy t(ä)ngrii yašïyu b(ä)lgür[ä] [14] y(a)rlïqarča 'iligim(i)z '**ïḍuq-qut** ol'oq[15] orunta b(ä)lgürä y(a)rlïqaḍïï ·· altun örgin[16] üzä oluru y(a)rl(ï)γ boltïï ·· '**il ötükän** [17] **qutïï** 'ilkii bögü 'iliglär qanglarïḫ[18] '**iliglär qutïï** bu '**ïḍuq örgin qutïḫ**[19] t(ä)ngrii 'iligim(i)z 'ï[ḍu]q-qut üzä ornanmaqï[20] bolzun ·· ……

[09-12]由于我们的国王亦都护(ïduq qut)如同日神一样(陨落?),我们一无所有的黎民百姓陷入了悲痛之中。[12-15]而正如同明亮的月神闪亮出现在日神之位置,我们的国王亦都护正出现在了那个位置上。[15-16]他登上了黄金宝座。[16-20]愿于都斤国(il ötükän)的 qutï,先前贤明的父王们、国王们的 qutï,这神圣宝座的 qutï,降临到我们天神似的国王亦都护(ïduq qut)之上。……

---

[1] A. von Le Coq, „ *Türkische Manichaica aus Chotscho* Ⅲ ,*"Abhandlungen der PreussischenAkademie der Wissenschaften*, 1922, pp. 33 – 35; R. R. Arat, „ Der Herrschertitel Iduq-qut," *Ural-Altaische Jahrbücher*, vol. 35, 1964, pp. 151 – 153;森安孝夫《ウイグルから見た安史の亂》,第 21—24 页;白玉冬《回鹘语文献中的 Il Ötükän Qutï》,荣新江主編《唐研究》第 22 卷,北京大学出版社,2016 年,第 444—447 页。

M919(T.M.417)背面

[10] ······ kök t(ä)ngri ḍä qo ḍïï yir [11] t(ä)ngrii xanïnga t(ä)gii ·· **qutlar** waxšiklar [12] barča köngültä bärü ögirä s(ä)vinü [13] [b]u qutluγ künüg kösüšlüg täginür [14] ärtim(i)z ·· 'il ötükän qutii küč birü [15] y(a)rlïqaḍuq üčün biz q(a)m(a)γ(ï)n barča kọngültäki [16] **qutuγ** bulu tägintükümüz üčün ·· köngültä [17] bärü s(ä)vig köngülün ạmranmaq biligin [18] alqïš alqayu s(ä)vinč ötünü täginür [19] biz t(ä)ngrikänim ·· t(ä)ngrii 'iligim(i)z '**iḍuq-qut**[20] t(ä)ngriḍäm ïḍuq at at(a)maqïm(ï)z altun [21] örgin r(ä)ḍnilig taučang üzä oluruu[22] ornanu y(a)rlïqamaqïï qutluγ qïvl(ï)γ[23] bolmaqïï bolzun ·· ······

[12-14]从苍天到下方的地神为止,守护灵们(qutlar waxšiklar)都从心里高兴,我们因这个幸运之日,达到了心愿。[14-16]由于于都斤国(il ötükän)的 qutï 给予了力量,由于我们全体都发现了心灵的幸福,[16-19]我们从心里高兴,怀着爱心和友谊,歌颂并欢呼。[19-20]我的神!我们的神一样的国王!我们给予了您神圣的称号亦都护(ïduq qut)。[20-23]愿您在黄金宝座珍宝道场(taučang)即位就坐并幸福!······

毋庸置疑,前引 M 919 文书是摩尼教文书,内容涉及高昌回鹘王国辖下的摩尼教徒对某位新即位可汗的祈福祝愿。如黑体字所表示,上文中共出现 10 次名词 qut。其中,以 qutï 的形式出现 4 次(正面第 17 行与背面第 14 行各 1 次,正面第 18 行 2 次),以复数形 qutlar 出现 1 次(背面第 10 行),以宾格形式 qutuγ 出现 1 次(背面第 16 行),做为称号 Ïduq Qut(亦都护)的一部分出现 4 次(正面第 9、14、19 行与背面第 19 行各 1 次)。笔者最为关注的是,共 2 次出现在正面第 16—17 行与背面第 14 行的 il ötükän qutï(于都斤国的 qutï),以及正面第 18 行的 'iliglär qutïï(国王们的 qutï）与 örgin qutïḥ（宝座的 qutï）。笔者以为上述 4 处 qutï，均可以解释做守护灵。[1] 即，回鹘语中的 qut，最早是指从天神获得的超凡能力、魅力、感召力，之后产生有幸运、守护灵，以及君主殿下等之意。蒙古语 su／suu，原本是"福、福荫"，后来衍生出某种称号。前面介绍的居庸关八思巴蒙古文第 8、11、12 偈文中，ɢa‧an sutʻu（汗 sutʻu）代指元朝皇帝，U4709 回鹘文《佛说北斗七星延命经》跋文中的 haɣan han suu（可汗汗 suu）同样是指元朝皇帝。此处，sutu（具有福气的）和 suu（福气）充当称号的一部分，与 qut 有可通之处。而在元朝圣旨的套语——möngke tngri-yin kücün（长生天气力里）和 yeke suu ǰali-yin ibegen（大福荫护助里）中，möngke（永远）对应 yeke（宏大），tngri 对应 suu ǰali。suu ǰali 虽然原意是"威光"，对译为"福荫"，但笔者以为更是获自上天的感召力之光辉，或是与上天对应的大地之感召力。与回鹘语的 qut 相同，此种感召力拟人化后，在众多颂赞文中代指元朝皇帝。

综上，蒙古语中的 suu，其本意与回鹘语中的 qut 相同。不过，在回鹘人看来，蒙古语中的 suu 之含义仍然有别于回鹘语中的 qut，是个特殊的存在。原因在于，回鹘语 qut 用于高昌回鹘亦都护称号，或是皇帝之外的其他称谓。故，回鹘人直接借用蒙古语 suu 用来称谓凌驾于回鹘亦都护之上的蒙元皇帝。

## 小　　结

元代回鹘文契约文书中的 uluɣ sww，是蒙古语 yeke suu ǰali 的音译与意义结合的借用语。第一小结介绍的回鹘文契约文书中所见 9 条 sww 用例中，7 个后续前元音词，2 个后续后元音词。我们知道，在回鹘语中，外来的借入词并不拘泥于前后元音之间的元音和谐律。

---

[1] 白玉冬《回鹘语文献中的 Il Ötükän Qutï》，第 450—455 页。

实际上，这也反衬 sww 是个借入词。以此推之，回鹘文契约文书中的 sww，与其转写作 sṳü，不如转写作 suu，更合文义。有别于高昌回鹘亦都护称号 qut，回鹘人用蒙古语借入词 suu 指代蒙古皇帝。此种区分对待的特殊用法，喻示回鹘人对元朝皇帝的认同，就当时的社会而言，无疑有着积极的意义。

（原载刘迎胜主编《清华元史》第 7 辑，2021 年，第 239—255 页，收入本书时进行了修订）

# 第十四章 "达靼"源流及蒙元对达靼的认同

在中国北方为阴山—阿尔泰山—萨彦岭—雅布洛诺夫山—大兴安岭所环绕的高地，今被称为蒙古高原。生活在这里的主体族群被称为蒙古族（Mongγol ündüsüten），这一名称也是其自称。历史上，操古蒙古语的部族集团，在被冠以蒙古名之前，还曾被称为达靼（Tatar）。关于部族集团名称从达靼到蒙古的固化曲折过程的讨论，虽然不及中国何以曾被称为秦（Sīn）、桃花石（Tavγač）、赛里斯（Seres）那样受人关注，但与中国历史密切相关，而且还有助于我们反思中国历史研究上的某些问题。

在蒙古人统一蒙古高原之前，12世纪该地域生活有蒙古、克烈、乃蛮、塔塔尔、汪古、蔑儿乞等游牧民集团。虽然社会发展并不同步，但在中原史家笔下，他们往往被归为北方游牧民泛称达靼（Tatar）名下。[1] 辽金二朝虽然时以阻卜、阻䩞称呼其中的克烈部和塔塔尔部，但同时以达靼记录他们。历经元明清三朝后，蒙古高原彻底与达靼之名分道扬镳，而被归于蒙古名下。不可否认，若没有13—14世纪的大蒙古国，蒙古之名称恐怕不会为当时的东西方世界所知。不过，令人费解的是，同时期西方文献也时常以达靼（Tatar / Tartar）指称蒙古。由于蒙古治下曾有塔塔尔（Tatar）部族的后裔，而塔塔尔族名 Tatar 与达靼族名 Tatar 在蒙古语中，乃至古突厥语中完全相

---

[1] Tatar 对应中古部族名称的汉字写法众多，除史料用语外，本文统称为"达靼"。

同,故蒙古与达靼的关系可以说是你中有我,我中有你。加以汉籍和西方文献对达靼和蒙古二名的泛用甚至混用,致使二者之间的关系愈发混沌。

方壮猷在讨论达靼之起源时,对古今中外东西方文献所见达靼之指代对象进行了概括,提出四种可能性:亚洲北方诸民族之统称,中国北方诸民族之总称,蒙古民族之别称,蒙古民族之一部塔塔儿部之专称。[1]那顺乌力吉提议汉籍中狭义的达靼是北方游牧民族的一个部落名称,广义的达靼是北方民族的泛指称谓。[2]上述二位关于达靼涵盖对象的讨论多基于他者的叙述,未过多关注当事人的记录。

钟焓通过对《元典章》收录的回回人木八剌对汉人马三的诬告中提到的七名达靼人遇难的故事,埃及马木鲁克王朝史书叙述的七位达靼逃难者故事,16世纪的察合台语史籍《选史—胜利之书》描述的七人蒙难故事,以及伽尔迪齐(Gardīzī)在1050年前后完成的《记述的装饰》(Zainu'I-Axbār)记录的寄蔑人源自达靼人的七个部落之传说进行比对分析后认为,很可能早在著名的额尔古涅—昆传说之前,蒙古人中就已经流行有以不儿罕山(今肯特山)为发生背景的"七个逃难者"的祖先蒙难叙事,它的原型甚至可以上溯到11世纪寄蔑人(Kimāk)源自达靼人的七个部落之起源传说。[3]不过,其讨论的四个核心故事时空跨度巨大,一脉相承,均具有西方伊斯兰文化背景,且均得不到出自当事者蒙古人自身的材料之支持。概言之,钟焓的结论是在把达靼和蒙古等同视之前提下得出的。刘迎胜进而提出,这是钟焓"将元代形成的以《脱卜赤颜》(《元朝秘史》——引者注)为

---

[1] 方壮猷《鞑靼起源考》,《国立北京大学国学季刊》第3卷第2号,1932年,第1—16页。

[2] 那顺乌力吉《论"鞑靼"名称的演变》,《内蒙古民族大学学报》2008年第2期,第8页。

[3] 钟焓《中古时期蒙古人的另一种祖先蒙难叙事——"七位幸免于难的脱险者"传说解析》,《历史研究》2016年第3期,第59—76页。

代表的蒙古祖先历史称为成吉思汗家史,而将族源上溯至七位避难者一类的叙说视为蒙古各部的'史前史',多有发明",并认为钟焓所述蒙古各部的"史前史"相当于"广义"蒙古史。[1] 相对于"狭义"蒙古史的成吉思汗家族史,"广义"蒙古史是否真实存在过? 客观而言,这一疑惑的解答需要从当事者蒙古人自身的历史记录中寻找踪迹,厘清狭义蒙古人对广义蒙古人的认同与否问题。

客观而言,匈牙利学者 Stephen Pow 在讨论中世纪资料中蒙古和达靼二名并用的专论中,[2]重点依据蒙古宫廷史料《蒙古秘史》《史集》(Jāmi'al-Tawārīkh),《元史》《圣武亲征录》,以及《蒙鞑备录》《黑鞑事略》等他者的记述,推定在大蒙古国扩张的头 30—40 年时间里,蒙古人使用达靼这个名称进行自我认同,后在 13 世纪 50—60 年代因帝国史学的发展达靼逐渐被蒙古所取代。其历史背景可能是 1234 年金朝的覆灭,在蒙古人中引发了对自己的合法性,统领世界的指令的强烈意识,以及在大蒙古国旗帜下聚集的诸部落之间包容性之必要。不过,其关于蒙古人自我认同作达靼之观点同样未基于当事人自身记录,也未辨析蒙古语语境下达靼(Tatar)和塔塔尔(Tatar)的异同,值得商榷。

新史料的发现和刊布,使我们重新考证达靼(Tatar)一词之源流成为可能。在此基础上,阐明蒙古人对达靼之名称的认同,在汉蒙语境下具有不同寓意,进而对"广义"蒙古史研究进行前瞻和思考,促使更多学者关注此问题,即笔者的写作初衷。

## 一、达靼名称起源之蠡测

相关达靼之史料,零星分散。依据这些有限的材料进行讨论,虽

---

[1] 刘迎胜《探寻 13 世纪以前的"蒙古"概念》,《黑河学院学报》2021 年第 1 期,第 3 页。
[2] Stephen Pow, "Nationes que se Tartaros appellant: An Exploration of the Historical Problem of the Usage of the Ethnonyms Tatar and Mongol in Medieval Sources", *Golden Horde Review*, 2019, vol.7, no.3, pp. 545–567.

然不足以完全解决问题，但会距离真相会更近一步。部族名称达靼，古突厥语作 Tatar，最早出现于 732 年所立后突厥汗国阙特勤碑。之后，毗伽可汗碑（734 年立）和漠北回鹘汗国碑文也记录该名。汉文史料中，明确记录达靼之名的，当属李德裕收录的会昌二年（842）来访唐廷的黠戛斯使者踏布合祖之言："发日，纥扢斯即移就合罗川，居回鹘旧国，兼以得安西、北庭、达怛等五部落。"[1]此外，王国维言唐贞元年间宰相贾耽著《入四夷之路与关戍走集》记录有回鹘牙帐东南数百里之地名"达旦泊"，这表明当时回鹘国内已有达靼人居住。[2]总之，在 8 世纪时期达靼（Tatar）之名已为突厥回鹘和唐朝所知。

关于部族名达靼之来源，宋初的宋白言："达靼者，本东北方之夷，盖靺鞨之部也。……其俗语讹，因谓之达靼。"[3]1245 年至 1247 年访问蒙古本土的欧洲天主教修道士柏朗嘉宾（Plano Carpini）说水蒙古人（Su-Mongol）依据流经他们领域的被称为 Tartur 的河流，称他们自己为达靼（Tartar）。[4]这些道听途说缺乏确切依据，不足为信。而今人的意见主要有以下四种：第一，源自柔然可汗大檀之名；[5]第二，与突厥鄂尔浑碑文的 Tatabï（奚）的 tata 相关，tata 是其单数形。[6]

---

〔1〕 李德裕《代刘沔与回鹘宰相书意》，载傅璇琮、周建国《李德裕文集校笺》，第 143 页。

〔2〕 王国维《鞑靼考》，《清华学报》第 3 卷第 1 期，1926 年，收入谢维扬、房鑫亮主编《王国维全集》第 14 卷，杭州，浙江教育出版社，2009 年，第 252 页。

〔3〕 《资治通鉴》卷 253《唐纪六九》僖宗广明元年（880）7 月戊辰条"李国昌战败，部众皆溃，独与克用及宗族北入达靼"的胡三省注下所引胡三省文。北京，中华书局，1956 年，第 8231 页。

〔4〕 C. Dawson, *The Mongol Mission: Narratives and Letters of the Franciscan Missionaries in Mongolia and China in the Thirteenth and Fourteenth Centuries*, London and New York: Sheed and Ward, 1955, p. 19;道森《出使蒙古记》，吕浦译，周良霄注，北京，中国社会科学出版社，1983 年，第 19 页。

〔5〕 方壮猷《鞑靼起源考》，第 2—6 页。其他相关总结，参见张久和《原蒙古人的历史：室韦—达怛研究》，北京，高等教育出版社，1998 年，第 126—128 页。

〔6〕 此说由马迦特（J. Marquart）提出。此处转引自伯希和（P. Pelliot）《库蛮》，冯承钧译，载冯承钧译著《西域南海史地考证译丛二编》，北京，商务印书馆，1962 年，第 23 页注 22。岑仲勉在此基础上有所发挥。见岑仲勉《达怛问题》，《中山大学学报》1957 年第 3 期，第 127—130 页。

第三,来自古突厥语 tat(外族,蕃)[1];第四,出自蒙元时期塔塔尔部之名。[2] 上述四种意见中,第一种意见虽然提出较早,但未获得过多关注。第二种意见在语法学上难以成立。[3] 第三种意见在审音勘同上存在牵强之处,[4]且没有史料方面的支持,难以立足。第四种意见立足于明确的记录,具有相当大的可靠性,是当前学界主流。

上述第四种意见所据是 14 世纪伊利汗国拉施特(Rašīd al-Dīn)编《史集》部族志的"塔塔尔"条:"他们的名称自古以来即闻名于世。从他们分出了许多分支。该部落共有七万户……尽管种种敌对和纷争盛行于他们中间,他们在远古的大部分时间内,就是大部分部落和地区的征服者和统治者,伟大、强盛和充分受尊敬。由于极其伟大和受尊敬的地位,其他突厥部落(全体游牧部落和狩猎部落之泛称——笔者),尽管种类和名称各不相同,也逐渐以他们的名字著称,全都被称为塔塔儿(Tatar,达靼)。这些各种不同的部落,都认为自己的伟大和尊贵,就在于跻身于他们之列,以他们的名字闻名。"[5]此处,"大部分部落与地区"按之后文义应该是指"突厥"部落和地区,[6]即全体游牧部落和狩猎部落及其地区。就专用名称 Otuz Tatar(三十姓达靼)和 Toquz Tatar(九姓达靼)业已

---

[1] 普里查克认为 Tatar 是 tat 后续 är(人,男人)。见 O. Pritsak, "Two Migratory Movements in the Eurasian Steppe in the 9th–11th centuries," *Proceeding of the 26th International Congress of Orientalists*, New Delhi 1964, vol. 2, New Delhi, 1968, p. 159 (reprint: Studies in Medieval Eurasian History, London: Variorum Reprints, 1981)。

[2] 参见亦邻真《中国北方民族与蒙古族族源》,《内蒙古大学学报(哲学社会科学版)》1979 年第 3—4 期,收入氏著《亦邻真蒙古学文集》,齐木德道尔吉等编,呼和浩特,内蒙古人民出版社,2001 年,第 566—567 页;陈得芝《十三世纪以前的克烈王国》,《元史论丛》第 3 期,1986 年,收入氏著《蒙元史研究丛稿》,第 212—213 页;张久和《原蒙古人的历史:室韦—达怛研究》,第 178—180 页。

[3] 据马迦特之说推论,Tatar 应是 tata 的复数形。但古突厥语复数词缀不存在 r,且 tata 一词无法考证其存在。

[4] 相关批判,参见张久和《原蒙古人的历史:室韦—达怛研究》,第 128 页。

[5] 拉施特《史集》第 1 卷第 1 分册,余大钧、周建奇译,北京,商务印书馆,1983 年,第 164—166 页。原文[]内译者的补充文字省略,( )内文字是笔者的补充。

[6] 中译文在"大部分部落与地区"之前补加"蒙古"二字,兹不取。

出现于后突厥汗国的鲁尼文碑文而言，Tatar 之外延扩展，并发展成部落集团泛称的这一时期，即拉施特所言其他突厥部落（全体游牧部落和狩猎部落）逐渐以塔塔尔的名字著称、全都被称为塔塔儿的年代似乎在 8 世纪或其之前。推而言之，《史集·部族志》所言远古的大部分时间——即塔塔尔部落曾是大部分部落与地区的征服者和统治者的年代或早于后突厥汗国。至少可以说，8 世纪鲁尼文碑文记录的 Tatar 中应当包括塔塔尔部落的先世。如最初只是九姓铁勒之一部族专名的回纥日后成为回纥汗国属下众多部落之通称，蒙元时期蒙古从部落专名变成大漠南北操同样语言诸部的共名（其属下甚至包括部分非蒙古语族人员），北方草原强大部落之名演变成游牧部族之共名往往与该部落的社会发展不可分割。如北匈奴西迁后残存于蒙古高原的宇文匈奴等皆自号鲜卑那样，占据政治军事优势的部族集团对其他部落的外力影响不可忽视，甚至起决定性的作用。自东突厥汗国（552—630）灭亡后至后突厥汗国复兴，蒙古高原先在薛延陀汗国管控之下，之后为唐朝羁縻统治下的九姓铁勒所占据。在突厥语族部族势力占据优势的时代，蒙古语族塔塔尔部落不太可能成为"大部分部落与地区的征服者和统治者"，其名称也不太可能成为其他游牧部落和狩猎部落的通称。这使得我们倾向于——塔塔尔部落的这段光荣伟大的历史置于蒙古语族部族最早直接统治蒙古高原的柔然汗国（402—552）时期，恐怕才与历史事实相贴合。

波斯学者伽尔迪齐（Gardīzī）1050 年前后著《记述的装饰》，记录了寄蔑（Kīmek）部落出自 Tatar（达靼）的传说。首领达靼（Tatar）死后，其二子不和，次子设（Šad）带着情人逃到了额尔齐斯河流域。之后，七个达靼（Tatar）亲戚——Īmī、咽蔑（Īmāk）、塔塔尔（Tatār）、Bayāndur（或 Bilāndir）、钦察（Qifčaq）、Lāniqāz、Ajlād 投奔设。后来，达靼人（Tatar）的本部营地遭到敌人攻击后，其他部落也投向他们,进而按上述七人分成七个部落居住在额尔齐斯河流域。[1] 有意思的是,在这个故事中 Tatar 即是首领名称,又是部族名称。据 Stephen Pow 之说,在蒙古西征时期俄罗斯的一位主教在 1244 年声称达靼之名源于一个叫 Tartar(达靼)的酋长。[2] 这与伽尔迪齐的记录不谋而合。虽然此传说存在后来的叙事者依据不同时期的传闻进行加工捏合的可能性,但达靼部落移居至额尔齐斯河流域的年代肯定要早于伽尔迪齐那个时代。980 年左右成书的佚名作者著波斯文《世界境域志》(Ḥudūd al-'Ālam)记录钦察是从寄蔑分出来的一个氏族,但其国王由寄蔑任命。[3] 10 世纪寄蔑位于阿尔泰山—额尔齐斯河西面的草原地带。[4] 张广达、荣新江二位考订写于 10 世纪 30 年代的敦煌出土 S.6551 讲经文,在记录早期高昌回鹘的历史发展时言:"遂得葛禄、药摩、异貌、达但,竞来归伏,争献珠金。"[5] 此处"异貌、达但"如可断读,其中的异貌视作伽尔迪齐记录的寄蔑的分族 Īmāk 较为贴合。[6] 以上列举的材料均喻示寄蔑部落登上历史舞台大约是在 10 世纪。不过,上述第二个分族名 Īmāk,王小甫译作咽面,杨富学改译作咽蔑。《隋书》卷 84《铁勒传》言:"得嶷海东西有

---

[1] A. P. Martinez, "Gardīzī's Two Chapters on the Turks," *Archinum Eurasiae Medii Aevi*, vol. 2, 1982, pp. 120-121;巴托尔德《加尔迪齐著〈记述的装饰〉摘要》,王小甫译,《西北史地》1983 年第 4 期,第 107—108 页;刘迎胜《9—12 世纪民族迁移浪潮中的一些突厥、达旦部落》,南京大学历史系元史研究室编《元史及北方民族史研究集刊》第 12、13 合辑,1990 年,收入《新疆通史》编撰委员会编《新疆历史研究论文选编》,乌鲁木齐,新疆人民出版社,2008 年,第 11—13 页;刘迎胜《蒙古西征历史背景新探》,载氏著《西北民族史与察合台汗国史研究》,北京,中国国际广播出版社,2012 年,第 36—37 页。

[2] J. Giles, *Matthew Paris, English History: From the Year 1235 to 1273*, 3 vols, London: George Bell and Sons, 1889, vol. 2, p. 28. 此处转引自 Stephen Pow, "Nationes que se Tartaros appellant," p. 548.

[3] V. Minorsky, *The Regions of The World*, p. 100.

[4] V. Minorsky, *The Regions of The World: A Persian geography*, pp. 305-306; C. E. Bosworth, "KIMĀK," in *The Encyclopaedia of Islam*, new edition, vol. 5, Leiden: E. J. Brill, 1986, pp. 107-108.

[5] 张广达、荣新江《有关西州回鹘的一篇敦煌汉文文献——S.6551 讲经文的历史学研究》,《北京大学学报(哲学社会科学版)》1989 年第 2 期,收入张广达著《西域史地丛稿初编》,上海古籍出版社,1995 年,第 218 页。另笔者引文标点略作变动。

[6] 华涛先生断读,推定异貌是 Yemak,但未做断定。见华涛《西域历史研究(八至十世纪)》,上海古籍出版社,2000 年,第 131—132 页。

苏路羯、三索咽蔑、促隆忽等诸姓八千余。"[1]《旧唐书》卷 5《高宗纪》永淳元年(682)条云："安西副都护王方翼破车薄、咽面,西域平。"咽蔑也好,咽面也罢,自隋代至唐初均活动于中亚,与伽尔迪齐介绍的寄蔑营地相距不远。刘迎胜通过对欧亚草原东西方之间民族移动事例之分析,指出伽尔迪齐关于寄蔑起源传说的背后应该有真实的历史基础,并推定上述达靼人的移居约发生在回鹘西迁之前或以后。[2] 此足备一说。不过,寄蔑(Kīmek)属于操古代突厥语族语言的部落。而且前面列举的七个部落中,除塔塔尔(Tatār)和 Bayāndur 外,其他部落名称难言与古代蒙古语族语言相关。这种操古代蒙古语族语言的达靼部落统领操古代突厥语族语言之部落的年代,令人联想起柔然汗国时期。若关注 Īmāk 可能的前世咽蔑或咽面,则寄蔑部落的起源,即达靼本土的七个部落向西移动的时间有可能早于唐朝。[3] 诚然,伽尔迪齐在记录达靼的本土部落向西移动时只字未提到突厥或乌古斯(铁勒),这似乎表明该移居故事的发生年代是在突厥语部族离开达靼人的本土蒙古高原以后。不过,反言之,这也在暗示我们:在该移居故事发生的当时突厥或乌古斯(铁勒)尚未在蒙古高原站稳阵脚。

综上,关于波斯语《史集》《记述的装饰》相关史料的分析,提醒我们在利用汉籍讨论达靼名称之来历时更应该关注早期的记录。惜唐宋汉籍关于达靼的史料少之又少,且多集中于朝贡等材料。除贾耽记录的回鹘牙帐东南数百里之地名"达旦泊",以及 980 年出使高昌回鹘的宋使王延德所记"达靼旧为回鹘牧牛"一文外,汉籍并不能提供更多关于早期达靼及其起源的信息。此种情况,需要我们加深对

---

[1] 中华书局本(1973 年,第 1880 页)标点本断读作:"得嶷海东西有苏路羯、三索咽、蔑促、隆忽等诸姓八千余。"兹不从。

[2] 刘迎胜《9—12 世纪民族迁移浪潮中的一些突厥、达旦部落》,第 11—13 页;刘迎胜《蒙古西征历史背景新探》,第 36—38 页。

[3] 伽尔迪齐书中还记录有葛逻禄归属九姓乌古斯(回鹘汗国)的过程及其征服突骑施的故事等,并非所有材料反映的均是 9—10 世纪的历史。此可充当补助性佐证材料。

现有材料的剖析,去伪存真。

《宋书》卷95《索虏传》芮芮条云:"芮芮一号大檀,又号檀檀,亦匈奴别种。自西路通京师,三万余里。僭称大号,部众殷强,岁时遣使诣京师,与中国亢礼,西域诸国焉耆、鄯善、龟兹、姑墨东道诸国,并役属之。"芮芮即柔然,大檀即柔然第四代可汗之名。大檀是柔然开国可汗社仑季父子,最初统帅别部镇守西界,素得众心,后被立为牟汗纥升盖可汗(414—429年在位)。[1] 大檀统治时期的柔然国势强盛,频繁与北魏发生战争。值得注意的是,柔然与南朝为了合力抵抗北魏,采取远交近攻政策,互通使者。如升明二年(478)刘宋派遣骁骑将军王洪轨(一作范)出使柔然。柔然前往南朝的"西路",以及王洪轨的出使路线,由于北魏的阻隔,均经由高昌(今吐鲁番)、吐谷浑(位于柴达木盆地)、益州(成都)。[2] 荣新江关于吐鲁番出土柔然永康九年、十年(474—475)送使文书的研究表明,当时柔然汗国与南朝间利用上述路途确切保持来往。[3] 如是,柔然的别称大檀、檀檀,即便出自柔然使者,也应是经由西域传入南朝。换言之,柔然控制下的上述焉耆、鄯善、龟兹、姑墨等西域诸国,除芮芮(柔然)外,还可能以大檀、檀檀称呼其宗主国柔然。这一称呼有可能是统帅西界的大檀积极向西域拓展势力之结果。笔者承认《宋书·索虏传》芮芮条内容简洁,吐鲁番出土文书并未记录有大檀、檀檀之名,但"芮芮一号大檀,又号檀檀"不应被简单视作误记。多年前京都大学吉田丰教授赐教,檀檀与 tatar / tartar 语音相合。主张达靼之名源自柔然大檀可汗的观点,也是基于此点。那么,檀檀有无可能成为部落之名的可能呢?

---

[1] 大檀事迹多载于《魏书·蠕蠕传》等。兹参考内田吟风《柔然时代蒙古史年表》,载氏著《北アジア史研究·鲜卑柔然突厥篇》,京都,同朋舍,1988年,第345—352页

[2] 相关介绍,主要参见唐长孺《南北朝期间西域与南朝的陆道交通》,《魏晋南北朝史论拾遗》,北京,中华书局,1983年,第190—192页;于太山《南北朝与西域关系述考》,《西北民族研究》1996年第1期,第1—32页。

[3] 荣新江《阚氏高昌王国与柔然、西域的关系》,《历史研究》2007年第2期,第8—9页。

在北方民族史上首领名称成为部落之名的例子屡见不鲜。如，除众所周知的吐谷浑的得名外，在敦煌出土藏文 P. t. 1283 文书中，后突厥汗国及其余部以其第二代可汗默啜之名 'Bug-čhor（Buγ Čor）所记录。[1] 见于《蒙古秘史》的蒙古部落之名多源自其祖先之名。而且，如前所述，伽尔迪齐和俄罗斯的某位主教均记录达靼之名源于一个叫 Tartar（达靼）的酋长。虽然这些事例，除吐谷浑外均晚于柔然时期，但于此处仍然具有参考价值。突厥阿史那氏，虽然其族源传说涉及西域的"西海"、狼祖和海神传说等，但其近祖是平凉杂胡。依据正史记录，其迁徙过程大致可以复原如下：永和七年（439）匈奴沮渠氏建立的河西北凉政权为北魏所灭后，阿史那氏追随沮渠无讳西迁至鄯善、高昌。宋大明四年（460）柔然灭沮渠高昌国后，被柔然迁徙于高昌北山，从而成为柔然锻奴。[2] 自河西迁至高昌一带的阿史那氏，原本对在西域地区争强做大的柔然并不了解，存在借用西域诸国对柔然的另一称呼大檀、檀檀（tatar/tartar）的可能性。

综上几点，伽尔迪齐记录的达靼人的首领兼国名 Tatar 存在出自柔然可汗大檀之名的可能性。

## 二、从柔然后裔到九姓达靼

既然《史集》云达靼之名来自塔塔尔部之名，而且伽尔迪齐记录的达靼人首领兼国名 Tatar 存在出自柔然可汗大檀之名的可能性，那我们就需要考虑塔塔尔部与柔然之间的关系。以漠北为根基的柔然立国一个半世纪，期间不断侵袭中原，同时为获得丝路贸易霸权，

---

[1] 森安孝夫《チベット語史料中に現れる北方民族——DRU—GU と HOR——》，《アジア・アフリカ言語文化研究》第 14 辑增刊，1977 年，第 3、6、9、10 页。

[2] 关于突厥阿史那氏的移居过程，参见薛宗正《突厥史》，北京，中国社会科学出版社，1992 年，第 65—69 页。

积极向西域扩张。[1]在同北魏和高车之间的争斗中,柔然逐渐衰落。西魏大统十七年(北齐天宝二年,551),锻奴阿史那突厥人奋起反抗柔然,次年柔然可汗阿那瑰兵败自杀。之后,柔然王室邓叔子一派在恭帝二年(555)投奔西魏,但被西魏转交突厥,斩杀于长安青门外。而柔然可汗庵罗辰一派等在天保五年至六年(554—555)为北齐击溃,后庵罗辰所向不明。[2]唐道宣(596—667)撰《续高僧传》卷2《那连耶舍传》介绍隋西京大兴善寺沙门、北天竺乌场国人那连耶舍曾"循路东指到芮芮国,值突厥乱,西路不通,返乡意绝,乃随流转,北至泥海之旁,南距突厥七千余里。彼既不安,远投齐境,天保七年(556)届于京邺"。[3]余太山推测那连耶舍"循路东指"是取西域北道。[4]荣新江在关于吐鲁番出土送使文书的研究中指出,474—475年之际有柔然使者前来高昌,而前往焉耆的乌苌使和婆罗门使很可能是从柔然返回本国。[5]参此而言,那连耶舍可能是经由今吐鲁番、哈密,沿唐代的"回鹘路"进入柔然本土。从"西路不通""返乡意绝"来看,他在柔然境内停留过一段时间。因突厥之乱,他只好"乃随流转",抵达南距突厥七千余里的泥海。其跟随流转的对象,看来应该是此前收留他,但此时遭到突厥反叛的柔然人。其流亡之地泥海,可能为《魏书·乌洛侯传》记录的自其国西北的完水有二十日行程的于巳尼大水的简略音译。此大水又称北海,即今贝加尔湖。即便此

---

[1] 关于柔然向西域的扩张,主要参见于太山《柔然与西域关系述考》,《新疆社会科学》1985年第4期,第67—81页。
[2] 相关史料集中于《北史·蠕蠕传》《周书·突厥传》《隋书·突厥传》《北史·突厥传》《北齐书·王峻传》,唐人丘悦编《三国典略》等。兹据内田吟风《柔然時代蒙古史年表》,第392—396页。关于柔然汗国覆灭的考察,主要参见内田吟风《柔然の滅亡年について》,载氏著《北アジア史研究·鲜卑柔然突厥篇》,第319—322页。
[3] 道宣《续高僧传》,《大正新修大正藏经》第50册,No.2060,中华电子佛典协会,2007年,第11页。
[4] 余太山《宋云、惠生西使的若干问题——兼说那连提黎耶舍、阇那崛多和达摩笈多的来华路线》,《中国社会科学院历史研究所学刊》第5集,2008年,收入氏著《早期丝绸之路文献研究》,北京,商务印书馆,2013年,第94页。
[5] 荣新江《阚氏高昌王国与柔然、西域的关系》,第5—8、10—11页。

勘同不足以令人信服,但从南距突厥七千余里看得出当时的柔然人除南投北齐和北周的一部分外,还有一部分在蒙古高原北缘活动。[1] 唐慧琳在《一切经音义》卷91于此处引注言:"芮芮国: 蒸锐反,亦名蚋国,北狄突屈中小国名。"[2] 明确记录突厥国内确实有柔然后裔存在。内田吟风认为此处芮芮国并非指《续高僧传·那连耶舍传》记录的北齐、北周时期遭遇突厥叛乱的芮芮国,而应指在慧琳所处的唐代的突屈(即突厥)国中处于被统治地位的小国茹茹。[3] 余太山也倾向于此。[4]

以上重点依据汉籍史料,对柔然后裔在突厥国内的活动情况做了一些力所能及的探讨。毋庸置疑,在讨论华夏周边族群历史时,汉籍是无可替代的根本史源。不过,出土于华夏边缘的胡汉语碑刻,与这些族群及其建立的政治体密切相关,往往能够为我们探讨这段民族交融的历史提供鲜活的第一手资料。此处关注一下1975年发现于蒙古国中部的婆罗米文慧斯陶鲁盖(Khüis Tolgoi)第一碑。[5] 据D. Maue 和 A. Vovin 的研读,用于书写该碑的语言接近古蒙古语,碑文中出现柔然末代可汗阿那瑰(Añaqay)之名和突厥汗国泥利可

---

[1] 拜占庭史料记录,6世纪中叶遭到突厥攻击的游牧民阿瓦尔(Avares)人逃入Taugast(中国),一部分逃往Moukri,另有一部分西迁进入东罗马境内。相关介绍参见沙畹(E. Chavannes)《西突厥史料》,冯承钧译,北京,中华书局,2004年,第204—205页。欧洲学界长期坚持此 Avares 即柔然人。余太山考证,真阿瓦尔人与东罗马的接触时间与柔然的向西发展年代不合,伪阿瓦尔人投奔东罗马的时间与柔然亡国年代不符,阿瓦尔实为悦般,又作阿拔,其投奔的 Moukri(余太山作 Murci)可能为铁勒仆骨部。见余太山《柔然—阿瓦尔同族论质疑——兼说阿瓦尔即悦般》,《文史》第24辑,1985年,收入氏著《古代地中海和中国关系史研究》,北京,商务印书馆,2016年,第312—336页。虽然关于 Moukri 的比定尚需要补充完善,但于说甚是。

[2] 慧琳《一切经音义》,《大正新修大正藏经》第54册,No.2128,中华电子佛典协会,2001年,第1445页。

[3] 内田吟风《北アジア史研究·鲜卑柔然突厥篇》,第321页。

[4] 余太山《柔然—阿瓦尔同族论质疑——兼说阿瓦尔即悦般》,第325—326页。

[5] 该碑文近年获得解读。相关研究,参见 D. Maue, "Signs and Sounds," *Journal Asiatique*, vol. 306, no. 2, 2018, pp. 291-301; A. Vovin, "An Interpretation of the Khüis Tolgoi Inscription," *Journal Asiatique*, vol. 306, no. 2, 2018, pp. 303-313; É. de la Vaissière, "The Historical Context to the Khüis Tolgoi Inscription," *Journal Asiatique*, vol. 306, no. 2, 2018, pp. 315-319.

汗 Nịrị Qaɣan 之名，以及突厥可汗 Türüg Qaɣan 之字样。A. Vovin 推测该碑使用语言是拓跋语。魏义天（Étienne de la Vaissière）提出该碑文语言属于柔然语，并采用 D. Maue 主张的碑文所记 bodi-satva törö-ks qaɣan 为"菩萨铁勒可汗"之义，力陈该碑是抵抗突厥泥利可汗统治的回纥人建于 603 年以后。[1] 敖特根、木再帕尔、包文胜在相关研究中引用慧斯陶鲁盖碑，惜在创建时间和背景等问题上均全盘接受魏义天之意见。[2] 之后，A. Vovin 在关于第一突厥汗国布谷特碑婆罗米文面和慧斯陶鲁盖碑的比较研究中改变初衷，认为该碑文使用的语言是柔然语。[3] 值得一提的是，据 A. Vovin 释读，布谷特碑的婆罗米文面同样是以柔然语写成。

关于慧斯陶鲁盖碑的创建背景及其年代，魏义天所言反抗突厥泥利可汗的回纥人借用前代统治者柔然汗国的声望及其语言来记录自己功绩一事缺乏合理性。白玉冬分析创建该碑的达干们和书写碑文文本的人物均出自曾经的柔然可汗阿那瑰的国土，他们是那个集团的诸首领。这一集团信仰佛教，并服属于突厥汗国，获得突厥泥利可汗支持而建造了该碑文。[4] 从慧斯陶鲁盖碑内容不难看出，第一突厥汗国国内存在柔然的后裔。而作为第一突厥汗国官方碑刻的布谷特碑婆罗米文面更能充分表明这一点。总之，与华夏的改朝换代通常是对以皇帝和皇族为核心的统治阶层所进行的革命相同，漠北草原的新政权不会把前朝的遗民统统杀光。

---

[1] É. de la Vaissière, "The Historical Context to the Khüis Tolgoi Inscription," pp. 315–319.

[2] 敖特根、马静、黄恬恬《惠斯陶勒盖碑文与回鹘的崛起》，《敦煌学辑刊》2020 年第 3 期，第 117—128 页；木再帕尔《回鹘语与粟特语、吐火罗语之间的接触》，北京，中国社会科学出版社，2020 年，第 35 页脚注 1，第 41 页；包文胜《泥利可汗与突厥政局的发展》，《内蒙古社会科学》2020 年第 2 期，第 62 页。

[3] A. Vovin, "A Sketch of the Earliest Mongolic Language: the Brāhmī Bugut and Khüis Tolgoi Inscriptions," *International Journal of Eurasian Linguistics*, vol. 1, 2019, pp. 163–164.

[4] 白玉冬《东突厥汗国拓跋语——婆罗米文慧苏图鲁盖碑文研究》，《民族语文》创刊 40 周年学术纪念学会，北京，中国社会科学院，2019 年 10 月 11—14 日。

自东突厥汗国灭亡至后突厥汗国成立为止（630—682），蒙古高原先在薛延陀汗国管控之下，之后为唐朝羁縻统治下的九姓铁勒所占据。这一时期，处于边缘地位的柔然后裔并未成为漠北草原的历史舞台主角。降至后突厥汗国时期，突厥碑文记录的三十姓达靼和九姓达靼，通常被认为是指蒙古语族部落集团，即汉籍记录的室韦。阙特勤碑（建于732年）东面第4、14行和毗伽可汗碑（建于735年）东面第5、12行，[1]分别记录三十姓达靼参加突厥可汗的葬礼，亦是突厥的敌人。毗伽可汗碑东面第34行记录715年之时，乌古斯（铁勒）民众和九姓达靼联合在一起，突厥人在 Aγu 地方与他们进行了两次大的战斗。[2]可见，当时的九姓达靼已经在漠北占有一席之地，且与乌古斯部落关系密切。

回鹘汗国时期（744—840），第二代可汗磨延啜即葛勒可汗记功碑希内乌苏碑（建于759年或稍后）与塔里亚特碑（建于752年）亦记录有九姓达靼。前者详细记录九姓达靼和八姓乌古斯在749年之际背叛回鹘，遭到回鹘军队追杀，最终败于色楞格河一带。[3]后者塔里亚特碑北面第4行记录九姓达靼与拔野古、拔悉密等构成回鹘汗国左翼，是左翼所属部族之一。[4]《新唐书·地理志》所载贞元年间（785—804）宰相贾耽（805年卒）著《入四夷之路与关戍走集》，记录自今包头南的中受降城至回鹘牙帐的路线。其中，自戈壁入口处的鹈鹕泉起："又十里入碛，经麚鹿山、鹿耳山、错甲山，八百里至山燕

---

[1] 相关内容，主要参见小野川秀美《突厥碑文譯註》，《满蒙史論叢》第4辑，1943年，第289，292—293页；T. Tekin, *A Grammar of Orkhon Turkic*, Bloomington: Indiana University, 1968, pp. 232-233, 243, 264-265, 275；耿世民《古代突厥文碑铭研究》，北京，中央民族大学出版社，2005年，第121,124,151,154页。

[2] 主要参见小野川秀美《突厥碑文譯註》，第57页；T. Tekin, *A Grammar of Orkhon Turkic*, pp. 244, 277；耿世民《古代突厥文碑铭研究》，第162页。年代考证见岩佐精一郎《突厥毗伽可汗碑文の紀年》，载和田清编《岩佐精一郎遺稿》，东京，三秀舍，1936年，第203—204页。

[3] 相关介绍与考证，见白玉冬《回鹘碑文所见八世纪中期的九姓达靼（Toquz tatar）》，刘迎胜主编《元史及民族与边疆研究集刊》第21辑，2009年，第155—162页。

[4] 相关考述，见白玉冬《九姓达靼游牧王国史研究（8—11世纪）》，北京，中国社会科学出版社，2017年，第51—52页。

子井。又西北经密粟山、达旦泊、野马泊、可汗泉、横岭、绵泉、镜泊，七百里至回鹘衙帐。"[1]上述地名中达旦泊表明，此地当时有达靼人居住，抑或此前有达靼人于此居住过。此外，刘迎胜介绍《史集》记录蒙元时期的扎剌亦儿人的先世曾照看回鹘可汗的骆驼，这证明回鹘国内当时存在处于被统治地位的蒙古语族部落。[2]白玉冬考述8世纪时期，色楞格河中游北200里之地与贝加尔湖和库苏古尔湖之间有室韦部落存在，此室韦部落可勘同为同时期突厥鲁尼文碑文记录的九姓达靼，在突厥语族部落占据蒙古高原时期，突厥语族部落与蒙古语族部落之间的交界线，并非以往认为的蒙古高原东部，而是更为靠西。[3]《突厥语大词典》言达靼人有自己的语言，但同时还会说突厥语。[4]此亦反映在突厥语族群建立的游牧政权之下，曾有蒙古语族部落活动。

综上所述，在突厥语族部族掌控漠北草原时期一直有达靼部落活动于蒙古高原内。若达靼(Tatar)之名源自柔然大檀可汗之名这一推定无误，那么《一切经音义》卷91记录的后突厥汗国境内的柔然后裔，视作8世纪突厥鲁尼文碑文记录的达靼最为稳妥。即，虽然没有确切可信的直接记录，但把九姓达靼视作突厥回鹘汗国境内的柔然人后裔方能与漠北草原游牧民族整体发展的史实相符。不过，有一点需要补充的是，唐代的九姓达靼中恐怕包括塔塔尔、克烈、札剌亦儿等在辽代被归为阻卜(九姓达靼)部落的先世，当时的古蒙古语族部落因达靼部落之英名(源自柔然汗国大檀可汗)主动加入到了达靼之行列。总之，依据汉文、波斯文、突厥鲁尼文材料所蕴含的信息

---

〔1〕《新唐书》卷43下《地理志七下》，北京，中华书局，1975年，第1148页。

〔2〕刘迎胜《蒙古征服前操蒙古语部落的西迁运动》，《欧亚学刊》第1期，1999年，第30—31页；刘迎胜《西北民族史与察合台汗国史研究》，第9页。

〔3〕白玉冬《8世纪の室韦の移住から見た九姓タタルと三十姓タタルの関係》《内陸アジア史研究》第25辑，2011年，第85—107页；白玉冬《九姓达靼游牧王国史研究(8—11世纪)》，北京，中国社会科学出版社，2017年，第18—31页。

〔4〕Maḥmūd-al-Kāšγarī, *Compendium of the Turkic Dialects*, 3vols., R. Dankoff and J. Kelly eds. and trs., Cambridge: Harvard University Printing Office, 1982-1985, vol.1, p.83.

综合而言，日后的塔塔尔部勘同为柔然人的核心后裔，方能与中国北方民族的历史发展脉络贴合。

值得一提的是，《辽史·太祖纪下》天赞三年（924）6月乙酉条记录契丹大军的西征：

> 是日，大举征吐浑、党项、阻卜等部……九月丙申朔，次古回鹘城，勒石纪功。庚子，拜日于蹛林。丙午，遣骑攻阻卜……甲子，诏砻辟遏可汗故碑，以契丹、突厥、汉字纪其功。是月，破胡母思山诸蕃部，次业得思山，以赤牛青马祭天地。[1]

上文的古回鹘城是指鄂尔浑河上游的漠北回鹘汗国都城，现喀剌巴剌噶孙遗址。阻卜是契丹人对蒙古高原游牧民九姓达靼的称呼。[2]而胡母思山诸蕃部的胡母思，很可能是《史集》记录的扎剌亦儿部分族Qumusun／Qumus。[3]据年代约属于9世纪后期至11世纪初期的蒙古西部出土回鹘文乌兰浩木碑文，碑主曾出征图拉河一带的达靼人，其中就包括Qomuz（忽母思，即Qumus）。[4]此处，契丹大军在蒙古高原征讨九姓达靼—阻卜，以契丹、突厥、汉字纪其功。虽然这一记功碑尚未被发现，但其隐含的信息值得我们重视。以契丹的官方文字契丹字和汉字纪功，其意义不言而喻。不过，以突厥字（即鲁尼文—笔者）纪功的背景颇令人费解。现在看来，契丹人是在向兼通古突厥语，且可能使用过鲁尼文的九姓达靼—阻卜宣示征讨

---

[1]《辽史》卷2《太祖纪下》，北京，中华书局，1974年，第19—20页。

[2] 前田直典考证出十世纪九族（姓）达靼居地位于漠北中心地域，他们构成了辽代阻卜诸部的核心部分。陈得芝论证克烈部族属蒙古语族，勘同于前田氏考证的阻卜——达靼部落（即九姓达靼）。相关研究参见前田直典《十世紀時代の九族達靼——蒙古人の蒙古地方の成立》，《東洋学報》第32卷第1号，1948年，收入氏著《元朝史の研究》，东京，东京大学出版会，1973年，第233—263页；陈得芝《十三世纪以前的克烈王国》，第201—232页。

[3] 刘迎胜《辽与漠北诸部——胡母思山蕃与阻卜》，《欧亚学刊》第3辑，2002年，第210页。

[4] 白玉冬、吐送江·依明《有关高昌回鹘历史的一方回鹘文墓碑——蒙古国出土乌兰浩木碑释读与研究》，《敦煌吐鲁番研究》第20辑，2021年，第216页。关于年代考证和语音勘同，见该文第218—223页。

蒙古高原诸部的功绩。

## 三、从达靼到蒙古——后回鹘时代蒙古高原主体部族的变迁

作为 10—12 世纪蒙古高原游牧民的代表性集团,九姓达靼—阻卜的历史因相关史料零散,难以把握完整的细节。在讨论蒙古族源和蒙元初期历史时抛开九姓达靼—阻卜的历史,难免断章取义,以偏概全之嫌。九姓达靼—阻卜于中国边疆史、广义蒙古史上的地位和意义,应该重新给予评估。

《新唐书·地理志》所载贾耽著《入四夷之路与关成走集》记录有室韦部落。其中,乾隆年间编武英殿刊本《新唐书》,[1] 乾隆四年校刊《钦定唐书》,[2]《景印文渊阁四库全书》史部 272《新唐书》,[3] 均记录:"又自(回鹘)牙帐东北渡仙娥河,二百里至室韦。"[4] 距离仙娥河(色楞格河)二百里的上述室韦,据白玉冬考察,可以勘同为记录 8 世纪中期内亚情势的,敦煌出土藏文 P. t. 1283 地理文书记录的 Khe-rged 族及其北面的 Ye-dre 七族。[5] 关于此 Khe-rged 族和 Ye-dre 七族,森安孝夫早年指出应属于室韦之部落。[6] 白玉冬考

---

[1] 台北,艺文印书馆影印,出版年不详,第 524 页。
[2] 上海,上海图书集成印书局,1888 年,第 14 页。
[3] 台北,台湾商务印书馆,1983 年,第 651 页。
[4] 关于此二百里,百衲本《新唐书》(台北,台湾商务印书馆,1976 年,第 315 页)和中华书局点校本《新唐书》(北京,中华书局,1975 年,第 1149 页)均作二千里。谭麒骧、严耕望、亦邻真、孙秀仁等以及张久和均从二千里。兹不从。相关内容,见谭麒骧《两唐书地理志汇释》,合肥,安徽教育出版社,2002 年,第 323 页;严耕望《唐通回纥三道》,载作者著《唐代交通图考》第 2 卷(《"中研院"历史语言研究所专刊》),1985 年,第 633 页;亦邻真《中国北方民族与蒙古族族源》,第 566 页;孙秀仁等《室韦史研究》,哈尔滨,北方文物杂志社,1985 年,第 23 页;张久和《原蒙古人的历史室韦——达怛研究》,北京,高等教育出版社,1998 年,第 135 页;白玉冬《8 世纪の室韦の移住から見た九姓タタルと三十姓タタルの関係》,第 85—107 页;白玉冬《九姓达靼游牧王国史研究(8—11 世纪)》,第 18—31 页。
[5] 白玉冬《8 世纪の室韦の移住から見た九姓タタルと三十姓タタルの関係》,第 85—107 页;白玉冬《九姓达靼游牧王国史研究(8—11 世纪)》,第 18—31 页。
[6] 森安孝夫《チベット語史料中に現れる北方民族——DRU-GUとHOR——》,第 25 页。

述此即回鹘汗国鲁尼文碑文记录的九姓达靼（Toquz Tatar），可以勘同为上述唐代色楞格河北二百里的室韦部落及另一室韦部落俞折。[1]

开成五年（840），黠戛斯大军南下，终结了回鹘汗国在蒙古高原的统治。回鹘部众迁往天山南北、河西走廊以及阴山地区。之后，经过黠戛斯的短暂统治，至迟在10世纪初，蒙古高原核心地区（主要指鄂尔浑河流域与杭爱山地区）的历史主角转变成九姓达靼。天赞三年（924），当契丹军队侵入鄂尔浑河流域时，占据那里的是阻卜（达靼）。不过，关于黠戛斯退出蒙古高原的缘由，学术界意见不一。[2] 叶尼塞碑铭中，E59碑记录黠戛斯人与九姓达靼保持往来，[3] 威巴特第九碑记录黠戛斯与达靼国之间处于敌对关系。[4] 鉴于此点，窃以为黠戛斯退出蒙古高原，九姓达靼居功至伟。

关于后回鹘时代九姓达靼的历史，日本学者前田直典在《十世纪的九族达靼——蒙古人之蒙古地方的成立》一文中，重点利用宋使王延德的《高昌行记》、回鹘汗国的鲁尼文碑刻和《辽史》的记录，精辟考证出10世纪九族（姓）达靼居地位于漠北中心地域，他们构成了辽代阻卜诸部的核心部分。[5] 陈得芝先生高度评价上述前田直典论文，论证13世纪之前的克烈部族属蒙古语族，当时的社会发展业已达到"王国"阶段，勘同于前田氏考证的阻卜—达靼部落（即九姓达

---

[1] 白玉冬《8世紀の室韋の移住から見た九姓タタルと三十姓タタルの関係》，第100—103页；白玉冬《九姓达靼游牧王国史研究（8—11世纪）》，第31—34页。

[2] 主要有九姓达靼驱逐说、契丹人驱逐说、黠戛斯人自主放弃说、北庭回鹘驱逐说。相关介绍，参见白玉冬《九姓达靼游牧王国史研究（8—11世纪）》，第193—194页。

[3] 白玉冬《10世紀から11世紀における九姓タタル国》《東洋学報》第93卷第1号，2011年，第90—116页；《十至十一世纪漠北游牧政权的出现——叶尼塞碑铭记录的九姓达靼王国》，《民族研究》2013年第1期，第74—86页；《九姓达靼游牧王国史研究（8—11世纪）》，第75—95页。

[4] 白玉冬《叶尼塞碑铭威巴特第九碑浅释》，《民族古籍研究》第2辑，2014年，第143—149页；《九姓达靼游牧王国史研究（8—11世纪）》，第221—226页。

[5] 前田直典《十世紀時代の九族達靼——蒙古人の蒙古地方の成立》，《東洋学報》第32卷第1号，1948年，收入氏著《元朝史の研究》，东京，东京大学出版会，1973年，第233—263页。

鞑)。[1]白玉冬依据 E59 叶尼塞碑铭,考述 10 世纪九姓达靼被黠戛斯人称作"九姓达靼王国",[2]并通过对敦煌出土于阗文、回鹘文、粟特文、汉文文献的比较研究,阐明 10 世纪的"九姓达靼王国"除了与契丹外,还与沙陀后唐、北宋、甘州回鹘、沙州归义军政权、西州回鹘均保持往来,并融入回鹘商人主导的丝路贸易网络。[3]钟焓对白玉冬关于九姓达靼融入丝路贸易的观点提出过质疑。[4]白玉冬对此做出了反馈与回应,并力陈契丹在 10 世纪前后经由九姓达靼所在的漠北草原与西域中亚保持联系。[5] 2021 年,森安孝夫刊出论文《前近代中央欧亚的突厥・蒙古族与基督教》,利用基督教会关于内亚突厥人改宗基督教的传说和丝绸之路上的粟特文书信,以及吐鲁番布拉依克遗址出土的,由基督教圣职者写给西州回鹘王族的德藏 COUL no. 04(U3890)文书,考述 11 世纪初克烈部改宗基督教属实,是受出身西州回鹘王国的基督教商人影响,并对前述白玉冬的观点表示支持。[6]总之,经过上述学者们的研究,学术界对 10 至 12 世纪占据漠北草原核心地区的九姓达靼的社会发展、对外交往、融入

---

〔1〕陈得芝《十三世纪以前的克烈王国》,第 201—232 页。

〔2〕白玉冬《10 世紀から11 世紀における九姓タタル国》《東洋学報》第 93 卷第 1 号,2011 年,第 90—116 页;《十至十一世纪漠北游牧政权的出现——叶尼塞碑铭记录的九姓达靼王国》,《民族研究》2013 年第 1 期,第 74—86 页;《九姓达靼游牧王国史研究(8—11 世纪)》,第 75—95 页。

〔3〕白玉冬《于阗文 P.2741 文书所见鞑靼驻地 Buhäthum 考》,《西域文史》第 2 辑,2007 年,第 231—243 页;《十世紀における九姓タタルとシルクロード貿易》《史学雑誌》第 120 編第 10 号,2011 年,第 1—36 页;《沙陀突厥・九姓タタル関係考》《東洋学報》第 97 卷第 3 号,2015 年,第 1—25 页;《关于王延德〈西州程记〉记录的漠北部族》,《中国边疆史地研究》2019 年第 1 期,第 130—139 页;《九姓达靼游牧王国史研究(8—11 世纪)》,第 57—74,96—160,171—192 页;《12—13 世纪粟特—回鹘商人与草原游牧民的互动》,《民族研究》2020 年第 3 期,第 117—125 页。

〔4〕钟焓《辽代东西交通路线的走向——以可敦墓地望研究为中心——》,《历史研究》2014 年第 4 期,第 39—49 页。

〔5〕白玉冬《"可敦墓"考——兼论十一世纪初期契丹与中亚之交通》,《历史研究》2017 年第 4 期,第 158—170 页。

〔6〕森安孝夫《前近代中央ユーラシアのトルコ・モンゴル族とキリスト教》《帝京大学文化財研究所研究報告》第 20 卷,2021 年,第 5—39 页 +2 彩色图版。U3890 文书中出现相当于西州回鹘国王的 Yigädmiš BilgäTängri Ilig(Yigädmiš 贤明的天王)和王子殿下(tigin tängrim qutï)之称号。见同书第 23—26 页。

丝路贸易网络等有了大体上的了解。这里仅重点补叙反映九姓达靼与蒙古高原以西的、丝路贸易重要节点高昌回鹘之间关系的三条新史料,以突显九姓达靼融入欧亚大陆历史的实景。

张铁山、茨默(Peter Zieme)二位解读的中国文化遗产研究院藏 xj 222-0661.9 回鹘文书,讲述高昌回鹘早期的某位可汗曾经征服过威胁高昌回鹘的九姓达靼。该史料云:[1]

> ata-sï 天[tängri]elig qutïnga arqa berip alqatmïš el-kä muyγa bolmïš toquz tatar bodunïn ügritrü[2] balïq saqa-sïnda ünärär[3] čärig urup yatmaq üzä öz-kä sanlïγ qïlu yarlïqap öz eli-ning basïnčïn ketärü yat ellig ayïγ saqïnč-lïγ yaγï-lar-qa ešidmiš-tä ök ičanγuluq äymängülük qïlu yarlïqadï.

(那位可汗)帮助他父亲天王陛下,愚弄(原意为"使被欺骗")对神圣的国家(即高昌回鹘)构成威胁的九姓达靼民众,在城下布置伏兵(原意为"让军队出现在城下并布置军队"),因而使他们(即九姓达靼之民众)服属于自己,解除了自己国家的危机,令外国国王和怀有恶意的敌人听到时就躲避恐惧。

白玉冬主张上述九姓达靼和高昌回鹘之间的战斗,约发生在 9 世纪下半叶的 875 年左右。[4] 付马则认为发生在 866 年至 876 年之间,九姓达靼使得回鹘可汗仆固俊身陷重围。[5] 付马甚至认为,

---

[1] 第 9—14 行。见 Zhang Tieshan and Peter Zieme, "A Memorandum about the King of the On Uygur and His Realm," *Acta Orientalia Academiae Acientiarum Hungaricae*, vol. 64, no.2, pp. 137, 140-141.

[2] ügritrü 使被欺骗,张铁山、茨默二位读作 ögrätgü,同时指出该读法并不确定。

[3] ünärär-使升起,让出出发,张铁山、茨默二位换写作 'wyrk'r,转写作 ürkär,译作 startling。

[4] 白玉冬《有关高昌回鹘的一篇回鹘文文献——xj222-0661.9 文书的历史学考释》,《中国边疆史地研究》2014 年第 3 期,第 142 页。

[5] 付马《西州回鹘王国建立初期的对外扩张——中国文化遗产研究院藏 xj222-0661.09 回鹘文书的历史学研究》,《西域文史》第 8 辑,2013 年,第 151、153—155 页。

九姓达靼还有可能曾在 866 年至 869 年间摧毁过高昌回鹘的北庭城。[1] 之后，该文书继续谈道：[2]

…… öz-kä san-lïγ yerin suvïn ötükän bodunïn ornatu yarlïqadï

他（即前引某位可汗）让于都斤（今蒙古杭爱山一带）的民众居住在属于他自己的土地上。

据文书整体文义，该句主语"他"仍然是前面介绍的那位曾经解除九姓达靼之威胁的高昌回鹘可汗。

另，白玉冬和吐送江·依明依据实地考察，对蒙古西部出土回鹘文乌兰浩木碑重新进行了释读，对前人的研究进行了较大的补充完善，并依据新发现的 ögä qočo-oo（于伽高昌王）、qomuz（忽母思）、mar（法师，大德）等词汇，主张该碑创建于 9 世纪后期至 11 世纪初期，其背景是高昌回鹘与九姓达靼之间的战争。碑中言：[3]

ögä qočo-oo tatar qa sülädi. anta čärig lädim. y（e）girminč-tä en(i)ttim. tuγ(ï)m T W L W // LQY, tübünč tuγl(a)ta kiši tükäl bulta üküš altïm.

于伽高昌王向达靼进军了，那时我出兵了。第 20 日，我降下了我的旌旗（即偃旗息鼓）……我完整发现故土（或老巢）土拉（河畔）的人，并俘获了很多。

关于以上出自回鹘文文献的三条史料所反映的历史背景，很难从汉文史料找到确切的对应记录。不过，《资治通鉴·唐纪》僖宗乾

---

〔1〕付马《回鹘时代的北庭城——德藏 Mainz 354 号文书所见北庭城重建年代考》，《西域研究》2014 年第 2 期，第 22 页。

〔2〕第 39—40 行。见 Zhang Tieshan and Peter Zieme, "A Memorandum about the King of the On Uygur and His Realm," pp. 139, 142.

〔3〕第 3—6 行，译文略有改动。见白玉冬、吐送江·依明《有关高昌回鹘历史的一方回鹘文墓碑——蒙古国出土乌兰浩木碑释读与研究》，《敦煌吐鲁番研究》第 20 卷，2021 年，第 218—223 页。关于该碑文的创建年代，以往学术界主流意见认为属于回鹘西迁之前，兹不从。

符二年(875)条言:"回鹘还至罗川。十一月,遣使者同罗榆禄入贡。赐拯接绢万匹。"[1]此"罗川"应为"合罗川"之误,且该"合罗川"不应是河西的额济纳河,而是曾为回鹘牙帐所在地的、漠北鄂尔浑河流域之"合罗川"。[2] 加之,《续资治通鉴长编》所言"(太平兴国八年,983年)塔坦国遣使唐特墨与高昌国使安骨庐俱入贡"的塔坦国即九姓达靼。[3] 总之,据以上史料,不难看出当时的九姓达靼,与高昌回鹘之间有着千丝万缕的关系,他们被融入回鹘商人主导的丝路贸易网络绝非偶然。[4]

接下来,对比一下同时期的蒙古部历史。蒙古之名始见史乘,是《旧唐书》卷199下《室韦传》中的蒙兀室韦,是活动在嫩江流域—大兴安岭—石勒喀河流域的室韦部落集团之一部,[5]其居住地大体是在大兴安岭北端额尔古纳河流域。[6]据《魏书》《隋书》《两唐书》的《室韦传》,室韦人从事游牧、狩猎、渔猎和粗放的原始农业。关于室韦的部落数目,《魏书》未做记录,《隋书》上至少可见37部。[7]《旧

---

[1]《资治通鉴》卷225,第8181页。
[2] 森安孝夫《ウィグルの西遷について》,第279—280页。
[3]《续资治通鉴长编》卷24太平兴国八年条,第566页。
[4] 敦煌出土回鹘文,粟特文文书反映,10世纪回鹘商人的贸易网络涵盖包括九姓达靼所在的于都斤——鄂尔浑河地区在内的欧亚大陆东部。相关考述,见森安孝夫《(シルクロード)のウイグル商人——ソグド商人とオルトク商人のあいだ》,《岩波講座世界歷史11 中央ユーラシアの統合(9—16世紀)》,东京,岩波書店,1997年,第93—119页,修订稿收入氏著《東西ウイグルと中央ユーラシア》,名古屋大学出版会,2015年,第407—435页。中译文见《丝绸之路的回鹘商人——粟特商人和斡脱商人之间——》,李圣杰、白玉冬译,载黄维忠主编《国学学刊》2023年第1期,第117—132页。
[5] 关于魏代至辽代室韦的居住地,相关研究成果众多。此处主要参见白鸟库吉《東胡民族考》,《史学雜誌》第21编第4、7、9号,第22编第1、5、11、12号,第23卷第2、3、10、11、12号,第24卷第1、7号,1910—1913年,收入氏著《白鳥庫吉全集》第4卷,东京,岩波書店,1970年,第205—214页;白鸟库吉《室韋考》,《史学雜誌》第30编第1、2、4、6、7、8号,1919年,收入氏著《白鳥庫吉全集》第4卷,第339—363、382—388、403—404、427—430号;方壮猷《室韦考》,《辅仁学志》第2卷第2号,1931年,第623—650、652—654、664—668页;王颋《室韦的族源和各部方位》,中国蒙古史学会编《中国蒙古史学会论文选集》,呼和浩特,内蒙古人民出版社,1983年,第128—138页。
[6] 蒙古室韦居住地,此处亦据亦邻真《中国北方民族与蒙古族族源》,《内蒙古大学学报(哲学社会科学版)》1979年第3—4期,收入齐木德道尔吉等编《亦邻真蒙古学文集》,呼和浩特,内蒙古人民出版社,2001年,第571—572页。
[7]《隋书·室韦传》,北京,中华书局,1973年,第1882—1883页。

唐书·室韦传》《新唐书·室韦传》记录有 18 至 19 个。[1] 此 18 至 19，再加上前面介绍的 P. t. 1283 藏文地理文书记录的 Khe-rged 族及其北面的 Ye-dre 七族（即九姓达靼），则总体数目将达到 26 至 27。此 26 至 27 个室韦部落，恐怕即相当于同时期突厥碑文记录的三十姓达靼(Otuz Tatar)。据此而言，九姓达靼是 8 世纪中后期至 9 世纪活动在色楞格河中游一带的、汉籍记录的室韦部落，九姓达靼包含于三十姓达靼之内。与此相对，当时的蒙古部尚活动在额尔古纳河流域，属于三十姓达靼之一部，但不属于九姓达靼。

840 年漠北回鹘汗国的崩溃与回鹘人主体的西迁，以及紧随其后引发的蒙古高原部族居住地的重新洗牌，其结果是黠戛斯人至迟在 10 世纪初退回叶尼塞河流域，九姓达靼在 10—12 世纪占据了蒙古高原核心地域鄂尔浑河—杭爱山地区。这一时期，也是蒙古部从额尔古纳河流域向西迁居到鄂嫩河流域—蒙古高原的时期。关于蒙古部的移居问题，前人已经做了很多细致的工作，功不可没。[2] 兹不重新考证，概述要点，以为补充。

据《辽史》记载，有辽一代，活动在今克鲁伦河下游与呼伦贝尔地区的，主要是敌烈部与乌古部。《辽史》卷 37《地理志一·上京道》记录有辽朝设置于蒙古高原的边防城镇州、静边城、皮被河城等，其防御对象被记作室韦、羽厥，未见蒙古（萌古）之名。[3] 后晋亡国后曾滞留契丹国内七年的胡峤，在其《胡峤陷北记》中言：

（契丹）西则突厥、回纥。西北至妪厥律，其人长大，髦头，酋

---

[1]《旧唐书·室韦传》（北京，中华书局，1975 年，第 5357—5358 页）记作十九，《新唐书·室韦传》（北京，中华书局，1976 年，第 6176—6177 页）记作十八。《新唐书》卷 220《流鬼传》（第 6210 页）把达姤视作室韦之种。

[2] 主要参见田村實造《モンゴル族の始祖説話と移住の問題》，《東洋史研究》第 23 卷第 1 号，1963 年，第 47—58 页；陈得芝《蒙古部何时迁至斡难河源头》，《南京大学学报》1981 年第 2 期，收入氏著《蒙元史研究丛稿》，北京，人民出版社，2005 年，第 61—67 页；白石典之《モンゴル部族の自立と成長》，《人文科学研究》第 86 期，1994 年，第 27—51 页；白石典之《モンゴル帝国史の考古学的研究》，东京，同成社，2002 年，第 49—55 页。

[3] 北京，中华书局，1974 年，第 451 页。

长全其发,盛以紫囊。地苦寒,水出大鱼,契丹仰食。又多黑、白、黄貂鼠皮,北方诸国皆仰足。其人最勇,邻国不敢侵。又其西,辖戛,又其北,单于突厥,皆与姐厥律略同。[1]

另,《辽史》仅记录两条蒙古部,即《辽史·道宗纪》大康十年条:"二月庚午朔,萌古国遣使来聘。三月戊申,远萌古国遣使来聘。"[2]可见,据《辽史》和上引《胡峤陷北记》,不难发现当时的蒙古部与契丹辽朝接触不多。王国维对辽金汉籍记录的蒙古部相关史料进行归纳整理,主张《胡峤陷北记》记录的契丹东北方向的部族"东北至韈劫子"的韈劫子,以及辽末天祚帝投奔的阴山达靼毛割石(或为谋葛失)之名可勘同为蒙古。[3] 窃以为前者韈劫子即日后的蔑儿乞,[4]后者毛割石、谋葛失均为景教教名 Marcus 的对音。

南宋叶隆礼撰于 1180 年的《契丹国志》卷 22《四至邻国地里远近》介绍蒙古部等:[5]

> 正北至蒙古里国。无君长所管,亦无耕种,以弋猎为业。不常其居,每四季出行,惟逐水草,所食惟肉酪而已。不与契丹争战,惟以牛、羊、驼、马、皮、毳之物与契丹为交易。南至上京四千余里。又次北至于厥国……又次北西至鳖古里国。又西北,又次北近西至达打国……东南至上京六千余里。

上引史料被认为原出于庆历元年(1041)自辽投宋的赵志忠所撰

---

[1]《契丹国志》卷 25,上海古籍出版社,1985 年,第 239 页。
[2] 北京,中华书局,1974 年,第 289 页。
[3] 王国维《萌古考》,初刊《辽金时蒙古考》,《学衡》第 53 辑,1926 年,收入谢维扬、房鑫亮主编《王国维全集》第 14 卷,杭州,浙江教育出版社,2009 年,第 286 页。田村實造《モンゴル族の始祖説話と移住の問題》(第 50—51 页)持同样意见。
[4] 见白鸟库吉《室韦考》,第 429—430 页;箭内亘《鞑靼考》,《满鲜地理歷史研究报告》第 5 期,1919 年,收入氏著《蒙古史研究》,东京,刀江书院,1930 年,第 538 页。另,贾敬颜视作《史集》部族志记录的 Bkrin / Mkrin,见贾敬颜《胡峤陷辽记疏证》,《史学集刊》1983 年第 4 期,第 15 页。兹不从。
[5] 贾敬颜、林荣贵点校《契丹国志》,上海古籍出版社,1985 年,第 214 页。

《阴山杂录》。[1] 看得出，当时的蒙古部已经西迁。[2]《史集》记录契丹军队曾渡过克鲁伦河，攻击札剌亦儿部，战败的札剌亦儿人逃入成吉思汗七世祖母莫挐伦的住地，残杀了莫挐伦一族，唯有幼子海都幸免于难。后海都移至贝加尔湖畔的巴儿忽真脱窟木地方，直至成年后征服札剌亦儿人。[3] 按平均一世20—25年计算，成吉思汗六世祖海都成年期大概在11世纪30—40年代，大体上与赵志忠所处年代相符。不过，上述蒙古里国不会是几近亡族，远至贝加尔湖畔避难的蒙古部。诚然，如陈得芝先生所言，在成吉思汗十至十一世祖时期，蒙古部已经开始与鄂嫩河源的布尔罕山发生接触。[4] 但海都自贝加尔湖畔南下重振蒙古部，短期内势力不太可能囊括三河源头的肯特山一带。故笔者以为此处蒙古里国位置，视作鄂嫩河上中游一带，较为合理。[5] 顺提一下，上引《契丹国志·四至邻国地里远近》记录的达打国，定是九姓达靼，具体是克烈部或日后的塔塔尔部。

辽末金初的动荡波及蒙古高原诸部族，导致蒙古高原中东部地区原有社会秩序发生变化，带来了游牧集团的相互兼并以及居地的重新归属。蒙古部正是在这一时期开始扩大势力。白玉冬、赵筱此前据完颜希尹神道碑《行程录》等，对1130年至1146年期间蒙古部与金朝之间的战争关系进行了归纳整理。[6] 具体而言，两者之间至

---

[1] 王国维《萌古考》，第286—287页；田村實造《モンゴル族の始祖説話と移住の問題》，第52页；陈得芝《蒙古部何时迁至斡难河源头》，第62页。

[2] 在《契丹国志》所附《契丹地理之图》上，上京北偏西方向为蒙古，之后自东向西，依次记有于厥、鳌古里、鞑靼。该地图上京西，蒙古南又有蒙古山，鳌古里与鞑靼中间偏南另有萌古司。就蒙古山、萌古司而言，该图应作于南宋时期。在探讨蒙古部当时的居住地时，我们不能过分依赖后世所做的这份地图。

[3] 拉施特《史集》第1卷第1分册，余大钧、周建奇译，第18—19页。另，《元史》亦有相关记录，只是莫挐伦是成吉思汗八世祖母，年幼的海都是其长孙。见《元史》卷1《太祖纪》，北京，中华书局，1976年，第2—3页。

[4] 陈得芝《蒙古部何时迁至斡难河源头》，第64页。

[5] 古人对方位的认知，往往与现代地图所反映的标准方位间存在偏差。按现代地图而言，蒙古里国应位于契丹西北方，上引《四至邻国地里远近》记录的部族方位，大体应向逆时针方向移动45度左右。

[6] 白玉冬、赵筱《蒙古部"祖元皇帝"与"太祖元明皇帝"考》，刘迎胜主编《元史及民族与边疆研究集刊》第42辑，上海古籍出版社，2022年，第15—19页。

少发生 4 次大的冲突。第 1 次是追讨耶律大石的金军顺路袭掠蒙古部，时间约在 1130 年。第 2 次是完颜希尹神道碑记录的"萌古斯扰边"，时间约在 1133—1134 年，战役结果是金军获胜。第 3 次是"呼沙呼北征"，金军曾进抵鄂嫩河流域，但粮尽而还，反而在上京西北的海岭遭到蒙古部重创，时间约为 1138 年。第 4 次是宗弼将中原所教神臂弓弩手八万人讨蒙古之役，时间约在 1138 年至 1146 年之间。其中，在第 4 次战争之后，金朝册封蒙古部酋长敖罗孛极烈为蒙古国王，但蒙人不肯。正是在此种条件下，出现了宋朝人记录的 1147 年的"蒙酋鄂抡贝勒乃自称祖元皇帝，改元天兴"一事。蒙古部改元"天兴"，是指他们在蒙古部内部的称汗，或为宣称脱离辽朝和金朝统治的一种表达方式，但绝非汉语语境下的"改元"。此即 12 世纪前中期的"蒙古国"（Mongγol Ulus），有别于成吉思汗在 13 世纪初建立的"大蒙古国"（Yeke Mongγol Ulus）。不过，此"蒙古国"不久因金朝的打压和内乱而衰败下去，蒙古部不得已委身于西边的克烈部。至于铁木真作为克烈部的属下而发展壮大，最终成功登顶，已为众人皆知，兹不赘述。

　　《辽史》记录的阻卜（即九姓达靼）包括后来的克烈部、塔塔尔部、札剌亦儿部等，一向未包括蒙古部，且《契丹国志·四至邻国地里远近》中蒙古里国与达打国并列。依此而言，把这一时期的蒙古视作达靼的一部，属于他者的认同，并非蒙古部自我承认是 Tatar（达靼）。不过，突厥碑文记录的三十姓达靼，虽然是突厥人对其东邻室韦部落的统称，但也有可能是因为当时的室韦自我认同是达靼人。如是，这个自我认同可以追溯到柔然汗国时期。因柔然汗国的统治波及室韦部落，故处于柔然属下，操用相近语言的古蒙古语部落自我承认是达靼之属。不过，时过境迁，当铁木真统一蒙古高原诸部后自不必说，即便是蒙古部与塔塔尔部形成对立的 12 世纪中后期以后，蒙古部不需要以敌对部落塔塔尔 Tatar 之名进行自我认同，更不会以此名称来统括"大蒙古国"的属民。此时，蒙古歹（Mongγoldai）之名应运而生。

## 四、蒙元对达靼的双重标准：排斥与接受

13世纪蒙古汗国的建立及其之后对欧亚大陆的征服,对世界历史的进程带来了深远影响。元朝及其四大汗国灭亡后,俄罗斯史料仍然以 tatar／tartar 代称蒙古,察合台汗国的游牧民后裔仍自称蒙兀儿(蒙古)人,明朝则称东部的蒙古人为达靼,西部的蒙古人为瓦剌。清朝建立后,达靼和瓦剌一并归入蒙古名下。

那顺乌力吉在关于达靼名称演变的专文中,[1]提议在不同历史时期汉籍记录的达靼所指代的范围和内涵有所不同。具体来说唐五代史料中的达靼是部族名称。唐末宋初的达靼从部族名称演变为国家名称。蒙古汗国建立后北方各部族统称为蒙古,塔塔儿(达靼)名称从泛称演变为蒙古统辖的一个部落名称。两宋史官用达靼一词来指代北方游牧民族,甚至把达靼名称用作蒙古名称的通称,这一用法甚至沿用到明清时期。那顺乌力吉的上述见解中,除关于塔塔尔名称演变成部落名称的一部分外,其余均是基于他者的视角给出的对蒙古高原游牧民的认同情况。笔者对以上述看法为代表的关于达靼名称指代对象变化的观点,即关于达靼的他者认同观点不持异议。故此处对汉籍记录的达靼内涵的演变过程不再赘述,仅限于讨论作为当事者的蒙元王朝对达靼的认同问题。

早年,王国维提出元朝官修《辽史》《金史》时"讳言鞑靼"。[2]蔡美彪最初支持王国维意见,[3]后引用元代的官私文献,考述有元一

---

〔1〕 那顺乌力吉《论"鞑靼"名称的演变》,第8—11页。
〔2〕 王国维《鞑靼考》,《清华学报》第3卷第1期,1926年,收入谢维扬、房鑫亮主编《王国维全集》第14卷,杭州,浙江教育出版社,2009年,第255—257页。
〔3〕 蔡美彪《辽金石刻中的鞑靼》,《国学季刊》第7卷第3期,1952年,收入氏著《辽金元史考索》,北京,中华书局,2012年,第202—206页。

代蒙元朝廷和蒙古官民认同汉文的"达达"。[1] 上述二位从不同角度，讨论了此处关注的蒙古人对达靼的排斥与接受问题，其共通之处在于对蒙古文史料未给予关注。

蒙古文蒙古语也松格碑约建于 1224 年，是成吉思汗率领军队出征花剌子模返回蒙古本土后聚会的纪念碑。内容讲述在不哈速赤该（Buqa Sočiqai）地方召集全蒙古王公聚会时，也松格射 335 步中的。[2] 其中出现 qamuγ Mongγol ulus-un noyad 之字样。蒙古语 ulus 原义是人们，在此基础上衍生出部族集团、国、国家之义。鉴于蒙古汗国的蒙古语名称是 Yeke Mongγol Ulus（大蒙古国），也松格碑的 ulus 理解作人们更合文义，即 qamuγ Mongγol ulus-un noyad 是全体蒙古人的那颜们之义。以此来理解，此处 Mongγol 涵盖整个蒙古汗国下属的蒙古人集团。此外，1290 年伊利汗国阿鲁浑汗回信罗马教皇，其中言 Činggis Qan-u uruγud öber-ün Mongγoljin durabar aǰu（成吉思汗的子孙们按全体蒙古人的意愿生活着）。[3] 可见，远到伊利汗国，晚至 1290 年末，蒙古人中存在全体蒙古人这一概念。

宋宁宗嘉定十四年（1221），出使河北蒙古军的宋使赵珙在《蒙鞑备录》中把蒙古归于黑鞑靼，并言："珙亲见其权皇帝摩睺国王，每自

---

[1] 蔡美彪《元代文献中的达达》，《南开大学历史系建系七十五周年纪念文集》，1998 年，收入氏著《辽金元史考索》，第 207—214 页。

[2] 主要参见 В. В. Радлов, *Атласъ древностей Монголіи* (*Atlas der Alterthümer der Mongolei*), Санкт-Петербургъ: Типографія Императорской академіи наукъ, 1892, Plate. 49‑3; Dobu, *Uyiγurjin mongγol üsüg-ün durasqaltu bičig-üd*（道布《回鹘式蒙古文文献汇编》），北京，民族出版社，1983 年，第 3、5 页；D. Tumurtogoo, G. Cecegdari eds., *Mongolian Monuments in Uighur-Mongolian Script* (*XIII‑XIV centuries*), *Introduction, transcription and bibliography* (*Language and Linguistics Monograph Series A‑11*), Taipei: Institute of Linguistics, Academiq Sinica, 2006, pp. 9‑10、675.

[3] 道布《回鹘式蒙古文文献汇编》（蒙古文），第 51—52 页。关于 mongγoljin（全体蒙古人）之解释，参见乌云毕力格《丝路沿线的民族交融：占星家与乌珠穆沁部》，《历史研究》2020 年第 1 期，第 100 页。

称曰我鞑靼人"。[1]不过,当时蒙古汗国早已建立,即便摩睺(木华黎)是以蒙古语自称 Mongɣolčud(蒙古人),但通过译语人之口或赵珙之手,均有可能变成当时的宋人对蒙古人的通称达靼。看来,此条记录无法成为当时的蒙古人自我认同作 Tatar 的证据。

佚名作者著《圣武亲征录》作于至元年间(1264—1294),是记录成吉思汗和窝阔台朝蒙古历史的重要史籍。其中,塔塔尔(Tatar)是蒙古的敌对集团塔塔尔部专称,并无任何其他用以表述游牧民通称的达靼(Tatar)之称谓出现。参考《蒙古秘史》中塔塔尔(Tatar)同样是蒙古的敌对部落之专称而言,即便当时曾有过《圣武亲征录》或《史集·成吉思汗纪》的底本《金册》(Altan Debter)所依据的蒙古语《实录》,但也难以想象其中会以 Tatar 代称塔塔尔部以外的其他游牧部落。虽然在《蒙古秘史》的旁译和总译中,忙豁勒(Mongɣol,蒙古)被译成达达,但这是明朝官方的见解,[2]不能说明在《蒙古秘史》的蒙古文原文中蒙古是写作 Tatar 的。笔者查阅蒙元时期蒙古语文献材料,亦未发现 Tatar 之例。[3]相反,据《黑鞑事略》,当时在蒙古汗国周边的游牧民均有各自不同的称呼,蒙古人依据其名称呼之。[4]顺

---

[1] 赵珙撰,王国维校《〈蒙鞑备录〉笺证》,《蒙古史料校注四种》,清华学校研究院,1926年,1926年,收入谢维扬、房鑫亮主编《王国维全集》第 11 卷,杭州,浙江教育出版社,2009年,第 339 页。

[2] 如明朝永乐五年(1407)设立四夷馆培养翻译人才,其中的鞑靼馆即掌管与蒙古之间的文书往来。

[3] 主要参见 D. Tumurtogoo, G. Cecegdari eds., *Mongolian Monuments in Uighur — Mongolian Script (XIII – XIV centuries), Introduction, transcription and bibliography (Language and Linguistics Monograph Series A - 11)*, Taipei: Institute of Linguistics, Academiq Sinica, 2006; D. Tumurtogoo, G. Cecegdari eds., *Mongolian Monuments in 'Phags-Pa Script, Introduction, transcription and bibliography (Language and Linguistics Monograph Series 42)*, Taipei: Institute of Linguistics, Academiq Sinica, 2010.

[4] 关于蒙古周边国家或民族名称,《黑鞑事略》言:"其残虐诸国,已破而无争者,东南曰白鞑、金房;女真。西北曰奈蛮,或曰乃满;曰乌鸧,曰速里,曰撒里达,曰抗里,回回国名。正北曰达塔,即兀鲁速之种;曰蔑里乞。正南曰西夏。"其中的达塔,即塔塔尔部。参见彭大雅撰、徐霆疏,王国维校《〈黑鞑事略〉笺证》,《蒙古史料校注四种》,清华学校研究院,1926年,收入谢维扬、房鑫亮主编《王国维全集》第 11 卷,杭州,浙江教育出版社,2009年,第 395—396 页。

而言之,现有的材料并不支持 13 世纪蒙古高原的游牧民有一个自我认同的通称 Tatar。

据伯希和(P. Pelliot)介绍,在贵由汗 1246 年答复教皇因诺曾爵四世(Innocent Ⅳ)的蒙古语信函的拉丁语译本中,末尾处标明"达达汗(Domini Tattarorum)致教皇书内容如此"。[1] 不过,在其波斯语译本的正文中,并未出现蒙古或达靼之字样。[2] 该波斯语译本的信首是三行古突厥语,波斯语译文上加盖有两处蒙古文印文。据伯希和释读,其第 1—4 行写有 möngke t(e)ngri yin küčün-dür yeke mongγol ulus un dalai in xanu ǰ(a)rl(i)γ(长生天气力里,大蒙古国的海之汗的圣旨)。[3] 其中的 Yeke Mongγol Ulus,相比伯希和的译文 peuple des grands Mongols(大蒙古民族),译作大蒙古国更为精确。虽然此处 Mongγol 是国家之名,但喻示整个集团是在 Mongγol 这个名称之下。这与前面介绍的也松格碑记录的 qamuγ mongγol ulus(全体蒙古人)的 Mongγol(蒙古)异曲同工。以此看来,如同波斯语译文以伊斯兰历"六四四年第二月主马答(ǰumāda)之末日数内(1246 年 11 月 3 日至 11 日)写来"结尾一样,拉丁语译本末尾处的"达达汗(Domini Tattarorum)"是对教皇来信中蒙古人之称呼 Tartares 的礼节性答复,并非表明当时的蒙古人自称作 Tartar / Tatar。

反观汉籍,多次出现达达之称呼。如,《元史》卷 1《太祖纪》在击溃克烈部的战事后言:"时乃蛮部太阳罕心忌帝能,遣使谋于白达达部主阿剌忽思"。[4] 在记录同一事件的《圣武亲征录》中,白达达作

---

[1] P. Pelliot, "Les Mongols et la Papauté," *Revue de l'Orient chrétien*, vol. 23, 1922-1923, p. 14;伯希和《蒙古与教廷》,冯承钧译,北京,中华书局,2008 年,第 14 页。

[2] P. Pelliot, "Les Mongols et la Papauté," pp. 16-23;伯希和《蒙古与教廷》,第 18—19 页。

[3] P. Pelliot, "Les Mongols et la Papauté," p. 22;伯希和《蒙古与教廷》,第 25 页。朱印见 P. Pelliot, "Les Mongols et la Papauté,"第 24 页后附文。笔者转写方式与伯希和有异,内容相同。

[4] 《元史》卷 1《太祖纪》,北京,中华书局,1976 年,第 12 页。

王孤部。[1] 此王孤，《元史》通常作汪古，《史集》加复数词缀作 aūngūt，[2] 原音是 Öng。[3] 此处的白达达，应该是编撰《元太祖实录》时对汉语词白达达的借用。《元史·世祖纪》中统二年(1261)八月辛丑条言："(以)贾文备为开元女直水达达等处宣抚使，赐虎符。"[4]《黑鞑事略》记录蒙古当时的"已争而未竟者"中，"西南曰斛速益律于，水鞑鞾也"。[5] 此"斛速益律于"应为"斛速益律干"之误，可视作蒙古语水国民(husu / usu irgen——笔者)之音译。[6] 虽然彭大雅所言蒙古西南这一方位不确，但从其补注"水鞑鞾也"可知，《元史》的水达达是元朝官方摒弃蒙古语自有词斛速益律干 husu / usu irgen，而对汉语词水达达的借用。此外，《元史·泰定帝纪》至治三年(1323)条记录的即位诏书中出现"达达国土都付来""达达百姓每"之文。[7] 这里的两处达达寓意蒙古。

《元典章》是元初到至治二年(1322)间具有普遍指导意义的诏敕、条格、断例等典章制度的集成，内容涵盖政治、经济、军事、法律等方面。虽然由元朝地方官吏编修，但《元典章》反映的是蒙元官方意志。《元典章九吏部》卷3"投下达鲁花赤"条云：[8]

[1] 贾敬颜校注《圣武亲征录(新校本)》，陈晓伟整理，北京，中华书局，2020年，第165页。
[2] 拉施特《史集》第1卷第1分册，第229—230页。
[3] 白玉冬《丝路景教与汪古源流——从呼和浩特白塔回鹘文题记 TextQ 谈起》，《中山大学学报(哲学社会科学版)》2018年第2期，第153页；白玉冬《九姓达鞾游牧王国史研究(8—11世纪)》，第246页；有意见认为该名来自原蒙古语词 önggü(城墙)，惜无法考证。参见额尔敦巴特尔《拉施特〈史集〉所记若干名号考察》，《民族语文》2021年第4期，第83页。
[4]《元史》卷4《世祖纪》，第69页。
[5] 王国维校《〈黑鞑事略〉笺证》，第396页。
[6] 王国维校《〈黑鞑事略〉笺证》，第399—400页。另，《元朝秘史》记录的"水"均为兀速 usu 或兀孙 usun(参见小沢重男《元朝秘史全释·上》，东京，风间书房，1984年，第349—350页)。不过，蒙元时期蒙古语词头音中，今音的部分 u-尚带有喉音 h-。此处"斛速(husu)"即为一例。
[7]《元史》卷29《泰定帝一》，第638页。
[8] 断句参考陈高华等点校《元典章》第1册，北京，中华书局，2011年，第293页；洪金富点校《元典章》第1册(《"中央研究院历史语言研究所"专刊》)，台北，"中研院"历史语言研究所，2016年，第400—401页。其中，"于内多一年"，上述二点校本均作"于内多一半"，兹不从。

大德八年(1304)六月,江浙行省准中书省咨:

大德八年三月十六日奏过事内一件:"台官人每俺根底与文书:'各投下各枝儿分拨到的城子里,他每委付达鲁花赤有。一个月日未满又重委付一个来有,于内多一年是汉儿、女直、契丹、达达小名里做达鲁花赤有。今后各投下各枝儿里说知:选拣蒙古人委付者,汉儿、女直、契丹、达达小名里做达鲁花赤的,都合革罢了有。'么道,这般说有。俺商量来:今后诸王驸马各投下各枝儿里行与文书,他每分拨到城子里委付达鲁花赤呵,选拣蒙古人委付者。如果无蒙古人呵,选拣有根脚的色目人委付者。三年满呵,交他每依大体例替换了。若三年不满呵,不交重委付人呵,怎生?"奏呵。奉圣旨:"那般者。"钦此。

《元典章》虽然由元朝地方官吏编修,但反映的是官方意志。上文讲述的是大德八年(1304)六月,江浙行省收到的中书省咨文。咨文引述了大德八年三月十六日中书省给皇帝的奏文,而奏文先引了御史台官给中书省的文书,然后给出中书省的处理意见。上奏的结果,是经皇帝批准的中书省的处理意见。于是中书省就此事给江浙行省发咨文。据御史台官所报,投下和皇室分族委派到所属城里的达鲁花赤中,有的一个任期未满,又另有一名达鲁花赤被派来,其中一多半由冒名达达的汉人、女直人、契丹人任达鲁花赤。所以要求各投下和皇室分族要挑选蒙古人委任达鲁花赤,罢免那些以达达之名任达鲁花赤的汉人、女直人、契丹人。中书省的处理意见是下发公文给诸王驸马投下和皇室分族,要求挑选蒙古人充任达鲁花赤,并补充说如果没有蒙古人,就挑选有背景的色目人担任,规定任期3年,不满3年不能随便换人。

上引《元典章》条文表述人物所属专用名词中,汉儿、女直、达达都可在宋末元初陈元靓编《事林广记》收录的汉蒙对译辞书《至元译语》中找到,分别对应扎忽歹(Jauqudai/Jaqudai)、主十歹(Jürčidei)、蒙古歹（Mongγoldai）。[1]《至元译语》未收入的契丹，其对应的蒙古语词是 Qitay/Qitat。在本文关注的达达的对译词蒙古歹（Mongγoldai）中，歹对应的 dai 是蒙古语表示所有格的词缀。同样的解释还可以适用于汉儿（Jauqudai/Jaqudai）和女直（Jürčidei）。类似以歹（dai）收尾的词，还有囊家歹（南家），尤里阇歹（jurjidai，女真）等。[2] 蒙古语蒙古歹（Mongγoldai）字面意思是"有蒙古的（人，物）"，扎忽歹（Jauqudai/Jaqudai）是"有扎忽的（人，物）"，主十歹（Jürčidei）是"有主十的（人，物）"之义。不过，按此很难理解上述这些词的具体含义。在此借鉴一下与蒙古语表示所有的词缀-dai/dei 对应的古突厥语词缀-liγ/lig。[3]

古突厥语词缀-liγ/lig，通常表示具有某种物、事的物体。如 qutluγ 表示具有 qut（福气）的物、事，ärklig 表示具有 ärk（力量）的物、事，在佛教文献中代指阎王。不过，另有一种-liγ/lig 通常接在地名之后，本义是表示具有某地之义，真实含义却表示以某地为出生地，即某地出身者之义。如在笔者与松井太解读的呼和浩特白塔元代回鹘语题记中，出现 män qamïl-liγ sanggadaẓ ačari yükünü täginti (m) 一文，意思是"我，哈密出身的 Sanggadaẓ 阿阇梨谨拜了"。[4] 其中，qamïl-liγ 即哈密（qamïl）后续表示所有的词缀-liγ，用于表示出身。笔者以为，元代文献中用于划分人群的蒙古语词缀-dai/dei（歹），与上述表示出身的古突厥语词缀-liγ/lig 异曲同工。简言之，蒙古歹（Mongγoldai）的蒙古（Mongγol），扎忽歹（Jauqudai/Jaqudai）的扎忽（Jauqu/Jaqu），主十歹（Jürčidei）的主十（Jürči），并非指种族或部族，而是指地理范围。据额尔敦巴特尔之说，表示汉儿的札忽歹

---

〔1〕贾敬颜、朱风《蒙古语女真语汇编》，天津古籍出版社，1990 年，第 3 页。
〔2〕相关介绍，主要参见刘迎胜《"汉人八种"新解——读陈寅恪〈元代汉人译名考〉》，《西北民族研究》2020 年第 1 期，第 45—61 页。
〔3〕蒙古语名词和形容词后加词缀 liγ/lig 可构成具有该事务或特征之性质的事物，姑作别论。
〔4〕白玉冬，松井太《フフホト白塔のウイグル語題記銘文》，《内陸アジア言語の研究》第 31 辑，2016 年，Text E，第 37 页。

(J̌auqudai/J̌aqudai)，应是对契丹小字 𘱃𘱛𘮒𘰩（*ʤjogur/*jauqur，邻人、邻境，特指辽代燕云一带）的继承。[1] 此种解释与笔者的上述看法暗合。如是，表示女真的主十歹（J̌ürčidei）的主十（J̌ürči），即是指原女真金朝之地理范围，蒙古歹（Mongγoldai）的蒙古（Mongγol），则是指"蒙古国"或"大蒙古国"的地理范围。即，汉语语境下的达达所对应的蒙古语之义是，以"蒙古国"或"大蒙古国"为出生地之人，即"蒙古国"或"大蒙古国"出身者。

不可否认，蒙古歹（Mongγoldai）这种概念的具体出现年代依然无法明断。不过，此种以地域名表示所属，进而区分不同人群的分类法，有可能早至 12 世纪中后期的蒙古部时期。而且，此种专称蒙古歹应该是伴随着蒙古指代范围的扩大而渐次拓展，如在"大蒙古国"成立的 1206 年以后，其中应该包括了当时均已归附于蒙古之下的原克烈、塔塔尔等游牧部落。就上引公文而言，Mongγoldai（达达）与 Mongγol（蒙古，族属名，非国名）的指代对象不同，前者范围宽泛，后者范围窄小。前者包括蒙古部及其他被征服的操蒙古语部落，甚至一部分非蒙古语部落（如汪古）在内，后者大概与元末明初陶宗仪撰《南村辍耕录》所记蒙古七十二种相当。塔塔尔，既包括在后者之内，也包括在前者之内。从拉施特的记录中不难发现，蒙元统治阶层了解塔塔尔部的辉煌历史。不过，他们特意以具有"大蒙古国出身者"之义的 Mongγoldai 来指代汉语语境下的达达，并且对 Tatar 自始至终给予唯一的专称塔塔尔。这些都是因蒙元政权对 Tatar（达靼）一词的排斥而引发的，以 Mongγol（蒙古）代替 Tatar（达靼）的具体表现。不过，他们了解到达靼一词在汉语语境中的使用含义及其悠久

---

[1] 额尔敦巴特尔《拉施特〈史集〉所记若干名号考察》，第 84—85 页。爱新觉罗·乌拉熙春发现该契丹小字，并拟音作 *ʤjogur。苏航将该契丹小字拟音作 *jauqur，提出是"邻人，邻境"之义，特指辽代燕云一带。相关讨论，见爱新觉罗·乌拉熙春《辽金史与契丹女真史》，京都东亚历史文化研究会，2004 年，第 94—95 页；苏航《论札忽惕与契丹小字 𘱃𘱛𘮒𘰩》，《民族语文》2017 年第 2 期，第 25 页。

历史,在允许汉语词达靼行用的前提下,[1]把稍显不恭的宋人用词鞑靼改造成了达达。

自 13 世纪初期开始陆续从北向南统一全国的蒙古人,接连面对的是一个以往在草原世界根本没有遇见,甚至无法想象到的全新世界。如前所述,表示汉儿的札忽歹(Jauqudai/Jaqudai)是对契丹小字 𘬥𘭴𘬢𘭞(*dʒogur/*jauqur,邻人、邻境,特指辽代燕云一带)的继承。对新近接触的事物,蒙元借用宋金的称谓不易引起误会且有助于政令的通行,汉语词达达就是其中一个鲜活的例子。

综上,元代蒙古语材料反映当时的蒙古人之间并不存在 Tatar 这一通称,与西方世界交流时所使用的 Tatar/Tartar 是蒙古统治者顾及对方的理解和感受而为,出现在直译体公文等中的达达对应的是具有"大蒙古国出身者"之义的蒙古语词 Mongɣoldai(蒙古歹)。元朝对源自敌对集团塔塔尔部的专称 Tatar 排斥,同时对汉语语境下的专称达达接受和使用,其背景是元朝统治阶层依据自身统治需要,对不同文化多样性的有限度的接受与包容。

## 五、"广义"蒙古史叙事建构的困惑

根据"二十四史"中的《北狄传》,我们可以勾勒出"广义"蒙古史的重点研究对象东胡系民族/部族的历史谱系演变图(图片 14-1)。在图片中,左侧(西移)表示自东胡故地大兴安岭地区向西面的蒙古高原发展的部族及其政权,右侧(南下)表示自大兴安岭地区向南发展的部族及其政权。由于《隋书》记录的鲜卑文书籍没有一本流传下来等原因,关于这些部族的渊源,我们缺乏广义蒙古语族人群自身的记录。是故,当代"广义"蒙古史叙事建构的框架只能依赖于汉籍。

---

[1] 关于元代汉文史料所见达达的用例,蔡美彪进行了归纳整理,兹不赘述。参见蔡美彪《元代文献中的达达》,第 207—214 页。

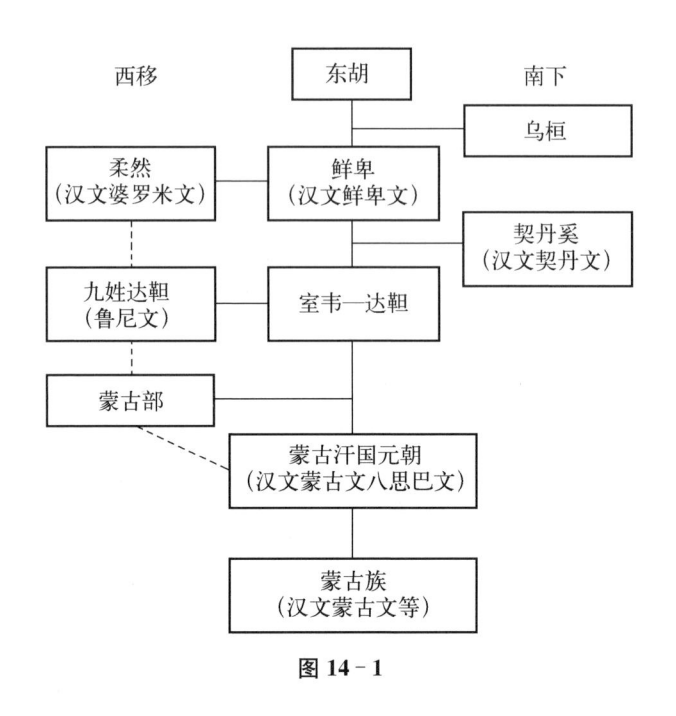

```
                    东胡
    西移          ┌───┴───┐ 南下
                  │       │
                  │      乌桓
                  │
  ┌─────┐      ┌─────────┐
  │ 柔然 │──────│  鲜卑    │
  │(汉文 │      │(汉文鲜卑文)│
  │婆罗米文)│    └────┬────┘
  └──┬──┘           │      ┌─────────┐
     ┊              │──────│ 契丹奚   │
     ┊              │      │(汉文契丹文)│
  ┌──┴──┐       ┌───┴───┐  └─────────┘
  │九姓达靼│─────│室韦—达靼│
  │(鲁尼文)│     └───┬───┘
  └──┬──┘          │
     ┊             │
  ┌──┴──┐          │
  │蒙古部 │         │
  └──┬──┘         │
     ┊         ┌───┴──────┐
     └┄┄┄┄┄┄┄┄│蒙古汗国元朝 │
               │(汉文蒙古文 │
               │ 八思巴文) │
               └────┬─────┘
                    │
                ┌───┴────┐
                │ 蒙古族  │
                │(汉文蒙古文等)│
                └────────┘
```

**图 14‑1**

　　与中原王朝历来有为前朝修史,并附上四夷传的传统不同,自匈奴直至蒙古汗国为止,蒙古高原的游牧政权向无此传统。根据汉籍和出土文献等,人们早已清楚突厥汗国继承了柔然汗国一系列政治遗产,现在又有前面列举的两方婆罗米文碑文作证。可是,包括后突厥汗国一系列国家性质的大型碑文在内,记录的只是可汗家族兴衰的历史,对周边族群,即便是对同属突厥语族的铁勒人也极少言及,更谈不上对蒙古高原周边族群或毗邻国家历史与现实的叙述。唯有一点,当涉及自身历史时,突厥人会适当性地对他者(如唐朝)予以介绍,并不失时机地加以批判,以达到警示的作用。此种做法的关键原因,除统治阶层视野的狭小之外,恐怕在于当时的政治。"历史是为政治服务的",此言用于突厥恰如其分。原因在于对蒙古高原来说,突厥汗国是个强行占有的外来政权。如何摒弃曾经的主人、非我族类所建前朝柔然汗国的残余影响,整治包括前朝遗民在内的部众,强化作为外来者的突厥政权于蒙古高原存在并立国的合法性,是统治阶层面对的首要问题。源于此,即便柔然人使用过汉文、婆罗米文,信仰过佛教,但我们在突厥汗国的材料中很难发现其踪迹。东突厥汗国的那两方婆罗米文碑铭,表明突厥建国初期对前朝遗民的安抚,不能说明对前朝统治的认同。近似"武大郎开店"的这种狭隘的民族史观,致使北方民族的历史叙事材料与中原汉地的不胜枚举形成鲜明对比,大相径庭。此种文化传统也渗透到了蒙古汗国时期的蒙古人之中。与从阿尔泰山入居蒙古高原创建政权的突厥人类似,蒙古人是从蒙古高原东北部逐渐向西南方向移居过来的。他们面对的是比自己的半狩猎、半游牧生活更具生产力的游牧文明,并需要做出抉择。最重要一点,那就是对牧场、人群的掠夺和占有。如何使自己在别人的地盘上开创起来的天地获得这片土地以往主人后裔的认同,除在军事上的消灭外,还要在文化宣传上抑外扬己。蒙古汗国可以远征中亚和东欧,但没有把对这些地区和周边族群或国家的认知感受及其历史记录下来。以《圣武亲征录》《蒙古秘史》为代表,蒙古汗国的统治阶层不是不记录过去,但他们只需要宣扬自己家族的光荣历史,刻意对克烈、塔塔尔等部族的兴衰历史进行了埋没。如也松格碑和贵由汗的玺文所反映那样,当时需要在Mongγol(蒙古)这一名称之下的全体民众的统合。此种情势下,难以想象他们会以曾经的仇敌塔塔尔部之名Tatar来进行自我认同。诚然,在时空相距遥远的伊利汗国境内出现了真正意义上的蒙古高原游牧民的历史叙述,即《史集·部族志》的产生。不过,这应被视作波斯文化传统的影响,而且其蓝本《金册》可能也是在元朝入主中原之后才产生。元朝吸收了华夏文化的优点,留下了一批关于自身历史的原始材料。汉语词达达在元代公文中的行用,表明元朝统治阶层已经从狭隘的民族思想中解放出来,展现出对汉地固有叫法的尊重和包容。现在看来,对当时的蒙古人来说,汉语词达达大概相当于现今俄语圈国家对我们国家的称呼契丹 Китай(Kitay,契丹)。

由于契丹语材料的完全解读尚需时日,"广义"蒙古史的叙述建构仍然路途遥远。即便鲜卑文资料有朝一日能被发现,被解读,但窃以为其关于族源历史的记录仍然只是家族历史的传颂,很可能就是《魏书·帝纪》的鲜卑语版。如何阐明前面列举的一系列东胡后裔彼此之间的认同问题,是"广义"蒙古史叙述建构的重中之重,更是难上加难。在蒙古高原文字文化最为发达的蒙古人的历史叙述中,我们可以见到距成吉思汗二十余世的"苍狼白鹿"的传说,大体相当于唐代史料记录的蒙兀室韦时代,但尚未见到对鲜卑、柔然、契丹的追述,[1]也见不到与蒙古部同时期的克烈、塔塔尔等的历史。不得不说,"广义"蒙古史有赖于当代的我们对汉籍史料的推论。将蒙古汗国成立时期的塔塔尔、克烈、蔑儿乞等部族,以及更早的鲜卑、柔然、契丹等归为蒙古人或广义蒙古人,正是当前蒙古史研究"成果"之一。与以汉字汉语为代表的中原文化历来强调对华夏始祖、华夏一体的认同不同,匈奴、鲜卑、柔然、突厥、回纥、蒙古均是从蒙古高原外缘步入其核心。在蒙古汗国成立之前,蒙古高原不存在一族相承的历史。不过,蒙古汗国的建立及其之后的发展壮大,给蒙古高原的游牧民提供了延续一族文化血脉的时空。退回漠北的蒙古后裔从未自我认同为达靼,而是自称蒙古。[2] 蒙古族至今仍讳言达靼。那种在早期蒙古人中曾流行有源自寄蔑人起源传说的"七个逃难者"祖先蒙难叙事的观点,以及蒙古人在开国初期曾使用专名达靼(Tatar)进行自我认同的想法,均属于后世的学者围绕"广义"蒙古史所进行的推演和想象。

---

[1] 契丹人在元代多被划人汉人之列,不过,并非所有契丹人在元代都被划为汉人。如《元史·世祖纪十》(北京,中华书局,1976 年,第 268 页)有"若女直、契丹生西北不通汉语者,同蒙古人"之记录。相关介绍,见肖爱民《契丹人消失之谜》,《寻根》2006 年第 3 期,第 32 页;刘迎胜《"汉人八种"新解——读陈寅恪〈元代汉人译名考〉》,第 47 页。

[2] 达力扎布《北元史研究三题》《黑龙江民族丛刊》1991 年第 2 期,第 69 页;达力扎布《明代漠南蒙古历史研究》,呼和浩特,内蒙古文化出版社,1997 年,第 29 页。达力扎布还指出明后期汉籍记载:"凡夷地称茭官儿噶扎剌(Mongγol Γajar,蒙古地方),北房即野克茭官儿(Yeke Mongγol,即大蒙古)"。

时过境迁,肇自东北白山黑水的女真—满族,与蒙古毗邻,且在政治、军事、宗教、语言、文字等诸方面与蒙古有着千丝万缕的关系。在大范围接受中原文化之前,他们已经与蒙古有着密切接触。他们没有接受明朝对蒙古的称呼达靼和瓦剌,而是把达靼和瓦剌归于蒙古名下,并把这一称呼推广到了清朝全境。以上,权充对"广义"蒙古史叙事建构之思索,敬乞方家评判。

## 小　　结

中古时期北方部族名称达靼(Tatar)存在出自柔然可汗大檀之名的可能性。柔然汗国灭亡后,柔然后裔仍生活在突厥汗国内部。唐宋时期的九姓达靼视作柔然后裔,蒙元时期的塔塔尔部被视为柔然核心后裔,方能与北族历史发展脉络吻合。元代蒙古语以蒙古歹(Mongɣoldai)对译汉语的达靼,表述具有蒙古要素特点的人之义。元代蒙古语材料反映当时的蒙古人之间并不存在 Tatar 这一自我通称,与西方世界交流时所使用的 Tatar/Tartar 是蒙古统治者顾及对方的理解和感受而为。元朝对源自敌对集团塔塔尔部的专称 Tatar 的排斥,同时对汉语语境下的专称达达的接受和使用,其背景是元朝统治阶层依据自身统治需要,对不同文化多样性的有限度的接受与包容。元代蒙古人未曾以敌对集团塔塔尔部之名 Tatar 进行自我认同,亦未对鲜卑、柔然、契丹等进行自我认同。将塔塔尔、克烈、蔑儿乞等部族,以及早于蒙古的鲜卑、柔然、契丹等归为蒙古人或广义蒙古人,均属于后世的学者围绕"广义"蒙古史所进行的推演。

(原载高翔主编《中国历史研究院集刊》2023 年第 1 辑,第 158—191 页,收入本书时进行了修订)

# 参考文献

阿不都热西提·亚库甫《古代维吾尔语赞美诗和描写性韵文的语文学研究》，上海古籍出版社，2015年。

A. 冯·加班《古代突厥语语法》，耿世民译，呼和浩特，内蒙古教育出版社，2004年。

爱新觉罗·乌拉熙春《辽金史与契丹女真文》，京都，东亚历史文化研究会，2004年。

艾冲《唐前期东突厥羁縻都督府的置废与因革》，《中国历史地理论丛》2003年第2期，第135—141页。

艾鹜德《蒙古帝国成吉思汗先世的六世系》，罗玮译，刘迎胜主编《元史及民族与边疆史研究集刊》第31辑，上海古籍出版社，2016年，第221—264页。

敖特根、马静、黄恬恬《惠斯陶勒盖碑文与回鹘的崛起》，《敦煌学辑刊》2020年第3期，第117—128页。

巴合提·依加汗《乃蛮述略》，《新疆大学学报》1987年第1期，第60—67页。

巴合提·依加汗《蒙古兴起前的乃蛮王国》，《内蒙古社会科学》1991年第5期，第67—72页。

巴哈提·依加汗《辽代的拔悉密部落》，《西北民族研究》1992年第1期，第137—147页。

白寿彝主编《中国通史》第8卷（电子图书），上海人民出版社，1999年。

巴托尔德《蒙古入侵时期的突厥斯坦（下）》，张锡彤、张广达译，上海古籍出版社，2007年。

巴托尔德《加尔迪齐著〈记述的装饰〉摘要》，王小甫译，《西北史地》1983年第4期，第104—115页。

白滨、史金波《〈大元肃州路也可达鲁花赤世袭之碑〉考释——论元代党项人在河西的活动》，《民族研究》1979年第1期，第68—80页。

白玉冬《于阗文 P.2741 文书所见鞑靼驻地 Buhäthum 考》，《西域文史》第2辑，2007年，第231—243页。

白玉冬《回鹘碑文所见八世纪中期的九姓达靼》，《元史及民族与边疆研究集刊》第21辑，上海古籍出版社，2009年，第151—165页。

白玉冬《鄂尔浑突厥鲁尼文碑铭的 čülgl(čülgil)》，《西域研究》2011年第1期，第83—92页。

白玉冬《十至十一世纪漠北游牧政权的出现——叶尼塞碑铭记录的九姓达靼王国》，《民族研究》2013年第1期，第74—86页。

白玉冬《〈希内乌苏碑〉译注》，朱玉麒主编《西域文史》第7辑，2013年，第77—122页。

白玉冬《叶尼塞碑铭威巴特第九碑浅释》，《民族古籍研究》第2辑，2014年，第83—87页。

白玉冬《有关高昌回鹘的一篇回鹘文文献——xj222-0661.9文书的历史学考释》，《中国边疆史地研究》2014年第3期，第134—146页。

白玉冬《回鹘语文献中的 Il Ötükän Qutï》，荣新江主编《唐研究》第22卷，北京大学出版社，2016年，第397—409页。

白玉冬《有关回鹘改宗摩尼教的 U72—U73、U206 文书再释读》，荣新江、罗丰主编《粟特人在中国，考古发现与出土文献的新印证》，北京，科学出版社，2016年，第24—44页。

白玉冬《九姓达靼游牧王国史研究(8—11世纪)》，北京，中国社会科学出版社,2017年。

白玉冬《"可敦墓"考——兼论十一世纪初期契丹与中亚之交通》,《历史研究》2017年第4期,第158—170页。

白玉冬《葛儿罕称号考》,朱玉麒主编《西域文史》第12辑,北京,科学出版社,2018年,第233—247页。

白玉冬《丝路景教与汪古源流——从呼和浩特白塔回鹘文题记TextQ谈起》,《中山大学学报(哲学社会科学版)》2018年第2期,收入氏著《九姓达靼游牧王国史研究(8—11世纪)》,第228—245页。

白玉冬《E68(El-Baji)叶尼塞碑铭译注》,余太山、李锦绣主编《欧亚学刊》新9辑,北京,商务印书馆,2019年,第200—213页。

白玉冬《成吉思汗称号的释音释义》,《历史研究》2019年第6期,第45—58页。

白玉冬《米兰出土Or.8212/76鲁尼文文书译注》,余太山、李锦绣主编《丝瓷之路》第7辑,北京,商务印书馆,2019年,第31—50页。

白玉冬《关于王延德〈西州程记〉记录的漠北部族》,《中国边疆史地研究》2019年第1期,第130—139页。

白玉冬《米兰出土Or.8212/76鲁尼文军需文书年代考》,余欣主编《中古中国研究》第3卷,上海,中西书局,2020年,第53—67页。

白玉冬《和田出土鲁尼文木牍文再研究》,中国社会科学院古代史研究所、武威市凉州文化研究院编《凉州与中国的民族融合和文明嬗变学术研讨会论文集》,上海,中西书局,2021年,第316页—342页。

白玉冬《华夏称号"王"在暾欲谷碑中的发现》,孙伯君主编《中国民族古文字文献研究》第1辑,合肥,黄山书社,2021年,第89—98页。

白玉冬《牢山剑水:鲁尼文叶尼塞碑铭译注》,上海古籍出版社,2022年。

白玉冬《东突厥汗国拓跋语——婆罗米文慧苏图鲁盖碑文研

究》,《民族语文》创刊 40 周年学术纪念学会,中国社会科学院,2019 年 10 月 11—14 日。

白玉冬《蒙古国回鹘四方墓出土鲁尼文刻铭释读——兼谈鲁尼文字形之演变》,朱玉麒主编《坚固万岁人民喜——刘平国刻石与西域文明学术研讨会论文集》,南京,凤凰出版社,2022 年 1 月,第 380—383 页。

白玉冬、吐送江·依明《有关高昌回鹘历史的一方回鹘文墓碑——蒙古国出土乌兰浩木碑释读与研究》,《敦煌吐鲁番研究》第 20 卷,2021 年,第 207—226 页。

白玉冬、吐送江·依明《"草原丝绸之路"东段胡汉语碑刻考察简记》,《敦煌学辑刊》2019 年第 4 期,第 199—206 页。

白玉冬、杨富学《新疆和田出土突厥卢尼文木牍初探,突厥语部族联手于阗对抗喀剌汗朝的新证据》,《西域研究》2016 年第 4 期,第 39—49 页。

包文胜《古代突厥于都斤山考》,《蒙古史研究》第 10 辑,2010 年,第 66—74 页。

包文胜《泥利可汗与突厥政局的发展》,《内蒙古社会科学》2020 年第 2 期,第 59—65 页。

宝音德力根《成吉思汗建国前的金与蒙古诸部》,《内蒙古社会科学》1990 年第 4 期,第 58—61 页。

宝音德力根《兀纳水考》,《内蒙古大学学报(哲学社会科学版)》1993 年第 2 期,第 34—36 页。

波塔波夫《古突厥于都斤山新证》,蔡鸿生译,收入蔡鸿生著《唐代九姓胡与突厥文化》,北京,中华书局,1998 年,第 231—247 页。

伯希和《高昌和州火州哈喇和卓考》,冯承钧译,收入冯承钧《西域南海史地考证译丛七编》,北京,中华书局,1957 年,第 18—24 页。

伯希和《中亚史地丛考》,中译文收入冯承钧译《西域南海史地考证译丛五编》,北京,中华书局,1956 年,第 110—159 页。

伯希和《库蛮》,冯承钧译,收入冯承钧著《西域南海史地考证译丛二编》,北京,商务印书馆,1962年,第1—45页。

伯希和《蒙古与教廷》,冯承钧译,北京,中华书局,2008年。

蔡美彪《辽金石刻中的鞑靼》,《国学季刊》第7卷第3期,1952年,收入氏著《辽金元史考索》,北京,中华书局,2012年,第202—206页。

蔡美彪《元代文献中的达达》,《南开大学历史系建系七十五周年纪念文集》,1998年,收入氏著《辽金元史考索》,第207—214页。

蔡美彪《成吉思及撑黎孤涂释义》,《中国史研究》2007年第2期,收入氏著《辽金元史考索》,北京,中华书局,2012年,第254—265页。

策·道尔吉苏仁《多罗郭德(ДОЛООГОДОЙН)的墓和碑》,载西北民族学院资料丛刊4《蒙古历史资料选》,1980年,第49—52页。

茨默《吐鲁番摩尼教题跋中的"国王"》,桂林、杨富学译,《敦煌学辑刊》2003年第1期,第148—153页。

茨默《有关摩尼教开教回鹘的一件新史料》,王丁译,《敦煌学辑刊》2009年第3期,第1—7页。

茨默《佛教与回鹘社会》,桂林、杨富学译,北京,民族出版社,2007年。

岑仲勉《李德裕〈会昌伐叛集〉编证 上》,《史学专刊》(中山大学)第2卷第1期,1937年,收入氏著《岑仲勉史学论文集》,北京,中华书局,1990年,第342—461页。

岑仲勉《达怛问题》,《中山大学学报》1957年第3期,第127—130页。

岑仲勉《外蒙于都斤山考》,《历史语言研究所集刊》第8本第3分册,1939年,收入氏著《突厥集史》下册,北京,中华书局,1958年,第1076—1089页。

岑仲勉《突厥集史》,北京,中华书局,1958年。

岑仲勉《突厥文碑(译文类)注释》,载氏著《突厥集史》下册,北京，中华书局，1958年，第857—926页。

陈得芝《辽代的西北路招讨司》，南京大学历史系元史研究室编《元史及北方民族史研究集刊》第2辑，1978年，收入氏著《蒙元史研究丛稿》，北京，人民出版社，2005年，第25—38页。

陈得芝《蒙古部何时迁至斡难河源头》，《南京大学学报》1981年第2期，收入氏著《蒙元史研究丛稿》，北京，人民出版社，2005年，第61—67页。

陈得芝《耶律大石北行史地杂考》，《历史地理》第2辑，1982年，收入氏著《蒙元史研究丛稿》，北京，人民出版社，2005年，第77—88页。

陈得芝《十三世纪以前的克烈王国》，《元史论丛》第3期，1986年，收入作者著《蒙元史研究丛稿》，第201—232页。

陈得芝《关于元朝的国号、年代与疆域问题》，《北方民族大学学报》2009年第3期，收入氏著《蒙元史与中华多元文化论集》，上海古籍出版社，2003年，第138—154页。

陈得芝《蒙元史研究丛稿》，北京，人民出版社，2005年。

陈高华《元代维吾尔、哈剌鲁资料辑录》，乌鲁木齐，新疆人民出版社，1986年。

陈高华、张帆、刘晓《元代文化史》，广州，广东教育出版社，2009年。

陈怀宇《高昌回鹘景教研究》，《敦煌吐鲁番研究》第4卷，1999年，收入氏著《景风梵声——中古宗教之诸相》，北京，宗教文化出版社，2012年，第58—103页。

陈怀宇《景风梵声——中古宗教之诸相》，北京，宗教文化出版社，2012年。

陈俊谋《试论摩尼教在回鹘中的传播及其影响》，《中央民族学院学报（哲学社会科学版）》1986年第1期，第37—42页。

陈恳《突厥铁勒史探微》，台北，花木兰出版社，2017年。

陈恳《突厥十二姓考》,载氏著《突厥铁勒史探微》,台北,花木兰出版社,2017年,第99—170页。

陈恳《三十姓突厥考》,载氏著《突厥铁勒史探微》,台北,花木兰出版社,2017年,第49—58页。

陈恳《阿史德、舍利、薛延陀与钦察关系小考》,载氏著《突厥铁勒史探微》,台北,花木兰出版社,2017年,第13—24页。

陈乃雄《近十年来我国契丹字研究》,《内蒙古大学学报》(哲学社会科学版)1987年第3期,收入陈乃雄、包联群编《契丹小字研究论文选编》,呼和浩特,内蒙古人民出版社,2005年,第502—561页。

陈乃雄、包联群编《契丹小字研究论文选编》,呼和浩特,内蒙古人民出版社,2005年。

陈晓伟《"瓯脱"制度新探——论匈奴社会游牧组织与草原分地制》,《史学月刊》2016年第5期,第5—12页。

陈垣《摩尼教入中国考 附:摩尼教残经两部》,《陈垣学术论文集》第1卷,北京,中华书局,1980年,第329—397页。

陈源、姚世铎、蒋其祥编《中国历代货币大系》,上海古籍出版社,1991年。

陈永志《奚族为辽之萧族论》,孙建华主编《辽金史论集》第11辑,呼和浩特,内蒙古大学出版社,2009年,第96—121页。

程尼娜《金朝与北方游牧部落的羁縻关系》,《吉林大学社会科学学报》2016年第1期,第94—104页。

程溯洛《释汉文〈九姓回鹘可汗碑〉中有关回鹘和唐朝的关系》,《中央民族学院院报(哲学社会科学版)》1978年第2期,收入氏著《唐宋回鹘史论集》,北京,人民出版社,1994年,第102—114页。

程溯洛《甘州回鹘始末与撒里畏兀儿的迁徙及其下落》,《西北史地》1988年第1期,收入氏著《唐宋回鹘史论集》,北京,人民出版社,1994年,第150—165页。

程溯洛《唐宋回鹘史论集》,北京,人民出版社,1994年。

达力扎布《北元史研究三题》《黑龙江民族丛刊》1991年第2期，第67—73页。

达力扎布《明代漠南蒙古历史研究》，呼和浩特，内蒙古文化出版社，1997年。

丹尼斯·塞诺《突厥的起源传说》，吴玉贵译，载北京大学历史系民族史教研室编《丹尼斯·塞诺内亚研究文选》，北京，中华书局，2006年，第54—82页。

丹尼斯·塞诺《突厥文明的某些成分（6—8世纪）》，罗新译，载北京大学历史系民族史教研室编《丹尼斯·塞诺内亚研究文选》，北京，中华书局，2006年，第83—103页。

丹尼斯·塞诺《丹尼斯·塞诺内亚研究文选》，北京大学历史系民族史教研室编，北京，中华书局，2006年。

道尔吉、和希格《女真文〈大金得胜陀颂〉碑校勘释读》，《内蒙古大学学报（哲学社会科学版）》1984年第4期，第52—83页。

道润梯步《新译校注〈蒙古源流〉》，呼和浩特，内蒙古人民出版社，1981年。

道森《出使蒙古记》，吕浦译，周良霄注，北京，中国社会科学出版社，1983年。

丁国范《镇海族源辨》，南京大学历史系元史研究室编《元史及北方民族史研究集刊》第10辑，南京大学，1986年，第43—47页。

多桑《多桑蒙古史（上）》，冯承钧译，上海世纪出版集团，2005年。

额尔敦巴特尔《拉施特〈史集〉所记若干名号考察》，《民族语文》2021年第4期，第82—91页。

方龄贵《蒙古语中汉语借词释例》，《云南师范大学学报》第36卷第3期，2004年，第110—118页。

方南生《〈酉阳杂俎〉版本流传的探讨》，《福建师大学报（哲学社会科学版）》，1979年第3期，第67—74页。

方壮猷《鞑靼起源考》,《国立北京大学国学季刊》第 3 卷第 2 号, 1932 年, 第 1—16 页。

弗拉基米尔佐夫《蒙古社会制度史》,刘荣焌译,北京,中国社会科学出版社,1980 年。

Э·捷尼舍夫、冯家昇《回鹘文斌通(善斌)卖身契三种 附控诉主人书》,《考古学报》1958 年第 2 期,收入新疆社会科学院考古研究所编《新疆考古三十年》,乌鲁木齐,新疆人民出版社,1983 年,第 508—518 页。

付马《西州回鹘王国建立初期的对外扩张——中国文化遗产研究院藏 xj222‐0661.09 回鹘文书的历史学研究》,《西域文史》第 8 辑,2013 年,第 145—162 页。

付马《回鹘时代的北庭城——德藏 Mainz 354 号文书所见北庭城重建年代考》,《西域研究》2014 年第 2 期,第 9—22 页。

付马《回鹘是"突厥"吗?——回鹘文献中的"突厥"与回鹘的族群认同》,叶炜主编《唐研究》第 24 卷,北京大学出版社,2019 年,第 69—86 页。

付马《回鹘不是"突厥"——回鹘文献中的"突厥"与回鹘的族群认同》,载氏著《丝绸之路上的西州回鹘王朝:9~13 世纪中亚东部历史研究》,北京,社会科学文献出版社,2019 年,第 155—177 页。

付马《丝绸之路上的西州回鹘王朝:9~13 世纪中亚东部历史研究》,北京,社会科学文献出版社,2019 年。

傅璇琮、周建国《李德裕文集校笺》,石家庄,河北教育出版社,2000 年。

嘎日迪《中古蒙古语研究》,沈阳,辽宁民族出版社,2006 年。

高本汉《中国音韵学研究》,赵元任、罗常培、李方桂译,北京,商务印书馆,2003 年。

高自厚《黄头回纥与河西回鹘的关系》,《西北民族文丛》1984 年,收入赞丹卓尕主编《裕固族研究论文续集》上册,兰州大学出版社,2002年,第40—51页。

高自厚《撒里维吾尔新释》,《西北民族学院学报(哲学社会科学版)》1986年第2期,收入赞丹卓尕主编《裕固族研究论文续集》上册,兰州大学出版社,2002年,第187—196页。

高自厚《宋代回鹘社会的分裂割据——再谈"黄头回纥"的由来和含义》,《西北民族研究》1988年第1期,第131—138页。

葛华廷《辽代四楼研究》,《北方文物》2008年第4期,第92—99页。

耿世民《回鹘文社会经济文书研究》,北京,中央民族大学出版社,2006年。

耿世民《古代突厥文碑铭研究》,北京,中央民族大学出版社,2005年。

耿世民《回鹘文亦都护高昌王世勋碑研究》,《考古学报》1980年第4期,第515—529页。

耿世民、张宝玺《元回鹘文〈重修文殊寺碑〉初释》,《考古学报》1986年第2期,第253—264页。

耿世民《回鹘文〈大元肃州路也可达鲁花赤世袭之碑〉译释》,《向达先生纪念文集》,乌鲁木齐,新疆人民出版社,1986年;收入氏著《维吾尔古代文献研究》,北京,中央民族大学出版社,2003年,第409—421页。

郭茂育、赵振华《〈唐张轙之夫人阿史那氏墓志〉与胡汉联姻》,《西域研究》2006年第2期,第90—94页。

郭锡良《汉字古音手册》,北京大学出版社,1986年。

郭锡良《汉字古音手册(增订本)》,北京,商务印书馆,2010年。

哈密顿《九姓乌古斯与十姓回鹘》(续),耿昇译,《敦煌学辑刊》1984年第1期,第128—143页。

哈密顿《五代回鹘史料》,耿昇、穆根来译,乌鲁木齐,新疆人民出版社,1986年。

哈密顿《仲云考》,耿昇译,《西域史论丛》,乌鲁木齐,新疆人民出版社,1985年,第163—189页。

韩百诗《"成吉思汗碑"铭考》,耿昇译,《蒙古学信息》1998年第3期,第1—11页。

韩儒林《突厥文〈暾欲谷碑〉译文》,《禹贡》第6卷7期,1936年,收入氏著《蒙元史与内陆亚洲史研究》,兰州大学出版社,2012年,第232—243页。

华涛《〈世界征服者史〉中的畏吾儿祖先传说》,郝时远、罗贤佑主编《蒙元史暨民族史论集:纪念翁独健先生诞辰一百周年》,北京,社会科学文献出版社,2006年,第674—691页。

华涛《高昌回鹘与契丹的交往》,《西域研究》2000年第1期,第23—32页。

华涛《西域历史研究(八至十世纪)》,上海古籍出版社,2000年。

黄文弼《亦都护高昌王世勋碑复原并校记》,新疆社会科学院考古研究所编《新疆考古三十年》,乌鲁木齐,新疆人民出版社,1983年,第458—465页。

贾敬颜《胡峤陷辽记疏证》,《史学集刊》1983年第4期,第5—17页。

贾敬颜《从金朝的北征、界壕、榷场和宴赐看蒙古的兴起》,南京大学历史系元史研究室编《元史及北方民族史研究集刊》第9辑,南京大学,1985年,第12—23页。

贾敬颜、朱风《蒙古语女真语汇编》,天津古籍出版社,1990年。

即实《契丹小字解读拾零续》,《东北地方史研究》1990年第3期,收入陈乃雄、包联群编《契丹小字研究论文选编》,呼和浩特,内蒙古人民出版社,2005年,第575—595页。

即实《解读总表》,氏著《谜林问径:契丹小字解读新程》,沈阳,辽宁民族出版社,1996年,第440—545页。

即实《哀册拾读》,氏著《谜林问径:契丹小字解读新程》,沈阳,辽宁民族出版社,1996年,第1—78页。

即实《谜林问径:契丹小字解读新程》,沈阳,辽宁民族出版社,1996年。

卡哈尔·巴拉提《多罗郭德回鹘文碑的初步研究》,《新疆大学学报》1982年第2期,第76—78页。

康建国《糯思回鹘身份说新证》,《兰州学刊》2009年第12期,第16—18页。

克利亚什托尔内(С. Г. Кляшторный)著《古代突厥鲁尼文碑铭:中亚细亚史原始文献》,李佩娟译,哈尔滨,黑龙江教育出版社,1991年。

克里亚施托尔内《新疆与敦煌发现的突厥卢尼文文献》,杨富学、王立恒译,《吐鲁番学研究》2010年第2期,收入杨富学编《回鹘学译文集》,兰州,甘肃民族出版社,2012年,第117—136页。

孔学《建炎以来系年要录著述时间考》,《河南大学学报(社会科学版)》第36卷第1期,1996年,第53—56页。

拉施特《史集》全3卷,余大钧、周建奇译,北京,商务印书馆,1983—1986年。

来可泓《李心传事迹著作编年》,成都,巴蜀书社,1990年。

李符桐《回鹘与辽朝建国之关系》,载氏著《李符桐论著全集》第2册,台北,学生书局,1992年,第263—405页。

李符桐《撒里畏兀儿(sari-vigurs)部族考》,《边政公论》第3卷第8期,1955年,收入氏著《李符桐论著全集》第3卷,台北,学生书局,1993年,第39—56页。

李符桐《撒里畏兀儿(sari-vigurs)部族之研究》,《师大学报》第4期,1959年,收入氏著《李符桐论著全集》第3卷,台北,学生书局,1993年,第111—134页。

李寒箫《再论〈行程录〉的真伪问题》,《历史教学》2019年第6期,第61—72页。

李经纬《吐鲁番回鹘文社会经济文书研究》,乌鲁木齐,新疆人民出版社,1996年。

李树辉《Sarïɣ Ujɣur 考源——兼论龟兹回鹘与沙州曹氏归义军政权的关系》,载段文杰、茂木雅博主编《敦煌学与中国史研究论集——纪念孙修身先生逝世一周年》,兰州,甘肃人民出版社,2001年;收入赞丹卓尕主编《裕固族研究论文续集》上册,兰州大学出版社,2002年,第204—252页。

李树辉《圣彼得堡藏S12 Kr17号回鹘文文书研究》,《敦煌研究》2011年第5期,第90—99页。

李树辉《回鹘文始用时间考》,《青海民族研究》2011年第3期,第119—123页。

李文田《元朝秘史注》,王云五主编《丛书集成初编》,上海,商务印书馆,1936年。

李正宇《悄然湮没的王国——沙州回鹘国》,载杨富学、牛汝极著《沙州回鹘及其文献》,兰州,甘肃文化出版社,1995年。

刘凤翥《契丹小字解读再探》,《考古学报》1983年第2期,收入陈乃雄、包联群编《契丹小字研究论文选编》,呼和浩特,内蒙古人民出版社,2005年,第365—389页。

刘凤翥《若干契丹小字的解读》,《民族语文》1987年第1期,收入陈乃雄、包联群编《契丹小字研究论文选编》,呼和浩特,内蒙古人民出版社,2005年,第562—569页。

刘凤翥、于宝麟《契丹小字许王墓志考释》,《文物资料丛刊》1977年第1期,第88—104页。

刘凤翥、张少珊、李春敏编著《女真译语校补和女真字典》,上海,中西书局,2019年。

刘戈《回鹘文买卖契约译注》,北京,中华书局,2006年。

刘戈《回鹘文契约断代研究:昆山识玉》,北京,中华书局,2016年。

刘浦江《契丹族的历史记忆——以"青牛白马"说为中心》,《漆侠先生纪念文集》,保定,河北大学出版社,2002年,收入氏著《松漠之间——辽金契丹女真史研究》,北京,中华书局,2008年,第99—122页。

林梅村《日月光金与回鹘摩尼教》,《中国钱币论文集》第3辑,1998年,第306—312页。

刘迎胜《9—12世纪民族迁徙浪潮中的一些突厥、达旦部落》,南京大学历史系元史研究室编《元史及北方民族史研究集刊》第12、13合辑,1989—1990年,收入《新疆通史》编撰委员会编《新疆历史研究论文选编》,乌鲁木齐,新疆人民出版社,2008年,第1—36页。

刘迎胜《蒙古征服前操蒙古语部落的西迁运动》,《欧亚学刊》第1辑,1999年,第29—45页。

刘迎胜《辽与漠北诸部——胡母思山蕃与阻卜》,《欧亚学刊》第3辑,2002年,第210—216页。

刘迎胜《西北民族史与察合台汗国史研究》,北京,中国国际广播出版社,2012年。

刘迎胜《有关元代回回人语言问题》,李治安主编《元史论丛》第10辑,修订稿收入氏著《华言与蕃音——中古时代后期东西交流的语言桥梁》,上海古籍出版社,2013年,第193—227页。

刘迎胜《"汉人八种"新解——读陈寅恪〈元代汉人译名考〉》,《西北民族研究》2020年第1期,第45—61页。

刘迎胜《探寻13世纪以前的"蒙古"概念》,《黑河学院学报》2021年第1期,第1—6页。

林梅村《和林访古(上)》,《紫禁城》2007年07期,第212—219页。

林悟殊《〈摩尼光佛教法仪略〉的三圣同一论》,载氏著《摩尼教及其东渐》,北京,中华书局,1987年,第183—190页。

林悟殊《〈下部赞〉释文》,载氏著《摩尼教及其东渐》,北京,中华书局,1987年,第234—265页。

林悟殊《〈摩尼光佛教法仪略〉释文》,载氏著《摩尼教及其东渐》,北京,中华书局,1987年,第230—233页。

林悟殊《摩尼教及其东渐》,北京,中华书局,1987年。

陆庆夫《归义军晚期的回鹘化与沙州回鹘政权》,《敦煌学辑刊》1998年第1期,第18—24页。

罗常培《唐五代西北方音》,北平,国立中央研究院历史语言研究所,1933年。

罗福颐《满洲金石志》卷3,《罗雪堂先生全集》续编,台北,大通书局,1964年。

罗新《虞弘墓志所见的柔然官制》,《北大史学》第12辑,2007年,收入氏著《中古北族名号研究》,北京大学出版社,2009年,第108—132页。

罗新《论拓跋鲜卑之得名》,《历史研究》2006年第6期,收入氏著《中古北族名号研究》,北京大学出版社,2009年,第49—79页。

罗新《论阙特勤之阙》,《中国社会科学》2008年第3期,收入氏著《中古北族名号研究》,北京大学出版社,2009年,第194—212页。

罗新《中古北族名号研究》,北京大学出版社,2009年。

罗香林《唐元二代之景教》,香港,中国学社,1966年。

罗依果《"汗"、"合罕"与贵由之玺》,王湘云译,内蒙古自治区社会科学院编《蒙古学资料与情报》1985年第Z1期,第92—98页。

罗依果《成吉思汗—合罕称号再探》,陈得芝译,刘迎胜主编《元史及民族史研究集刊》第16辑,海口,南方出版社,2003年,第276—287页。

罗藏丹津《黄金史》,乔吉校注,呼和浩特,内蒙古人民出版社,1983年。

马驰《〈唐两京城坊考〉中所见仕唐蕃人族属考》,《中国古都学会论文集》,太原,山西人民出版社,1993年,第153—172页。

马明忠《元代"撒尔特兀勒"与"回回"关系考》,《回族研究》2000年第4期,第29—30页。

马小鹤《摩尼教宗教符号"珍宝"研究——梵文 ratna、帕提亚文 rdn、粟特文 rtn、回纥文 ertini 考》,《西域研究》2000年第2期,第53—60页。

买买提祖农·阿布都克力木《试论摩尼教对鄂尔浑回鹘的影响》,《首都师范大学学报（社会科学版）》2010年第5期,第138—141页。

穆崟臣、穆鸿利《金完颜希尹神道碑研究述略》,《北方文物》2010年第2期,第81—85页。

木再帕尔《回鹘语与粟特语、吐火罗语之间的接触》,北京,中国社会科学出版社,2019年。

那顺乌力吉《论"鞑靼"名称的演变》,《内蒙古民族大学学报》2008年第2期,第8—12页。

聂鸿音《论"八思巴字"梵语》,《民族语文》2011年第2期,第58—65页。

努尔兰·肯加哈买提《日月光金钱胡书考》,《中国钱币》2007年第1期,第41—46页。

潘建国《〈酉阳杂俎〉明初刻本考——兼论其在东亚地区的版本传承关系》,《中国古典文献学国际学术研讨会论文集》,北京,国家图书馆,2009年,第169—188页。

彭建英、王静宜《唐、突互动视野下的突厥阿史德氏》,《敦煌学辑刊》2019年第4期,第138—155页。

蒲田大作《释契丹古传说——萨满教研究之一》,载日本《民族学研究》第47卷第3期,1982年,赵冬晖、冯继钦中译文收入王承礼主编《辽金契丹女真史译文集》第1集,长春,吉林文史出版社,1990年,第292—319页。

秦明《金〈完颜希尹神道碑碑〉拓本考略》,《故宫博物院院刊》

2007年第4期,第111—130页。

钱伯泉《龟兹回鹘国与裕固族族源问题研究》,《民族研究》1985年第2期,收入赞丹卓尔主编《裕固族研究论文续集》上册,兰州大学出版社,2002年,第52—66页。

钱伯权《龟兹回鹘国始末》,《新疆社会科学》1987年第2期,第100—110页。

钱伯泉《"日月光金"钱研究综述及我的观点》,《新疆钱币》2011年第2期,第3—7页。

清格尔泰等《契丹小字研究》,北京,中国社会科学出版社,1985年。

清格尔泰、吴英喆、吉如何《契丹小字再研究》,呼和浩特,内蒙古大学出版社,2017年。

荣新江《〈西州回鹘某年造佛塔功德记〉小考》,张定京、阿不都热西提·亚库甫编《突厥语文学研究——耿世民教授80华诞纪念文集》,北京,中央民族大学出版社,2009年,第182—190页。

荣新江《摩尼教在高昌的初传》,新疆吐鲁番地区文物局编《吐鲁番新出摩尼教文献研究》,北京,文物出版社,2000年,第215—230页。

荣新江《阚氏高昌王国与柔然、西域的关系》,《历史研究》2007年第2期,第4—14页。

荣新江《安史之乱后粟特胡人的动向》,载纪宗安、汤开建主编《暨南史学》第2辑,收入氏著《中古中国与粟特文明》,北京,生活·读书·新知三联书店,2014年,第79—113页。

荣新江《中古中国与粟特文明》,北京,生活·读书·新知三联书店,2014年。

荣新江《西域——摩尼教最终的乐园》,《寻根》2006年第1期,收入氏著《丝绸之路与东西文化交流》,北京大学出版社,2015年,第369—377页。

荣新江《唐代安西都护府与丝绸之路——以吐鲁番出土文书为中心》,《龟兹学研究》第 5 辑,2012 年,收入氏著《丝绸之路与东西文化交流》,北京大学出版社,2015 年,第 12—23 页。

芮传明《古突厥碑铭研究》,上海古籍出版社,1998 年。

芮传明《古突厥碑铭研究(增订本)》,北京,商务印书馆,2017 年。

萨囊彻辰《新译校注〈蒙古源流〉》,道润梯步译校,呼和浩特,内蒙古人民出版社,1980 年。

森安孝夫《漠北回鹘汗国葛啜王子墓志新研究》,白玉冬译,荣新江主编《唐研究》第 21 卷,北京大学出版社,2015 年,第 499—526 页。

森安孝夫《丝绸之路的回鹘商人——粟特商人和斡脱商人之间——》,李圣杰、白玉冬译,载黄维忠主编《国学学刊》2023 年第 1 期,第 117—132 页。

沙畹(E. Chavannes)《西突厥史料》,冯承钧译,北京,中华书局,2004 年。

单周尧《半齿音日母读音再探》,《历史语言学研究》第 9 辑,2015 年,第 99—113 页。

宿白《居庸关过街塔考稿》,《文物》1964 年第 4 期,第 13—29 页。

苏航《论札忽惕与契丹小字ᠴᡠᡥᡠᡩ》,《民族语文》2017 年第 2 期,第 25—33 页。

孙昊《说"舍利"——兼论契丹、靺鞨、突厥的政治文化互动》,《中国边疆史地研究》2014 年第 4 期,第 52—61 页。

孙昊《10 世纪契丹西征及其与黠戛斯人的交通》,余太山、李锦绣主编《欧亚学刊》新 9 辑,北京,商务印书馆,2019 年,第 125—145 页。

孙秀仁等《室韦史研究》,哈尔滨,北方文物杂志社,1985 年。

沈钟伟《蒙古字韵集校》,北京,商务印书馆,2015 年。

双福《〈居庸关东西壁铭文〉研究》,《内蒙古社会科学》1992 年第

4期,第115—119页。

塔拉、恩和图布信、陈永志、奥其尔《蒙古国浩腾特苏木乌布尔哈布其勒三号四方形遗址发掘报告(2006年)》,北京,文物出版社,2008年。

谭麒骧《两唐书地理志汇释》,合肥,安徽教育出版社,2002年。

唐长孺《南北朝期间西域与南朝的陆道交通》,载氏著《魏晋南北朝史论拾遗》,北京,中华书局,1983年,第168—195页。

汤开建《解开"黄头回纥"及"草头鞑靼"之谜——兼谈宋代的"青海路"》,《青海社会科学》1984年第4期,收入赞丹卓尕主编《裕固族研究论文续集》上册,兰州大学出版社,2002年,第325—342页。

汤开建《关于〈龟兹回鹘国与裕固族族源问题研究〉一文的几点看法》,《甘肃民族研究》1985年第3—4期合刊,收入赞丹卓尕主编《裕固族研究论文续集》上册,兰州大学出版社,2002年,第67—74页。

田广林《契丹古八部质疑》,《社会科学战线》2008年第11期,第112—117页。

田卫疆《北宋时期西州回鹘相关史实考述》,《西域研究》2003年第1期,第8—15页。

屠寄《蒙兀儿史记》,北京,中国书店,1984年。

吐送江·依明《〈福乐智慧〉回鹘文抄本研究》,博士学位论文,中央民族大学,2011年。

吐送江·依明、白玉冬《蒙古国出土回鹘文〈乌兰浩木碑〉考释》,《敦煌学辑刊》2018年第4期,第25—30页。

王保田《汉语韵母与日语汉字音读的对应规律》,《江苏大学学报(社会科学版)》,2002年第4期,第71—74页。

王丁《胡名释例》,《敦煌写本研究年报》第13号,2019年,第99—132页。

王丁《胡名盘陀考》,向群、万毅编《姜伯勤教授八秩华诞颂寿史学论文集》，广州，广东人民出版社，2019年，第179—206页。

王丁《胡名之为史料》，《中外论坛》2023年第1期，第9—14页。

王国维《萌古考》，初刊《辽金时蒙古考》，《学衡》第53辑，1926年，收入谢维扬、房鑫亮主编《王国维全集》第14卷，杭州，浙江教育出版社，2009年，第284—300页。

王国维《鞑靼考》，《清华学报》第3卷第1期，1926年，收入谢维扬、房鑫亮主编《王国维全集》第14卷，第249—282页。

王国维《〈蒙鞑备录〉笺证》，初刊《清华学校研究院刊行丛书》第1卷，1926年，收入谢维扬、房鑫亮主编《王国维全集》第11卷，第333—361页。

王国维《〈黑鞑事略〉笺证》，初刊《清华学校研究院刊行丛书》第1卷，1926年，收入谢维扬、房鑫亮主编《王国维全集》第11卷，第363—406页。

王国维《南宋人所传蒙古史料考》，《清华大学学报》，1927年，收入谢维扬、房鑫亮主编《王国维全集》第14卷，第322—338页。

王弘力《契丹小字墓志研究》，《民族语文》1986年第4期，收入陈乃雄、包联群编《契丹小字研究论文选编》，呼和浩特，内蒙古人民出版社，2005年，第418—445页。

王久宇、孙田《完颜希尹神道碑碑文的史料价值》，《古籍整理研究学刊》2015年第4期，第39—42页。

王民信《契丹外戚集团的形成》，载氏著《契丹史论丛》，台北，学海出版社，1973年，第73—87页。

王民信《契丹古八部与大贺遥辇迭剌的关系》，载氏著《契丹史论丛》，台北，学海出版社，1973年，第35—62页。

王日蔚《契丹与回鹘关系考》，《禹贡》第4卷第8期，1935年，收入孙进己等编《契丹史论著汇编》上，沈阳，辽宁省社科院，1988年，第812—820页。

王小甫《契丹建国与回鹘文化》，《中国社会科学》2004年第4期，第 186—202 页。

王小甫《拜火教与突厥兴衰——以古代突厥斗战神研究为中心》,《历史研究》2007 年第 1 期,第 24—40 页。

王尧《敦煌古藏文本〈北方若干国君之王统叙记〉文书》,《敦煌学辑刊》第 2 辑,1980 年,第 16—22 页。

王永生《关于丝绸之路钱币研究中的几点思考》,《中国钱币》2010 年第 2 期,第 19—23 页。

王永生《关于丝绸之路钱币研究的几点思考》,《金融时报》2015 年 2 月 6 日第 11 版。

王媛媛《五代宋初西州回鹘"波斯外道"辨释》,《中国史研究》2014 年第 2 期,第 75—86 页。

王颋《室韦的族源和各部方位》,中国蒙古史学会编《中国蒙古史学会论文选集》,呼和浩特,内蒙古人民出版社,1983 年,第 128—138 页。

威廉·巴托尔德《中亚突厥十二讲》,罗志平译,北京,中国社会科学出版社,1984 年。

翁根其其格《蒙元时期克烈部也先不花家族史事研究》,硕士学位论文,内蒙古大学,2015 年。

乌罕奇《选译、注释〈瓦撒夫史·成吉思汗纪〉》,《庆祝蔡美彪先生九十华诞元史学术研讨会论文集》,天津,南开大学,2017 年 10 月,第 572—573 页。

乌罕奇《〈瓦萨甫史·成吉思汗纪〉节选译注》,《元史及民族与边疆研究集刊》第 36 辑,上海古籍出版社,2018 年,第 190—205 页。

乌兰《〈元朝秘史〉版本流传考》,《民族研究》2012 年第 1 期,第 61—70 页。

乌兰《〈蒙古源流〉研究》第 4 卷,沈阳,辽宁民族出版社,2000 年。

武尚清《〈黑鞑事略〉及其疏证笺证》,《史学史研究》1995 年第 2 期,第 64—73 页。

武振玉、梁浩《〈酉阳杂俎〉词语补释与方校本补校》,《吉林师范大学学报(人文社会科学版)》2013年第1期,第44—47页。

乌苏吉《〈动物之自然属性〉对"中国"的记载——据新发现的抄本》,王诚译,《西域研究》2016年第1期,第97—110页。

吴文杰《西博草原上的白骆驼牧人》,《生命·人文》第269期,2012年,第62—75页。

吴英喆《契丹小字中的"元音附加法"》,《民族语文》2007年第4期,第40—51页。

吴永明《裕固族族源初探》,《中南民族学院学报(人文社会科学版)》1984年01期,收入赞丹卓尕主编《裕固族研究论文续集》上册,兰州大学出版社,第1—14页。

乌云毕力格《丝路沿线的民族交融:占星家与乌珠穆沁部》,《历史研究》2020年第1期,第92—112页。

肖爱民《契丹人消失之谜》,《寻根》2006年第3期,第27—33页。

萧启庆《说"大朝":元朝建号前蒙古的汉文国号——兼论蒙元国号的演变》,《内北国而外中国(上册):蒙元史研究》,北京,中华书局,2007年,第62—78页。

西姆斯·威廉姆斯《从敦煌吐鲁番出土写本看操粟特语和突厥语的基督教徒》,陈怀宇译,《敦煌学辑刊》1997年第2期,第138—146页。

薛文波《裕固族历史初探(上)》,《西北民族学院学报》1981年第2期,第22—31页。

薛宗正《突厥史》,北京,中国社会科学出版社,1992年。

严耕望《唐代交通图考》全7卷,台湾《"中研院"历史语言研究所专刊》第83号,台北,"中研院"历史语言研究所,1985—2006年。

杨富学《回鹘"日月光金"钱考释》,《西域研究》1998年第1期,第59—61页。

杨富学《回鹘佛教对北方诸族的影响》,《昭乌达蒙族师专学报》

1998年第3期,第82—86页。

杨富学《契丹族源传说借自回鹘论》,《历史研究》2002年第2期,第150—153页。

杨富学《论回鹘文化对契丹的影响》,李兵主编《辽金史研究》,北京,中国文化出版社,2003年,第46—67页。

杨富学《居庸关回鹘文功德记所见uday考》,《西北民族学院学报(哲学社会科学版)》2003年第1期,第40—42、126页。

杨富学《回鹘文化影响契丹的点点滴滴》,《宋史研究论文集》第10辑,兰州大学出版社,2004年,第412—423页。

杨富学《回鹘语文对契丹的影响》,《民族语文》2005年第1期,第61—64页。

杨富学《畏兀儿与蒙古历史文化关系研究》,《兰州学刊》2006年第1期,第55—59页。

杨富学《"裕固学"应擎起河西回鹘研究的大旗》,《河西学院学报》2015年第3期,第1—7页。

杨富学《裕固族东迁地西至哈至为沙瓜二州考辨》,《河西学院学报》2015年第6期,第1—10页。

杨富学《和田新出突厥卢尼文木牍及其所见史事钩沉》,载氏著《敦煌民族史探幽》,兰州,甘肃文化出版社,2018年,第149—176页。

杨富学、高人雄《突厥佛教盛衰考》,《南都学坛(人文社会科学学报)》2003年第2期,第17—22页。

杨槐《回鹘方孔圆钱概说之一——"日月光金"胡汉双语钱便览》,《新疆钱币》2018年第2期,第9—23页。

杨鲁安《内蒙古新出西域钱探微》,《内蒙古金融研究》2003年S3期,第1—6、60页。

杨蕤《回鹘时代》,北京,中国社会科学出版社,2015年。

杨志玖《补元史札八儿火者传》,《回族研究》1991年第3期,第22—25页。

杨志玖《(上)》《回族研究》1993年第1期,收入氏著《元代回族史稿》,北京,中华书局,2015年,第77—95页。

杨志玖《回回一词的起源和演变》,《回族研究》1992年第4期,收入氏著《元代回族史稿》,北京,中华书局,2015年,第57—67页。

姚大力《"狼生"传说与早期蒙古部族的构成——与突厥先世史的比较》,载氏著《北方民族史十论》,桂林,广西师范大学出版社,2007年,第141—163页。

姚大力《北方民族史十论》,桂林,广西师范大学出版社,2007年。

亦邻真《中国北方民族与蒙古族族源》,《内蒙古大学学报(哲学社会科学版)》1979年第3—4期,收入齐木德道尔吉等编《亦邻真蒙古学文集》,呼和浩特,内蒙古人民出版社,2001年,第544—582页。

亦邻真《至正二十二年蒙古文追封西宁王忻都碑》,《中国民族古文字研究会第二次学术讨论会论文》,1983年,收入齐木德道尔吉等编《亦邻真蒙古学文集》,呼和浩特,内蒙古人民出版社,2001年,第627—693页。

亦邻真《成吉思汗与蒙古民族共同体的形成》,《内蒙古大学学报》1962年第1期,收入齐木德道尔吉等编《亦邻真蒙古学文集》,呼和浩特,内蒙古人民出版社,2001年,第387—426页。

亦邻真《亦邻真蒙古学文集》,齐木德道尔吉等编,呼和浩特,内蒙古人民出版社,2001年。

佚名著《汉译〈蒙古黄金史纲〉》,朱风、贾敬颜译,呼和浩特,内蒙古人民出版社,1985年。

伊斯拉非尔·玉苏甫、安尼瓦尔·哈斯木《回鹘钱币再谈》,《中国钱币论文集》第6辑,北京,中国金融出版社,2016年,第116—122页。

《裕固族简史》编写组编《裕固族简史》,兰州,甘肃人民出版社,1983年。

玉努斯江·艾力、玉苏甫江·艾买提《论〈福乐智慧〉中的"梅禄"、"可汗"和"于都斤"的名称》,《西北民族研究》2012年第1期,第125—133页。

于太山《柔然与西域关系述考》,《新疆社会科学》1985年第4期,第67—81页。

于太山《南北朝与西域关系述考》,《西北民族研究》1996年第1期,第1—32页。

余太山《宋云、惠生西使的若干问题——兼说那连提黎耶舍、阇那崛多和达摩笈多的来华路线》,《中国社会科学院历史研究所学刊》第5集,2008年,收入氏著《早期丝绸之路文献研究》,北京,商务印书馆,2018年,第63—100页。

余太山《柔然—阿瓦尔同族论质疑——兼说阿瓦尔即悦般》,《文史》第24辑,1985年,收入氏著《古代地中海和中国关系史研究》,北京,商务印书馆,2016年,第312—336页。

余太山《古代地中海和中国关系史研究》,北京,商务印书馆,2016年。

余太山《早期丝绸之路文献研究》,北京,商务印书馆,2018年。

张博泉《金完颜希尹碑史事考辩》,《吉林大学社会科学学报》1987年第4期,第44—48页。

张碧波《契丹与回纥族源文化异同论》,《西北民族研究》1999年第1期,第145—156页。

张广达《唐代汉译摩尼教残卷——心王、相、三常、四处、种子等词语试译》,《東方学報(京都)》第77册,2004年,第376—336页(反页)。

张广达《唐末五代宋初西北地区的班次和使次》,载《季羡林教授八十华诞纪念论文集》下,南昌,江西人民出版社,收入氏著《西域史地丛稿初编》,上海古籍出版社,1995年,第335—346页。

张广达、荣新江《有关西州回鹘的一篇敦煌汉文文献——S.6551

讲经文的历史学研究》,《北京大学学报(哲学社会科学版)》1989年第2期,收入张广达著《西域史地丛稿初编》,上海古籍出版社,1995年,第217—248页。

张久和《原蒙古人的历史:室韦—达怛研究》,北京,高等教育出版社,1998年。

张庆捷《虞弘墓志考释》,荣新江主编《唐研究》第7卷,北京大学出版社,2001年,第145—176页。

照那斯图《〈蒙古秘史〉汉字音译本底本和八思巴字的关系问题》,《民族语文》1988年第6期,收入氏著《八思巴字和蒙古语文献Ⅰ研究文集》,东京,东京外国语大学,1990年,第121—124页。

照那斯图《八思巴字和蒙古语文献Ⅰ研究文集》,东京,东京外国语大学,1990年。

照那斯图《八思巴字和蒙古语文献Ⅱ文献汇集》,东京,东京外国语大学,1991年。

赵翼《陔余丛考》,上海,商务印书馆,1957年。

赵筱《萌古氿小考》,《黑龙江史志》2017年第9期,第22—27页。

赵筱《12世纪中后期蒙古部历史研究》,硕士学位论文,辽宁师范大学,2019年。

赵宇《再论〈征蒙记〉与〈行程录〉的真伪问题——王国维〈南宋人所传蒙古史料考〉补正》,刘迎胜主编《元史及民族与边疆研究集刊》第32辑,上海古籍出版社,2017年,第160—169页。

钟焓《安禄山等杂胡的内亚文化背景——兼论粟特人的"内亚化"问题》,《中国史研究》2005年第1期,第67—84页。

钟焓《从"海内汗"到转轮王——回鹘文〈大元肃州路也可达鲁花赤世袭之碑〉中的元朝皇帝称衔考释》,《民族研究》2010年第6期,第75—82页。

钟焓《辽代东西交通路线的走向——以可敦墓地望研究为中心——》,《历史研究》2014年第4期,第39—49页。

钟焓《中古时期蒙古人的另一种祖先蒙难叙事——"七位幸免于难的脱险者"传说解析》,《历史研究》2016 年第 3 期,第 59—76 页。

钟焓《重释内亚史:以研究方法论的检视为中心》,北京,社会科学文献出版社,2017 年。

周辉、阿不来提·阿不拉、吴龙海《"日月光金"钱币鉴赏》,《新疆钱币》2015 年第 2 期,第 38—39 页。

周良霄《达靼杂考》,《文史》第 8 辑,1980 年,收入史卫民编《辽金时代蒙古考》,呼和浩特,内蒙古自治区文史研究馆,1984 年。

朱新茂《西魏隋唐五代十国货币图说》,北京,文物出版社,2005 年。

朱振宏《突厥第二汗国建国考》,《欧亚学刊》第 10 辑,北京,中华书局,2012 年,第 83—129 页。

中国社会科学院考古研究所编著《北庭高昌回鹘佛寺遗址》,沈阳,辽宁美术出版社,1991 年。

中国社会科学院考古研究所、中共策勒县委、策勒县人民政府著《策勒达玛沟——佛法汇集之地》,香港,大成图书有限公司,2012 年。

Aalto, P., "Prolegomena to an edition of the Pañcarakṣā," *Studia Orientalia*, vol. 19, no. 12, 1954, pp. 1 - 48.

Aalto, P., „Der Name und das Siegel Činggis-khan," *Acta Orientalia*, vol. 27, no. 3 - 4, 1963, pp. 137 - 148.

Aalto, P., „Materialien zu den alttürkischen Inschriften der Mongolei, gesammelt von G. J. Ramstedt, J. G. Granö und P. Aalto," *Journal de la Société Finno-ougrienne*, vol. 60, no. 7, 1958, pp. 1 - 91.

Alimov, R., "On the Yenisei Kirghiz Title Ā-RÈ", *Acta Orientalia Academiae Scientiarum Hung*, vol. 69, no. 3, 2016, pp. 265 - 283.

Аманжолов, С. А., *История и теория древнетюркского письма*, Алматы: Мектеп, 2003.

Arat, R. R., „ Der Herrschertitel Iduq-qut," *Ural - Altaische Jahrbücher*, vol. 35, 1964, pp. 150 - 157.

Atwood, Ch. P., "Some Early Inner Asian Terms Related to the Imperial Family and the Comitatus," *Central Asiatic Journal*, vol. 56, 2013, pp. 49 - 86.

Aydin, E. Alimov, R. Yıldırım, F., *Yenisey-Kırgızistan Yazıtları ve Irk Bitig*, Ankara: Bilgesu Yayıncılık, 2013.

Bacot, J., "Reconnaissance en Haute Asie Septentrionale par Cinq Envoyès Ouigours au Ⅷe Siècle," *Journal Asiatique*, vol. 244, 1956, pp. 137 - 153.

Barat, K., *XUANZANG—Ninth and Tenth Chapters*, Indiana University Research Institute for Inner Asian Studies Bloomington, Indiana, 2000.

Баттулга, Ц., Хиргсийн овооны гэрэлт хөшөөнийбичээс, *Altaica*, vol. 13, Улаанбаатар, 2017, pp. 62 - 78.

Bazin, L. "L'inscription kirghize de Suj I," *Documents et archives provenant de l'Asie Central. Actes du Colloque Franco-Japonais*, Kyoto, 1990, pp. 135 - 146.

Bombaci, A., "Qutluγ Bolzun! A Contribution to the History of the Concept of 'Fortune' among the Turks Ⅰ - Ⅱ," *Ural-AltaischeJahrbücher*, vol. 36, 1964, pp. 284 - 291, *Ural-Altaische Jahrbücher*, vol. 38, 1966, pp. 13 - 44.

Bosworth, C. E., "KIMÄK," in *The Encyclopaedia of Islam*, new edition, vol. 5, Leiden: E. J. Brill, 1986, pp. 107 - 108.

Boyce, M., *A Word-List of Manichaean Middle Persian and*

*Parthian*, *Acta Iranica*, 1977.

Bretschneider, E. V., *Mediaeval Researches from Eastern Asiatic Sources: Fragments Towards the Knowledge of the Geography and History of Central and Western Asia from the 13th to the 17th Century*, London: Routledge, 1888.

Brose, M. G., "Uyghur Technologists of Writing and Literacy in Mongol China," *T'oung Pao*, vol. 91, no. 3 - 1, 2005, pp. 396 - 435.

Clark, L. V., "The Manichean Turkic Pothi-Book," *Altorientalische Forschungen*, vol. 9, 1982, pp. 145 - 218.

Clauson, G., "À Propos du Manuscrit Pelliot Tibétain 1283," *Journal Asiatique*, vol. 245, 1957, pp. 11 - 24.

Clauson, G., "The Ongin Inscription," *Journal of the Royal Asiatic Society of Great Britain and Ireland*, no. 3/4, 1957, pp. 175 - 192.

Clauson, G., "Two Uygur Administrative Orders," *Ural-altaische Jahrbücher* 45, 1973, pp. 213 - 222.

Clauson, G., *Studies in Turkic and Mongolic Linguistics* (*Royal Asiatic Society Books*, 1962), rep.: London and New York, Routledge Curzon, 2002.

Clauson, G., *Studies in Turkic and Mongolic Linguistics* (*Royal Asiatic Society Books*, 1962), rep.: New York: Routledge Curzon, 2002, pp. 133 - 154.

Cleaves, F. W., "*The Sino-Mongolian Inscription of 1335 in Memory of Chang Ying-jui*," *Harvard Journal of AsiaticStudies*, vol. 13, no. 1/2, 1950, *Harvard-Yench-ing Institute*, pp. 1 - 131.

Содномжамц, Д. and Эрдэнэбат, У., "Уйгурын эзэнт гүрний

манихейн шашинтай холбогдох нэгэн зоосны тухай ", *Археологийн Судлал*, vol. 40, no. 9, 2021, pp. 85 - 95.

Coyle, J. K., "Jesus, Mani, and Augustine," in Jacob Albert van den Berg et al. eds., *' In Search of Truth ': Augustine, Manichaeism and other Gnosticism: studies for johannes van oort at sixty*, Leiden / Boston: Brill, 2011, pp. 363 - 376.

Csongor, B., "Chinese in the Uighur Script of the T'ang-Period," *Acta Orientalia Academiae Scientiarum Hungaricae*, vol. 11, no. 2, 1952, pp. 73 - 121.

Dankoff, R., "Three Turkic Verse Cycles Relating to Inner Asian Warfare," in: S. Tekin and I. Ševčenko., eds., *Eucharisterion: Essays Presented to Omeljan Pritsak*, Harvard Ukrainian Studies, vol. 3/4, Part 1, Cambridge: Harvard University press, 1979 - 1980, pp. 154 - 165.

Dawson, C., *The Mongol Mission: Narratives and Letters of the Franciscan Missio naries in Mongolia and China in the Thirteenth and Fourteenth Centuries*, London and New York: Sheed and Ward, 1955.

de la Vaissière, É., *Sogdian Traders*, D. Sinor and N. Cosmo eds., *Handbook of Oriental Studies Handbuch der Orientalistik*, Section 8, Central Asia, vo. 10, J. Ward tr., BRILL: Leiden / Boston, 2005.

de la Vaissière, É., "The Historical Context to the Khüis Tolgoi Inscription," *Journal Asiatique*, vol. 306, no. 2, 2018, pp. 315 - 319.

Divitçioğlu, S., "The Mystery of the Az People ( VIII Century)," *Archivum Eurasiae Medii Aevi*, vol. 12, 2002 - 2003, pp. 5 - 14.

Dobu, *UyiɣurJin mongɣol üsüg-ün durasqaltu bičig-üd*(道布《回鹘式蒙古文文献汇编》),北京,民族出版社,1983 年。

Doerfer, G., *Türkische und Mongolische Elemente im Neupersischen*, Wiesbaden: F. Steiner, Bd. 1, 1963; Bd. 2, 1965; Bd. 3, 1967; Bd. 4, 1975.

Dunlop, D. M., "The Karaits of Eastern Asia," *Bulletin of the School of Oriental and African Studies*, vol. 11, no. 2, 1944, pp. 276 - 289.

Erdal, M., *Old Turkic Word Formation: A Functional Approach to the Lexicon*, 2vols., Wiesbaden: Otto Harrassowitz, 1991.

Gabain, A. von., *Alttürkische Grammatik*, Wiesbaden: Otto Harrassowitz, 1974.

Giraud, R., *L'inscription de Bain Tsokto*, Édition Critique, Paris: Librairie d'Amérique et d'Orient, 1961.

Golden, P. B., *An Introduction to the History of the Turkic Peoples: Ethnogenesis and State-Formation in Medieval and Early Modern Eurasia and the Middle East*, Wiesbaden: Harrassowitz, 1992.

Hamilton, J., "Toquz-OGGuz et On-UyGGur," *Journal Asiatique*, vol. 250, 1962.

Hamilton, J., *Manuscrits ouïgours du IXe - Xe siècle de Touen-houang: Textes établis*, traduits, et commentés, Paris: Peeters france, 1986.

Heissig, W., *Mongolische volksreligiöse und folkloristische Texte: aus europäischen Bibliotheken mit einer Einleitung und Glossar*, Wiesbaden: Steiner, 1966.

Iderkhangai, T. Battulga, Ts. and Bayar, B., "Newly found

Runic Inscriptions in Mongolia (preliminary study)," *Археологийн Судлал*, vol. 36, 2017, pp. 231-238.

Идэрхангай, Т. Баттулга, Ц. and Баяр, Б., Монгол нутгаас шинээр илрүүлсэн Руни бичгийн дурсгалууд, Археологийн Судлал, vol. 36, 2017, p. 231.

Kamalov, A., "Turks and Uighurs during the Rebellion of An Lu-shan Shih Ch'ao-yi (755 - 762)," *Central Asiatic Journal*, vol. 45, no. 2, 2001, pp. 243-253.

Kasai, Y., „Ein Kolophon um die Legende von Bokug Kagan,"《内陸アジア言語の研究》第 19 輯,2004 年。

Kasai, Y., *Die uigurischen buddhistischen Kolophone*, *Berliner Turfantexte*, vol. 26, 2008.

Кормушин, И. В., *Тюркские енисейские эпитафии: тексты и исследования*, Москва: Наука, 1997.

Кормушин, И. В., *Тюркские енисейские эпитафии грамматика, текстология*, Москва: Наука, 2008.

Le Coq, A. von., „*Türkische Manichaica aus Chotscho* I-Ⅲ," *Abhandlungen der Preussischen Akademie der Wissenschaften*, 1911, 1919, 1922.

Le Coq, A. von., „Ein manichäisches Buch-Fragment aus Chotscho," in *Festschrift fürVilhelm Thomsen*, Leipzig, 1912, pp. 145 - 154 (Repr.: *Sprachwissenschaftliche Ergebnisse der deutschen Turfan-Forschung*, vol. 3, Leipzig, 1985, pp. 539 - 548)

Ligeti, L., "Notes sur le colophon du 'Yitikän sudur'," in *Asiatica. Festschrift Friedrich Weller zum 65, Geburtstag gewidmet*, Leipzig: Harrassowitz, 1954, pp. 397-404.

Ligeti, L., "À propos du «Rapport sur les rois demeurant

dans le Nord»," in *Études tibétaines dédiées à la mémoiredeMarcelle Lalou*, Paris: Adrien Maisonneuve, 1971, pp. 166 – 189.

Ligeti, L., *Monuments en écriture 'phags-pa, Pièces de chancelleriè en transcription chinoise* (Monumenta Linguae Mongolicae Collecta, vol. 3), Budapest: Akadémiai Kiadó, 1973.

Ligeti, L., "À propos d'un document ouigour de l'époque mongole," *Acta Orientalia Academiae Scientiarum Hungaricae*, vol. 27, no. 1, 1973, pp. 1 – 18.

Li Yong-Söng, "On ČẄLGL (or ČẄLGIL) in the Kül Tegin and Bilgä Kagan Inscriptions," *Acta Orientalia Academiae Scientiarum Hungaricae*, vol. 70, no. 4, 2017, pp. 397 – 410.

Lundysheva, O. and Turanskaya, A., "Old Uyghur Fragments in the Serindia Collection: Provenance, Acquisition, Processing," *Written Monuments of the Orient*, vol. 6, no. 2, 2020, pp. 43 – 64.

Малов, С. Е., *Памятники древнетюркской письменности. Тексты и исследования*, Москва: Издательство АН СССР, 1951.

Малов, С. Е., *Енисейская письменность тюрков: Тексты и переводы*, Москва: Издательство АН СССР, 1952.

Mannerheim, C. G. E., "A visit to Sarö and SheraYögurs," *Journal de la Société Finno — Ougrienne*, vol. 27, Helsingfors, 1911, pp. 1 – 72.

Marquart, J., „Über das Volkstum der Komanen," in W. Bang and J. Marquart, *Osttürkische Dialektstudien* (*Abhandlungen der Akademie der Wissenschaften in Göttingen, Phil.-hist. Klasse, Neue Folge* XIII/1), Berlin, 1914, pp. 25 – 238.

Martinez, A. P. , "Gardīzī's Two Chapters on the Turks," *Archivum Eurasiae Medii Aevi*, vol. 2, Wiesbaden: Otto Harrasowitz, 1982, pp. 109 - 217.

Matsui, D. , "Uigur Manuscripts Related to the Monks Sivšidu and Yaqšidu at 'Abita Cave Temple'of Toyoq," 新疆吐鲁番学研究院编《吐鲁番学研究——第三届吐鲁番学研究暨欧亚游牧民族的起源与迁徙国际学术研讨会论文集》,上海古籍出版社,2010年,第697—714页。

Matsukawa, T. , "Some Uighur Elements Surviving in the Mongolian Buddhist Sūtra of the Great Bear," in D. Durkin-Meisterernst et al. eds. , *Turfan Revisited — the First Century of Research into the Arts and Cultures of the Silk Road*, Berlin: Reimer, 2004, pp. 224 - 229.

Maue, D. , "Signs and Sounds," *Journal Asiatique*, vol. 306, no. 2, 2018, pp. 291 - 301.

Minorsky, V. , *The Regions of The World: a Persian geography*, London: Messrs, Luzac, 1937.

Moriyasu, T. , "Uighur Buddhist Stake Inscriptions from Turfan," in L. Bazin and P. Zieme eds. , *De Dunhuang à Istanbul. Hommage à James Russell Hamilton* (Silk Road Studies, vol. 5), Turnhout (Belgium), 2001, pp. 149 - 223.

Mostaert, A. and Cleaves, F. W. , "Trois documents mongols des Archives secrètes vaticanes," *Harvard Journal of Asiatic Studies*, vol. 15, 1952, pp. 419 - 506.

Ōsawa, T. , "Site and Inscription of Ongi Revised — On the Basis of Rubbing of G. Ramstedt and Our Field Works of Mongolia —," *Türk Dilleri Araştırmaları*, vol. 18, 2008, pp. 253 - 322.

Ōsawa, T., "Revisiting the Ongi Inscription of Mongolia from the Second Turkic Qaɣannate on the basis of Rubbings by G. J. Ramstedt," *Journal de la Societe Finno-Ougrienne*, vo. 93, 2011, pp. 147-203.

Orkun, H. N., *Eski Türk Yazıtları*, 4vols., 1936-1941, Istanbul: Devlet Basımevi.

Ölmez, M., *Orhon-Uygur Hanlığı Dönemi Moğolistan'daki Eski Türk Yazıtları*. Metin-Çeviri-Sözlük, Ankara: BilgeSu, 2012.

Pelliot, P., "*Les Mongols et la Papauté*," *Revue de l'Orient chrétien*, vol. 23, 1922-1923, pp. 3-30.

Pelliot, P. and Hambis, L., *Histoire des campagnes de Gengis Khan: Cheng-wou ts'in-tcheng lou*, Leiden: Brill, 1951.

Poppe, N., "The Turkic Loan Words in Middle Mongolian," *Central Asiatic Journal*, vol. 1, no. 1, 1955, pp. 36-42.

Pelliot, P., *Notes on Marco Polo*, 3vols., Paris: Imprimerie Nationale, 1959-1963.

Pow, S., "Nationes que se Tartaros appellant: An Exploration of the Historical Problem of the Usage of the Ethnonyms Tatar and Mongol in Medieval Sources," *Golden Horde Review*, 2019, vol. 7, no. 3, pp. 545-567.

Pritsak, O., "Two Migratory Movements in the Eurasian Steppe in the 9th-11th centuries," *Proceeding of the 26th International Congress of Orientalists*, New Delhi 1964, vol. 2, New Delhi, 1968, pp. 157-163 (reprint: *Studies in Medieval Eurasian History*, London: Variorum Reprints, 1981)。

Радлов, В. В., *Атласъ древностей Монголіи* (*Atlas der Alterthümer der Mongolei*), 4vols., Санкт-Петербург: Типографія

Императорской академіи наукъ, 1892 - 1899.

Radloff, W., *Die alttürkischen Inschriften der Mongolei*, 4vols., St. Petersburg, 1894 - 1899（reprint: Osnabrück: Otto Zeller, 1987）.

Radloff, W., *Versuch eines Wörterbuches der Türk-Dialecte*, 4vols., Санктпетербург: Коммисіонеробъ императорской академіи наук, 1893 - 1911.

Radloff, W., "Alttürkische Studien Ⅳ," *Bulletin de l'Académie Impériale des Sciences de St. -Pétersbourg*, 1911, vol. 5, pp. 305 - 326.

Radloff, W., *Uigurische Sprachdenkmäler*, ed. by S. E. Malov, Leningrad, 1928, reprint, Osnabrück: Biblio Verlag, 1972.

Rachewiltz, I. de., "The Title Cinggis Qan / Qaγan Re-examined," in W. Heissig and K. Sagaster eds., *Gedanke und Wirkung. Festschrift zum 90. Geburtstag von Nikolaus Poppe*, Wiesbaden: O. Harrassowitz, 1989, pp. 281 - 298.

Rachewiltz, I. de., *The Secret History of the Mongols: A Mongolian Epic Chronicle of the Thirteenth Century*, Leiden · Boston: Brill, 2004.

Ramstedt, G. J., „Mogholica: Beiträge zur kenntnis der moghol-sprache in Afghanistan," *Journal de la Société Finno-Ougrienne*, vol. 23, no. 4, 1905, pp. 1 - 60.

Rachmati, G. R. and Eberhard, W., *Türkische Turfan-Texte Ⅶ*, *Abhandlungen der Preussischen Akademie der Wissenschaften*, 1936, nr. 12.

Rintchen, B., *Textes chamanistes mongols（Asiatische Forschunge: Monographienreihe zur Geschichte, Kultur und*

*Sprache der Völker Ost-und Zentralasiens* Bd. 40), Wiesbaden: O. Harrassowitz, 1975.

Rybatzki, V., *Die Toñuquq Inschrift*, Szeged: University of Szeged, 1997.

Rybatzki, V., "Titles of Türk and Uigur Rulers in the Old Turkic Inscriptions," *Central Asiatic Journal*, vol. 44, no. 2, 2000, pp. 205-292.

Şçerbak, A. M., "Nadpis Na Drevneuygurskom Yazike İz Mongolii," *Epigrafika Vostoka*, vol. 14, 1961, Moskva, pp. 23-25.

Şçerbak, A. M., "Ulaangoon Yazıtı Üzerine İlave ve Düşünceler," *Türk Dili Araştırmaları Yıllığı-Belleten 1994*, Ankara, 1996, pp. 131-136.

Sertkaya, O. F., „Ein Fragment eines alttürkischen Lobpreises auf Tämür Qaɣan," *Altorientalische Forschungen*, vol. 16, no. 1, 1989, pp. 189-192.

Sertkaya, O. F., „Zu den Name türkischer Christen in verlorengegangenen altuigurischen Urkunden", in T. Pang, Simone-Christiane Raschmann and G. Winkelhane eds., *Unknown Treasures of the Altaic World in Libraries, Archives and Museums: 53rd annual meeting of the Permanent International Altaistic Conference, institute of Oriental Manuscripts*, Berlin: Klaus Schwarz, 2013, pp. 384-395.

Sertkaya, O. S., "Kızılkum(Ulaangom) yazıtında geçen kişi adı üzerine," *Türk Dili Araştırmaları Yıllığı-Belleten 1994*, Ankara, 1995, pp. 137-144.

Sims-Williams, N. and Hamilton, J., *Documents Turco-Sogdiens du Ixe-Xe Siècle de Touen-Houang (Corpus Inscriptionum*

*Iranicarum*, Pt. 2, *Inscriptions of the Seleucid and Parthian Period and of Eastern Iran and Central Asia*, vol. 3: Sogdain, 3), London: School of Oriental and African Studies, 1990.

Sir Ross, E. D., "The Tonyukuk Inscription: Being a Translation of Professor Vilhelm Thomsen's final Danish redering," *Bulletin of the School of Oriental Studies*, vol. 6, 1930, pp. 37–43.

Sprengling, M., "Tonyukuk's Epitaph: An Old Turkish Masterpiece Introduction, Text, Annotated Scientific Translation, Literary Translation and Transliteration," *The American Journal of Semitic Languages and Literatures*, vol. 56, no. 1, pp. 1–19.

Stein, A., Serindia: *Serindia, Detailed Report of Explorations in Central Asia and Weternmost China*, vol. 1, Oxford: Clarendon Press, 1921.

Sundermann, W., "Iranian Manichaean Turfan Texts Concerning the Tufran Region," in *Turfan and Tun-huang, the Texts: Encounter of Civilizations on the Silk Route*, A. Cadonna ed., Firenza: Leo S. Olschki, 1992, pp. 63–84.

Tekin, T., *A Grammar of Orkhon Turkic*, Bloomington: Indiana University, 1968.

Tekin, T., *Irk Bitig: The Book of Omens* (*Turcologica*, vol. 18), Wiesbaden: Harrassowitz Verlag, 1993.

Tekin, T., *Orhon Yazıtları: Kül Tigin Bilge Kağan Tunyukuk*, İstanbul: Simurg Yayıncılık, 1995.

Tekin, T., *Les inscriptions de l'Orkhon: Kul Tighin, Bilghé Qaghan, Tounyouqouq* (*Dil ve Edebiyat Dizisi* 2), Simurg: T. C. Kültür Bakanliği, 1995.

Tekin, T., *Orhon Yazıtları: Kül Tigin, Bilge Kağan, Tunyukuk*, Ankara: Sanat Kitabevi, 2003.

Tekin, T., *Orhon Yazıları*, Ankara: Türk Dil Kurumu yayınları, 2014.

Thomsen, V., "Dr. M. A. Stein's manuscripts in Turkish 'Runic' script from Miran and Tunhuang," *Journal of the Royal Asiatic Society*, 1912, pp. 181–189.

Thomsen, V., „Alttürkische Inschriften aus der Mongolei," *Zeitschrift der Deutschen Morgenländischen Gesellschaft*, vol. 78, no. 3/4, 1924, pp. 121–175.

TICA: Turkish International Cooperation Agency eds., *Orhun: The Atlas of Historical Works in Mongolia*, Ankara, 1995.

Togan, I., *Flexibility and Limitation in Steppe Formations, The Keen Khanate and Chinggis Khan* (*The Ottoman Empire and its Heritage*, vol. 15), Leiden, New York, Köln: Brill, 1998.

Tuguševa, L. Ju., "Three Letters of Uighur Princes," *Acta Orientalia*, vol. 24, 1971, pp. 173–187.

Tumurtogoo, D. and Cecegdari, G. eds., *Mongolian Monuments in Uighur- Mongolian Script* (XIII–XIV centuries), *Introduction, transcription and bibliography* (*Language and Linguistics Monograph Series A–11*), Taipei: Institute of Linguistics, Academia Sinica, 2006.

Tumurtogoo, D. and Cecegdari, G. eds., *Mongolian Monuments in 'Phags-Pa Script, Introduction, transcription and bibliography* (*Language and Linguistics Monograph Series 42*), Taipei: Institute of Linguistics, Academiq Sinica, 2010.

Баттулга, Ц., Хиргсийн овооны гэрэлт хөшөөнийбичээс, *Altaica*, vol. 13, Улаанбаатар, 2017, pp. 62–78.

Vanduy, E., "Uvsin Khar Usni Gerelt Khöshöö," *Shinjleh Ukhaan Tekhnik*, Ulaanbaatar, 1958, vol. 3, pp. 45–57.

Venturi, F., "An Old Tibetan Document on the Uighurs: A New Translation and Interpretation," *Journal of Asian History*, vol. 42, 2008, pp. 1–34.

Васильев, Д. Д., "Памятники тюркской рунической письменности азиатского ареала," *Советская Тюркология*, 1976, no. 1, pp. 71–80.

Васильев, Д. Д., *Корпус тюркских рунических памятников бассейна Енисея*, Ленинград: Наука, 1983.

Vovin, A., "An Interpretation of the Khüis Tolgoi Inscription," *Journal Asiatique*, vol. 306, no. 2, 2018, pp. 303–313.

Vovin, A., "A Sketch of the Earliest Mongolic Language: the Brāhmī Bugut and Khüis Tolgoi Inscriptions," *International Journal of Eurasian Linguistics*, vol. 1, 2019, pp. 162–197.

Wilkens, J., *Alttürkische Handschriften*, Teil 8, *Manichäisch-türkische Texte der Berliner Turfansammlung*, Stuttgart: Franz Steiner Verlag, 2000.

Wilkens, J., „Ein Bildnis der Göttin Ötükän," 收入张定京、阿不都热西提·亚库甫编《突厥语文学研究——耿世民教授八十华诞纪念文集》，北京，中央民族大学出版社，2009年，第449—461页。

Wittfogel, K. A. and Fêng Chia-Shêng, *History of the Chinese Society: Liao（907–1125）*, Philadelphia: The American Philosophical Society, 1949.

Wu Yingzhe and Janhunen, J., *New Materials on the Khitan Small Script: A Critical Edition of Xiao Dilu and Yelü Xiangwen*, Folkestone: Global Oriental, 2010.

Yoshida Yutaka and Kageyama Etsuko, "Sogdian Names in Chinese Characters, Pinyin, Reconstructed Sogdian Pronunciation and English Meanings", in: É. de la Vaissière and É Trombert eds., *Les Sogdiens en Chine*, Paris: Ecole française d'Extrême-Orient, 2005, pp. 305–306.

Zhang Tieshan and Peter Zieme, "A Memorandum about the King of the On Uygur and His Realm", *Acta Orientalia Academiae Scientiarum Hungaricae*, vol. 64, no. 2, 2011, pp. 129–159.

Zieme, P. „Zu den Beziehungen zwischen dem uigurischen und mongolischen Schrifttum", in J. G. Hangin and J. R. Krueger eds., *The Second International*, *Congress of Mongolists*, *The Mongolia Society Bulletin*, vol. 9, no. 2, 1973, Ulaanbaatar, pp. 247–250.

Zieme, P., *Manichäisch-türkische Textem: Texte*, *Übersetzung*, *Anmerkungen*, *Berliner Turfantexte*, vol. 5, Berlin, 1975.

Zieme, P., „Bemerkungen zur Datierung uigurischer Blockdrucke," *Journal Asiatique*, vol. 269, no. 1/2, 1981, pp. 389–396.

Zieme, P., "Uygur yazısıyla yazılmış Uygur yazıtlarına dair bazı düşünceler," *Türk Dili Araştırmaları Yıllığı—Belleten 1982–1983*, Ankara, 1986, pp. 229–237.

Zieme, P., „Manichäische Kolophone und Könige,"in G. Wiessner and H. J. Klimkeit eds., *Studia Manichaica: II. Internationaler Kongreß zum Manichäismus*, *6–10. August 1989*, *St. Augustin*, *Bonn*, Wiesbaden: O. Harrassowitz, 1992, pp. 319–327.

Zieme, P., *Religion und Gesellschaft im Uigurischen*

*Königreich von Qočo: Kolophpne und stifter des alttürkischen buddhistischen Schrifttums aus Zentralasien* (Abhandlungen der Rheinisch-Westfälischen Akademie der Wissenschaften 88), Opladen: Westdeutscher Verlag, 1992.

Zieme, P., „Samboqdu et alii. Einige alttürkische Personennamen im Wandel der Zeiten," *Journal of Turkology*, vol. 2, 1994. pp. 119–133.

Zieme, P., *Altun yaruq sudur, Vorworte und das erste Buch: Edition und Übersetzung der alttürkischen Version des Goldglanzsūtra*, Berliner Turfantexte, vol. 18, 1996.

Zieme, P., *Magische Texte des uigurischen Buddhismus*, Berliner Turfantexte, vol. 23, 2005.

Zieme, P., "Some Notes on the Ethnic Name Taŋut (tangut) in Turkic Sources," in Российская академия наук, Институт восточных рукописей eds., *ТАНГУТЫ, в Центральной Азии, Сборник статей в честь 80-летия профессора Е. И. Кычанова*, Москва: Восточная литература, 2012, pp. 461–468.

Zieme, P., *Altuigurische Texte der Kirche des Ostensaus Zentralasien: Old Uigur Texts of the Church of the East from Central Asia*, Gorgias Eastern Christian Studies, vol. 41, Piscataway: Gorgias Press, 2015.

安部健夫《西ウイグル国史の研究》,东京,彙文堂书店,1955年。

荒川正晴《オアシス国家・遊牧国家とソグド人》,载氏著《ユーラシアの交通・交易と唐帝国》,名古屋大学出版社,2010年。

荒川正晴《唐代河西以西の交通制度》,载氏著《ユーラシアの交通・交易と唐帝国》,名古屋大学出版社,2010年。

荒川正晴《ユーラシアの交通・交易と唐帝国》,名古屋大学出版社,2010年。

岩佐精一郎《突厥毗伽可汗碑文の紀年》,载和田清编《岩佐精一郎遺稿》,东京,岩佐传一发行,1936年,第169—209页。

岩佐精一郎《岩佐精一郎遺稿》,东京,岩佐传一发行,1936年。

植村清二《乃蠻小考》,《和田博士古稀紀念東洋史論叢》,东京,讲谈社,1962年,第151—159页。

内田吟风《北アジア氏研究　鮮卑柔然篇》,京都,同朋舍,1988年。

内田吟风《柔然時代蒙古史年表》,载氏著《北アジア史研究・鮮卑柔然突厥篇》,京都,同朋舍,1988年,第341—396页。

内田吟风《柔然の滅亡年について》,载氏著《北アジア史研究・鮮卑柔然突厥篇》,第319—324页。

榎一雄《仲雲族の牙帳の所在地について》,鈴木俊教授還暦記念会编《鈴木俊教授還暦記念東洋史論叢》,东京,1964年,收入氏著《榎一雄著作集》第1卷,东京,汲古书院,1992年,第149—157页。

大澤孝《北モンゴリア・テス碑文の諸問題》(第38届日本阿尔泰学会报告要旨),《東洋学報》第77卷第3、4号,1995年,第99—100页。

大澤孝《テス碑文》,载森安孝夫、奥其尔编《モンゴル国現存遺蹟・碑文調査研究報告》,丰中,中央ユーラシア学研究会,1999年,第158—167页。

小沢重男《元朝秘史全釈・上》,东京,风间书房,1984年。

愛宕松男《契丹古代史の研究》,京都大学东洋史学会,1959年。

小野川秀美《突厥碑文譯註》,《满蒙史論叢》第4辑,1943年,第249—425页。

笠井幸代《トカラ語より翻訳された未比定のウイグル語仏典注釈書》,《内陸アジア言語の研究》第21辑,2006年,第21—47页。

片山章雄《タリアト碑文》,载森安孝夫、奥其尔编《モンゴル国現存遺蹟・碑文調査研究報告》，丰中，中央ユーラシア学研究会，1999年，第168—176頁。

栗林均《〈華夷訳語〉（甲種本）モンゴル語全単語・語尾索引》，《東北アジア研究センター叢書》第10号，仙台，東北大学東北アジア研究センター，2003年。

栗林均、确精扎布編《〈元朝秘史〉モンゴル語全単語・語尾索引》，《東北アジア研究センター叢書》第4号，仙台，東北大学東北アジア研究センター，2001年。

桑田六郎《回紇衰亡考》，《東洋学報》第17巻第1期，1928年，第111—136頁。

佐口透《サリク—ウイグル種族史考》，《山本博士還暦記念東洋史論叢》，東京，山川出版社，1972年，第191—202頁。

白石典之《モンゴル部族の自立と成長》，《人文科学研究》第86期，1994年，第27—51頁。

白石典之《モンゴル帝国史の考古学的研究》，東京，同成社，2002年。

白鳥庫吉《東胡民族考》，《史学雑誌》第21—24巻，1910—1913年，収入氏著《白鳥庫吉全集》第4巻，東京，岩波書店，1970年，第63—320頁。

白鳥庫吉《室韋考》，《史学雑誌》第30巻第1、2、4、6、7、8号，1919年，

収入作者著《白鳥庫吉全集》第4巻，第339—473頁。

代田貴文《カラハン朝の東方発展》，《中央大学大学院研究年報》第5輯，1976年，第255—270頁。

庄垣内正弘《モンゴル語仏典中のウイグル語仏教用語について》，載崎山理、佐藤昭裕編《アジアの諸語と一般言語学》，東京，三省堂，1990年，第157—174頁。

庄垣内正弘《古代ウイグル文阿毘達磨倶舎論実義疏の研究》第

2卷,京都,松香堂,1993年。

庄垣内正弘《ロシア所蔵ウイグル文献の研究——ウイグル文字表記漢文とウイグル語仏典テキスト——》,京都大学大学院文学研究科,2003年。

庄垣内正弘《ウイグル文アビダルマ論書の文献学的研究》,京都,松香堂,2008年。

鈴井宏節《トニュクク碑文研究史概論》,載森安孝夫編《シルクロードと世界史》(大阪大学21世紀COE項目2002—03年度報告書),丰中,大阪大学文学研究科,2003年,第113—130頁。

鈴木宏節《三十姓突厥の出現——突厥第二可汗国をめぐる北アジア情勢——》,《史学雑誌》第115編第10号,2006年,第1—36頁。

杉山正明《元代蒙漢合壁命令文の研究》(一),《内陸アジア言語の研究》第5輯,1990年,第1—31頁。

杉山正明《元代蒙漢合壁命令文の研究》(二),《内陸アジア言語の研究》第6輯,1991年,第35—55頁。

外山軍治《金朝史研究》,京都大学,1964年。

高田時雄《敦煌資料による中國語史の研究,九・十世紀の河西方言》,東京,創文社,1988年。

高田時雄《ウイグル字音史大概》,《東方学報》(京都)第62卷,1990年,第329—343頁。

田村実造《唐代に於ける契丹族の研究——特に開国伝説の成立と八部組織に就いて——》,《満蒙史論叢》第1輯,1938年,収入氏著《中国征服王朝の研究》上册,京都大学东洋史学会,1964年,第59—112頁。

田村実造《モンゴル族の始祖説話と移住の問題》,《東洋史研究》第23卷第1号,1963年,収入氏著《中国征服王朝の研究》(中),京都,东洋史研究会,1971年,第359—385頁。

中村健太郎《ウイグル文〈成宗テムル即位記念仏典〉出版の歴史的背景：U 4688［T Ⅱ S 63］・＊U 9192［T Ⅲ M 182］の分析を通じて》,《内陸アジア言語の研究》第 21 輯,2006 年,第 49—91 頁。

中村健太郎《ウイグル語仏典からモンゴル語仏典へ》,《内陸アジア言語の研究》第 22 輯,2007 年,第 71—118 頁。

中村淳、松川節《新発現の蒙漢合璧少林寺聖旨碑》,《内陸アジア言語の研究》第 8 輯,1993 年,第 1—92 頁。

白玉冬《十世紀における九姓タタルとシルクロード貿易》,《史学雑誌》第 120 編第 10 号,2011 年,第 1—36 頁。

白玉冬《10 世紀から 11 世紀における九姓タタル国》,《東洋学報》第 93 巻第 1 号,2011 年,第 90—116 頁。

白玉冬《8 世紀の室韋の移住から見た九姓タタルと三十姓タタルの関係》,《内陸アジア史研究》第 25 輯,2011 年,第 85—107 頁。

白玉冬、松井太《フフホト白塔のウイグル語題記銘文》,《内陸アジア言語の研究》第 31 輯,2016 年,第 29—77 頁。

林俊雄《ソ連イェニセイ河源流域の城郭址》,《考古学ジャーナル》第 126 号,1976 年,第 24—27 頁。

前田正名《河西の歴史地理学的研究》,东京,吉川弘文馆,1964 年。

前田直典《十世紀時代の九族達靼——蒙古人の蒙古地方の成立——》,《東洋学報》第 32 巻第 1 号,1948 年,收入氏著《元朝史の研究》,东京,东京大学出版会,1973 年,第 233—263 頁。

松川節《大元ウルス命令文の書式》,《待兼山論叢》第 29 輯,1995 年,第 25—52 頁。

松川節《モンゴル語訳〈佛説北斗七星延命經〉に残存するウイグル的要素》,森安孝夫編《中央アジア出土文物論叢》,京都,朋友書店,2004 年,第 85—92 頁。

枡本哲《南シベリアアバカン近郊発見の玉冊片について》,《大

阪府埋葬文化財协会研究纪要——设立 10 周年纪念论集》3,1995年,第 343—362 页。

村上正二《モンゴル秘史：チンギス・カン物語》全 3 册,东京,平凡社,1970—1976 年。

村田治郎《居庸关》第 1 册,京都大学工学部,1957 年。

護雅夫《遊牧国家における「王権神授」という考え——突厥の場合》,《歴史学研究》第 133 期,1948 年,收入氏著《古代トルコ民族史研究》第 2 卷,东京,山川出版社,1992 年,第 259—263 页。

護雅夫《古代トルコ民族史研究》第 1 卷,东京,山川出版社,1967 年。

護雅夫《ウイル語訳金光明最勝王経》,《史学雑誌》第 71 編第 9 号,1962 年,收入氏著《古代トルコ民族史研究》第 3 卷,东京,山川出版社,1997 年

護雅夫《エスゲクリャシュトルヌィの突厥史研究》,载氏著《古代トルコ民族史研究》第 1 卷,东京,山川出版社,1967 年,第 557—589 页。

護雅夫《突厥第一帝国におけるqaɣan号の研究》,载氏著《古代トルコ民族史研究》第 1 卷,东京,山川出版社,1967 年,第 227—298 页。

護雅夫《突厥の国家構造》,载氏著《古代トルコ民族史研究》第 1 卷,东京,山川出版社,1967 年,第 3—60 页。

護雅夫《古代游牧帝国》,东京,中央公论社,1976 年。

護雅夫《突厥における君主観》,载護雅夫編《内陸アジア・西アジアの社會と文化》,东京,山川出版社,1983 年,收入氏著《古代トルコ民族史研究》第 2 卷,东京,山川出版社,1992 年,第 343—383 页。

護雅夫《古代トルコ民族史研究》第 2 卷,东京,山川出版社,1992 年。

護雅夫《突厥の信仰——シャマニズムについて——》,《古代トルコ民族史研究》第 2 卷,东京,山川出版社,1992 年,第 233—255 页。

護雅夫《突厥人にとってのtängri(天—神)》,載氏著《古代トルコ民族史研究》第 2 卷,东京,山川出版社,1992 年,第 347—356 页。

護雅夫《古代トルコ民族史研究》第 3 卷,东京,山川出版社,1997 年。

森安孝夫《チベット語史料中に現れる北方民族——DRU—GUとHOR——》,《アジア・アフリカ言語文化研究》第 14 辑增刊,1977 年,第 1—48 页。

森安孝夫《ウイグルの西遷について》,《東洋学報》第 59 卷第 1 号,1977 年,收入作者著《東西ウイグルと中央ユーラシア》,第 276—298 页。

森安孝夫《吐蕃の中央アジア進出》,《金沢大学文学部論集(史学科篇)》第 4 辑,1984 年,修订稿收入氏著《東西ウイグルと中央ユーラシア》,名古屋大学出版会,2015 年,第 132—229 页。

森安孝夫《トルコ仏教の源流と古トルコ語仏典の出現》,《史学雑誌》第 98 編第 4 号,1989 年,修订后收入氏著《東西ウイグルと中央ユーラシア》,名古屋大学出版会,2015 年,第 618—644 页。

森安孝夫《東ウイグル可汗および西ウイグル国王のクロノロジー》,載氏著《ウイグル=マニ教史の研究》,京都,朋友書店,1991 年,第 182—185 页。

森安孝夫《ウイグル=マニ教史の研究》,京都,朋友書店,1991 年。

森安孝夫《ウイグル文書劄記(その二)》,《内陸アジア言語の研究》第 5 辑,1990 年,第 69—89 页。

森安孝夫《ウイグル文書劄記(その四)》,《内陸アジア言語の研究》第 9 辑,1994 年,第 84—91 页。

森安孝夫《シルクロードのウイグル商人——ソグド商人とオルトク商人の間——》,《岩波講座世界歴史》第 11 巻《中央ユーラシアの統合》,东京,岩波书店,1997 年,修订稿收入氏著《東西ウイグルと中央ユーラシア》,名古屋大学出版会,2015 年,第 407—435 页。

森安孝夫《ウイグル文字新考——回回名称問題解決への一礎石》,《東方学会創立五十周年記念：東方学論集》,东京,东方学会,1997 年,第 1238—1226 页(反页)。

森安孝夫《大英図書館所蔵ルーン文字マニ教文書 Kao. 0107 の新研究》,《内陸アジア言語の研究》第 12 辑,1997 年,第 58—65 页。

森安孝夫、奥其尔合编《モンゴル国現存遺跡・碑文調査研究報告》,丰中,中央ユーラシア学研究会,1999 年。

森安孝夫《ウイグルから見た安史の乱》,载《内陸アジア言語の研究》第 17 辑,2002 年,修订稿收入氏著《東西ウイグルと中央ユーラシア》,名古屋大学出版会,2015 年,第 2—48 页。

森安孝夫编《シルクロードと世界史》,(大阪大学 21 世纪 COE 项目 2002—03 年度报告书),丰中,大阪大学文学研究科,2003 年。

森安孝夫《コレージュ＝ド＝フランス講演録：ウイグル＝マニ教史特別講義》,载氏编《シルクロードと世界史》(大阪大学 21 世纪 COE 项目 2002—03 年度报告书),丰中,大阪大学文学研究科,2003 年,第 23—111 页。

森安孝夫《ウイグル＝マニ教史関係史料集成》,《平成 26 年度近畿大学国際人文科学研究所紀要》,2015 年。

森安孝夫《東ウイグル帝国マニ教史の新展開》,载氏著《東西ウイグルと中央ユーラシア》,名古屋大学出版会,2015 年,第 536—557 页。

森安孝夫《西ウイグル王国におけるマニ教の衰退と仏教の台頭》,载氏著《東西ウイグルと中央ユーラシア》,名古屋大学出版会,

2015年,第590—617页。

森安孝夫《西ウイグル王国史の根本史料としての棒杭文書》,载氏著《東西ウイグルと中央ユーラシア》,名古屋大学出版会,2015年,第678—730页。

森安孝夫《前近代中央ユーラシアのトルコ・モンゴル族とキリスト教》,《帝京大学文化財研究所研究報告》第20卷,2021年,第5—39页＋2彩色图版。

森安孝夫等《シネウス碑文訳注》,《内陸アジア言語の研究》第24辑,2009年,第1—92页。

森安孝夫、吉田豊《カラバルガスン碑文漢文版の新校訂と訳注》,《内陸アジア言語の研究》第34辑,2019年,第1—59页。

箭内亘《韃靼考》,《満鮮地理歴史研究報告》第5卷,1919年,收入作者著《蒙古史研究》,东京,刀江书院,1930年,第525—583页。

山田信夫《テユルクの聖地ウトゥケン山——ウトゥケン山に関する覚書1——》,《静岡大学文理学部研究報告》第1辑,1950年,收入氏著《北アジア遊牧民族史研究》,东京,东京大学出版会,1989年,第59—71页。

山田信夫《ウイグルの始祖説話について》,ユーラシア学会编《遊牧民族の研究》(《ユーラシア学会研究報告》第2辑),京都,自然史学会,收入氏著《北アジア遊牧民族史研究》,东京大学出版会,1989年,第96—104页。

山田信夫《ウイグル文賣買契約書の書式》,《西域文化研究》第6辑《歴史と美術の諸問題》,京都,法蔵館,1963年,收入小田壽典、P.ツィーメ、梅村坦、森安孝夫编《ウイグル文契約文書集成》第1卷,第33—72页。

山田信夫著,小田壽典、P.ツィエメ、梅村坦、森安孝夫编《ウイグル文契約文書集成》第2卷,大阪大学出版会,1993年。

吉田豊、森安孝夫《ブグド碑文》,载森安孝夫、奥其尔编《モンゴル国現存遺跡・碑文調査研究報告》,丰中,中央ユーラシア学研究会,1999年,第122—125页。

吉田豊《ソグド人と古代のチュルク族との關係に關する三つの覺え書き》,《京都大学文学部研究紀要》第50卷,2011年,第1—40页。

**文献典籍**

北京图书馆古籍出版编辑组编《北京图书馆古籍珍本丛刊》,北京,书目文献出版社,2000年。

陈高华、张帆、刘晓、党宝海点校《元典章》,北京,中华书局,2011年。

道宣《续高僧传》,《大正新修大正藏经》第50册,中华电子佛典协会,2007年。

杜佑《通典》,王文锦等点校,北京,中华书局,1988年。

段成式《酉阳杂俎》,方南生点校,北京,中华书局,1981年。

高楠顺次郎等编修《大正新修大藏经》第54册《事汇部下》,台北,新文丰出版公司,1973年。

黄溍《金华黄先生文集》,四部丛刊初编本。

慧琳《一切经音义》,《大正新修大正藏经》第54册,中华电子佛典协会,2001年。

洪皓《松漠纪闻》,日本早稻田大学图书馆藏照旷阁本。

洪金富点校《元典章》,台北,"中研院"历史语言研究所,2016年。

火原洁《华夷译语》(甲种本),东京,东洋文库影印本。

李昉等《太平御览》,北京,中华书局,1995年。

李昉等《太平广记》,北京,中华书局,1961年。

李焘《续资治通鉴长编》,北京,中华书局,1974年。

李心传《建炎以来系年要录》,北京,中华书局,1956年。

李心传《建炎以来朝野杂记》,徐规校,北京,中华书局,2006年。

李修生主编《全元文(第 24 册)》,南京,江苏古籍出版社,2001 年。

李文田《元朝秘史注》,王云五主编《丛书集成初编》,上海,商务印书馆,1936 年。

李准《中国南海诸群岛文献汇编之一》,台北,学生书局,1986 年。

林宝《元和姓纂》,岑仲勉校记,北京,中华书局,1994 年。

令狐德棻等《周书》,北京,中华书局,1971 年。

刘时举《续宋编年资治通鉴》,王云五主编《丛书集成初编》,上海,商务印书馆,1939 年。

刘昫《旧唐书》,北京,中华书局,1975 年。

欧阳修、宋祁等《新唐书》,北京,中华书局,1975 年。

欧阳修、宋祁等《新唐书》(百衲本),台北,台湾商务印书馆,1976 年。

欧阳修、宋祁等《新唐书》(武英殿本),台北,艺文印书馆,1953 年。

欧阳玄《圭斋文集》,四部丛刊初编本。

彭大雅撰,徐霆疏,王国维校《〈黑鞑事略〉笺证》,《蒙古史料校注四种》,清华学校研究院,1926 年,收入谢维扬、房鑫亮主编《王国维全集》第 11 卷,杭州,浙江教育出版社,2009 年。

苏天爵编《国朝文类》,四部丛刊缩印元末西湖书院刊本。

苏天爵编《元文类(下)》,北京,商务印书馆,1958 年。

孙菊园辑《青唐录辑稿》,《西藏研究》1982 年 02 期。

宋濂、王袆《元史》,北京,中华书局,1976 年。

脱脱《金史》,北京,中华书局,1975 年。

脱脱《宋史》,北京,中华书局,1985 年。

脱脱《金史》,北京,中华书局,1975 年。

脱脱《辽史》,北京,中华书局,2016 年。

王明清《挥麈录》,上海书店出版社,2015年。

王钦若《宋本册府元龟》,北京,中华书局,1989年。

魏徵《隋书》,北京,中华书局,1973年。

吴钢《全唐文补遗》,西安,三秦出版社,1995年。

徐松《增订唐两京城坊考》,李健超增订,西安,三秦出版社,1996年。

徐松辑《宋会要辑稿》,北京,中华书局,1957年。

徐松辑《宋会要辑稿·蕃夷道释》,郭声波点校,成都,四川大学出版社,2010年。

许有壬《圭塘小考》,《丛书集成续编》第136册,台北,新文丰出版公司,1988年。

薛居正《旧五代史》,北京,中华书局,1976年。

新文丰出版公司编辑部编著《元人文集珍本丛刊》,台北,新文丰出版公司,1985年。

叶隆礼《契丹国志》,贾敬颜、林荣贵点校,上海古籍出版社,1985年。

佚名著《圣武亲征录(新校本)》,贾敬颜校注,陈晓伟整理,北京,中华书局,2020年。

佚名著《元朝秘史(校勘本)》第134节,乌兰校勘,北京,中华书局,2012年。

虞集《道园学古录》,四部丛刊初编本。

宇文懋昭《大金国志校证》,崔文印校,北京,中华书局,1986年。

张宁主编《隋唐五代墓志汇编》,天津古籍出版社,1991年。

张元济辑印《四部丛刊初编》,上海,商务印书馆景印本,1929年。

赵珙撰,王国维校《〈蒙鞑备录〉笺证》,《蒙古史料校注四种》,清华学校研究院,1926年,收入谢维扬、房鑫亮主编《王国维全集》第11卷,杭州,浙江教育出版社,2009年。

志费尼《世界征服者史》，何高济译，翁独健校，呼和浩特，内蒙古人民出版社，1980年。

郑樵《通志二十略》，王树民点校，北京，中华书局，1995年。

'Ala-ad-Din 'Ata-Malik Juvaini, *Genghis Khan: The History of the World-Conqueror*, translated from text of Mizra Muhammad Qazvini by J. A. Boyle, Cambridge: Harvard University Press, 1958.

Rashid al-Din, *The Successors of Genghis Khan*, Translated from the Persian by J. A. Boyle, New York: Columbia University Press, 1971.

**辞书**

《辞海》，上海辞书出版社，1979年。

《汉文典》（修订本），原著高本汉，潘悟云等编译，上海辞书出版社，1997年。

《汉字古音手册（增订本）》，郭锡良编，北京，商务印书馆2010年。

《康熙字典（标点整理本）》，汉语大词典编纂处整理，北京，汉语大词典出版社，2002年。

《蒙汉词典》，内蒙古大学蒙古语文研究室编，呼和浩特，内蒙古人民出版社，1976年。

《突厥语大词典》，麻赫穆德·喀什噶里编，校仲彝等译，北京，民族出版社，2002年。

《中国历代职官辞典》，上海辞书出版社，1998年。

《中华字海》，冷玉龙、韦一心等编撰，北京，中国友谊出版公司，1994年。

Clauson, G., *An Etymological Dictionary of Pre-Thirteenth Century Turkish*, Oxford: Clarendon Press, 1972.

Golden, P. B. ed., *The King's Dictionary: The Rasūlid*

*Hexaglot* — *Fourteenth Century Vocabularies in Arabic*, *Persian*, *Turkic*, *Greek*, *Armenian and Mongol*, tr. T. Halasi- Kun, P. B. Golden, L. Ligeti, and E. Schütz, Leiden: Brill, 2000.

Grønbech, K., *Komanisches Wörterbuch*. *Türkischer Wortindex zu Codex Cumanicus*, København: Einar Munksgaard, 1942.

Karlgren, B., *Analytic Dictionary of Chinese and Sino-Japanese*, Paris: Paul Geuthner, 1923.

Karlgren, B., *Etudes sur la phonologie chinoise*, Stockholm: Norstedt and Söner, 1926.

Karlgren, B., *Grammata Serica Recensa*, *Bulletin of the Museum of Far Eastern Antiquities 29*, Stockholm, 1957.

Lewis, B. Pellat, CH. and Schacht J. eds., *The Encyclopaedia of Islam*（New Edition）, vol. 2, Leiden: E. J. BRILL, 1991.

Maḥmūd-al-Kāšɣārī, *Compendium of the Turkic Dialects*, 3vols., R. Dankoff and J. Kelly eds. and trs., Cambridge: Harvard University Printing Office, 1982 - 1985.

Pulleyblank, E. G., *Lexicon of Reconstructed Pronunciation in Early Middle Chinese Late Middle Chinese and Early Mandarin*, Vancouver: Universit y of British Colu mbia Press, 1991.

Wilkens, J., *Handwörterbuch des Altuigurischen*, *Altuigurisch-Deutsch-Türkish*, Akademie der Wissenschaften zu Göttingen（Hrsg.）, 2021.

Rásonyi, L. and Baski, I., *Onomasticon Turcicum*, *Turkic Personal Names*, Bloomington: Indiana University, Denis Sinor Institute for Inner Asian Studies, 2007.

# 索　引

(一)

A

阿勒陶　6,72

阿嚩　73,75—78,80,81

阿史那　27,29,30,46,53,54,59,60,65,79,115,171,270,271

爱丁　5,6,152,154—156,171,225,229

奥尔昆　6,72,171,225,229

B

八姓乌古斯　152—154,156—159,274

波塔波夫　25,34,40

伯希和　16,25,26,31,34,35,40,53,110,114,125,143,144,147—149,161,202,222—224,238,239,264,290

布尔津　12

C

慈恩传　9,15

茨默　11,13,117,118,131,218,232,246,249,255,256,280

D

大金得胜陀颂碑　19

大蒙古国　149,150,180,198,199,219,261,263,286,288,290,294,295

G

高昌王　3,10,12—17,21,113,114,116,120,130,132—134,208,269,271,281

高田　9,10,15,16

葛儿罕　142—148,151,152,161,226

骨咄禄　50,51,53,60—66,124,172

## H

赫姆奇克河　6,39

黑鞑事略　205,212,213,243,263,289,291

忽母思　12,13,276,281

华夷译语　19,37,147,157,227,252

慧斯陶鲁盖　272,273

## J

伽尔迪齐　143,147,148,162,262,266—268,270

九姓达靼　22,106,156,159,167,193,194,199,200,202,203,212,220,240,265,270,274—283,285,286,291,299

九姓回鹘可汗碑　104,105,118,132,135

九姓铁勒　49,53,55,56,59,61,123,129,130,134,160,266,274

## K

喀什噶里　14,16,21,41,106,143,146,147,162,169,170,193,226

科尔姆辛　5,152,154,155

克烈　21,22,144,146,152,181,199,200,204,207—209,212—214,219,220,242,243,261,265,275,276,278,279,285,286,290,294,297—299

库曼语汇编　41

库兹拉索夫　6

## L

拉德洛夫　6,39,41,51,56,72,78,81,146,215,218,219,225,227,250

拉施特　132—134,146,160,191,212,213,221—223,241—243,265,266,285,290,291,294

辽史　7,8,12,20,33,125,127,133,135,139,144,151,161,185,203,276,278,283,284,286,287

## M

马洛夫　6,72,225

马卫集　162,168—170,176

蒙鞑备录　182,192,205,212,214,221,222,263,288

蒙古字韵　18—20

秘史　21,31,36,136,143—145,148,151,184,192—196,

199,206,209—211,218,219,224,238,240,241,247,254,262,263,270,289,291,297

摩尼　13,14,40,83—88,90—105,107,109—113,116—121,123,129,131,132,134—139,141,201,257,258

默啜　50,52—54,56,60—66,79,124,270

## N

女真　8,17,19,20,22,23,135,136,180—183,185—187,189,192,199,212,289,292—294,299

女真译语　19,20

## P

毗伽啜莫贺达干碑　45,48,60,64,65

毗伽可汗碑　7,9,29,39,46,50,51,55,56,61—63,81,228,264,274

## Q

契丹　2,3,7,8,17—20,22,23,64,80,122—129,133—142,145,146,150—152,162,163,168,169,185,199,203—205,212,222,276,278,279,283—285,292—295,297—299

契丹国志　20,128,134,136,151,284—286

阙特勤碑　3,7,9,28,29,35,36,39,46,51,55,56,61,62,81,264,274

## R

柔然　10,32—34,44,52,128,138,201,264,266,268—276,286,296—299

芮芮　10,33,269,271,272

## S

萨满　25,29—32,35,37,40—42,113,114,136,138,139

三十姓突厥　53,54,56

森安　2,7,13,14,26,35,39,40,43,54,55,60,67,72,79,87,100—104,107,108,110—113,116—120,124,125,129,131,132,142,148,160,173,194,200,204—207,213,218,219,230,231,243,247,248,250,257,270,277,279,282

射摩　61,74,75,77—80

圣武亲征录 38,143,210,244,
263,289,290,297
十二姓突厥 49,52—55,59,61
史集 132—135,141,146,160,
191,192,195,196,212,213,
221,222,238,240—243,263,
265,266,268,270,275,276,
284,285,289—291,294,297
世界征服者史 8,130,131,
144,145,209—211,213,239,
242

T

太平御览 115,116,121
汤姆森 6,67,72,170,171,
173,229,231
通典 26,59,60,62,63,73
突厥 2,3,7,9,10,13,14,18,
21—23,25—41,43—46,49—
67,72—81,84,85,96—99,
106,107,110,111,113,115—
118,121—124,126,128,134,
138—140,142—150,152,
157—159,162,163,167,171,
173—178,186,191,193—
196,198,201,202,205,209,
211,218,219,223—228,231,
239—244,246,256,261,
264—266,268—276,279,
283,284,286,290,293,296—
299
突厥语大词典 14,21,41,106,
143,146,147,157,162,169,
170,177,193,226,275
突厥语方言词典 36,41,146,
158,227
突骑施 11,12,52,62,63,66,
105,268
吐鲁番 12,13,15,16,21,76,
78,83—85,87,89,92,94—
96,101,102,107,111,120,
130,173,175,186,201,202,
215,219,231,250,255,257,
269,271,276,279,281
暾欲谷碑 2,9,28,39,46,53,
55,61,62,64,66,67,72,78—
81,228

W

瓦西里耶夫 4,6,152—156,
225
完颜希尹神道碑 185,187,
188,190,285,286
汪古 200,201,204,207—212,
214,219,220,261,290,291,
294

魏书　34,43,269,271,282,298

乌德犍　38,43

乌兰浩木碑　10,12,13,16,276,281

## X

希内乌苏碑　26,39,46,60,106,111,124,129,130,134,156,159,161,228,274

黠戛斯　3,5,6,8,10,23,39,66,67,77,79,80,158—161,178,264,278,279,283

谢尔巴克　11,12

续资治通鉴长编　16,166,167,282,351

## Y

叶尼塞碑铭　3—7,9,10,39,40,66,85,152,155,157,159,163,194,199,223,225,228,232,278,279

一切经音义　33,272,275

亦都护　3,13,39,107—109,113,114,116,120,130,132—134,218,242,257—260

阴山　20,125,167,209,220,261,278,284

酉阳杂俎　73—75,77,78,80

于都斤　25—31,33—35,38—41,43,44,106—111,113—121,129,138,186,202,257,258,281,282

元典章　262,291,292

元史　8,20,37,38,82,106,128,130,131,133,142—144,150,159—162,183,184,191—193,198—200,204,208,211—214,222—224,243,260,263,265,266,274,283,285,287,290,291,298

## Z

志费尼　8,130,144,145,209,211,213,239,242

周书　26,32,34,43,73,79,115,157,271

阻卜　22,133,138,161,193,203,204,261,275—278,286

## (二)

### A

Ad 01　249

Az　6,66,67,72,77—81

### C

čingis　228,230—233,240,

242,244

Csongo 15

**E**

E108 3,9

E24 6,8,9,40

E68 4—7,9

E98 152,153,155,157,159—161,163,225

Em 01 249

**M**

M 919 107—110,114,116,118,120,121,257,258

Mi 01 249

Mi 03 249

**O**

Or. 8212‑161 28

Ötükän 25,40,43,106,107,112,114,120,121,257,259

**P**

P. 28 202

P. 2909 202

P. 2988 117,202

P. 3134 202

P. t. 1283 53,54,79,125,160

**Q**

Qumuz 12,13

**S**

Sa11 247,249

Sa12 248,249

Sarïγ 170—174,176—179

SI 4bKr. 175 3

SI Kr. IV 817 2

**T**

T II K Bündel Nr. D 173 101

T Ⅲ M 187 89

T. M. 417 107,108,120,257

T. Ⅱ. B. 21 215

T. Ⅲ M 190 255

Türgeš 11,12

**U**

U 1 101

U3890 279

U4707 89

U4709 255,259

U5328 215

**W**

WP 01　249

**X**

xj 222-0661.9　162,280

**Y**

Y974 / K7709　14

# 后　记

　　国内历史学界有个既定成俗的提法"北方民族史"，以重点活动于蒙古高原及其毗邻地区的游牧民历史为研究对象。相比新疆西域丰富多彩的民族史资料，以《二十四史·北狄传》为主的汉文典籍，曾长期充当北方民族史研究的核心资料。限于史源的单一性和研究思路的程式化，当今的北方民族史研究可以说处于瓶颈阶段。正值国家倡导建设丝绸之路经济带和构建人类命运共同体之际，如何把北方民族史做活搞强，值得历史学者关注。同时，这一问题与当前大力弘扬的"北疆文化"密不可分。

　　新中国成立后，"北疆"用于指称包括新疆、内蒙古、黑龙江在内的中国北部边疆，当前狭义的北疆是指内蒙古自治区。不过，历史上的"北疆"就是指代历代王朝疆域北部边疆，主要区域即蒙古高原及其毗邻地区。一言以蔽之，历史上北方民族的活动区域与中国历代王朝的北部边疆高度重合，北方民族史根本上来说就是北疆史，是各民族齐心缔造伟大祖国历史的重要组成部分。本书重点依据中古时期北方民族所遗留的历史资料，致力于发现并构建北疆各民族交融汇聚成多元一体中华民族的历史之一环。

　　本书是笔者承担的国家社科基金重大项目"北朝至隋唐民族碑志整理与研究"（18ZDA177）和中央高校基本科研业务费专项资金资助（Supported by the Fundamental Research Funds for the Central Universities）项目"隋唐至北宋古突厥语族群与华夏中央王朝之间的交流交往交融史研究（2023jbkyzx011）"阶段性研究成果。共收入14

篇相关论文。成色如何，有待专家学者评判指正，权当抛砖引玉。感谢北京大学人文社会科学研究院提供优越的办公条件和周到的服务，使我在任邀访学者期间（2021年3—6月）能够安心修改书稿。兰州大学敦煌学研究所所长郑炳林教授专为本书撰写书序，谨致谢意。

白玉冬
2022年9月16日

图书在版编目(CIP)数据

瀚海金河：中古北疆历史考索 / 白玉冬著. —上海：上海古籍出版社，2024.4
（丝绸之路历史语言研究丛刊）
ISBN 978-7-5732-1106-4

Ⅰ.①瀚… Ⅱ.①白… Ⅲ.①少数民族－民族历史－研究－中国－北朝时代－隋唐时代 Ⅳ.①K280.039.2

中国国家版本馆 CIP 数据核字(2024)第 077143 号

封面插图：庞　磊
责任编辑：徐乐帅
封面设计：黄　琛
技术编辑：耿莹祎

丝绸之路历史语言研究丛刊
### 瀚海金河：中古北疆历史考索
白玉冬　著
上海古籍出版社出版发行
（上海市闵行区号景路 159 弄 1－5 号 A 座 5F　邮政编码 201101）
（1）网址：www.guji.com.cn
（2）E-mail：guji1@guji.com.cn
（3）易文网网址：www.ewen.co
常熟市人民印刷有限公司印刷
开本 635×965　1/16　印张 23.75　插页 5　字数 309,000
2024 年 4 月第 1 版　2024 年 4 月第 1 次印刷
ISBN 978-7-5732-1106-4
K·3576　定价：148.00 元
如有质量问题，请与承印公司联系